ATmega128 기초 입문

신 동 욱 저

Ohm사

머리말

산업 현장 등에서 사용되고 있는 제어장치에는 마이크로프로세서가 널리 사용되고 있으며, 현재 여러 회사로부터 많은 종류의 마이크로프로세서가 생산되고 있다. 이들 마이크로프로세서에는 16비트 또는 32비트 고성능의 것도 있지만, 아직 8비트 마이크로프로세서가 많이 사용되고 있다. 몇 년 전까지만 해도 인텔사의 MCS51 계열의 8비트 마이크로프로세서가 많이 사용되어 왔지만, 최근에는 플래시 프로그램 메모리와 ISP (In-System Programmable) 기능을 가지고 있는 Atmel사의 AVR 8 비트 RISC (Reduced Instruction Set Computer) 마이크로프로세서들이 많이 사용되그 있다.

이 책에서는 Atmel사의 AVR RISC 마이크로프로세서 ATmega128을 공부하고자 하는 독자들을 위해 ATmega128의 이론과 실제 사용법에 대해 자세히 설명하고 있으며, 특히 마이크로프로세서를 처음 공부하는 독자들을 위해 마이크로프로세서에 관련된 기초 지식과 마이크로프로세서를 사용하는데 있어서 절대적으로 필요한 C언어에 대해 설명하고 있다.

이 책은 크게 2부로 구성되어 있으며, 다음과 같은 내용을 다루고 있다.

1부에서는 마이크로프로세서를 공부하기에 앞서 필요한 내용을 다루고 있으며, 마이크로프로세서 관련 전자부품 및 수의 체계와 같은 마이크로프로세서 관련 기초 지식을 설명하고 있다. 그리고, 실험에 사용할 KUT-128 보드와 컴파일러 사용법에 대해 설명하고 있으며, 또한 마이크로프로세서를 학습하는데 있어서 필요하리라 생각되는 C언어의 기본적인 명령어와 문법을 트레이닝 키트와 함께 공부할 수 있도록 기술하였다.

2부에서는 마이크로프로세서의 기능 중에 기본적이기도 하고 가장 많이 사용되기도 하는 입출력 포트, 외부 인터럽트, 타이머/카운터, 시리얼 포트에 대해 중점적으로 설명하고 있으며, 사용법 요약과 함께 실습예제에 대해 보조설명도 추가하도록 노력하였다. 그리고, 그 밖의 기능으로서 A/D 변환기, 아날로그 비교기, EEROM 액세스, SPI에 대해 설명하였으며, 응용편으로 캐릭터 LCD의 사용법에 대해 설명하고 있다.

끝으로 이 책이 마이크로프로세서를 공부하는 독자들에게 조금이라도 도움이 되길 바라며, 이 책의 출판을 위해 항상 물심양면으로 애써주신 Ohm사의 곽종학 사장님과 직원 여러분들에게 감사의 말씀을 드립니다.

2012년 11월　저자 신 동욱 씀

이 책의 내용이나 기술적인 문의사항은 Ohm사 홈페이지(http://www.ohm.co.kr) 해당 게시판에 공개적으로 질문하여 주시면 성실히 답변해 드리겠습니다.

본 과제(결과물)는 교육과학기술부의 재원으로 지원을 받아 수행된 산학협력 선도대학(LINC) 육성사업의 연구결과입니다.

차례

제 I 부 마이크로프로세서를 위한 기초 지식

제2부 ATmega128의 기능 및 연습

제 1 부

마이크로프로세서를 위한 기초 지식

Chapter 01

마이크로프로세서 관련 기초 지식

1.1 마이크로프로세서 관련 전자부품

(1) 기판

전자회로를 구성할 때 사용하는 납땜용 기판을 말하며, 단면과 양면 기판이 있다. 기판에는 전자부품을 꼽을 수 있도록 일정간격으로 구멍이 뚫려져 있으며, 구멍 주위에는 납을 녹여 붙일 수 있도록 원형 또는 사각형의 동박 패턴이 고정되어 있다.

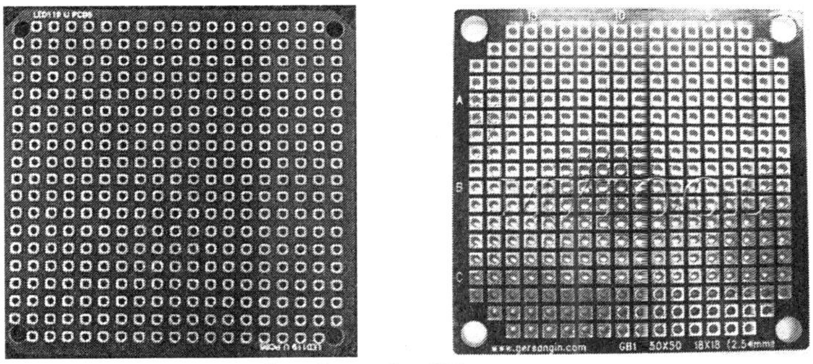

[그림 1-1] 기판

(2) 저항(Resistor)

전류의 흐름을 억제하여 전류의 양을 조절할 수 있는 부품이며, 저항 몸체에 그려진 색띠를 보고 저항의 크기를 알 수 있다. 저항에는 저항값이 고정된 것과 가변되는 것이 있으며, 여러 개의 저항이 하나의 부품으로 된 어레이(Array) 저항도 있다.

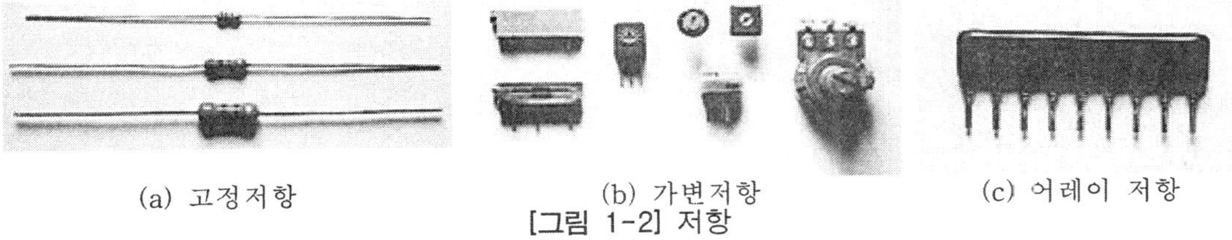

(a) 고정저항 (b) 가변저항 (c) 어레이 저항

[그림 1-2] 저항

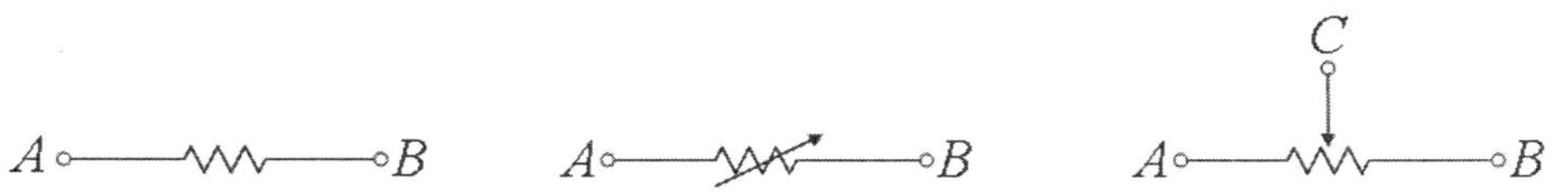

(a) 고정 저항　　(b) 가변 저항　　(c) 가변 저항

[그림 1-3] 저항 기호 표시

저항의 크기는 대개 색깔로 표시되며, 저항 몸체 둘레에 [그림 1-4]와 같이 네 개의 색 띠가 표시되어 있다. 색 띠를 읽는 순서는 저항 몸체 중심에서 어느 한 쪽으로 치우친 쪽을 기준으로 첫째 띠, 둘째 띠 순으로 색 띠를 읽어가고, 그 어느 쪽에도 치우치지 않을 때는 넓은 색 띠 또는 금색이나 은색 색 띠가 마지막 색 띠에 해당한다. 이들 색 띠 왼쪽에서부터 3개의 띠는 저항값을 나타내며, 맨 오른쪽의 4번째 띠는 오차의 범위를 나타낸다.

[그림 1-4]는 저항의 색 띠 순서와 의미를 나타내며, 첫째 띠와 둘째 띠는 저항값의 10자리수와 1자리수, 셋째 띠는 10의 승수를, 넷째 띠는 허용오차를 각각 나타낸다. [표 1-1]은 저항의 색 띠 표시법을 보여준다.

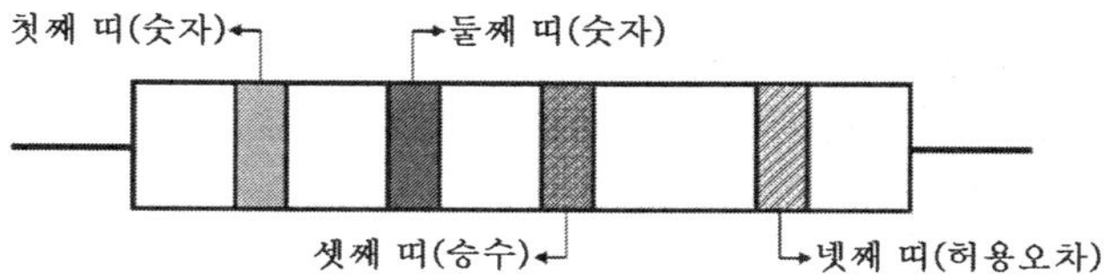

[그림 1-4] 저항의 색 띠 순서와 의미

[표 1-1] 저항의 색 띠 표시법

구 별	숫 자		승 수	셋째 띠의 저항값	오 차	
색 깔	첫째 띠	둘째 띠	셋째 띠		넷째 띠	다섯째 띠
흑 색	0	0	10^{0}	1[Ω]		
갈 색	1	1	10^{1}	10[Ω]		1.0%
적 색	2	2	10^{2}	100[Ω]		0.1%
등(주황) 색	3	3	10^{3}	1[KΩ]		0.001%
황(노랑) 색	4	4	10^{4}	10[KΩ]		
녹 색	5	5	10^{5}	100[KΩ]		
청 색	6	6	10^{6}	1[MΩ]		
자 색	7	7	10^{7}	10[MΩ]		
회 색	8	8	10^{8}	100[MΩ]		
백 색	9	9	10^{9}	1000[MΩ]		
금 색	-	-	10^{-1}	0.1[Ω]	±5%	
은 색	-	-	10^{-2}	0.01[Ω]	±10%	
무 색	-	-			±20%	

[표 1-1]에서 다섯째 띠는 일반 저항의 경우에 사용하지 않고 고정도 저항(특수 정밀기기용)을 제작할 때 사용하는 표시 방법으로써 1000시간 사용시 저항이 파괴될 확률을 나타낸다.

[그림 1-5]는 색 띠 표시에 의한 저항값 식별의 예를 나타낸다.

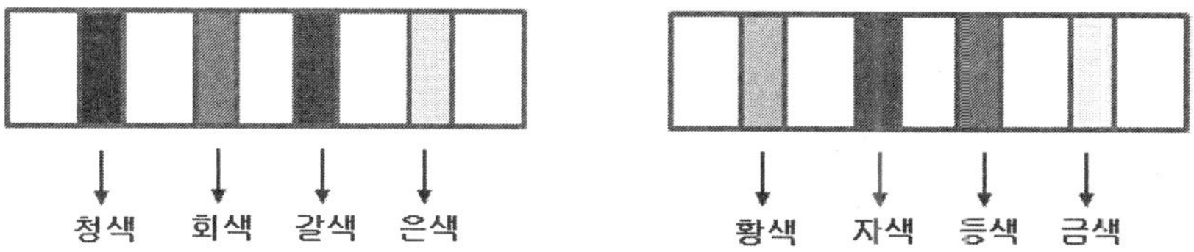

(a) $68 \times 10^{1} = 680\Omega$(오차 ±10%) (b) $47 \times 10^{3} = 47k\Omega$(오차 ±5%)

[그림 1-5] 저항값 표시 예

(3) 콘덴서(Condenser 또는 Capacitor)

전기를 축적하는 기능을 가지고 있지만, 잡음을 제거하거나 발진회로를 구성할 때 주로 사용된다. 많이 사용되는 콘덴서로는 극성이 없는 세라믹 콘덴서와 극성이 있는 전해 콘덴서를 들 수 있으며, 캐패시터라는 이름으로도 사용된다. 전해 콘덴서는 [그림 1-6]과 같이 용량, 최대동작전압, 극성이 부품에 표시되어 있으며, 세라믹 콘덴서의 용량은 일반적으로 3자리 숫자 또는 pF 단위로 표시되어 있다.

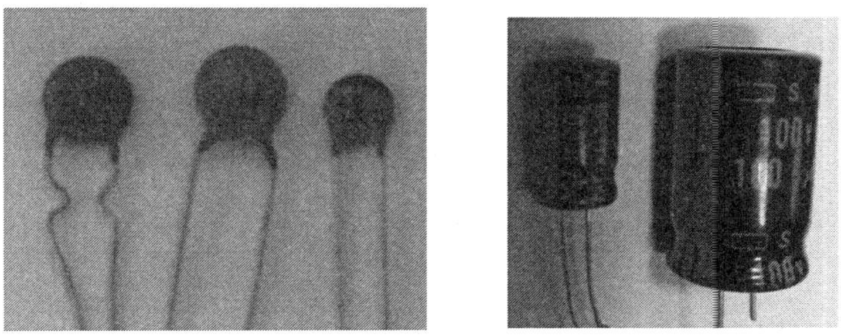

(a) 세라믹 (b) 전해 콘던서

[그림 1-6] 콘덴서

(a) (b) (c) (d)

[그림 1-7] 콘덴서 기호 표시

(4) 다이오드(diode)

전류를 한쪽 방향으로만 흐르게 하는 반도체이며, 일반 정류용 다이오드는 전원장치에서 교류전압을 직류전압으로 바꿀 때 사용된다. 다이오드는 애노드(Anode)와 캐소드(Cathode)라는 2개의 단자를 가지며, 애노드의 전압이 캐소드의 전압보다 높을 때만 전류가 흐르게 된다.

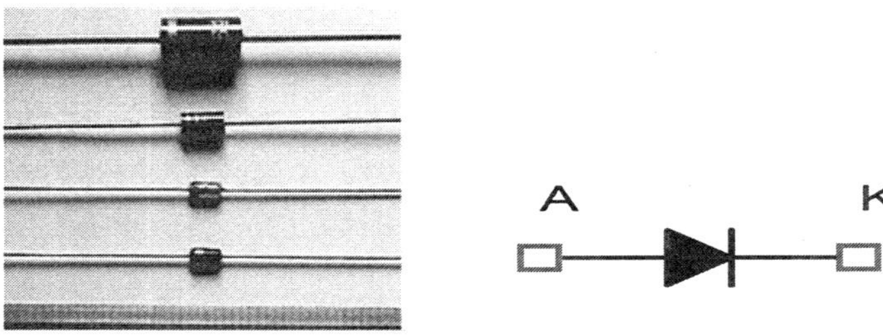

(a) 다이오드　　　　(b) 회로기호

[그림 1-8] 다이오드

(5) 트랜지스터(Transistor)

트랜지스터는 기본적으로 아날로그 회로에서 주로 입력 신호를 증폭하기 위해 사용되지만, 디지털 회로에서는 주로 스위칭용으로 사용된다. 트랜지스터는 다이오드가 2개 연결된 것과 같은 구조를 하고 있으며, [그림 1-9]와 같이 3개의 단자 에미터(E), 베이스(B), 콜렉터(C)를 가지고 있다. 스위칭으로 사용하는 경우에는 베이스 단자가 입력단자로 사용되고, 콜렉터 단자와 에미터 단자가 스위치 양 단자처럼 동작한다. [그림 1-10]과 [그림 1-11]은 npn형 트랜지스터와 pnp형 트랜지스터의 입력전압에 따른 ON/OFF 상태를 보여준다.

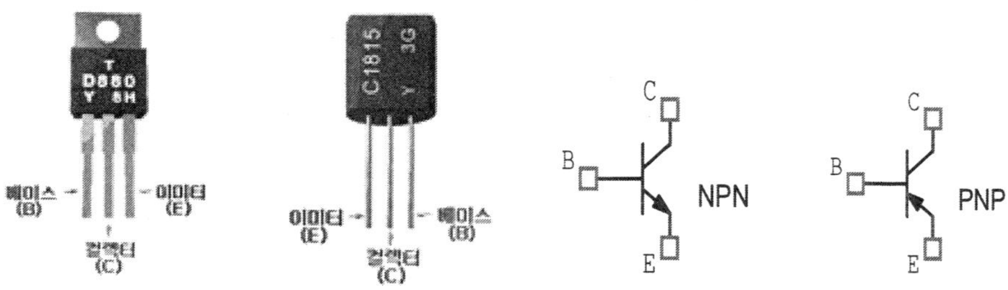

(a) 외관　　　　(b) 회로 기호

[그림 1-9] 트랜지스터

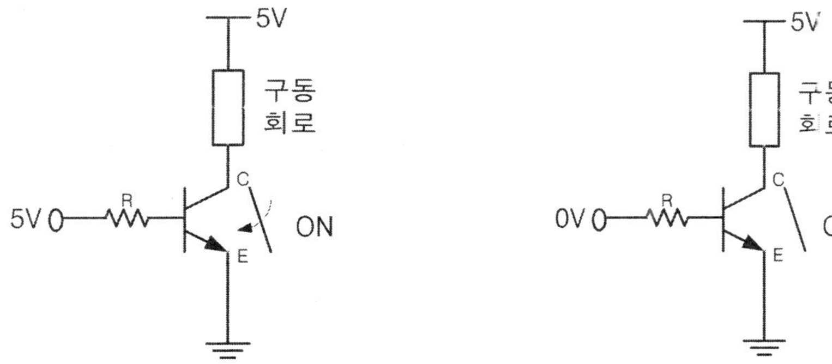

(a) 5V입력 -> TR ON (b) 0V 입력 -> TR OFF

[그림 1-10] npn형 트랜지스터의 ON/OFF 구동 예

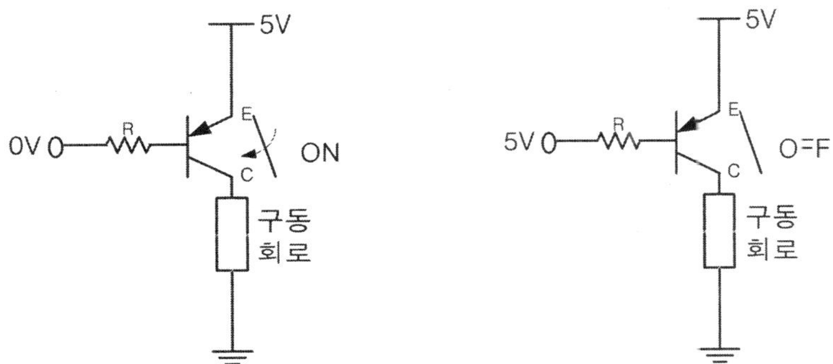

(a) 0V입력 -> TR ON (b) 5V 입력 -> TR OFF

[그림 1-11] pnp형 트랜지스터의 ON/OFF 구동 예

(6) 마이크로프로세서 주변 부품

■ CPU

마이크로프로세서 또는 마이크로콘트롤러라고도 하며, 프로그램의 명령어를 실행한다. 그리고, 외부로부터의 입력신호를 처리하며, 외부에 제어신호를 출력하기도 한다.

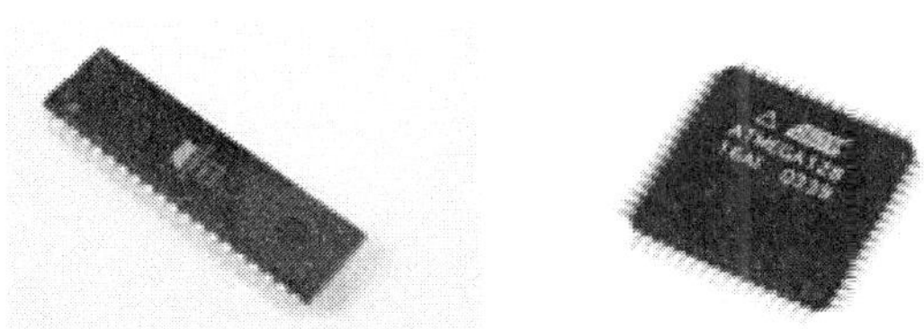

[그림 1-12] CPU

■ 크리스탈(Crystal)

CPU에 클럭을 공급하기 위해 사용되는 부품이며, 일반적으로 CPU 내부의 발진회로 단자에 콘덴서와 같이 연결하여 사용된다.

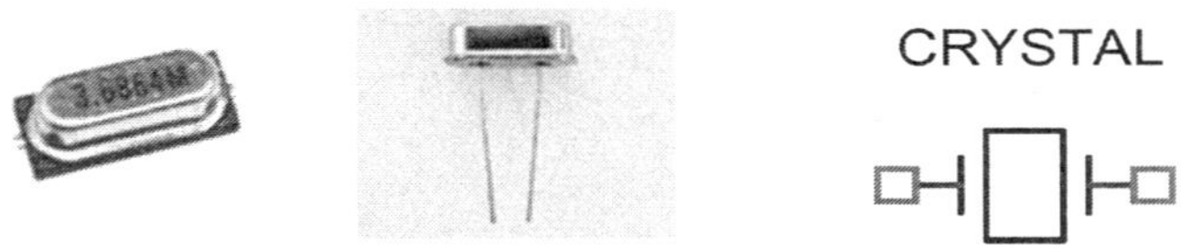

(a) 외관 (b) 회로 기호

[그림 1-13] 크리스탈

■ 메모리

프로그램이나 데이터를 저장하기 위해 사용되며, ROM(Read Only Memory)과 RAM (Random Access Memory)으로 크게 분류된다.

(a) SRAM (b) EPROM

[그림 1-14] 메모리

<ROM>

프로그램을 보관하는데 사용되며, 읽기만 가능하다. 전원을 끊더라도 데이터가 지워지지 않으므로 비 휘발성 메모리라고 불린다.

- MASK ROM

  공장에서 미리 프로그램이 쓰여져 생산되는 것으로 내용을 지울 수 없다.

- PROM(Programmable ROM)

  제조 단계에서는 아무 것도 써넣지 않은 ROM이지만, 사용자가 롬 라이터를 이용하여 한 번만 프로그램을 써 넣을 수 있다.

- EPROM(Erasable PROM)

  자외선 Eraser를 이용하여 여러 번 지워가며 사용할 수 있으며, 롬 라이터로 쓰기가 가능하다.

- EEPROM(Electrically EPROM)
  롬 라이터를 이용하여 전기적으로 쓰기/지우기가 모두 이루어진다.

- Flash ROM
  EEPROM과 유사하지만 사용법이 조금 다르며, 최근에 많이 사용되고 있다.

- 롬 라이터(ROM Writer)
  PROM, EPROM, EEPROM에 프로그램을 써넣기 위해 사용되는 마이크로프로세서 개발 장비이다.

- Eraser
  EPROM의 유리창을 통해 자외선을 쬐어 ROM에 쓰여진 내용을 지우는 마이크로프로세서 개발 장비이다.

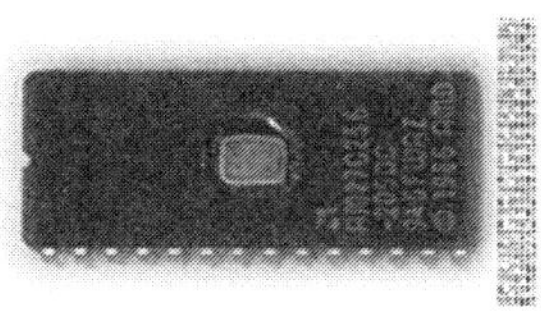

[EPROM 27C256 (32K BYTE)]

[롬 라이터]

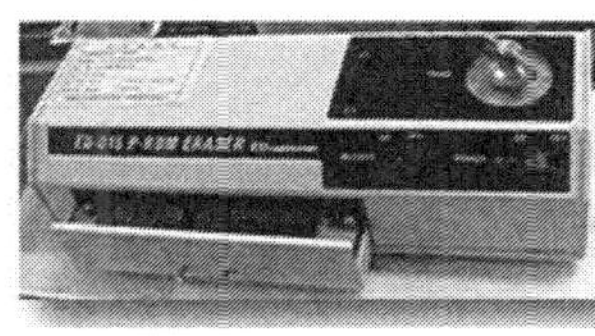

[EPROM ERASER]

[그림 1-15] EPROM과 개발 장비

<RAM>

프로그램 실행 중에 CPU가 읽고 쓰는 데이터를 보관하기 위해 사용된다.

DRAM 모듈

8K바이트 SRAM

[그림 1-16] RAM

- DRAM(Dynamic RAM)

  콘덴서에 전하를 축적하여 정보를 기억하며, 일정 시간마다 기억 내용을 다시 재생해 주는 리플래시(Refresh) 처리가 필요하다. 리플래시란 DRAM의 콘덴서에 들어있는 내용이 방전되어 지워지기 전에 일정 주기로 메모리의 내용을 읽어 다시 써주는 과정을 말한다. 전력 소모가 작고 칩당 기억 용량이 매우 크므로 대용량의 기억 장치 구성에 적합하다.

- SRAM(Static RAM)

  전원이 공급되는 동안 저장 내용이 계속 기억되는 RAM으로 제어가 간단하고 고속이므로 소용량의 기억 장치 구성에 적합하다.

■ 디지털 IC

마이크로컴퓨터 회로에서 디지털 논리 회로를 구성할 때 사용되는 IC로서 **TTL**이나 CMOS가 주로 사용된다.

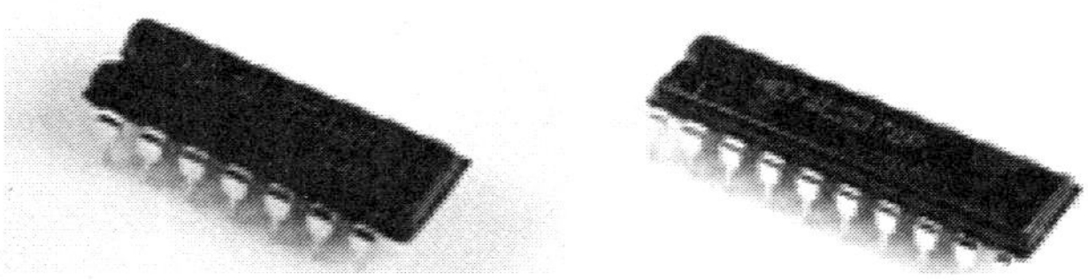

[그림 1-17] 디지털 IC

(7) 마이크로프로세서 입력용 부품

■ 스위치(Switch)

가장 간단하고 기본적인 입력용 부품으로서 스위치의 상태에 따라 입력값이 다르게 CPU로 입력되도록 회로를 구성하여 사용한다.

(a) 토글 스위치 (b) 푸쉬 버튼 스위치 (c) Dip 스위치

(d) 회로 기호
[그림 1-18] 스위치

■ 센서(Sensor)

마이크로프로세서를 이용하여 자동화 시스템을 구성할 때 주위의 상태를 자동으로 입력하기 위한 부품이다. 일반적으로, 광센서가 가장 많이 사용되며, 현재 상당히 많은 종류의 센서가 개발되어 사용되고 있다.

[그림 1-19] 센서

(8) 마이크로프로세서 출력용 부품

■ 부저(Buzzer)

출력의 상태를 "삐" 소리로 알려주는 부품이며, 5V에서 트랜지스터와 같이 사용된다.

[그림 1-20] 부저

■ LED(Light Emitting Diode : 발광 다이오드)

시각적으로 출력 상태를 표시해 주는 가장 간단한 부품으로서, 최근에 신호등과 전광판 등에 많이 이용되고 있다. LED도 다이오드와 같이 (+)단자 애노드와 (-)단자 캐소드를 가지고 있으며, 애노드로부터 캐소드쪽으로 약 10mA의 전류가 흐르도록 인가전압에 따라 저항값을 정해주어야 한다. 범용으로 많이 사용되는 LED에 걸리는 전압 V_{LED}는 약 1.8V 정도이고, 구동 저항은 일반적으로 300Ω~1kΩ의 값을 많이 사용한다.

(a) 외관

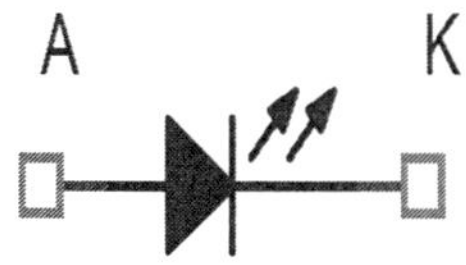

(b) 회로 기호

[그림 1-21] LED

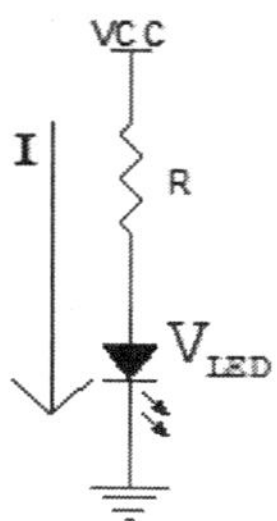

$$VCC = RI + V_{LED}$$

$$R = \frac{VCC - V_{LED}}{I}$$

[그림 1-22] 전류 제한 저항 결정

■ 7-Segment

7개의 LED를 '8'자 모양으로 배치한 부품으로, 주로 4비트의 BCD(Binary Coded Decimal : 0~9) 값 또는 16진값(0~9, A~F 또는 a~f)을 출력 표시할 때 사용된다. 단자수를 줄이기 위해 7개 LED의 애노드 또는 캐소드 단자를 공통단자로 뽑아 제작되며, 이에 따라 애노드 공통형(Common Anode)과 캐소드 공통형(Common Cathode)으로 구분된다.

(a) 7_Segment 외형

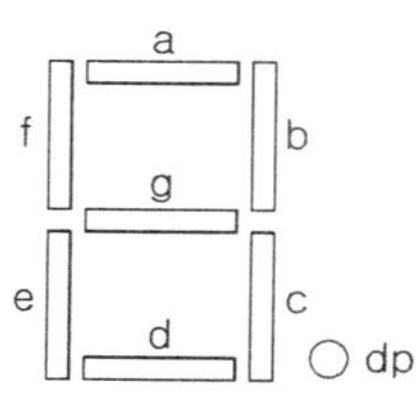

(b) LED 구성

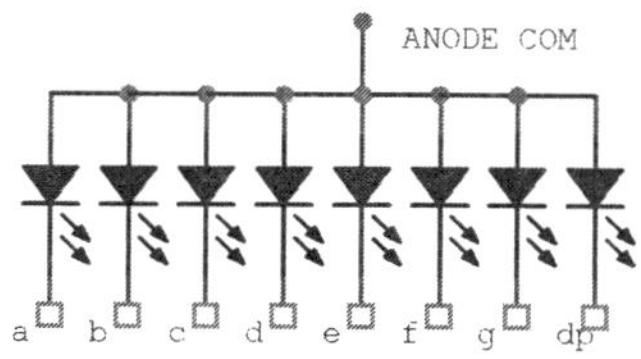

(c) Common Anode 형

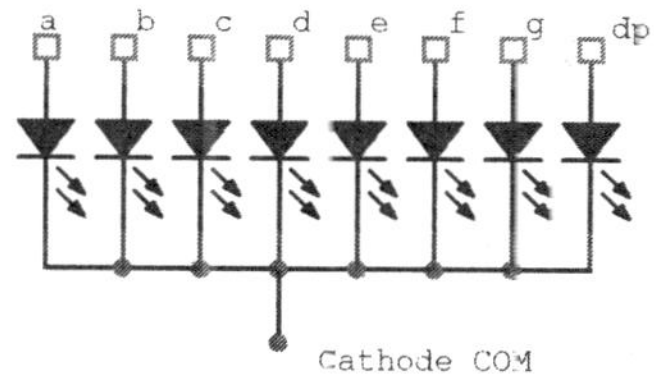

(d) Common Cathcde 형

[그림 1-23] 7-Segment

■ Character LCD

캐릭터 LCD는 미리 정의되어 있는 알파벳, 숫자, 기호를 쉽게 표시할 수 있는 부품이며, 콘트롤러는 ASCII 문자에 대한 폰트를 내장하고 있다. 따라서, 표시할 문자의 ASCII 8비트 코드값을 입력하면 그 코드에 해당하는 문자가 자동으로 표시된다.

[그림 1-24] Character LCD

■ Graphic LCD

그래픽 LCD는 구동 드라이버가 장착되어 있지만 폰트(font)가 내장되어 있지 않으므로 사용자가 폰트를 직접 작성해서 사용하여야 하는 불편함이 있다. 그러나 ASCII 코드 이외의 한글이나 도형 등 다양한 패턴을 표시할 수 있는 장점이 있으며, 일반적으로 128x64 사이즈의 그래픽 LCD가 많이 사용된다.

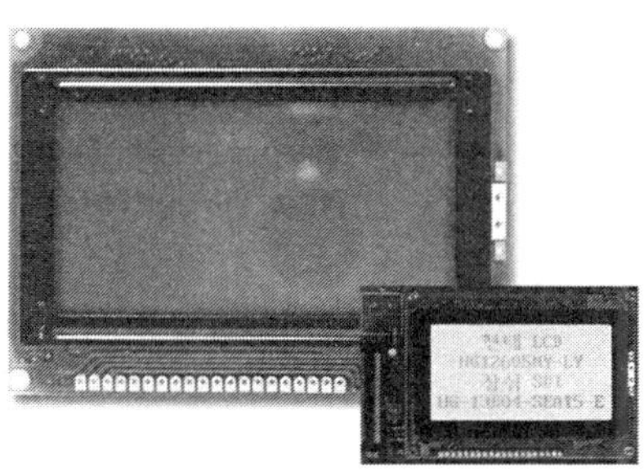

[그림 1-25] 그래픽 LCD

■ Dot Matrix LED

LED를 2차원적으로 배열한 것으로 8x8, 16x16의 도트매트릭스가 많이 사용된다. 이 부품에는 구동 전용 컨트롤러가 장착된 것도 있으며, 최근에 많이 볼 수 있는 LED 광고판은 이 부품을 여러 개 배치하여 제작된 것이다.

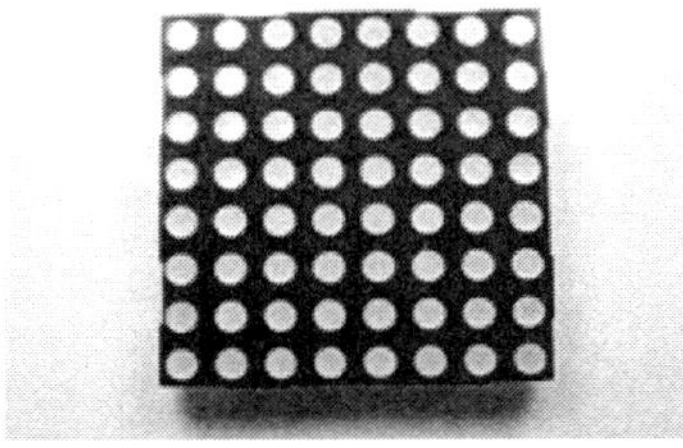

[그림 1-26] Dot Matrix

■ 릴레이

전자석과 스프링의 원리를 이용하여 접점을 ON/OFF 시키며, [그림 1-27]에서 스위치가 ON 되면 전자석이 자석이 되어 스프링에 연결된 철판을 좌측 접점에 붙게 한다. 그러나, 스위치가 OFF 되면 전자석이 자성을 잃고 스프링에 의해 접점이 우측 접점에 붙게 된다. [그림 1-28]은 다양한 종류의 릴레이를 보여준다.

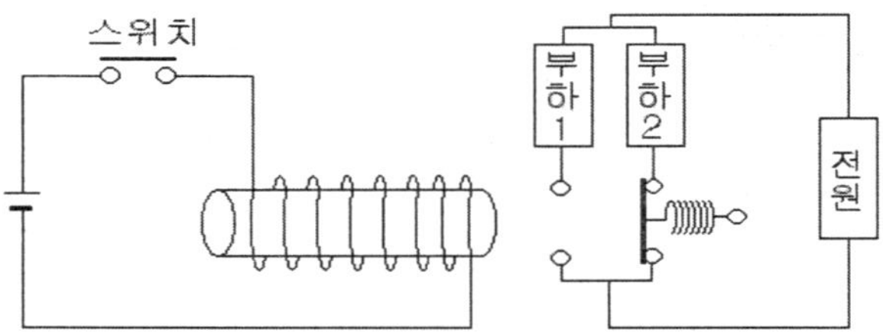

[그림 1-27] 릴레이 구조

[그림 1-28] 다양한 종류의 릴레이

■ 스위칭용 IC

<ULN2803>

달링톤(Darlingtom) 트랜지스터(TR)가 내장되어 있고, 출력핀 당 500mA의 전류를 구동할 수 있는 오픈 콜렉터형(전원 외부에서 공급) 스위칭용 IC이다. 달링턴 TR은 [그림 1-29]와 같이 2개의 트랜지스터를 직렬 연결하여 높은 전류가 흐르도록 만든 트랜지스터이다. ULN2803은 [그림 1-29]와 같이 18핀으로 구성되어 있으며, 왼쪽 1~8번핀은 제어신호를 입력하는 입력핀이고, 입력핀과 마주하는 11~18번핀은 외부 구동장치의 (-)쪽을 연결하는 출력핀이다. 따라서, 1번 입력핀은 18번 출력핀을 제어하며, 2번핀은 17번핀을,,,,8번핀은 11번핀을 각각 제어하게 된다.

입력핀에 5V가 입력되면 [그림 1-30]과 같이 해당 제어 출력핀이 9번핀의 GND와 연결되어 구동장치가 동작하게 되며, 반대로 입력핀에 0V가 입력되면 해당 제어 출력핀이 GND와 연결되지 않아 구동장치가 동작하지 않게 된다. 따라서, ULN2803은 제어 입력신호에 따라 제어 출력핀을 GND(0V)에 연결하거나 연결을 끊는 역할을 하는 스위치라 할 수 있다.

10번 핀은 출력핀에 릴레이, 솔레노이드, 모터 등의 코일성분을 갖는 소자를 연결하여 구동할 때 발생하는 역기전력으로부터 회로를 보호하기 위해 각 출력핀에 연결된 프리휠링(freewheeling) 다이오드에 부하전압을 연결하기 위한 단자이다. 따라서, 코일성분을 갖지 않는 LED와 같은 소자는 10번 핀을 아무것도 연결하지 않은 오픈 상태로 사용한다.

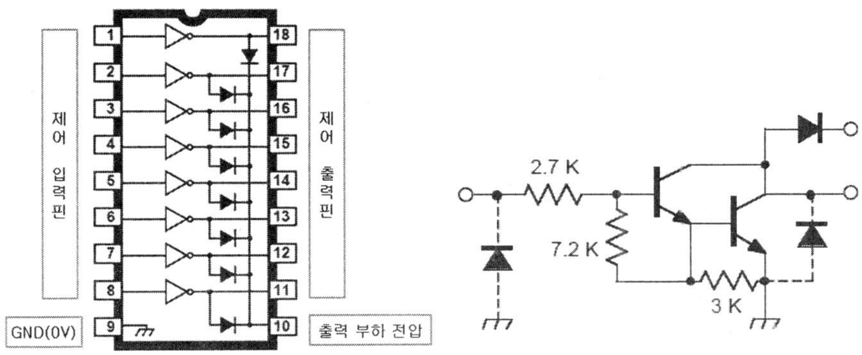

[그림 1-29] ULN2803 핀 구성 및 내부 회로

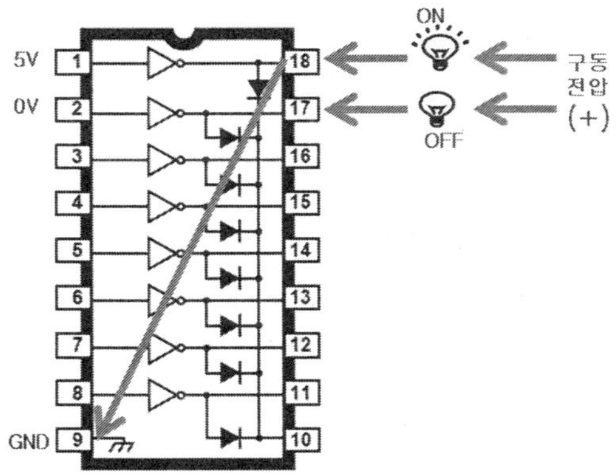

[그림 1-30] ULN2803 사용예

<UDN2981>

ULN2803과 같이 내부에 8개의 달링톤(Darlingtom) 트랜지스터(TR)가 내장되어 있고, 출력핀 당 500mA의 전류를 구동할 수 있는 오픈 에미터형 스위칭용 IC이다. UDN2981도 [그림 1-31]과 같이 18핀으로 구성되어 있으며, 왼쪽 1~8번핀은 제어신호를 입력하는 입력핀이고, 입력핀과 마주하는 11~18번핀은 외부 구동장치의 (+)쪽을 연결하는 출력핀이다. 따라서, 입력핀 1번핀은 출력핀 18번을 제어하며, 2번핀은 17번핀을,,,,8번핀은 11번핀을 각각 제어하게 된다.

입력핀에 5V가 입력되면 [그림 1-32]와 같이 해당 제어 출력핀이 10번핀의 제어장치 구동전압과 연결되어 구동장치가 동작하게 되며, 반대로 입력핀에 0V가 입력되면 해당 제어 출력핀은 구동전압이 연결되지 않아 제어장치가 동작하지 않게 된다. 따라서, UDN2981은 제어 입력신호에 따라 제어 출력핀을 제어장치 구동전압(V_S)에 연결하거나 연결을 끊는 역할을 하는 스위치라 할 수 있다.

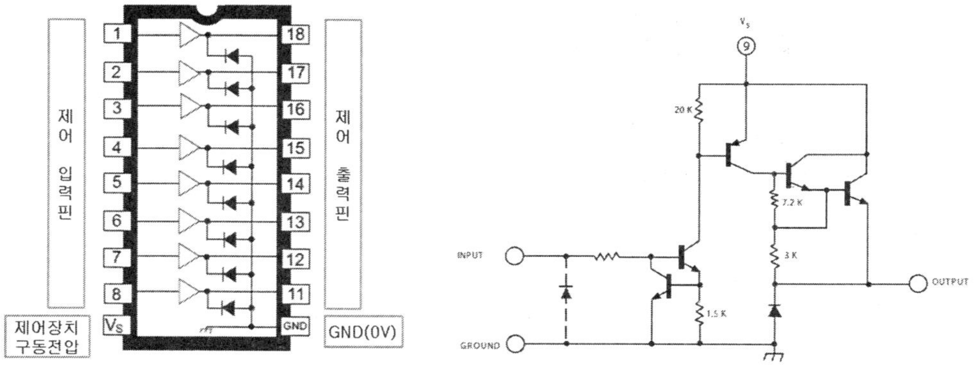

[그림 1-31] UDN2981 핀 구성 및 내부 회로

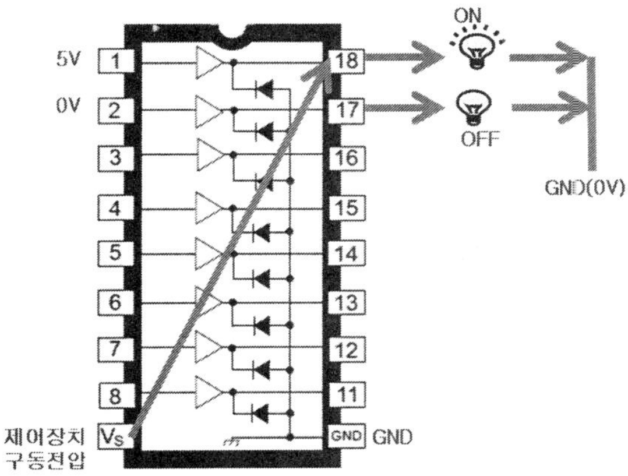

[그림 1-32] UDN2981 사용예

1.2 수의 체계

(1) 2진수

10진수에서 각 자리 값이 0~9의 값으로 표현되듯이, 2진수에서 각 자리 값은 0과 1의 값을 갖게 된다.

■ 2진수로 변환하기

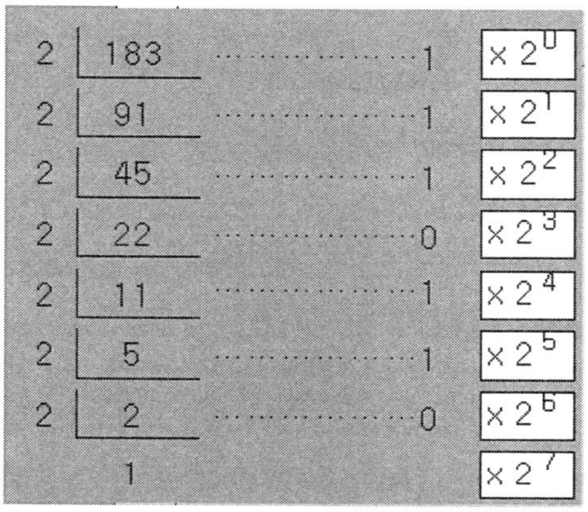

[그림 1-33] 2진수 구하기

- 변환할 값을 2로 계속 나누어가면서 [그림 1-33]과 같이 몫과 나머지를 분리해가며 몫이 2보다 작은 값이 될 때까지 반복한다.
- 변환되는 2진수는 나머지 값들을 아래 부분부터 위쪽 방향으로 정리하여 나열한다. 10110111B

■ 비트

2진수에서의 각 자리 값을 비트라 하며, 8자리(비트)를 묶어 1바이트라고 한다. 2진수는 다른 수들과 구별하기 위해 2진수 맨 뒤에 'B'(또는 'b')를 붙여 표현하다.(C언어에서는 맨 앞에 '0B' 또는 '0b'를 붙여 사용)

비트 번호	7 (MSB)	6	5	4	3	2	1	0 (LSB)
자리값	1	0	1	1	0	1	1	1
2비트 번호값	2^7	2^6	2^5	2^4	2^3	2^2	2^1	2^0

[그림 1-34] 비트 번호

☞ 용어
MSB(Most Significant Bit) : 2진수에서 최상위 비트를 의미
LSB(Least Significant Bit) : 2진수에서 최하위 비트를 의미

■ 10진수로 변환하기

2진수의 각 자리 값에 2비트 번호값을 곱해 모두 더해 주면 된다. 따라서, 앞의 예제에서 얻어진 183의 2진값 10110111B는 다음과 같이 10진수로 변환된다.

$$1\times2^7+0\times2^6+1\times2^5+1\times2^4+0\times2^3+1\times2^2+1\times2^1+1\times2^0=183$$

(2) 16진수

2진수로 프로그램을 작성하거나 데이터를 표시하는 경우 데이터의 표현이 길어져 불편한 점이 발생한다. 즉, 8비트 데이터의 경우에는 8자리, 16비트 데이터의 경우에는 16자리가 되어 데이터를 입력하면서 자리값에 종종 에러가 발생한다. 따라서, 16진수는 이러한 문제점을 해결하고 인간이 좀 더 편하게 사용하기 위한 표현법이라 말할 수 있다.

■ 16진수로 변환하기

10진 값을 16진수로 나타낼 때는 2진수를 구한 방법과 동일한 방법으로 구하면 되며, 2진수를 16진수로 변환할 때는 2진수의 맨 아랫자리부터 4자리씩 끊어 16진 값으로 표현하면 된다. 16진수는 각 자리 값이 0~15의 값을 가지며, 값을 표시할 때 10~15의 값은 A~F(또는 a~f)로 나타낸다.

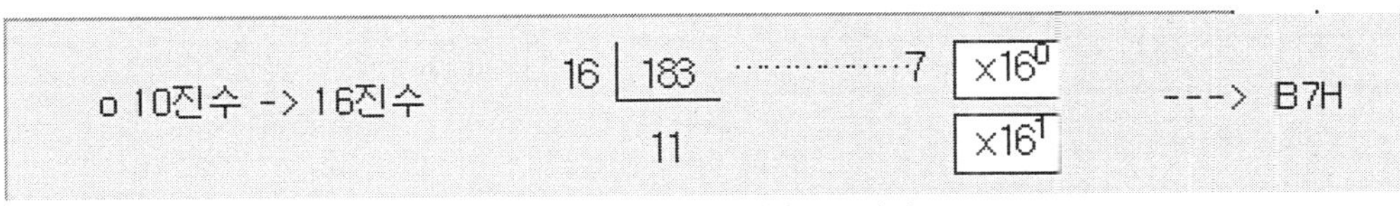

[그림 1-35] 16진수 구하기

10진수	183
2진수	10110111
16진수	B7

[그림 1-36] 2진수로부터 16진수 구하기

16진수는 다른 수와 구별하기 위해 변환되는 16진수 값 맨 아래 자리에 'H'('h')를 붙여 표현한다.(C 언어에서는 16진수 값 앞에 '0x' 또는 '0X'를 붙여 사용)

■ 10진수로 변환하기

16진수를 10진수로 변환하는 방법은 16진수의 각 자리값에 16비트 번호값을 곱해 모두 더해 주면 된다. 여기서 비트 번호는 16진값의 맨 오른쪽 자리를 0으로 하고 왼쪽으로 1씩 증가시켜가며 부여한 번호이다. 따라서, 앞의 예제에서 얻어진 16진값 B7H는 다음과 같이 10진수로 변환된다.

자리값	B	7
16비트 번호값	16^1	16^0

$$11 \times 16^1 + 7 \times 16^0 = 183$$

[그림 1-37] 16진수에서 10진수 구하기

(3) 2의 보수

컴퓨터에서 (-)값을 나타낼 때 이용하는 방법이 2의 보수(complement)를 이용한 표기법이며, (+)값에 대한 1의 보수(반전)에 1을 더하면 2의 보수가 얻어지게 된다. 이에 따라, 최상위 비트는 부호비트가 되며, 0이면 (+)를 1이면 (-)를 각각 나타낸다. 예를 들면, 4비트로 양수와 음수를 2의 보수로 나타내면 [표 1-3]과 같아지며, 양수 8은 2진수 최상위 비트가 1이므로 양수에서는 사용하지 않는다. 따라서, 4비트에 대한 값의 범위는 $-8(2^3)$부터 $+7(2^3-1)$까지가 된다.

[표 1-3] 2의 보수 표현에 의한 4비트 정수값

양수		음수		
값	2진수	1의 보수 (양수에 대한 반전값)	2의 보수 (1의 보수 + 1)	값
0	0000	1111	0000	0
1	0001	1110	1111	-1
2	0010	1101	1110	-2
3	0011	1100	1101	-3
4	0100	1011	1100	-4
5	0101	1010	1011	-5
6	0110	1001	1010	-6
7	0111	1000	1001	-7
8	1000	0111	1000	-8

(양수는 0부터 7까지, 음수는 -1부터 -8까지 표현된다)

(4) BCD (Binary Coded Decimal)

디지털 시스템에서는 모든 데이터가 2진수로 저장되고 또한 연산도 2진수로 이루어지므로 인간이 데이터를 봤을 때 바로 파악하기 어려운 문제점이 발생한다. BCD 표현은 이러한 문제점을 해결하기 위해 10진수의 각 자리를 4비트의 2진수(또는 1자리의 16진수) 0~9로 표현하여 디지털 시스템에서도 10진수와 똑같은 형식으로 저장하기 위한 것이다. 따라서, 10진수의 맨 뒤에 'H'를 붙여 10진값 형태 그대로 저장하게 표현하면 되며, BCD 표현은 데이터의 연산결과를 인간이 알아보기 쉽도록 표시할 때 유용한 표현법으로서 7-세그먼트 등에 표시할 때 자주 이용한다.

10진수	87
2진수	01010111 → 16진 표현 57H
BCD	1000 0111 → 16진 표현 37H

[그림 1-38] BCD 표현

(5) ASCII CODE (American Standard Code for Information Interchange)

컴퓨터 시대에 정보 교환의 표준을 위해 만든 코드로서, 영어 알파벳, 아라비아 숫자, 각종 구두점 및 심볼, 컴퓨터 제어코드들을 7자리(비트)의 0과 1의 조합으로 표현한 데이터 코드이다. [표 1-4]는 ASCII 코드표를 보여준다. 알파벳 대소문자와 숫자의 코드 시작값과 각각의 코드 값들이 시작부터 연속적이라는 것을 확인하기 바란다. 즉 숫자는 0x30~0x39, 알파벳 대문자는 0x41~0x5A, 알파벳 소문자는 0x61~0x7A까지의 코드값을 가지고 있다.

[표 1-4] ASCII 코드표

10진값	16진값	문자	10진값	16진값	문자	10진값	16진값	문자	10진값	16진값	문자
0	00	NUL	32	20	SPACE	64	40	@	96	60	`
1	01	SOH	33	21	!	65	41	A	97	61	a
2	02	STX	34	22	"	66	42	B	98	62	b
3	03	ETX	35	23	#	67	43	C	99	63	c
4	04	EOT	36	24	$	68	44	D	100	64	d
5	05	ENQ	37	25	%	69	45	E	101	65	e
6	06	ACK	38	26	&	70	46	F	102	66	f
7	07	BEL	39	27	'	71	47	G	103	67	g
8	08	BS	40	28	(	72	48	H	104	68	h
9	09	TAB	41	29	)	73	49	I	105	69	i
10	0A	LF	42	2A	*	74	4A	J	106	6A	j
11	0B	VT	43	2B	+	75	4B	K	107	6B	k
12	0C	FF	44	2C	,	76	4C	L	108	6C	l
13	0D	CR	45	2D	-	77	4D	M	109	6D	m
14	0E	SO	46	2E	.	78	4E	N	110	6E	n
15	0F	SI	47	2F	/	79	4F	O	111	6F	o
16	10	DLE	48	30	0	80	50	P	112	70	p
17	11	DC1	49	31	1	81	51	Q	113	71	q
18	12	DC2	50	32	2	82	52	R	114	72	r
19	13	DC3	51	33	3	83	53	S	115	73	s
20	14	DC4	52	34	4	84	54	T	116	74	t
21	15	NAK	53	35	5	85	55	U	117	75	u
22	16	SYN	54	36	6	86	56	V	118	76	v
23	17	ETB	55	37	7	87	57	W	119	77	w
24	18	CAN	56	38	8	88	58	X	120	78	x
25	19	EM	57	39	9	89	59	Y	121	79	y
26	1A	SUB	58	3A	:	90	5A	Z	122	7A	z
27	1B	ESC	59	3B	;	91	5B	[	123	7B	{
28	1C	FS	60	3C	<	92	5C	\	124	7C	|
29	1D	GS	61	3D	=	93	5D	]	125	7D	}
30	1E	RS	62	3E	>	94	5E	^	126	7E	~
31	1F	US	63	3F	?	95	5F	_	127	7F	DEL

1.3 논리 게이트

논리 게이트는 기본적인 논리연산을 수행하는 디지털 전자회로를 말하며, 대부분의 논리 게이트들은 두 개의 입력과 한 개의 출력을 갖는다. 논리게이트에서 모든 입출력 단자는 2가지 상태 1과 0(또는 5V/0V, 참/거짓, High/Low)으로 나타내며, 컴퓨터를 포함한 모든 디지털 회로에서는 2가지의 상태(2진 상태)로 표현된다. 기본 논리 게이트에는 AND, OR, XOR, NOT, NAND, 그리고 NOR 등 모두 6개의 종류가 있다.

(1) NOT 게이트

NOT 게이트는 입력값을 반전시켜 출력하는 기능을 가지며, 0이면 1을, 1이면 0을 출력한다. NOT 게이트의 기호 및 진리 테이블은 [그림 1-39]와 같다.

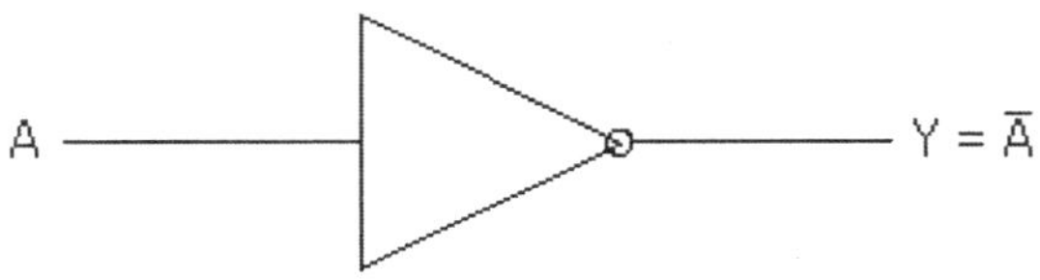

입력 A	출력 Y
0	1
1	0

(a) 기호 (b) 진리 테이블

[그림 1-39] NOT 게이트

(2) AND 게이트

AND 게이트는 두 입력의 값이 모두 1일 때만 1을 출력하며, 입력 중 하나라도 0이면 0이 출력된다. AND 게이트의 기호 및 진리 테이블은 [그림 1-40]과 같다.

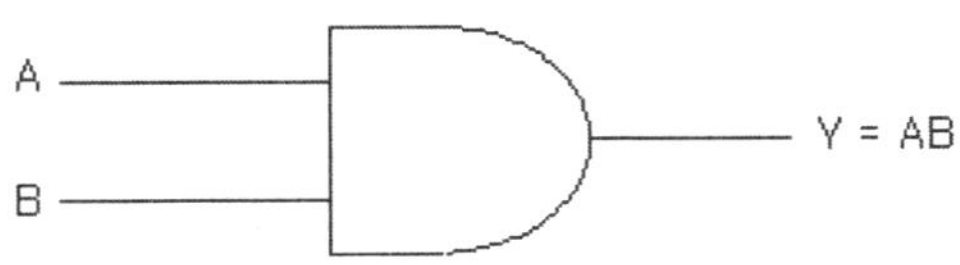

입력 A	입력 B	출력 Y
0	0	0
0	1	0
1	0	0
1	1	1

(a) 기호 (b) 진리 테이블

[그림 1-40] AND 게이트

(3) OR 게이트

OR 게이트는 두 입력 중 하나라도 1이면 1이 출력되며, 두 입력이 모두 0인 경우에만 0이 출력된다. OR 게이트의 기호 및 진리 테이블은 [그림 1-41]과 같다.

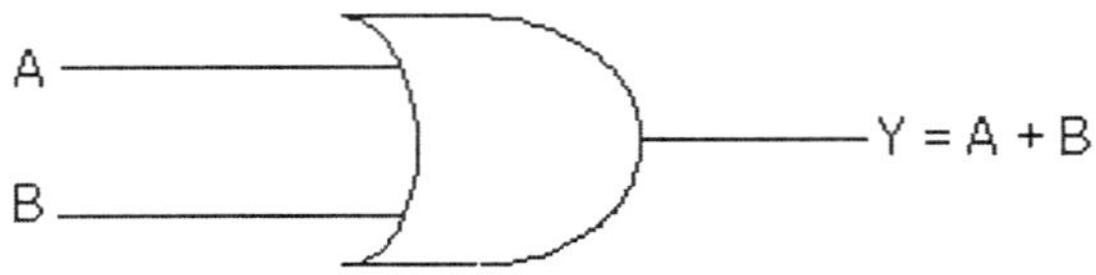

(a) 기호

입력 A	입력 B	출력 Y
0	0	0
0	1	1
1	0	1
1	1	1

(b) 진리 테이블

[그림 1-41] OR 게이트

(4) XOR(Exclusive OR) 게이트

XOR 게이트는 두 입력이 같으면 0이 출력되며, 두 입력이 다를 때만 1이 출력된다. XOR 게이트의 기호 및 진리 테이블은 [그림 1-42]와 같다.

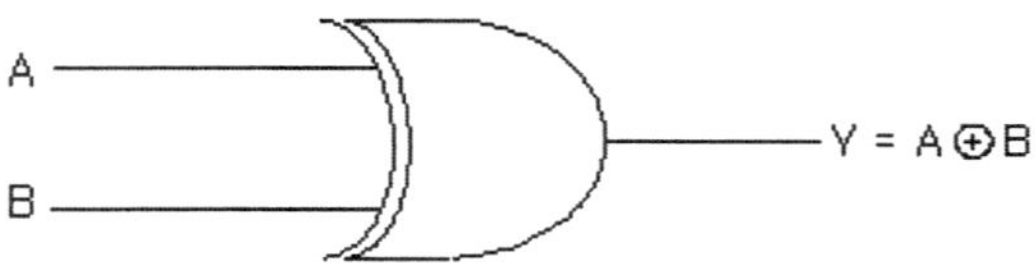

(a) 기호

입력 A	입력 B	출력 Y
0	0	0
0	1	1
1	0	1
1	1	0

(b) 진리 테이블

[그림 1-42] XOR 게이트

(5) NAND 게이트

NAND 게이트는 AND 게이트 바로 뒤에 NOT 게이트가 이어지는 것처럼 동작하며, 두 입력의 값이 모두 1일 때만 0을 출력한다. NAND 게이트의 기호 및 진리 테이블은 [그림 1-43]과 같다.

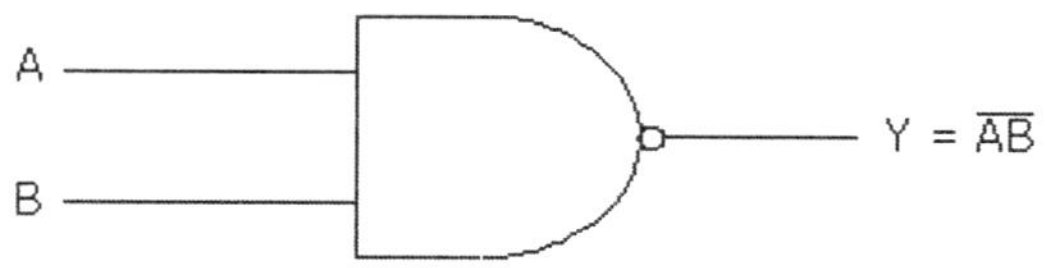

입력 A	입력 B	출력 Y
0	0	1
0	1	1
1	0	1
1	1	0

(a) 기호　　　　(b) 진리 테이블

[그림 1-43] NAND 게이트

(6) NOR 게이트

NOR 게트는 OR 게이트 바로 뒤에 NOT 게이트가 이어지는 것처럼 동작하며, 두 입력의 값이 모두 0일 때만 1을 출력한다. NOR 게이트의 기호 및 진리 테이블은 [그림 1-44]와 같다.

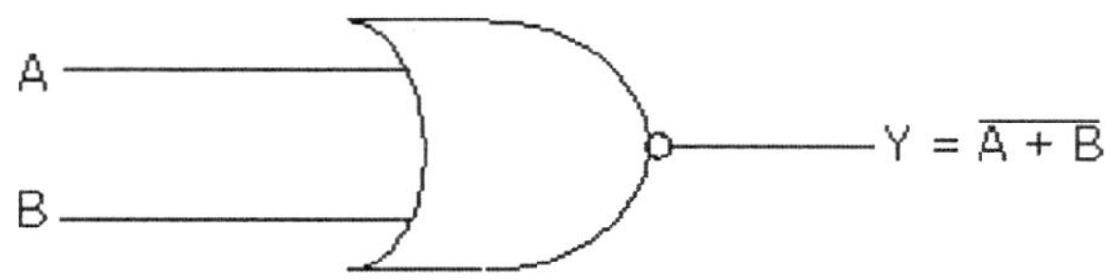

입력 A	입력 B	출력 Y
0	0	1
0	1	0
1	0	0
1	1	0

(a) 기호　　　　(b) 진리 테이블

[그림 1-44] NAND 게이트

1.4 수치 논리연산

프로그램 작성시 자주 이용되는 논리연산으로, AND, OR, XOR 연산이 있다. AND 연산은 특정비트(들)만을 추출할 때, OR 연산은 특정비트(들)를 강제로 1르 할 때 사용한다. 그리고, XOR 연산은 특정비트(들)를 반전시키고자 할 때 사용하며, 이들 각각에 대해 설명하면 다음과 같다.

(1) AND 연산

AND 연산은 어떤 특정 비트 값들은 그대로 두고 나머지는 0으로 처리하거나 또는 어떤 특정 비트만을 0으로 하고 나머지는 그대로 유지할 때 사용하는 연산이다. 이 때 AND 연산에 사용되는 상수값을 AND 마스크라하며, 주로 스위치 또는 센서의 상태를 입력처리 하는데 있어서 필요한 비트만을 추출할 때 사용한다.

- 상위 4비트는 무시하고 하위 4비트만을 추출하고 싶을 때

  [그림 1-45]와 같이 AND 마스크 0B00001111을 사용하면 입력 데이터 값의 상위 4비트는 데이터 값에 상관없이 0이 되고, 하위 4비트는 입력 데이터 값이 그대로 남게 된다.

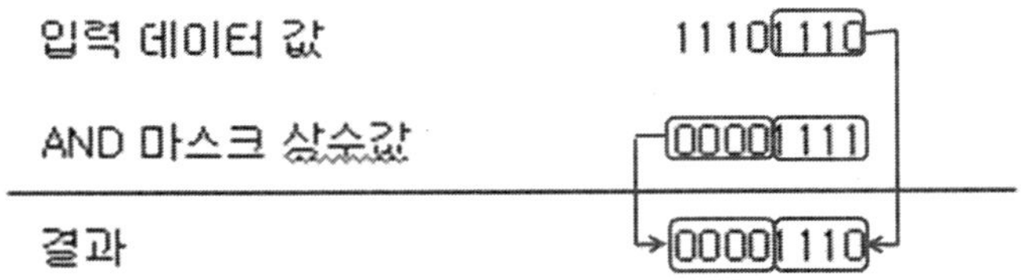

[그림 1-45] AND 마스크 연산 예

- 최하위 1비트만을 추출하고 싶을 때

  최하위 비트만을 추출하고 싶을 때는 [그림 1-46]과 같이 마스크 값이 최하위 비트만 1이 되도록 해서 데이터 값과 AND 연산을 하면 된다. 이렇게 논리연산을 하게 되면, 데이터 값에 상관없이 데이터 값의 최하위 비트만이 추출되는 것을 확인할 수 있다. 0이면 0이 나오고, 1이면 1이 결과값으로 나오게 된다.

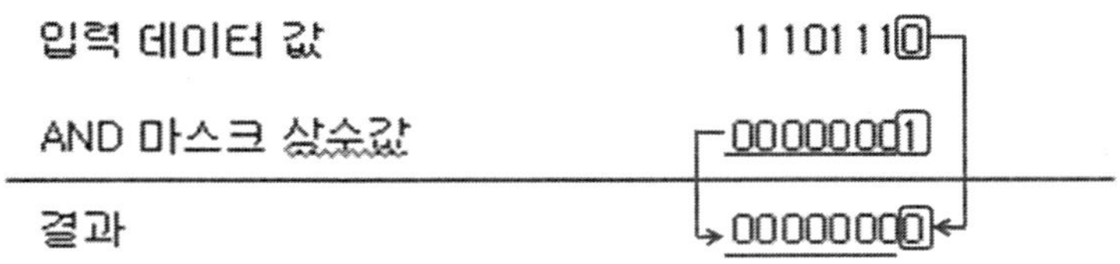

(a) 최하위 비트가 0인 경우

(b) 최하위 비트가 1인 경우

[그림 1-46] 최하위 비트 추출 논리연산

(2) OR 연산

어떤 특정 비트 값들은 그대로 두고 나머지는 강제적으로 1로 처리할 때 사용하는 연산이며, 주로 출력처리를 할 때 많이 사용된다. 즉, 0과 OR 연산되는 비트는 그대로 출력되며, 1과 OR 연산되는 비트는 강제적으로 1로 출력된다. 이 연산은 주로 출력처리를 할 때 사용되며, 쉬프트 연산에서 0으로 채워지는 최상위 비트 또는 최하위 비트를 강제적으로 1로 처리할 때도 사용된다.

- 하위 4비트를 강제적으로 1로 하고 싶을 때

  [그림 1-47]과 같이 OR 마스크 0B00001111을 사용하면 데이터 값의 상위 4비트는 입력 데이터 값이 그대로 남게 되고, 하위 4비트는 데이터 값에 상관없이 1이 된다.

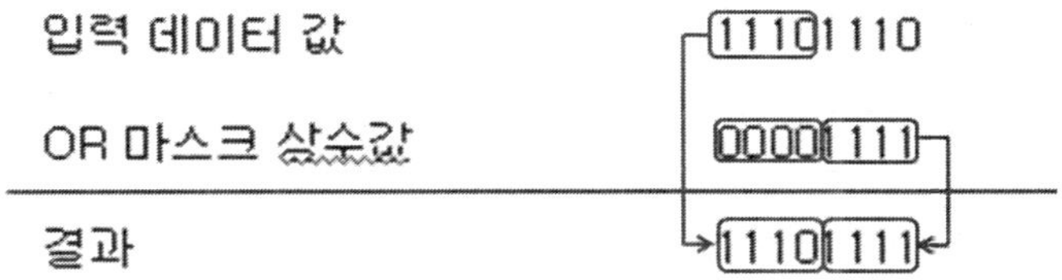

[그림 1-47] OR 마스크 연산 예

- 최하위 1비트를 강제적으로 1로 하고 싶을 때

  최하위 비트만을 강제적으로 1로 하고 싶을 때는 [그림 1-48]과 같이 마스크 값이 최하위 비트만 1이 되도록 해서 데이터 값과 OR 연산을 하면 된다. 이렇게 논리연산을 하게 되면, 데이터 값에 상관없이 최하위 비트값이 1이 된다.

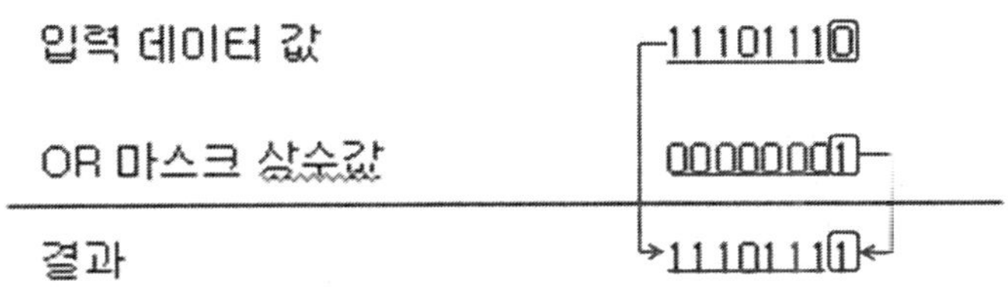

(a) 최하위 비트가 0인 경우

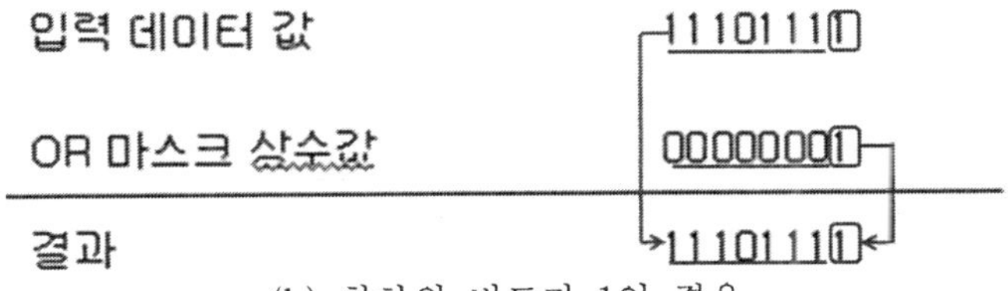

(b) 최하위 비트가 1인 경우

[그림 1-48] 최하위 비트 강제 셋 논리연산

(3) XOR(Exclusive OR) 연산

XOR 연산은 어떤 특정 비트 값들은 그대로 두고 나머지 비트를 반전할 때 사용하는 연산이다. 0과 XOR 연산되는 비트는 그대로 출력되며, 1과 XOR 연산되는 비트는 반전 출력된다. 주로 특정 비트 값만을 반전 출력하고자 할 때 주로 사용된다.

- 8비트 전체를 반전하고 싶을 때

  [그림 1-49]와 같이 XOR 마스크 0B11111111을 사용하면 데이터 값의 8비트 모두 반전된다.

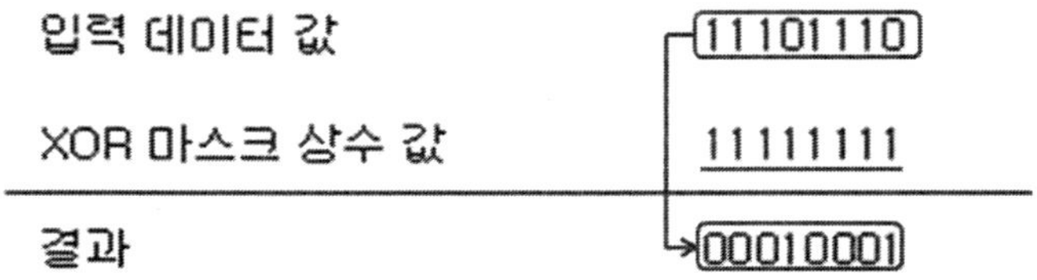

[그림 1-49] XOR 연산에 의한 8비트 반전

- 하위 4비트만 반전하고 싶을 때

  [그림 1-50]과 같이 XOR 마스크 0B00001111을 사용하면 데이터 값의 상위 4비트는 그대로 남고, 하위 4비트만 반전된다.

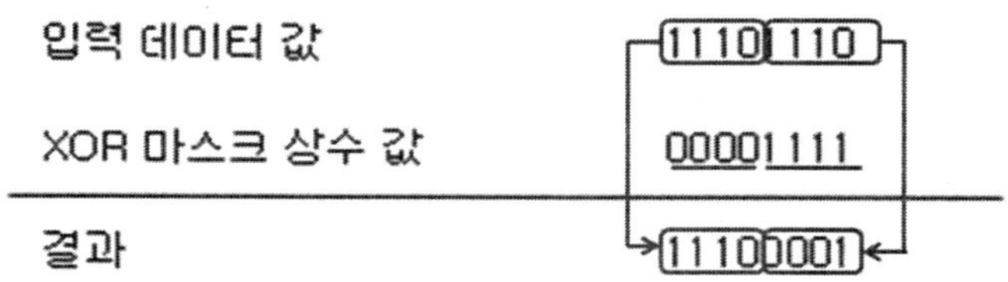

[그림 1-50] XOR 연산에 의한 하위 4비트 반전

Chapter 02

실습 환경

2.1 KUT-128 보드

이 책에서 실습에 사용할 보드는 MCU 보드와 인터페이스 보드로 구성되어 있는 KUT-128 보드이다.

[사진 1] MCU 보드

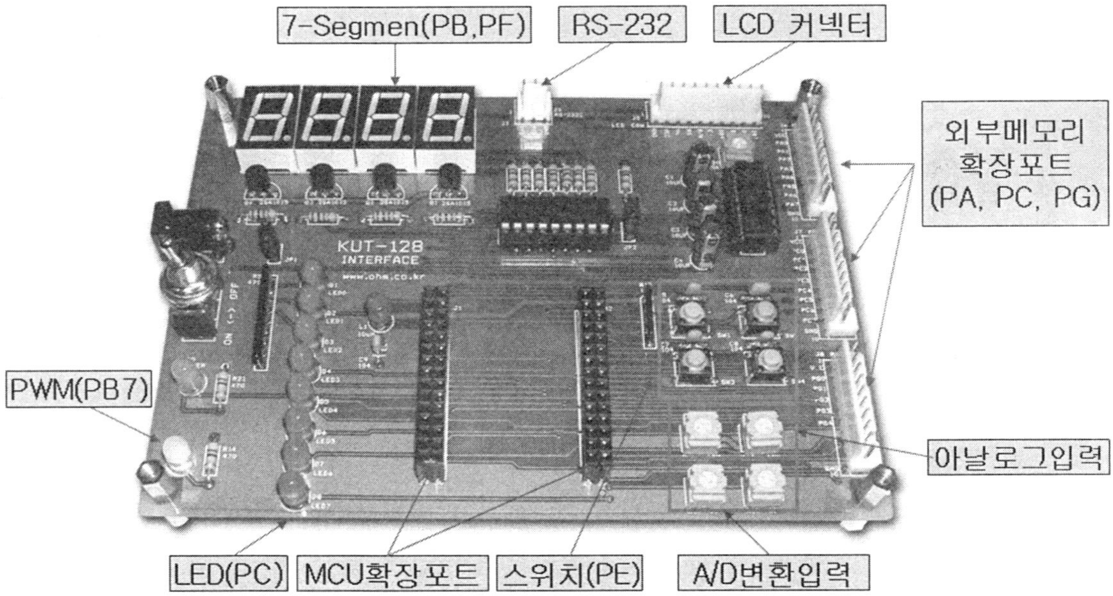

[사진 2] 인터페이스 보드

[사진 3] KUT-128 보드(MCU 보드 + 인터페이스 보드)

(1) KUT-128 MCU 보드

■ MCU 회로

MCU 회로는 [그림 2-1]과 같이 ATmega128 MCU, 리셋 회로, 클럭 발생 회로로 구성되며, 클럭 발생 회로에는 16MHz 크리스탈을 사용하였다. ATmega128의 A, B, C, D, E, F, G 포트는 커넥터로 인터페이스 보드 또는 사용자들의 개발 보드와 연결할 수 있도록 설계하였으며, 리셋 회로는 리셋 스위치를 이용해 시스템 리셋을 발생시킬 수 있다.

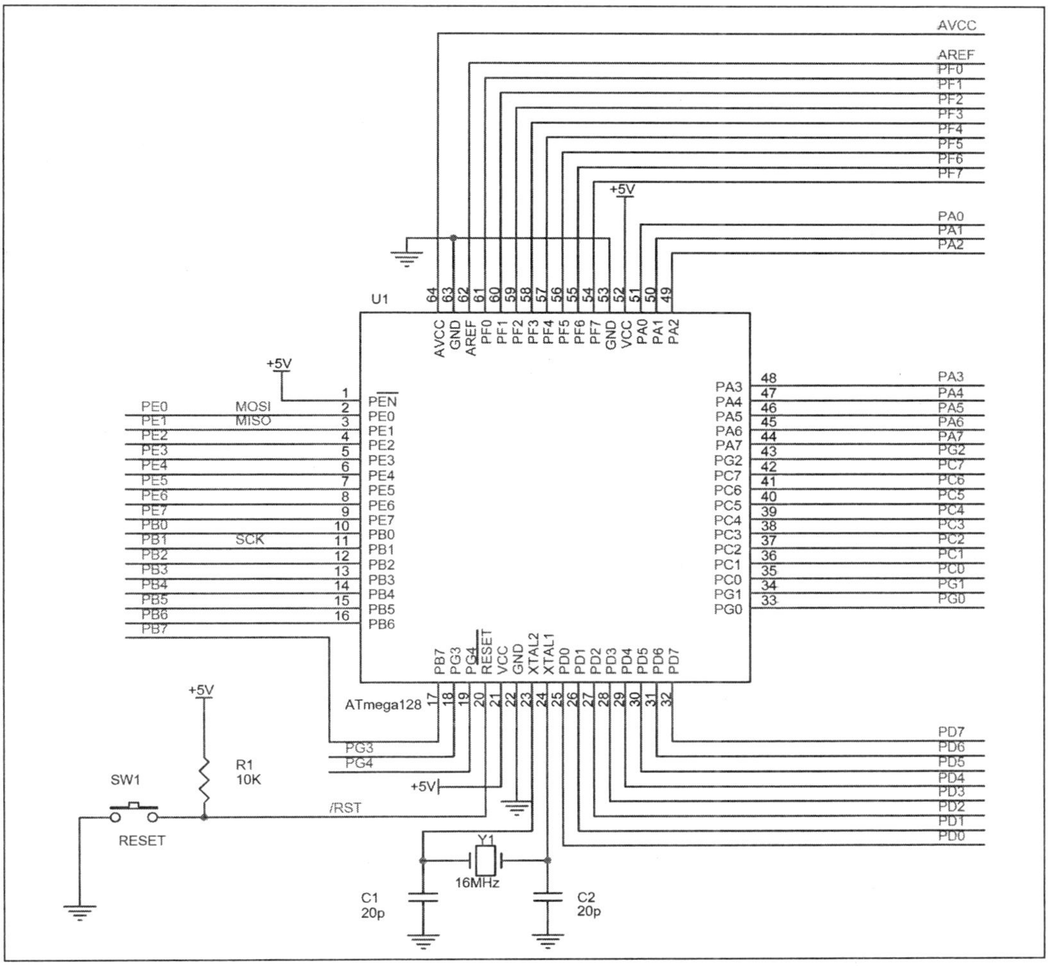

[그림 2-1] ATmega128 MCU 회로

■ ISP 다운로더 커넥터

C 컴파일러에 내장된 프로그래머(Programmer)를 통해 KUT-128 보드에 사용자가 작성한 프로그램을 다운로드 할 수 있도록 ISP(In-System Programming) 커넥터를 [그림 2-2]와 같이 구성하였다. KUT-128 보드에 PC를 연결하여 프로그램을 다운로드 하기 위해서는 이 커넥터를 이용하여 ISP 케이블 또는 AVRISP(또는 USBISP)를 이용하여야 한다. ISP 케이블은 컴퓨터에 25핀의 프린터 커넥터가 있어야 사용할 수 있으며, AVRISP는 USB 커넥터가 있으면 사용할 수 있다.

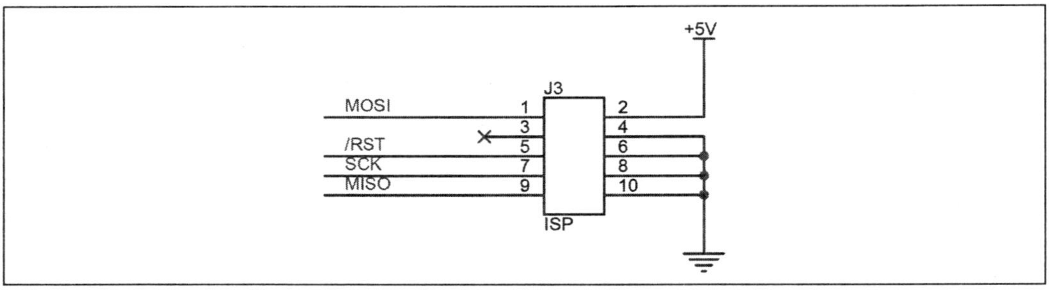

[그림 2-2] ISP 다운로더 커넥터

■ 확장 커넥터

ATmega128의 모든 단자를 [그림 2-3]과 같이 커넥터로 뽑아 KUT-128 인터페이스 보드 또는 사용자가 설계하는 확장보드에 연결할 수 있도록 하였다.

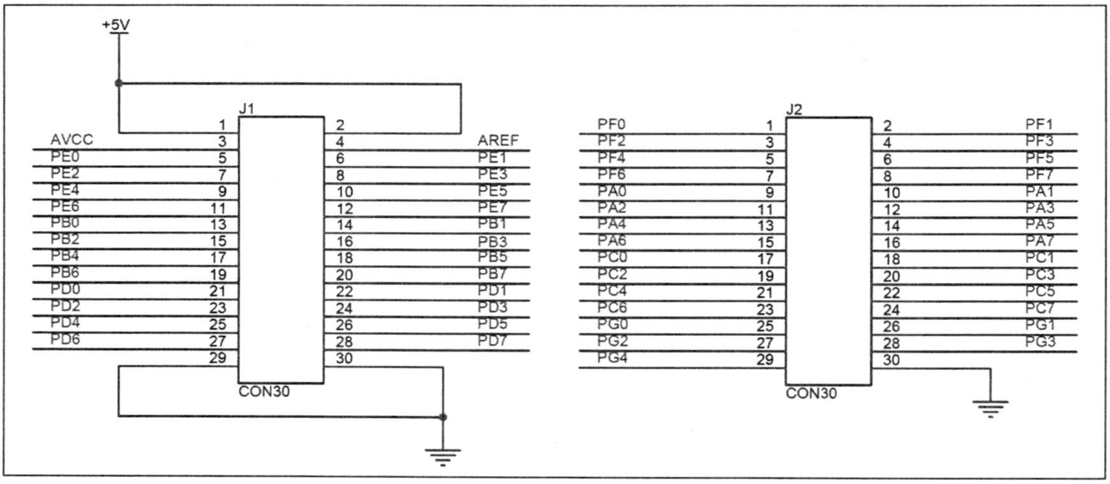

[그림 2-3] 확장 커넥터

■ 전원 LED와 바이패스 콘덴서

[그림 2-4]는 전원 LED와 바이패스 콘덴서 회로를 보여준다.

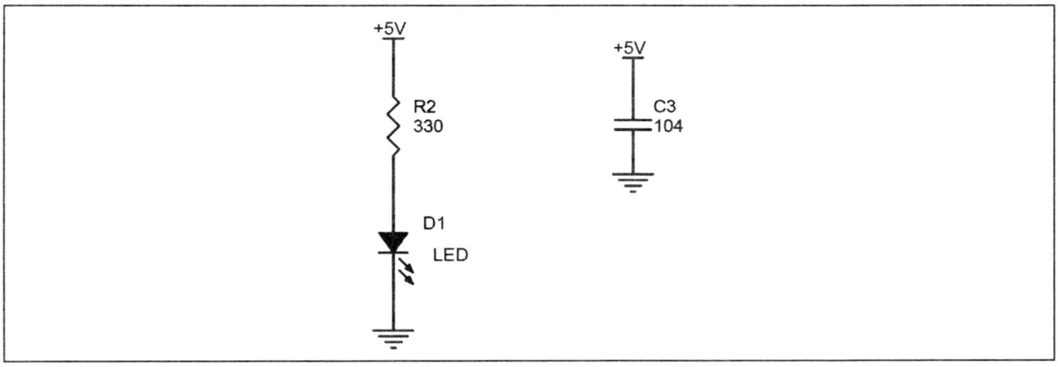

[그림 2-4] 전원 LED 및 바이패스 콘덴서

(2) KUT-128 인터페이스 보드

인터페이스 보드에는 ATmega128의 기능을 가능한 모두 학습할 수 있도록 보드상에 실장하거나 커넥터를 이용하여 추가로 연결할 수 있도록 다음과 같이 구성하였다.

- LED 출력(포트 C) 및 7-Segment(포트 B) 구동 회로
- 스위치 입력 회로(포트 E)
- 아날로그 및 A/D 변환기 입력회로
- USART(RS-232 시리얼 통신) 회로
- LCD 커넥터(포트 D)
- 외부에 메모리 또는 I/O를 연결하기 위한 확장 포트 : 포트 A, 포트 C, 포트 G

■ LED 출력 회로

포트 출력에 대한 실험을 할 수 있는 부분으로 출력값을 직접 확인할 수 있도록 [그림 2-5]와 같이 포트 C에 8개의 LED를 연결하여 구성하였다. 그리고, 포트 C를 확장 포트로 외부에서 사용할 때 LED가 동작하지 않도록 하기 위해 어레이 저항의 공통 단자를 점퍼 JP1에 의해 ON/OFF 할 수 있게 하였다.

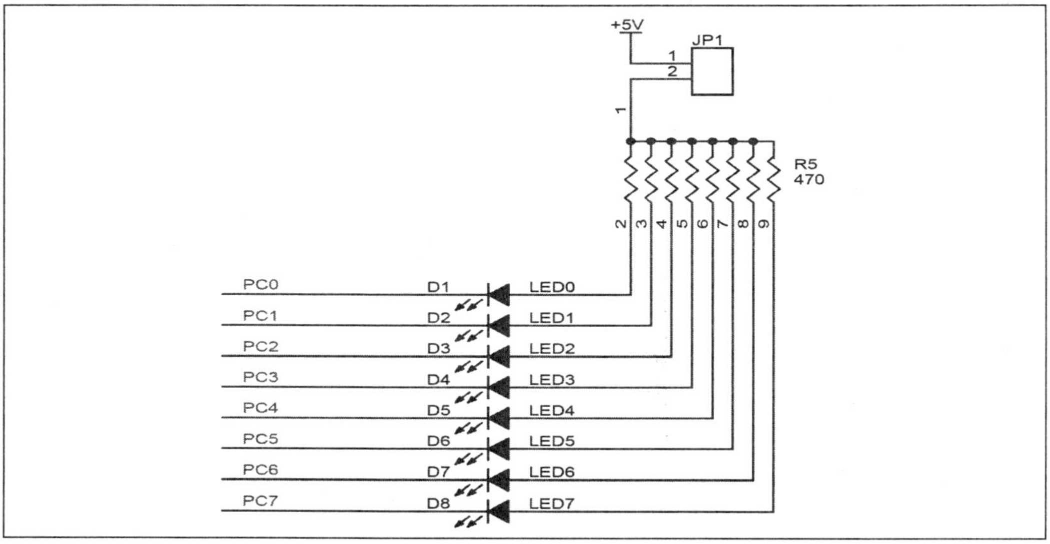

[그림 2-5] LED 출력 회로

■ 7-Segment 구동회로

디지털 시계의 제작 또는 A/D 변환기의 변환값 등을 표시할 수 있도록 Common Anode 형의 7-Segment를 4개 장착하였다. [그림 2-6]과 같이 각 Segment의 LED는 ULN2803을 거쳐 포트 B에 연결되어 있으며, 각 Segment의 ON/OFF는 4개의 트랜지스터 2SA1015를 이용하여 동적 구동법에 의해 구동하도록 설계하였다. 각 Segment의 LED를 ON시키기 위해서는 포트 B의 해당비트에 1을 출력해야 하며, Segment를 ON시키기 위해서는 PF4~PF7에 0을 출력시켜 트랜지스터를 ON시켜야 한다. 점퍼 JP2는 좌측 2번째 Segment의 decimal point LED의 표시를 ON/OFF 시킨다.

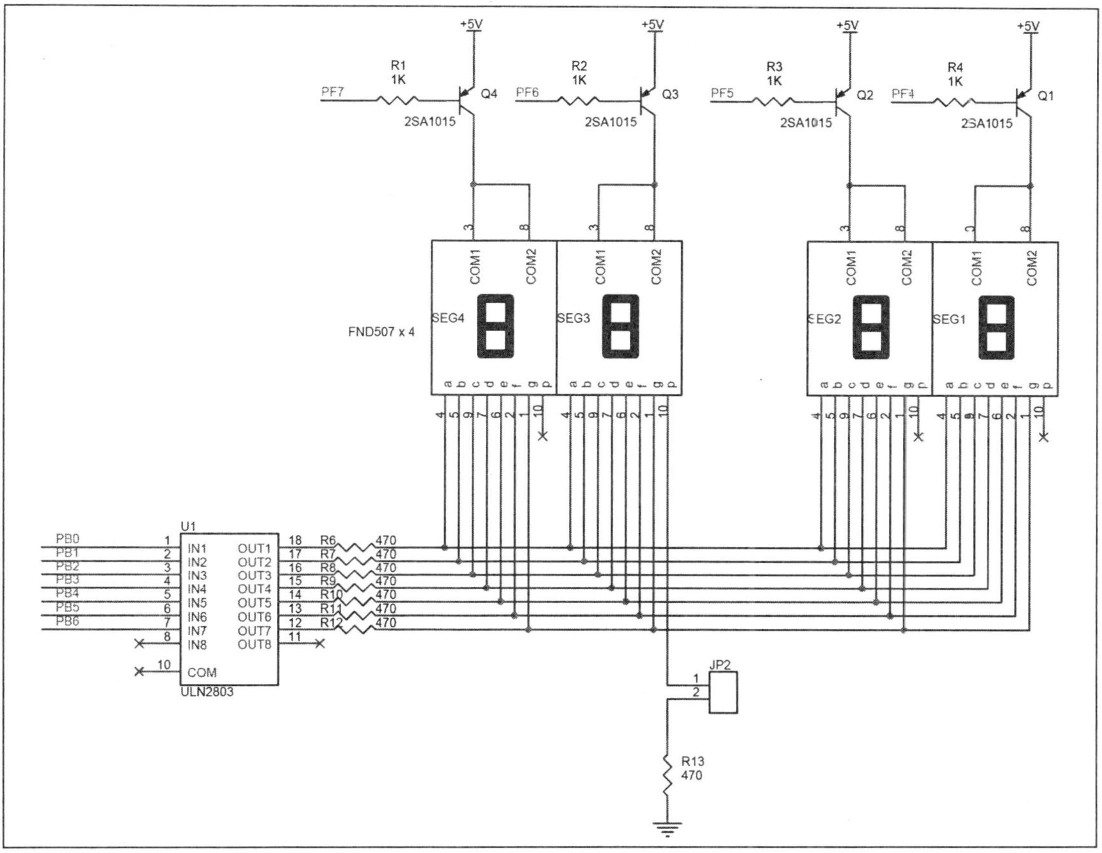

[그림 2-6] 7-Segment 구동회로

■ 스위치 입력회로

포트 입력뿐 아니라 인터럽트 실험을 수행할 수 있도록 [그림 2-7]과 같이 4개의 스위치를 포트 E에 연결하여 설계하였다. 이들 스위치들은 일반 스위치 입력핀으로 사용할 수도 있고, 또한 외부 인터럽트 INT4-INT7의 입력핀으로도 사용이 가능하다.

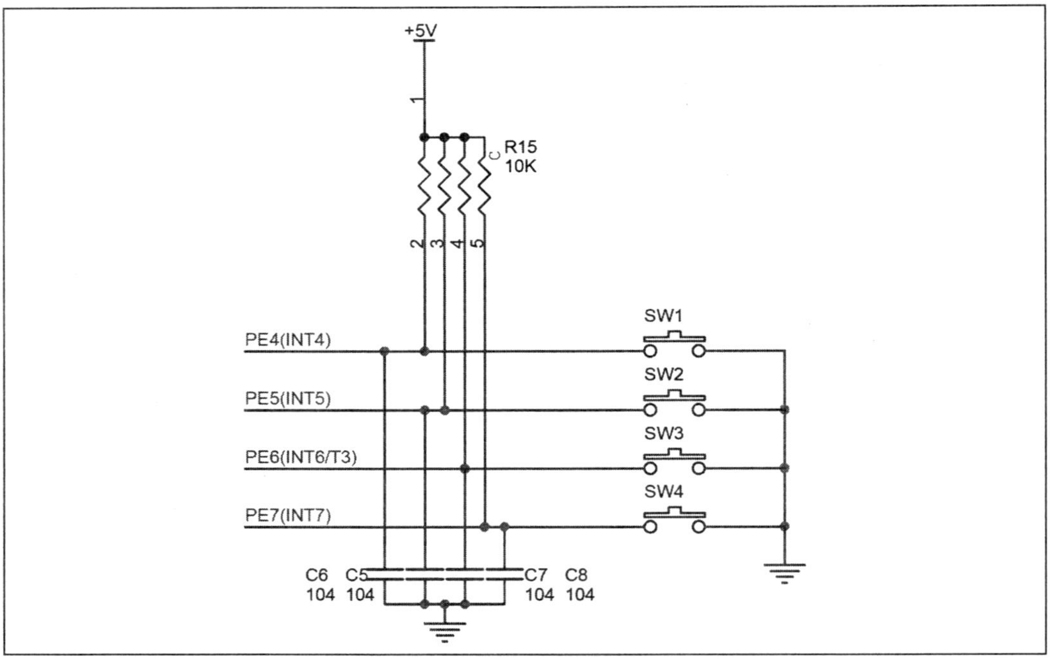

[그림 2-7] 스위치 입력회로

■ USART 회로

ATmega128에 내장되어 있는 USART0 시리얼 통신 포트를 사용할 수 있도록 MAX232 드라이버 IC를 사용하여 [그림 2-8]과 같이 회로를 구성하였다. MAX232 드라이버 IC는 RS232C 통신에 적합하도록 전압 레벨을 ±10V로 변환하는 역할을 한다.

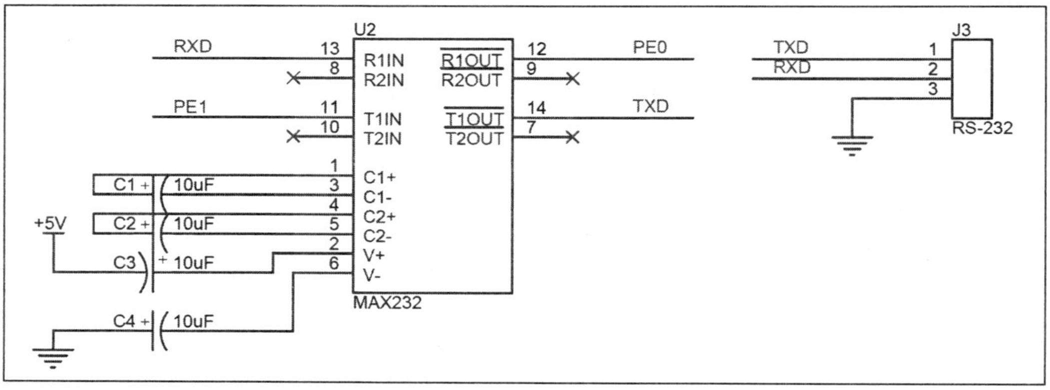

[그림 2-8] USART 회로

■ LCD 커넥터

LCD 연결을 위한 커넥터를 [그림 2-9]와 같이 포트 D를 이용하여 구성하였다. LCD는 16문자×2라인을 가지고 있는 캐릭터(Character) LCD를 사용할 수 있으며, 4비트 데이터 버스 방식에 의해 제어된다. 10kΩ 가변저항은 LCD의 밝기 조정용으로 사용된다.

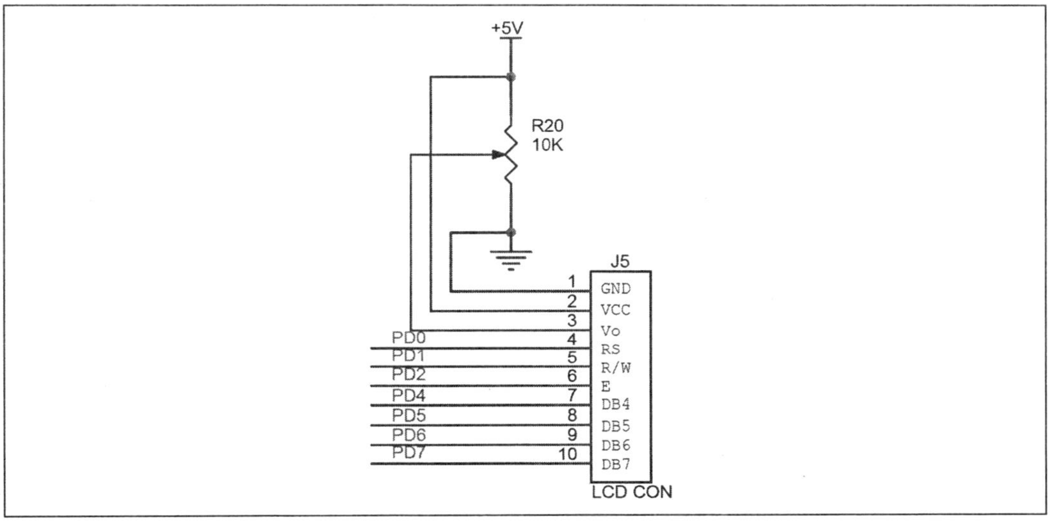

[그림 2-9] LCD 커넥터

■ PWM 출력 및 아날로그 입력회로

ATmega128의 타이머/카운터를 이용하여 PWM 출력 실험을 할 수 있도록 [그림 2-10]과 같이 회로를 설계하였으며, 또한 아날로그 비교기와 A/D 변환기의 두 입력전압을 각각 공급하도록 하였다.

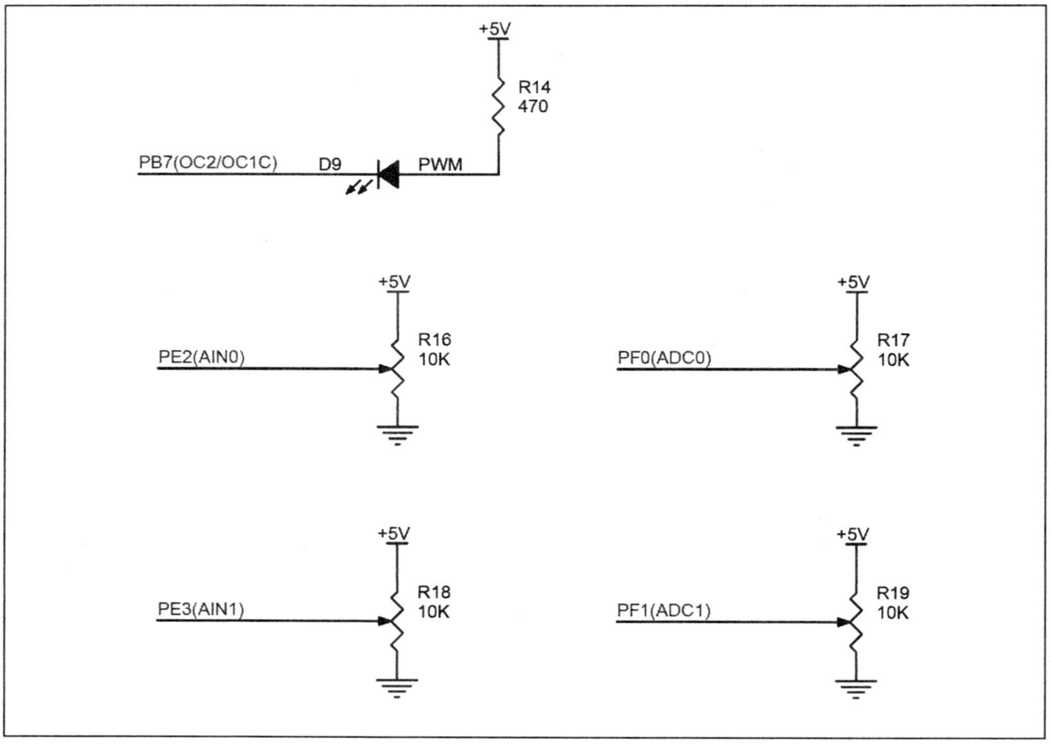

[그림 2-10] PWM 출력 및 아날로그 입력회로

■ MCU 보드 연결 커넥터

[그림 2-11]은 KUT-128 MCU 보드와의 연결을 위한 커넥터를 보여준다.

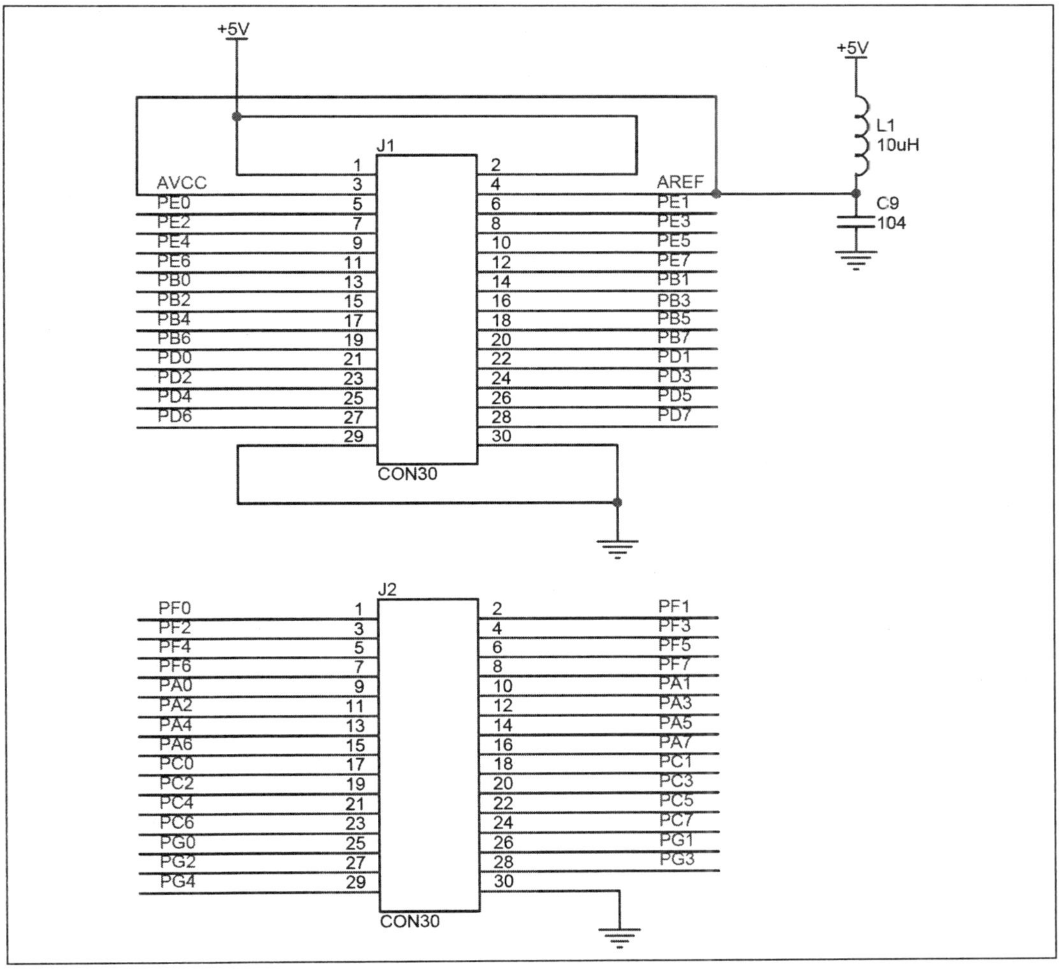

[그림 2-11] MCU 보드 연결 커넥터

■ 외부 확장 커넥터

KUT-128 인터페이스 보드에 실장된 기능 이외의 실험을 할 수 있도록 [그림 2-12]와 같이 포트 A와 포트 C 그리고 제어 신호로 구성된 포트 G의 외부 확장 커넥터를 마련하였다.

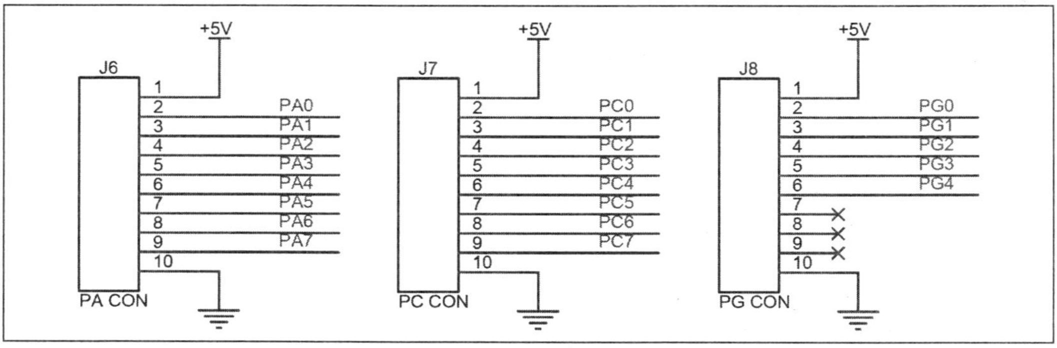

[그림 2-12] 외부 확장 커넥터

■ 전원부

KUT-128 보드에는 [그림 2-13]과 같이 5V 단일 전원이 공급되고, 전원 스위치가 ON 되면 전원 LED가 ON된다.

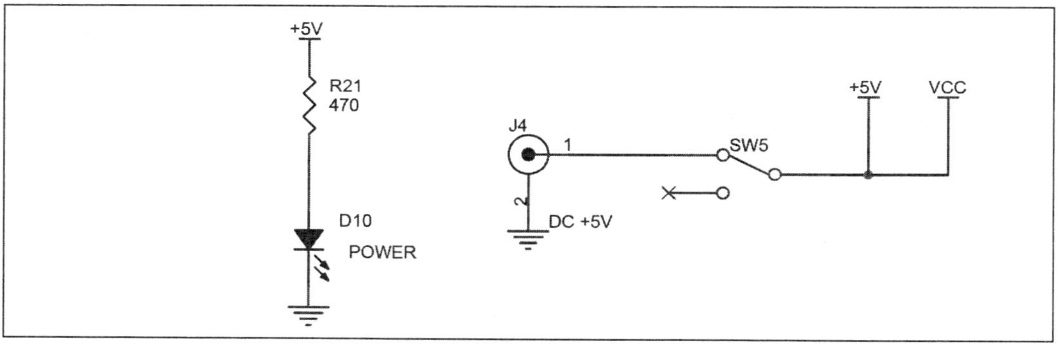

[그림 2-13] 전원부

2.2 *CodeVisionAVR* C 컴파일러 사용법

(1) AVR MCU 보드와 컴퓨터와의 연결

컴퓨터(PC 또는 노트북)를 이용하여 AVR MCU에 사용자가 작성한 프로그램을 다운로드 하기 위해서는 컴퓨터와 AVR MCU 보드를 연결하여야 한다. 이 연결법에는 다음과 같이 2가지 방법을 이용할 수 있으나, 최근에는 대부분의 컴퓨터가 USB 포트만 외부 인터페이스 커넥터로 장착하고 있어 USB 포트를 통한 연결만이 가능하다.

① ISP 케이블을 이용한 PC 프린터 커넥터 연결

[그림 2-14]와 같은 ISP 케이블을 이용하여 [그림 2-15]와 같이 컴퓨터에 기본 장착된 병렬 25핀 커넥터에 AVR MCU 보드를 연결한다. 그러나, 최근 시판되는 컴퓨터에는 병렬 25핀 프린터 커넥터를 대부분 장착하고 있지 않기 때문에 더 이상 이러한 연결은 이용할 수 없다.

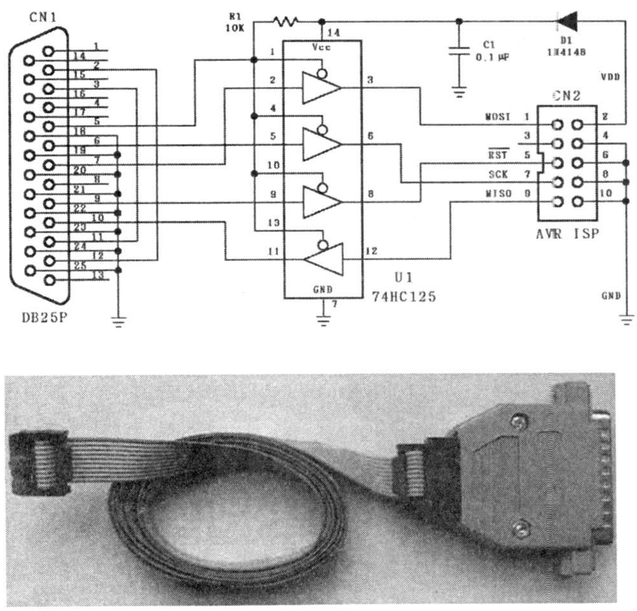

[그림 2-14] ISP 케이블 및 회로도

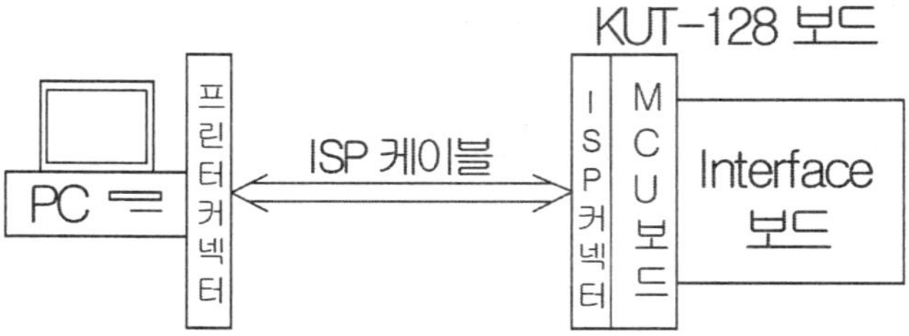

[그림 2-15] 프린터 커넥터를 통한 연결

② AVRISP을 이용한 PC USB 커넥터에 연결

최근 시판되는 PC 및 노트북에는 대부분 프린터 포트와 시리얼 포트를 가지고 있지 않으며, USB 포트만이 장착되어 있다. 따라서, 외부 기기와 PC 또는 노트북을 연결하기 위해서는 USB 포트를 이용하여야 하며, MCU와 PC(노트북)의 연결은 [그림 2-16]과 같은 AVRISP와 USB 케이블을 이용한다.

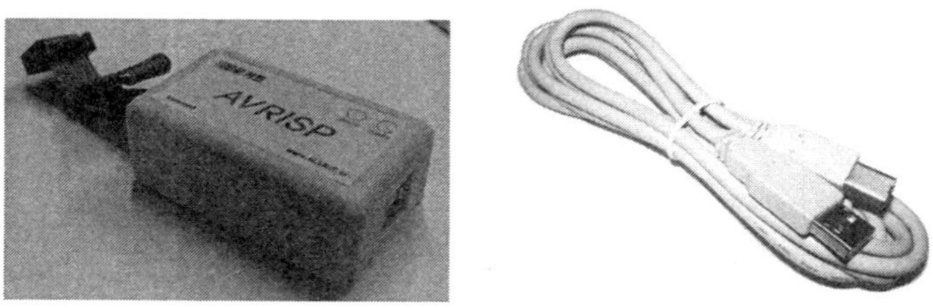

[그림 2-16] AVRISP 및 USB 케이블

AVRISP를 사용하는 경우에는 우선 드라이버를 설치하여야 하며, 여기서는 KUT-128 보드에 사용하는 올키트사(http://allkit.kr)의 AVRISP에 대해 설명하고자 한다. 우선 사용하는 AVRISP에 사용할 드라이버를 다운받아 설치헌다.

① 다운받은 드라이버 실행파일을 실행한다.(사용하는 컴퓨터의 OS와 AVRISP 버전에 따라 드라이버 실행파일을 사용해야 한다.)

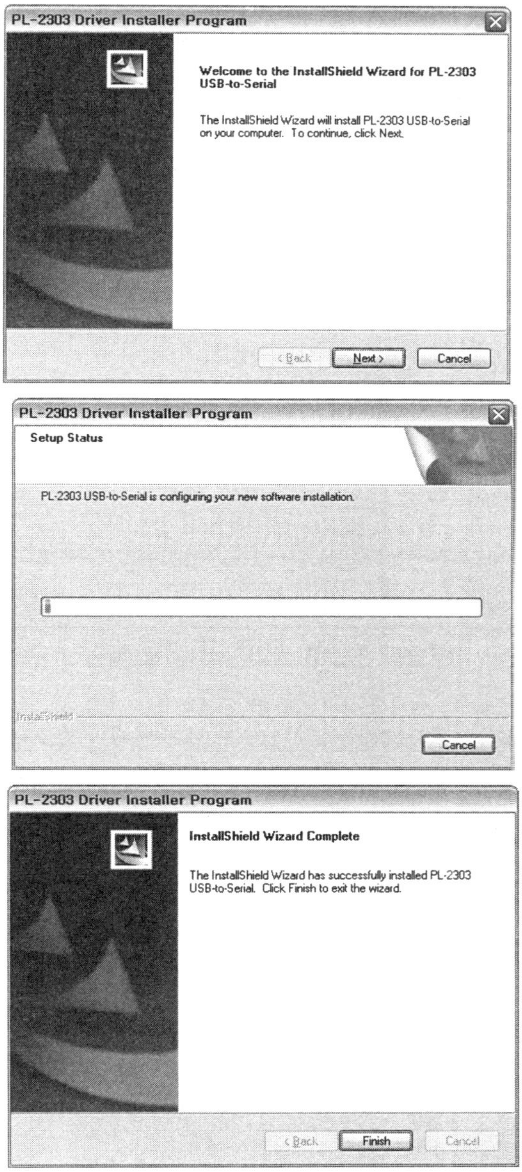

[그림 2-17] AVRISP 드라이버 설치

② 제어판의 "프로그램 추가/제거"를 실행하여 드라이버 설치를 확인한다.

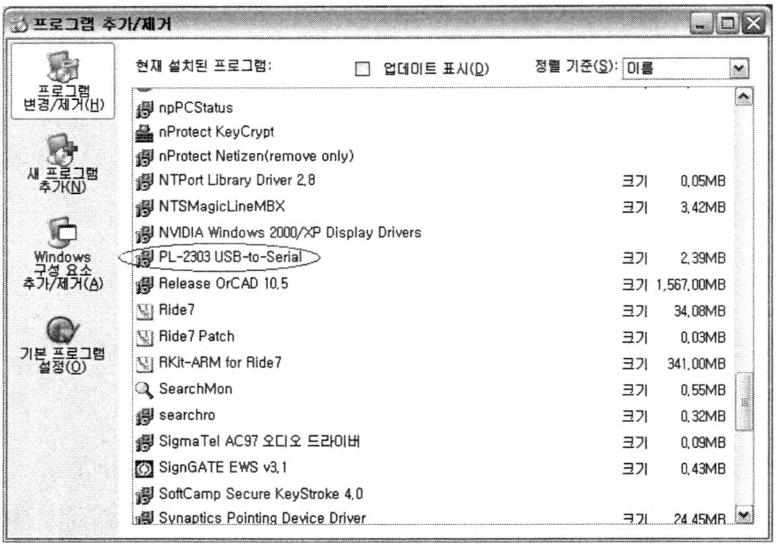

[그림 2-18] 드라이버 설치 확인

③ 컴퓨터와 AVR MCU 보드를 연결하고, 제어판에서 "시스템"을 실행한 후 "하드웨어 -> 장치관리자"를 클릭하여 USB 포트에 할당된 <COM 포트 번호>를 확인한다. 이 <COM 포트 번호>는 CodeVisionAVR 컴파일러를 사용할 때 <Programmer Setting>에서 필요하기 때문에 반드시 확인해 두어야 한다.

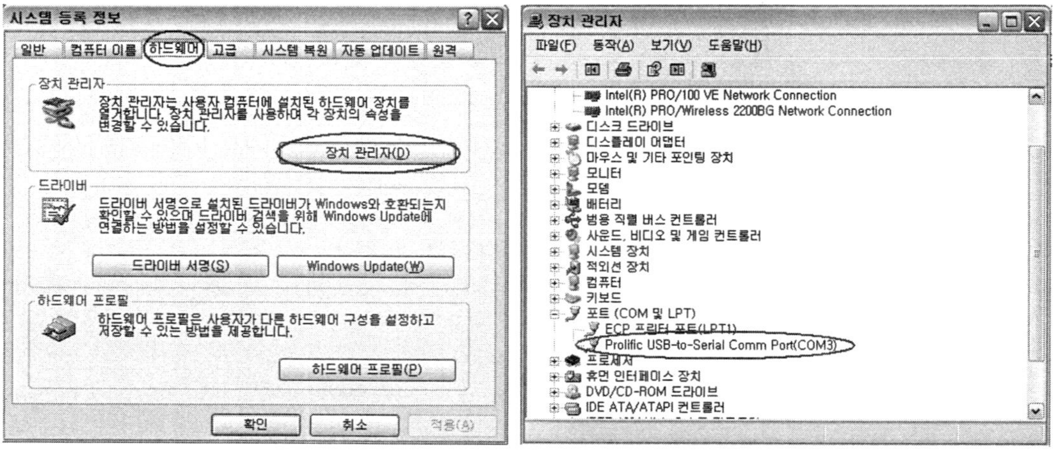

[그림 2-19] 할당된 COM 포트 번호 확인

할당된 COM 포트 번호를 변경할 필요가 있는 경우

할당된 COM 포트 번호가 컴파일러 설정 부분에서 지원하지 않는 경우에는 다음과 같은 방법으로 COM 포트 번호를 변경한다.

① 해당 포트에서 마우스 오른쪽 버튼을 클릭하여 "속성"을 선택한다.

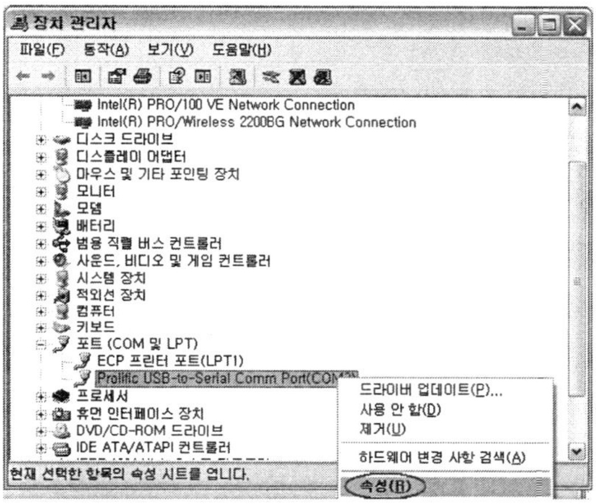

[그림 2-20] 장치관리자 속성 선택

② 해당 COM 포트에 대한 등록정보 창에서 "포트설정 -> 고급"을 선택하여 클릭한다.

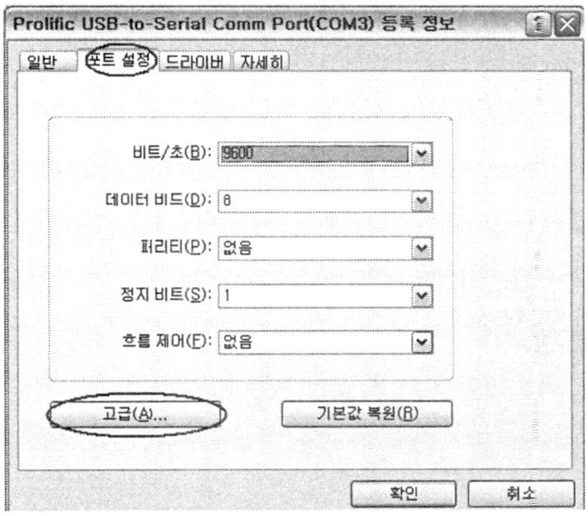

[그림 2-21] 장치관리자 속성 선택

③ 고급설정 창에서 변경하고자 하는 <COM 포트 번호>를 선택한 후 "확인"을 클릭한다.

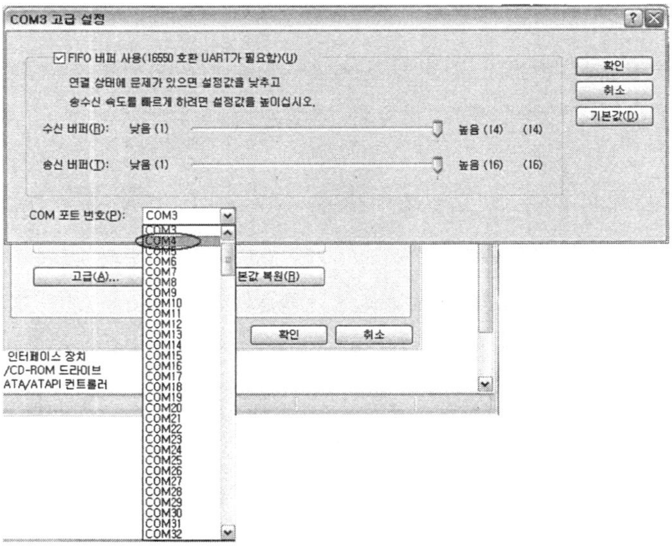

[그림 2-22] COM 포트 번호 선택

④ 장치관리자 창에서 해당 포트에서 마우스 오른쪽 버튼을 클릭하여 "하드웨어 변경 사항 검색(A)"을 선택한다.

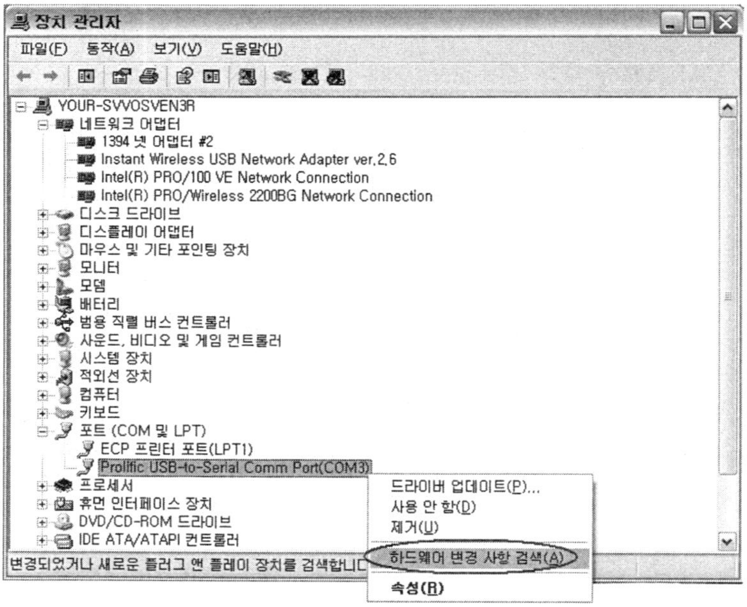

[그림 2-23] COM 포트 번호 선택

⑤ 해당 포트가 변경된 것을 확인한다.

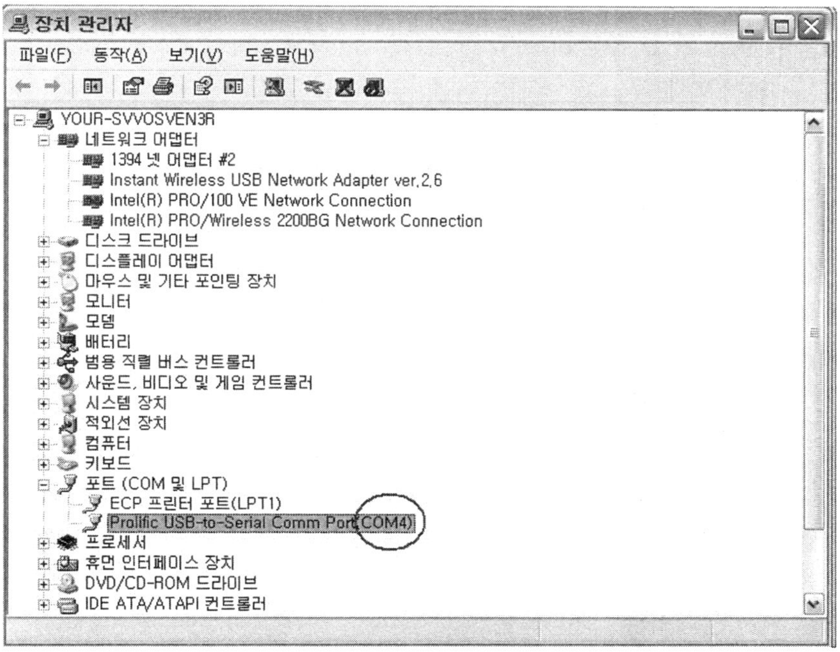

[그림 2-24] 변경 COM 포트 번호 확인

☞ 변경하고자 하는 포트가 실제 사용하고 있지 않음에도 불구하고 사용 중으로 표시될 때는 다음과 같이 고급설정창에서 사용 중의 포트를 선택한 후 메시지 창이 출력되더라도 무시하고 "예(Y)"를 클릭하면 된다.

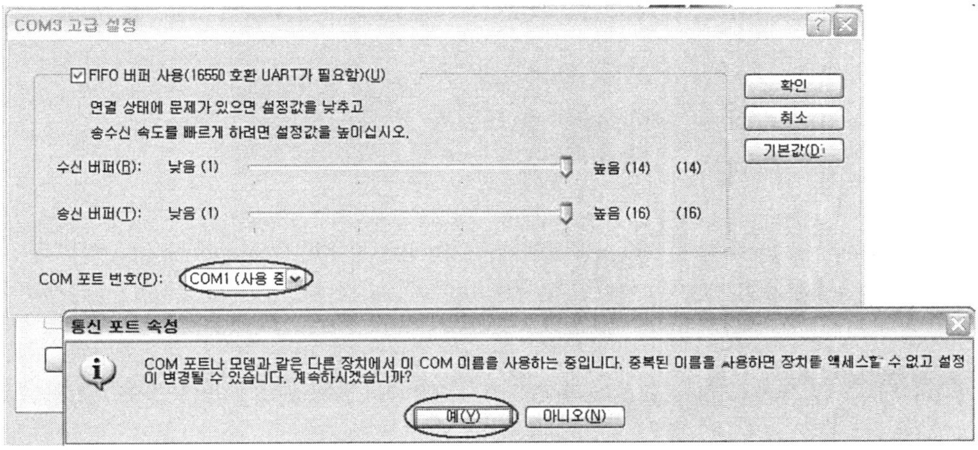

[그림 2-25] 사용중인 COM 포트 번호 변경

(2) *CodeVisionAVR* 특징

이 책에서는 C언어로 프로그램을 작성하여 ATmega128을 학습하며, C 컴파일러는 사용하기 쉽고 편리한 통합 환경을 지원하는 *HP InfoTech* 사의 *CodeVisionAVR*을 사용하기로 한다. 여기서 사용하는 C 컴파일러는 웹사이트에서도 쉽게 다운받아 사용할 수 있는 평가판을 사용한다. 평가판은 컴파일된 코드 사이즈(4kByte)에 제한이 있을 뿐 대부분의 기능을 모두 사용할 수 있으며, 이 책의 예제나 기본적인 동작 실험에는 제약 없이 사용할 수 있다.

*CodeVisionAVR*은 Atmel사의 AVR 마이크로콘트롤러를 위해 설계된 통합 개발 환경 및 자동 프로그램 생성기(*CodeWizardAVR*)를 내장한 C 컴파일러이다. 즉, *CodeVisionAVR*에는 에디터, 컴파일러, 프로그램 다운로드 기능을 모두 가지고 있기 때문에, 사용자가 작성한 프로그램을 컴파일한 후에 바로 ATmega128의 플래시 프로그램 메모리에 다운로드하여 실행시켜 볼 수가 있다. 또한, *CodeVisionAVR*은 윈도우즈에서 실행되는 32 비트 어플리케이션 프로그램이며, AVR 구조와 임베디드(embeded) 시스템에 가장 적합하도록 ANSI C 언어의 모든 구성요소와 거의 가깝게 구현되었다. 특히, 표준 C 라이브러리뿐만 아니라 *CodeVisionAVR* C 컴파일러는 다음과 같은 인터페이싱(interfacing) 라이브러리를 가지고 있다.

① 캐릭터 LCD 모듈
② Philips I^2C 버스
③ National Semiconductor의 LM75 온도 센서
④ Philips PCF8563, PCF8583, Dallas Semiconductor DS1302와 DS1307 리얼-타임 클럭
⑤ Dallas Semiconductor 1-Wire 프로토콜
⑥ Dallas Semiconductor DS1820/DS1822 온도 센서
⑦ Dallas Semiconductor DS1621 온도계/온도조절장치
⑧ SPI
⑨ 전원 관리
⑩ 시간 지연 함수

(3) *CodeVisionAVR* 평가판 설치

① 최신 버전 평가판을 다운로드 한다.(http://hpinfotech.ro/html/download.htm)

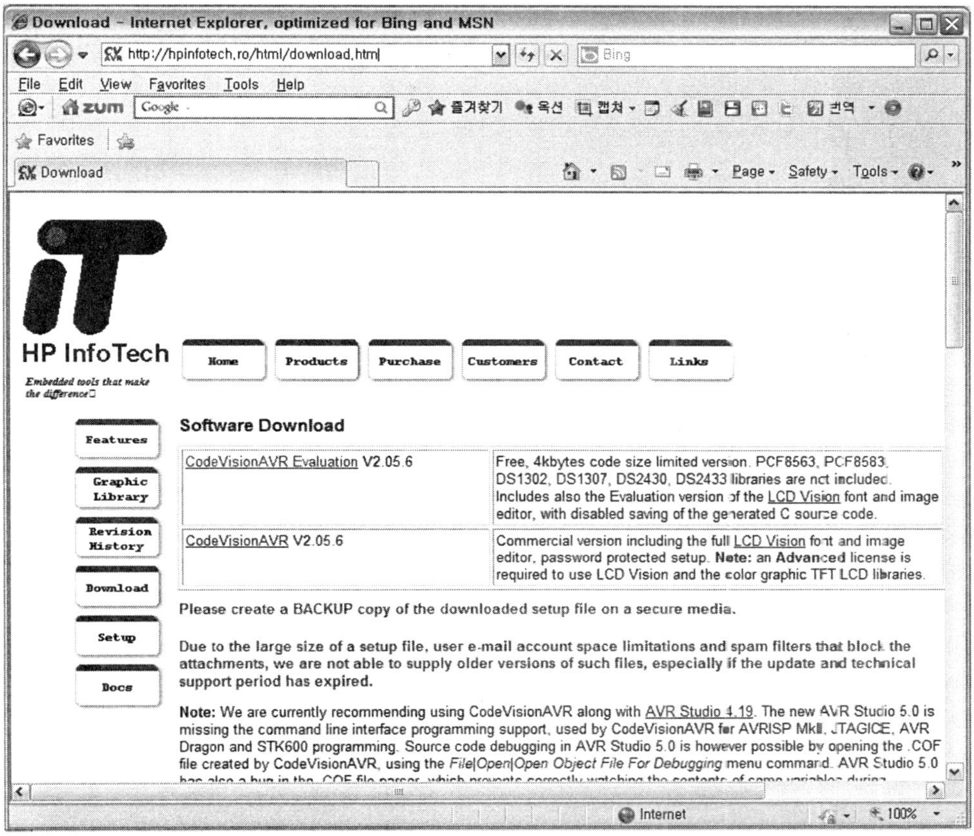

[그림 2-26] hpinfotech 다운로드 사이트

② 설치파일(Setup.exe)을 실행한다.(Next와 Install , Finish 버튼 클릭)

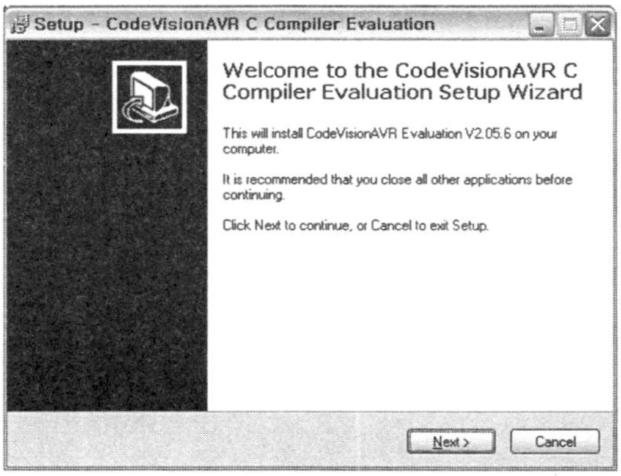

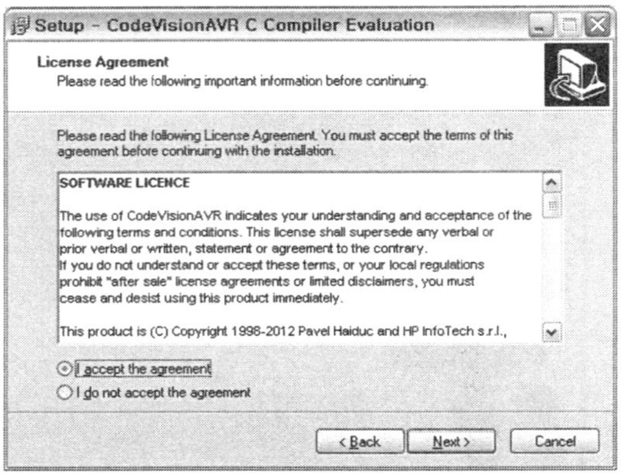

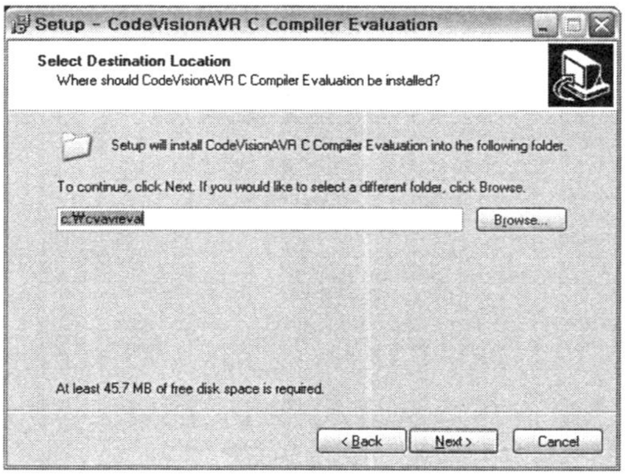

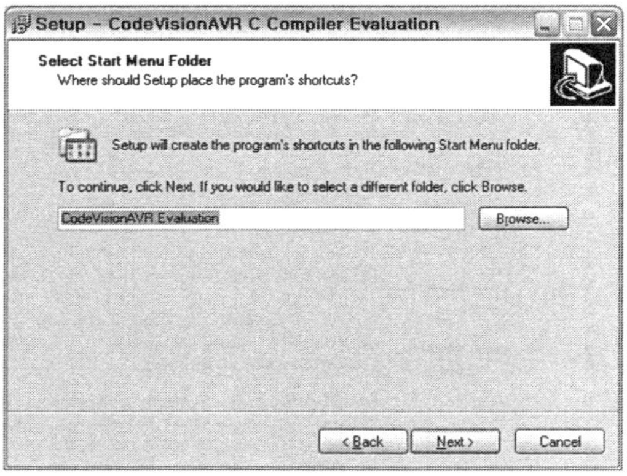

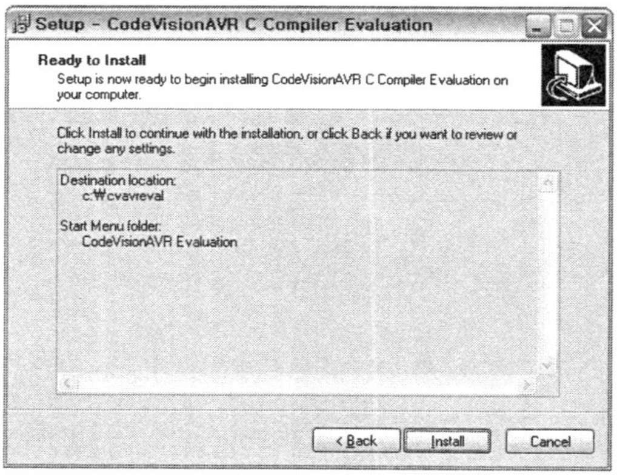

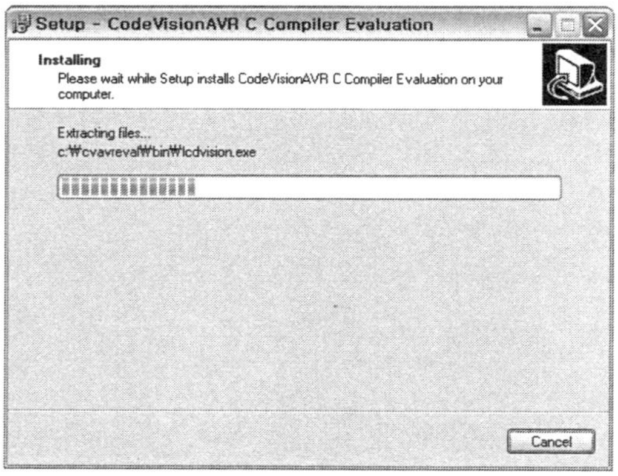

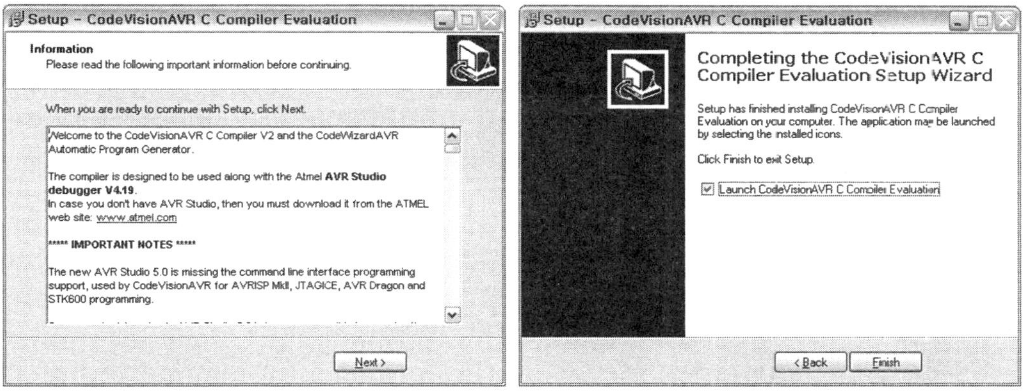

[그림 2-27] 설치 과정

③ [그림 2-28]의 CodeVisionAVR 실행 초기화면에서 "Function Code Tree", "Code Templates", "Clipboard History" 창을 닫고, [그림 2-29]와 같이 "Navigator", "Edit", "Message" 창만 남긴다. (초기화면은 버전에 따라 다를 수 있음)

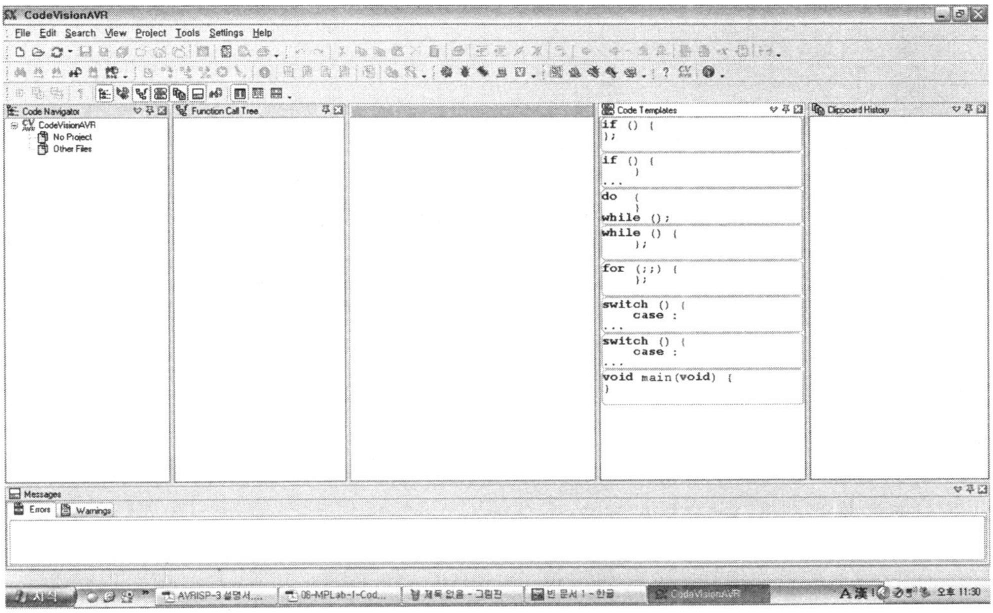

[그림 2-28] 실행 초기화면

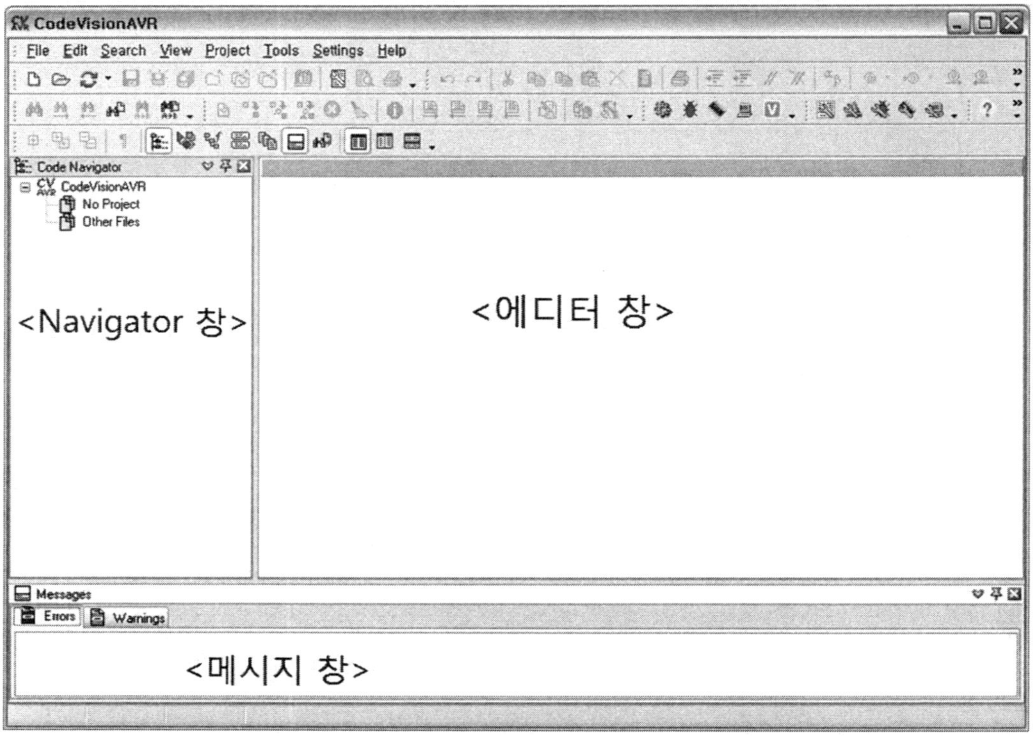

[그림 2-29] 작업 기초 화면

- **Navigator 창은** 소스 파일을 보다 쉽게 표시하거나 열 수 있게 하며, 파일 이름을 클릭하면 파일이 열리거나 최대화된다. Project 밑에 있는 파일들은 컴파일 대상파일을 보여주며, 컴파일 과정에서 에러나 경고(Warning)가 발생하면 Navigator 윈도우에서 확인할 수 있다. Others Files 밑에 있는 파일은 현재 편집창에 오픈 되어 있는 파일명을 보여줄 뿐이며, 컴파일과는 아무런 관계가 없다.

- **에디터 창은** 사용자가 C 소스 및 헤더 파일을 작성하거나 이미 존재하는 C 소스파일을 열면 화면상에 표시되는 곳이다. Editor의 맨 왼쪽에는 소스 코드의 라인 수가 표시되고, 주석, 코드, 함수, 정의어 등에 따라 각각 다른 색으로 표시되어 사용자가 이를 쉽게 구별할 수 있다.

- **메시지 창은** 컴파일 과정에서 에러나 경고가 발생했을 경우에 메시지가 표시되는 부분으로 Navigator 창에 표시되는 메시지와 같다.

- **Menu**는 *CodeVisionAVR*의 모든 기능을 사용할 수 있는 메뉴로 프로젝트 파일 및 소스 파일을 열거나 저장할 수 있으며, 컴파일이나 빌드(또는 메이크) 과정을 수행할 수 있다.

- **Toolbar**는 자주 사용하는 메뉴를 모아 놓은 부분으로 그 중에서 많이 사용되는 툴바만 정리하면 다음과 같다. 특히 <프로젝트 구성>, <Build the Project> 또는 <Build All Project Files> 툴바가 컴파일 할 때 가장 많이 사용되며, 파일 열기 또는 파일 저장에 대해서는 다른 유틸리티 프로그램의 동작과 같다.

새 파일 또는 프로젝트 만들기	파일 열기
파일 저장	텍스트 찾기
텍스트 바꾸기	현재 파일 컴파일
Build the Project	Build All Project Files
컴파일 정지	프로젝트 구성
칩 프로그래머 실행	시리얼 터미널 실행

[그림 2-30] 툴바 기능

(4) 컴파일러 사용법

① 프로젝트 생성

프로젝트 파일은 한 작업에 필요한 여러 개의 파일이나 목적 파일 등을 통합 관리하며, 또한 사용하는 MCU나 클럭, 출력파일 형식 등을 설정하기도 한다. 소스파일로부터 헥사 파일을 생성하기 위해서는 반드시 프로젝트 파일을 생성하거나 기존의 프로젝트 파일을 오픈하여야 한다.

File 메뉴의 New 항목을 클릭하면 [그림 2-31]에서와 같이 파일의 형태를 선택하는 창에서 Project 항목을 선택하고, CodeWizardAVR의 사용여부를 묻는 대화상자가 나타나면 "No"를 선택한다. 그리고, 작업하는 폴더를 선택한 후 프로젝트명을 입력한다.

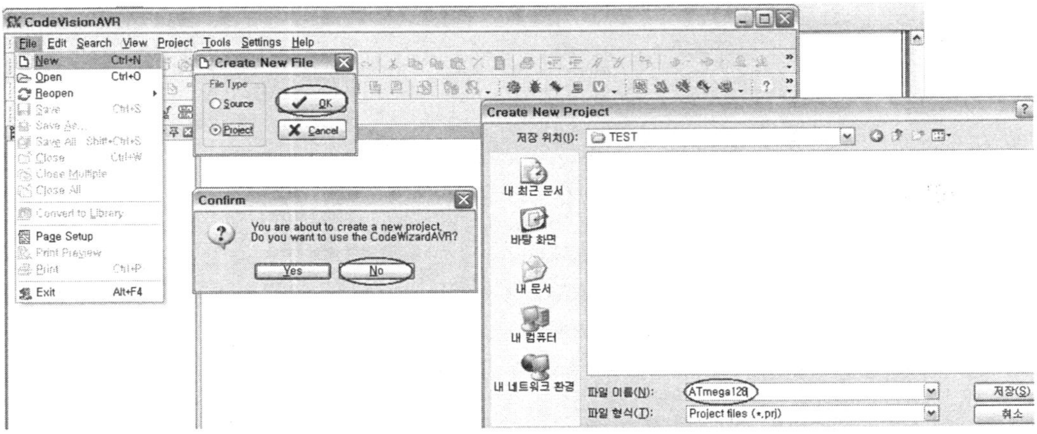

[그림 2-31] 프로젝트 생성

프로젝트 파일명을 입력하면 [그림 2-32]와 같은 <프로젝트 구성(Configure Project)> 대화 상자가 나타난다. 이 대화상자에서 사용 CPU "ATmega128", 클럭 "16MHz"를 선택하고, <After Build> 창에서 "Program the Chip"을 선택한다.

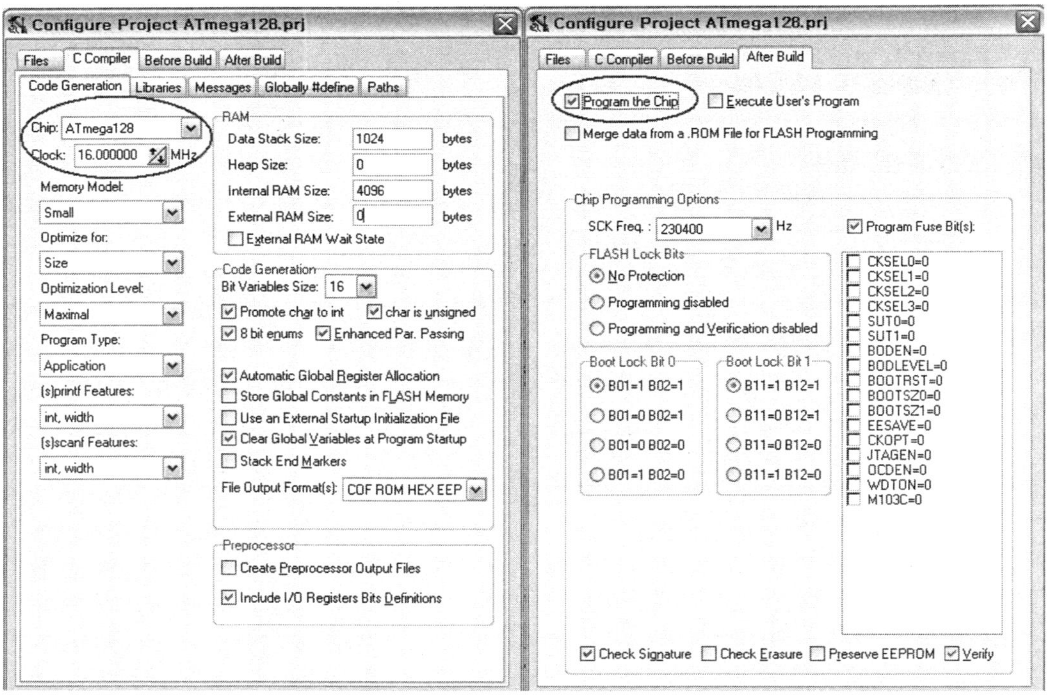

[그림 2-32] 프로젝트 생성

프로젝트명을 입력하면 [그림 2-33]과 같이 Navigator 창에 입력한 프로젝트경이 표시되는 것을 알 수 있다.

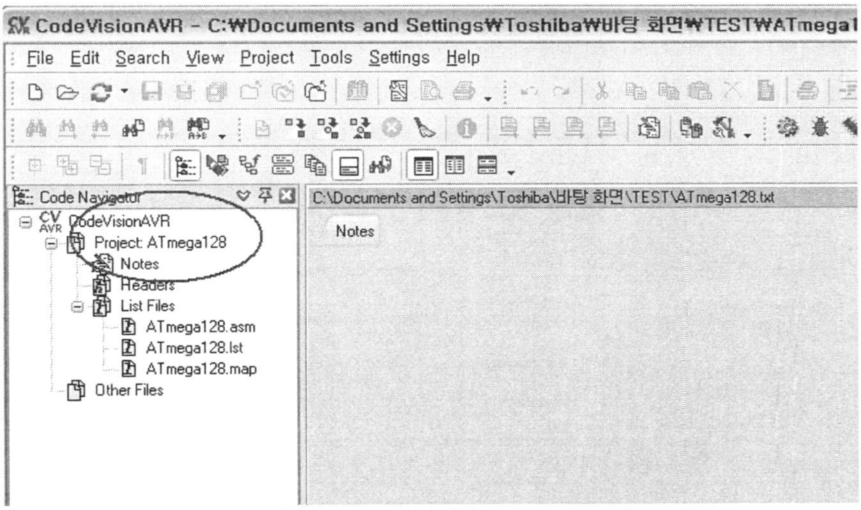

[그림 2-33] Navigator 창에서 프로젝트명 표시

② "Settings -> Programmer"를 클릭한 후 Programmer Type를 설정한다.

<병렬 ISP 케이블을 이용하는 경우>

Programmer Settings 대화창에서 "Kanda Systems STK200+/300"을 선택한다.

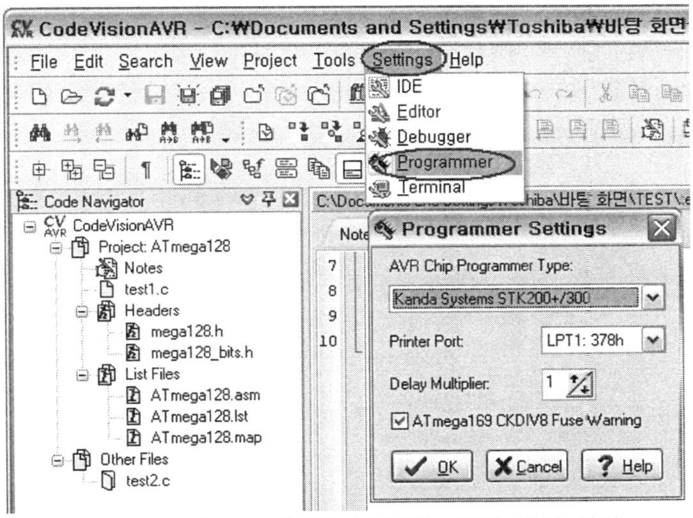

[그림 2-34] ISP 케이블 이용하는 경에 대한 설정

<AVRISP를 이용하는 경우>

Programmer Settings 대화창에서 "Atmel STK500/AVRISP"을 선택하고, 컴퓨터와 AVRISP를 연결할 때 할당된 <COM 포트 번호>를 설정한다. <COM 포트 번호>는 장치관리자 창의 포트 부분에서 확인할 수 있다.

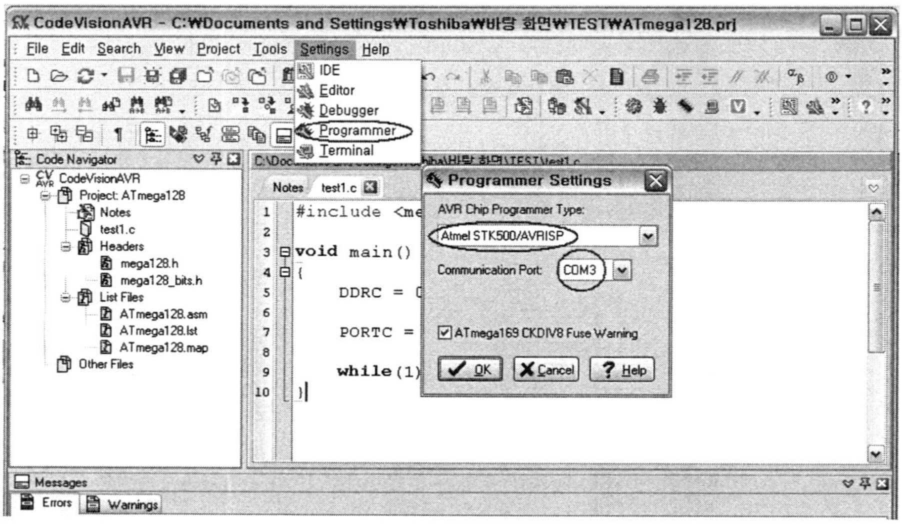

[그림 2-35] AVRISP 케이블 이용하는 경에 대한 설정

③ 프로그램 작성

"FIle -> New -> Source"를 선택하면 [그림 2-36]과 같이 에디터 창에 "untitled.c"라는 파일 입력창이 생성되며, Navigator 창에는 <Other Files> 밑에 "untitled.c"가 있는 것을 확인할 수 있다. <Other Files> 밑에 있는 파일들은 에디터 창에 오픈되어 있는 것을 나타내며, 컴파일과는 상관이 없다.

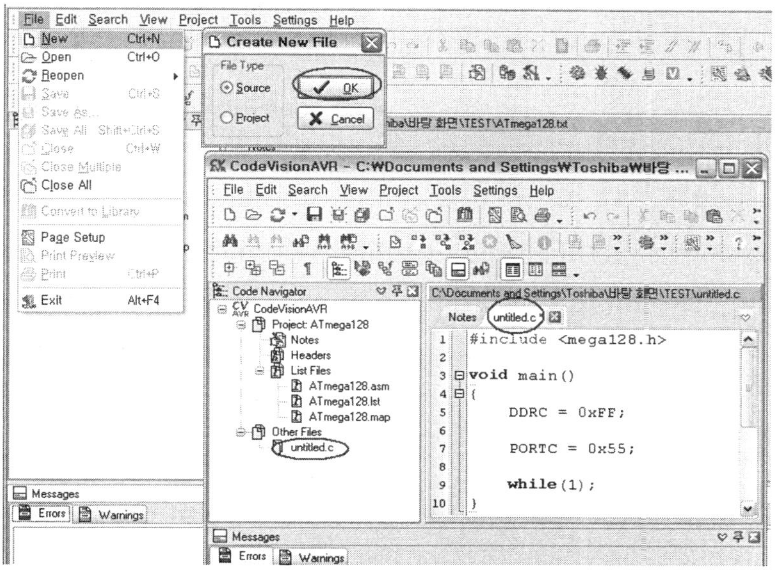

[그림 2-36] 소스 파일 작성

"untitled.c" 입력창에 프로그램을 작성한 후 [그림 2-37]과 같이 파일명을 변경한다.

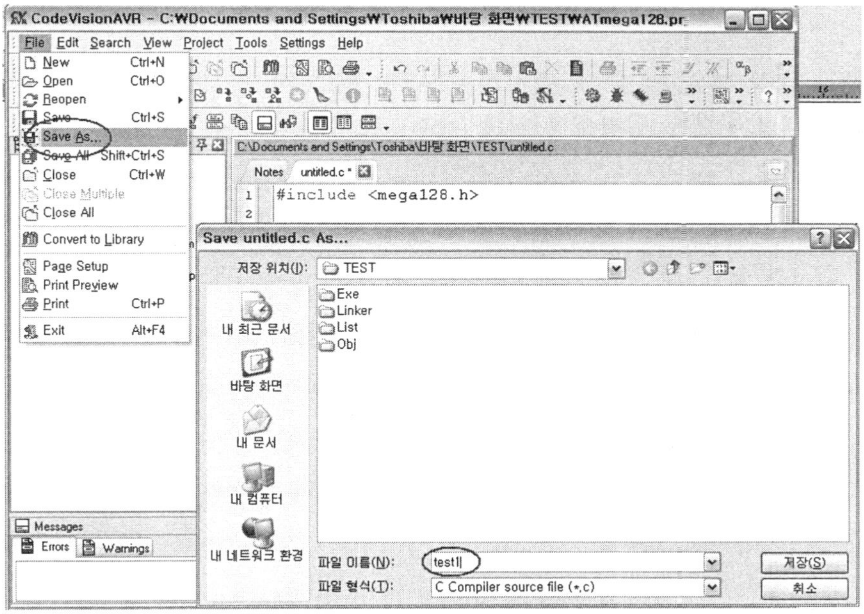

[그림 2-37] 소스 파일명 변경

Navigator 창의 <Other Files> 밑과 에디터 창에서 파일명이 새로운 이름으로 변경된 것을 [그림 2-38]과 같이 확인할 수 있다.

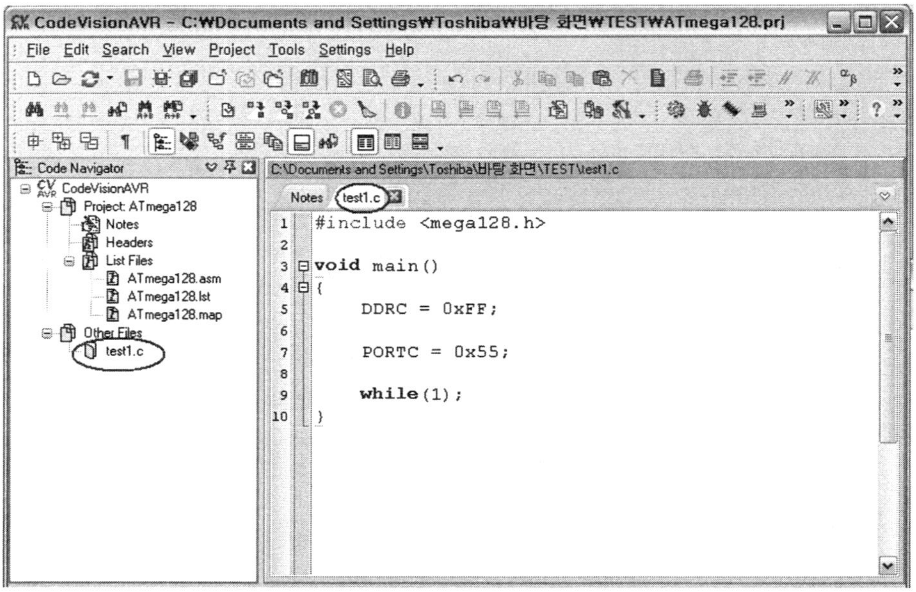

[그림 2-38] 변경된 소스 파일명 확인

④ **컴파일 대상 파일 설정 및 헥사파일 AVR MCU에 프로그램 하기**

컴파일 대상 파일을 설정하기 위해 [그림 2-39]와 같이 <Configure Projetct> 툴바를 클릭하고, <Add> 버튼을 클릭한다.

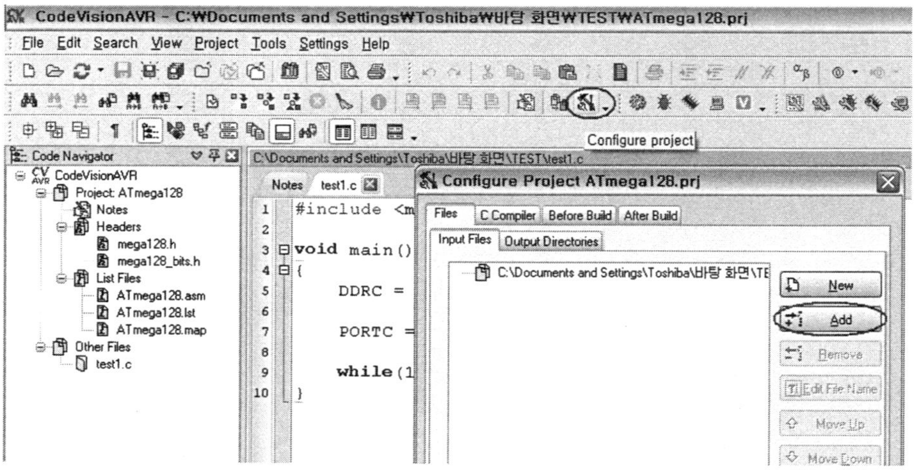

[그림 2-39] <Configure Project> 창 열기

[그림 2-40]과 같이 <Add File to Project> 창에서 컴파일 대상 파일을 선택한 후 열기 버튼을 클릭한다.

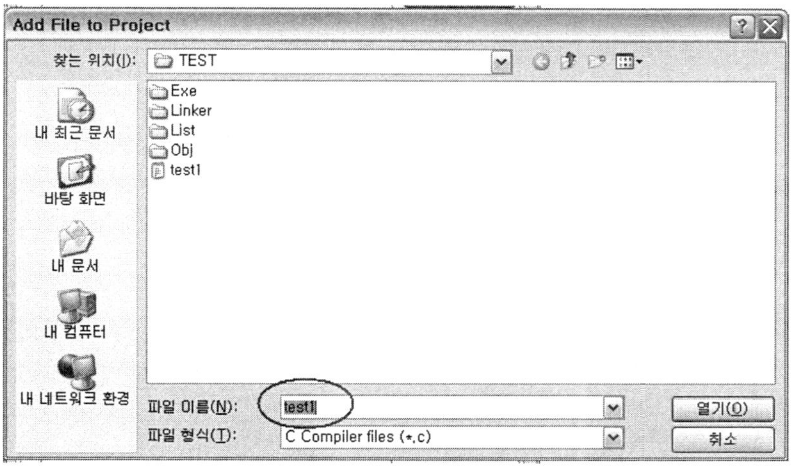

[그림 2-40] 컴파일 대상 파일 설정

[그림 2-41]과 같이 선택한 파일이 컴파일 대상 파일로 선택된 것을 확인할 수 있으며, "OK" 버튼을 클릭한다.

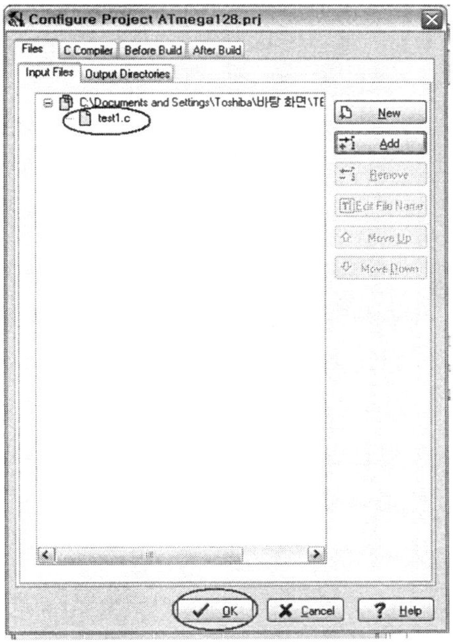

[그림 2-41] 컴파일 대상 파일 확인

[그림 2-42]에서와 컴파일 대상 파일로 선택한 파일이 <Navigator> 창에 등록된 것을 확인 할 수 있다.

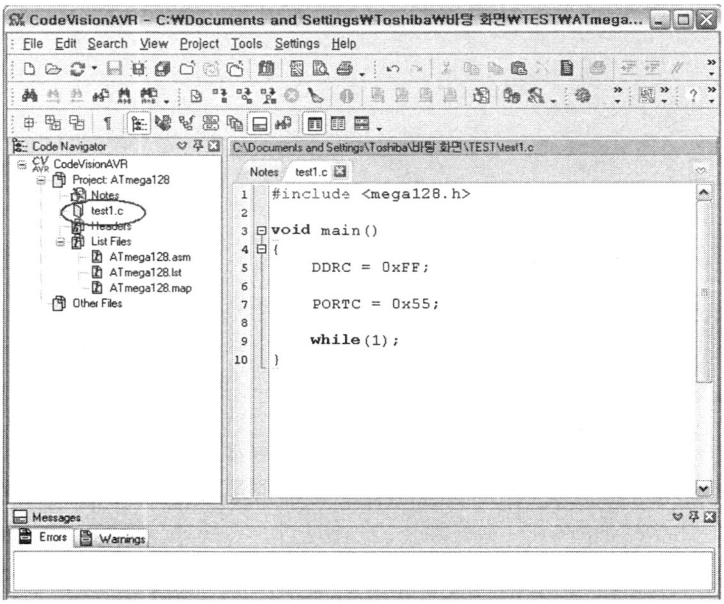

[그림 2-42] Navigator 창에서 컴파일 대상 파일 확인

컴파일을 수행하기 위해 [그림 2-43]과 같이 "Build the project" (또는 바로 오른쪽 "Build all project files") 버튼을 클릭한다.

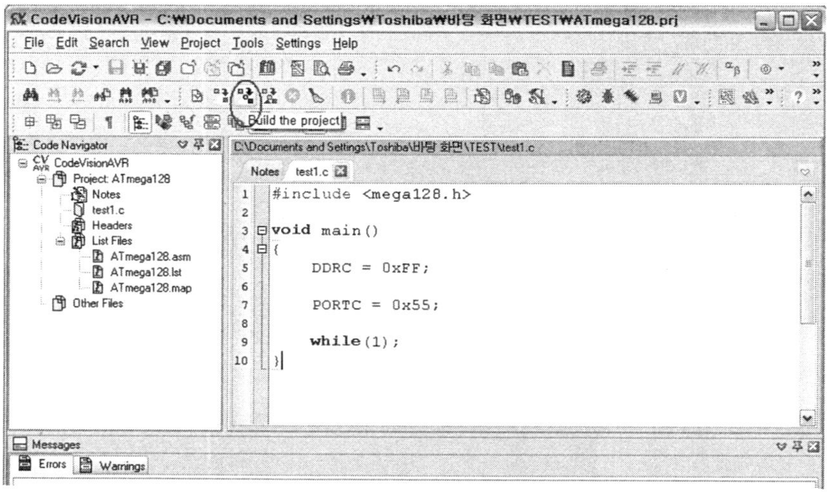

[그림 2-43] 컴파일 수행

컴파일 대상 파일에 에러가 없는 경우에는 [그림 2-44]와 같이 컴파일 결과 생성된 헥사파일을 AVR MCU에 Program 하기 위한 대화창이 열린다. 여기서"Program the chip" 버튼을 클릭하게 되면 자동으로 프로그램 되며, 프로그램이 다운로드 되는 진행 상태가 표시된다.

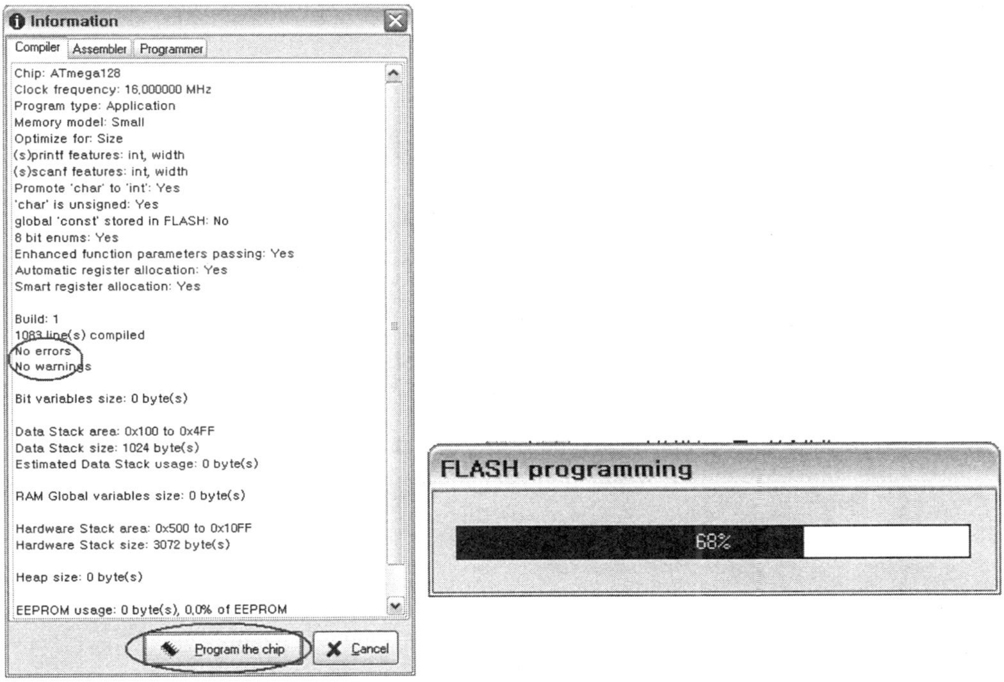

[그림 2-44] 헥사파일 Program 하기

[그림 2-45]는 프로젝트 및 소스파일이 있는 폴더를 보여주며, 프로젝트 파일이 있는 폴더 밑에 자동으로 <Exe>, <Linker>, <List>, <Obj> 폴더가 자동으로 생성된다. 이들 폴더에는 컴파일하면서 생성되는 중간파일과 최종파일이 저장되며, 최종파일은 [그림 2-46]과 같이 <Exe> 폴더 밑에 "프로젝트명.HEX" 파일로 생성되는 것을 알 수 있다.(버전에 따라 다를 수 있음)

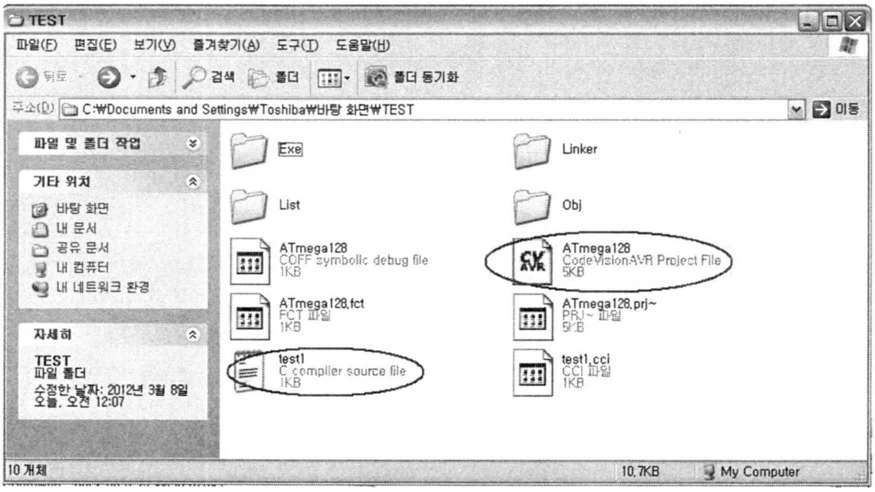

[그림 2-45] 프로젝트 및 소스파일이 있는 폴더

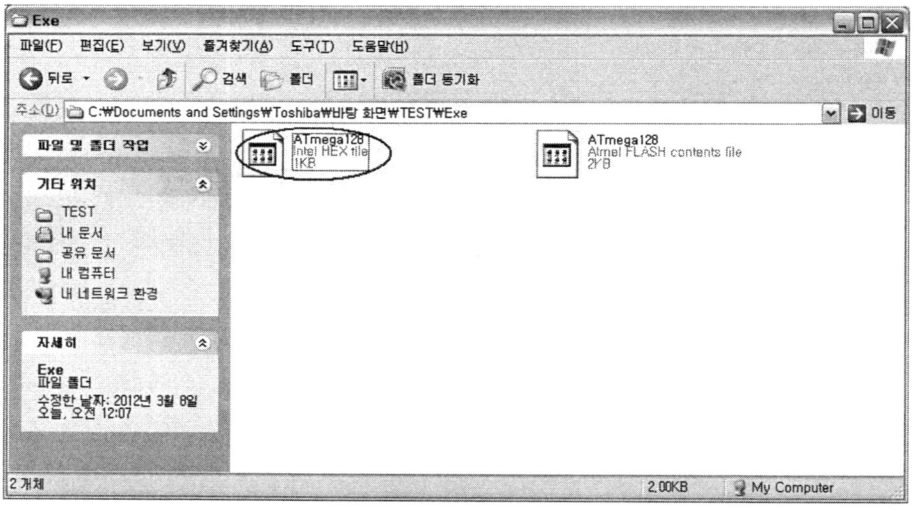

[그림 2-46] 컴파일 결과 생성된 헥사 파일(Exe 폴더)

그러나, 소스파일에 에러가 있는 경우에는 [그림 2-47]과 같이 <Navigator> 창과 <Message> 창에 에러 메시지가 출력되며, 에러가 있는 경우에는 최종 헥사파일이 생성되지 않기 때문에 "Program the chip" 버튼이 표시되지 않는다.

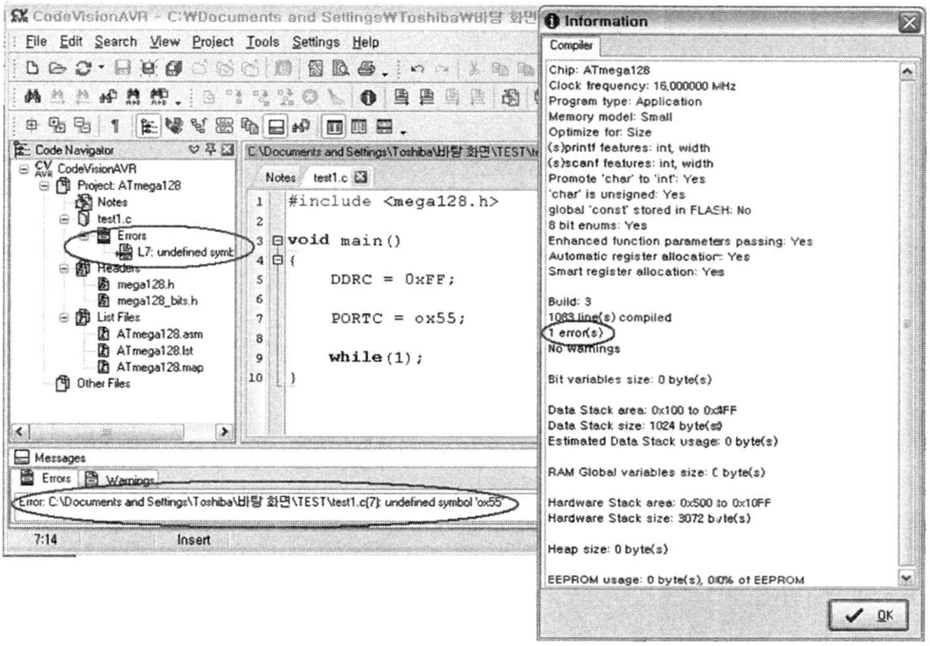

[그림 2-47] 소스파일에 에러가 있는 경우

따라서, 프로그램에 에러가 있는 경우에는 헥사 파일이 생성되지 않으므로 에러가 발생한 부분을 반드시 수정해야 한다. 이때 <Message>창에는 에러가 발생한 라인 번호와 함께 에러 내용이 표시되며, 에러 항목을 더블 클릭하게 되면 [그림 2-48]과 같이 <Edit> 창에서 에러가 발생한 부분이 검게 표시된다. 그러나, <Message> 창에 표시된 라인 번호는 올바른 경우도 있지만 그렇지 않은 경우도 있다는 점에 주의하여야 한다. 특히 괄호의 개수가 맞지 않는 경우에는 엉뚱한 위치를 지시할 수도 있기 때문에 에러 내용에 따라 경험적으로 에러 위치를 찾아야 한다.

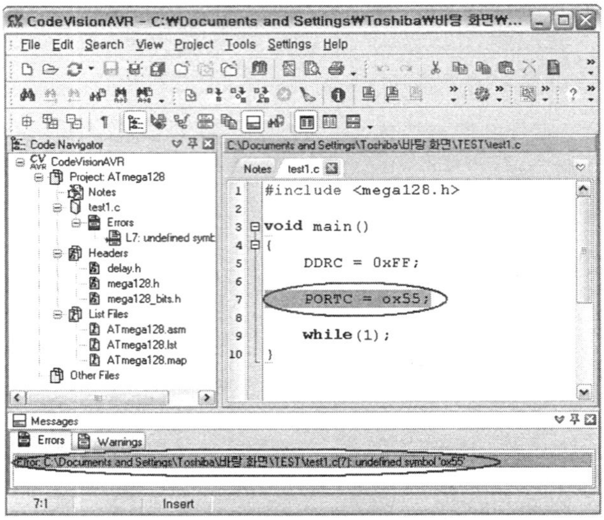

[그림 2-48] 에러 발생 위치 자동 표시

⑤ 소스파일 변경

프로그램을 작성하는 경우에는 앞에서와 같이 <File -> New -> Source>를 선택하여 수행할 수도 있지만, [그림 2-49]와 같이 기존의 소스 파일을 수정한 후 <File -> Save As...>를 선택할 수도 있다. 이렇게 하면 [그림 2-50]과 같이 <Navigator 창 Other Files> 밑과 <Edit> 창에서 소스파일명이 바뀐 것을 확인할 수 있다.

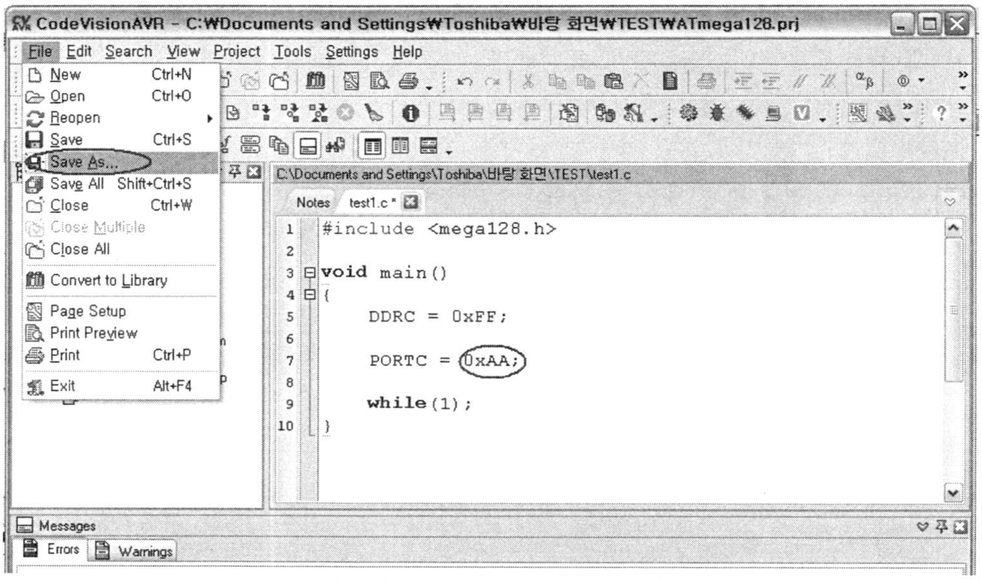

[그림 2-49] 기존의 소스파일 수정 및 파일명 변경

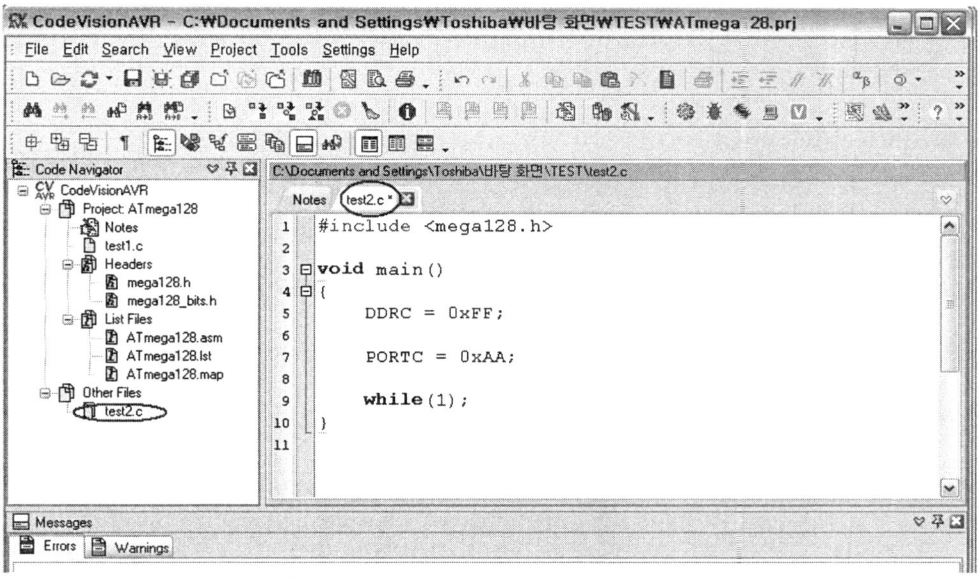

[그림 2-50] 변경된 소스파일명 확인

⑥ 컴파일 대상 파일 변경

[그림 2-51]은 "test1.c"이 컴파일 대상파일로 등록되어 있는 것을 확인할 수 있다.

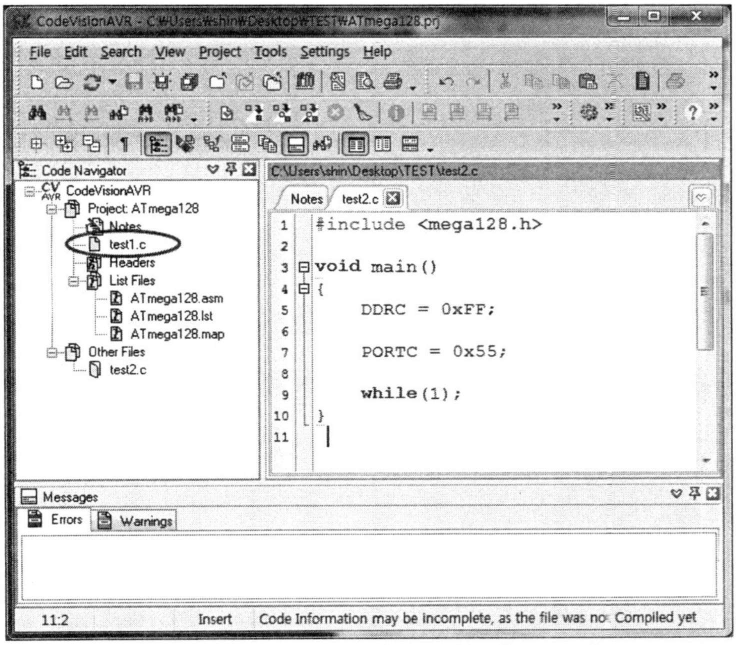

[그림 2-51] 컴파일 대상 파일 "test1.c"

<Configure the Project>를 실행한 후 [그림 2-52]와 같이 "test1.c"를 클릭하면 <Remove> 버튼이 활성화된다.

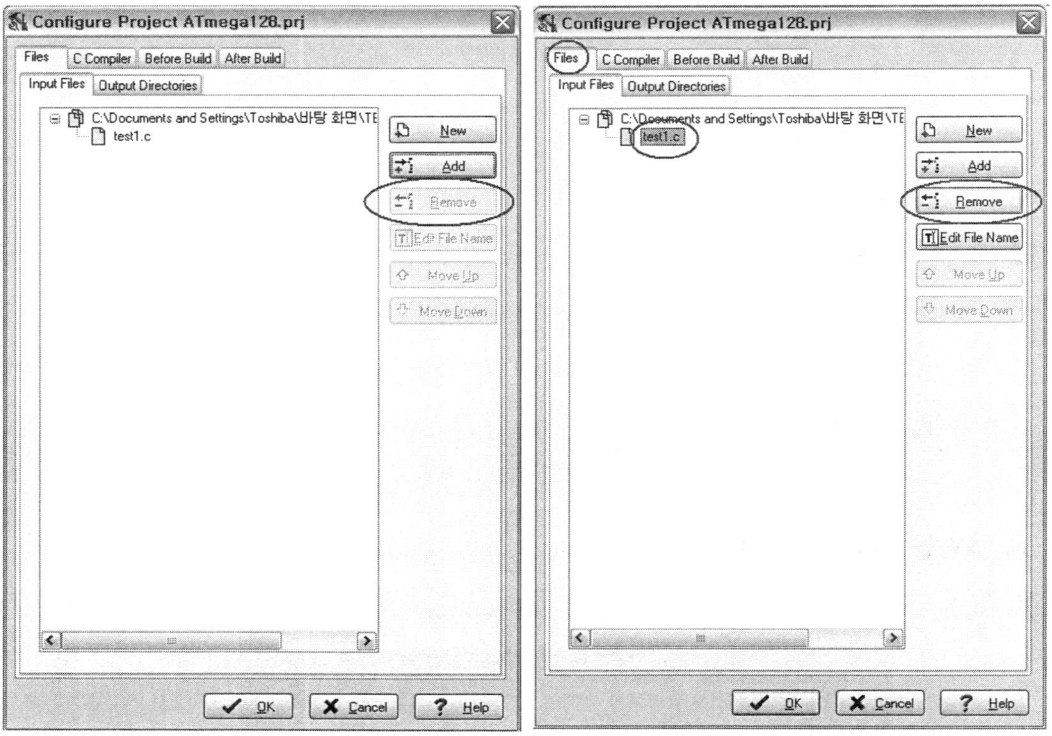

[그림 2-52] 변경된 소스파일명 확인

<Remove> 버튼을 클릭하면 [그림 2-53]과 같이 <Configure Project> 창에서 "test1.c" 파일이 제거된다. 또한 이 창을 닫고 <Navigator> 창을 확인하면 [그림 2-53]에서 "Project Atmega128" 밑에 있던 "test1.c" 파일이 제거된 것도 확인할 수 있다.

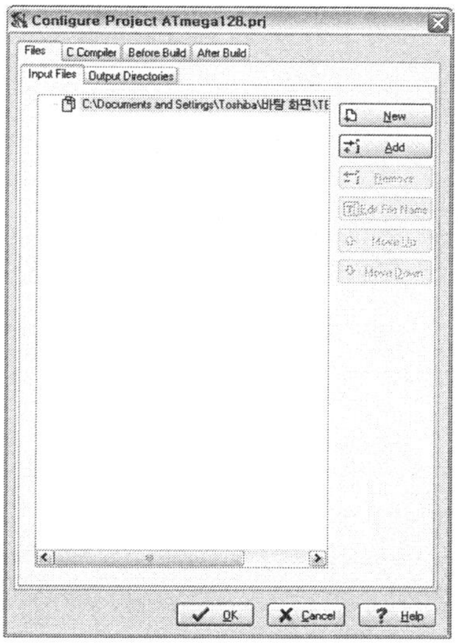

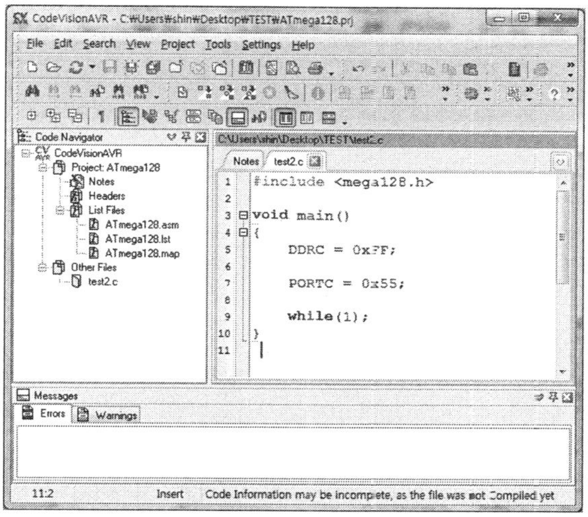

[그림 2-53] 제거된 컴파일 대상 파일

이 상태에서 새로운 소스파일을 컴파일 대상파일로 등록하는 것은 앞에서 서술한 대로 수행하면 된다. 즉, [그림 2-54]와 같이 <Configure the project>를 실행하고 <Add> 버튼을 클릭한 후 컴파일 대상파일을 선택하면 된다. 따라서, 일반적으로 새로운 파일을 컴파일 대상 파일로 등록하는 경우에는 기존의 컴파일 대상 파일을 우선 제거한 후에 등록해야 한다. 물론 작성한 프로그램이 매우 커서 여러 개의 파일에 나누어 작성하는 경우에는 컴파일 대상 파일로 여러 개의 파일을 동시에 등록할 수도 있지만, 여러 개의 컴파일 대상 파일 내에서 main() 함수는 반드시 하나만 존재해야 한다.

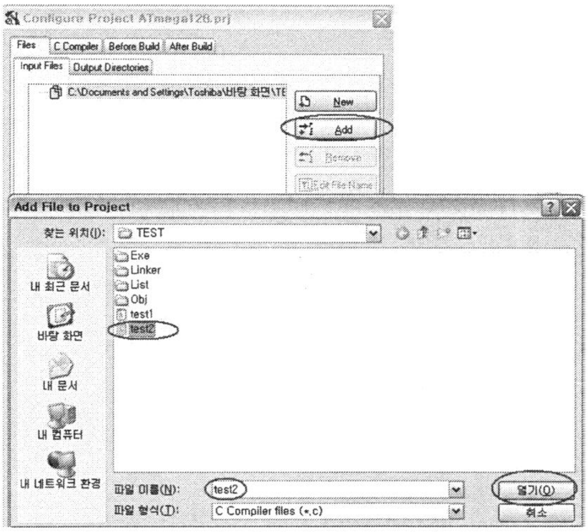

[그림 2-54] 컴파일 대상 파일 등록

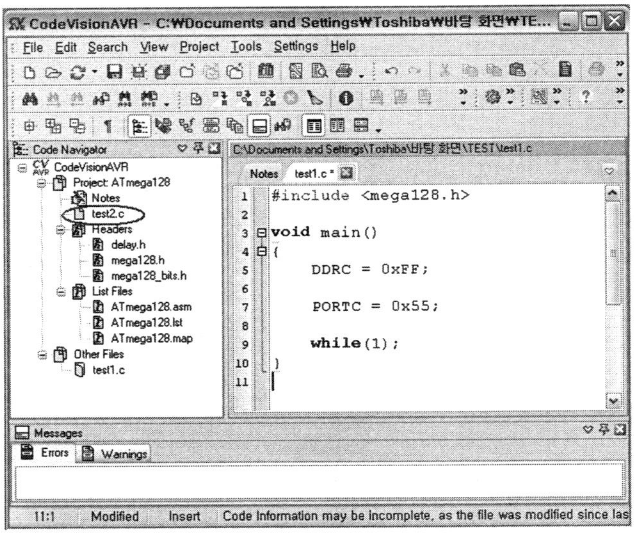

[그림 2-55] 새 컴파일 대상 등록 파일 확인

Chapter 03

C 프로그램 기초

마이크로프로세서를 사용하려면 C 언어 또는 어셈블리 언어에 대한 프로그램 능력이 반드시 필요하며, 이를 위해서는 별도의 프로그래밍 연습을 미리 해 두어야 한다. 어셈블리어는 CPU 마다 갖는 고유의 명령어로 구성된 언어로서, 우리 인간들의 언어와 비교하면 나라마다 가지고 있는 고유의 언어(한글, 중국어, 일본어 등)와 같다고 생각할 수 있다. 이에 반해 C 언어는 컴퓨터에서 사용되는 공통 언어라 할 수 있으며, 우리 인간들의 언어와 비교하면 영어와 같은 언어라고 생각할 수 있다.

이 장에서는 컴퓨터의 공통 언어인 C 언어에 대해 마이크로프로세서를 공부하는데 있어 필요하리라 생각되는 최소한의 기본 명령과 사용법에 대해서단 설명하기로 한다. C 언어에 대한 보다 전문적인 학습을 하고자 하는 독자들은 C 언어 관련 전문서적으로 학습하길 바란다.

에디터를 이용하여 C 언어로 작성한 프로그램을 소스파일이라 하며, 파일 확장자에는 c가 붙어 *.c의 형식을 갖게 된다. 이 소스 파일은 인간만이 이해할 수 있는 명령과 문법에 맞춰 작성되기 때문에, 컴퓨터(CPU)는 이 파일의 내용을 이해할 수 없다. 따라서 이 소스 파일을 컴퓨터가 이해하는 코드(오브젝트 파일 또는 실행 파일)로 바꾸기 위해서 1차적으로 [그림 3-1]과 같이 컴파일러 과정을 거쳐야 한다. 컴파일러 과정에서는 소스파일을 그대로 기계어(CPU 명령어 코드)로 번역하여 목적파일이라고도 하는 오브젝트 파일을 생성하게 된다. 이 오브젝트 파일은 실행능력이 없으며, 컴퓨터의 메모리상에서 실행하게끔 하기 위해서는 링커 과정을 거쳐야 한다. 이와 같이 컴파일과 링커 과정을 거치게 되면 컴퓨터상에서 실행할 수 있는 *.exe파일이 생성되게 된다.

일반적으로 컴파일러는 컴퓨터에서 작성한 파일을 컴퓨터에서 실행하는 파일(*.exe)로 만들어 주는데, "Visual C++", "볼랜드 C++"과 같은 것이 이에 해당된다. 이에 반해 컴퓨터에서 작성한 파일을 다른 CPU 보드에서 실행하는 파일(*.bin 또는 *.hex)로 만들어 주는 컴파일러를 크로스 컴파일러(Cross Compiler)라고 하며, "IAR 컴파일러", "*CodeVisionAVR C* 컴파일러", "keil C 컴파일러" 등이 이에 해당된다. 이 책에서는 AVR 마이크로콘트롤러(MCU)의 크로스 컴파일러인 *CodeVisionAVR C* 컴파일러(평가판)를 사용하기로 하며, 이를 이용하여 C 프로그램 연습뿐 아니라 ATmega128에 대한 실험도 수행할 것이다.

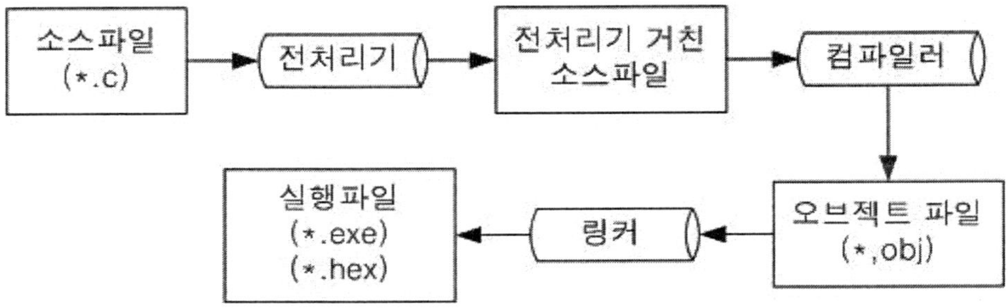

[그림 3-1] 컴파일(Compile) 과정

이 장에서는 KUT-128 보드를 이용하여 C 프로그램을 학습하도록 하였으며, 프로그램의 실행결과는 보드에 장착된 8개의 LED 또는 4개의 7-Segment에 출력하여 확인하도록 하였다. 여러 개의 출력이 있는 경우에는 한 개씩 출력하도록 하였으며, 다시 확인하고자 할 때는 MCU 보드의 리셋 버튼을 누르면 프로그램이 재실행되어 확인할 수 있다.

3.1 C 프로그램의 구성 및 기초사항

C언어로 작성되는 프로그램은 기본적으로 함수들로 구성되며, [그림 3-2]와 같은 구성을 갖는다. 필요하지 않은 부분은 생략 가능하지만, 실행파일을 만드는 경우에는 반드시 main()함수를 포함하고 있어야 한다.

```c
/* C 프로그램의 구성 */
```
→ 주석

```c
#include <mega128.h>
#define WAIT   30000
```
→ 전처리기 지시자

```c
unsigned char reverse(void);
void delay(int);
```
→ 함수 원형 선언

```c
unsigned char val;
```
→ 전역 변수 선언

```c
void main(void)
{
        DDRC = 0xFF;

        while(1){
                for(val = 0;val < 256;val++){
                        PORTC = val;
                        delay(10);

                        PORTC = reverse();
                        delay(15);
                }
        }
}
```
→ main() 함수

```c
// 반전 함수
unsigned char reverse(void)
{
        return(val ^ 0xFF);
}
```
→ reverse() 함수

```c
// 딜레이 함수
void delay(int wt)
{
        int    k, m;

        for(k = 0;k < wt;k++){
                for(m = 0;m < WAIT;m++);
        }
}
```
→ delay() 함수

[그림 3-2] C 프로그램의 구성

■ 주석

주석은 프로그램의 실행과는 무관하며, 프로그램의 선두에 프로그램의 작성날짜라든가 작성자 등 나중에 이 프로그램을 봤을 때 도움이 될 만한 사항을 작성하는게 일반적이라 할 수 있다. 여러 줄에 걸쳐서 주석을 쓸 때는 "/*"와 "*/"를 다음과 같이 사용한다.

```
/* 여러 줄에 대한 주석문 시작
   이 줄도 주석
*/
```

한 줄로 나타낼 수 있는 짧은 주석의 경우에는 "//"를 이용하여 다음과 같이 사용한다.

```
// 여기서부터 이 줄 끝까지 주석
a = a * 3;    // 여기서부터 이 줄 끝까지 주석
```

■ 전처리기 지시자

전처리기 지시자에는 <#include>와 <#define>이 있으며, 항상 '#'로 시작된다. 전처리기라는 의미는 프로그램을 컴파일하기 전에 우선 처리한다는 의미로 사용되며, 선행처리기라고도 한다.

지시자 <#include>는 '포함시킨다'라는 의미로 지시자에서 지시한 파일을 그 부분에 우선 포함(삽입)한 후 컴파일을 하도록 지시하는 명령어라 할 수 있다. 지시 파일은 텍스트 파일이면 어떤 파일이라도 상관없으나, 일반적으로는 프로그램의 맨 윗부분에 놓이기 때문에 확장자 'h'가 붙은 헤더파일이 나오는 게 일반적이다. 이 헤더 파일에는 컴파일러 자체가 제공하는 파일이 사용되기도 하고, 사용자가 직접 작성한 헤더 파일이 나오기도 한다. 이 헤더 파일에는 함수에 대한 정의(함수 원형), 전역변수, 심볼 및 매크로 함수에 대한 정의 등이 일반적으로 포함되어 있다.

지시자 <#define>은 '정의한다'라는 의미로 심볼이나 매크로 함수에 대한 정의를 내릴 때 사용한다. 여기서 정의한 심볼과 매크로 함수는 컴파일하기 전에 모두 정의된 값으로 바뀌고 그 다음 컴파일이 수행된다.

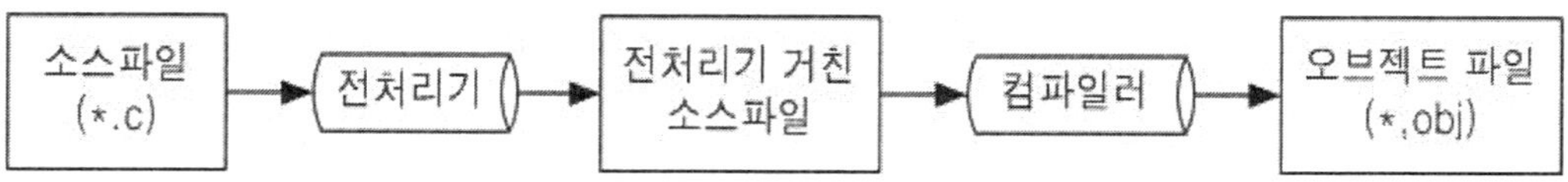

[그림 3-3] 컴파일러 전처리 과정

■ 함수 원형

프로그램에서 사용자가 작성한 함수들에 대해 미리 정의하는 부분으로 main() 함수를 제외한 모든 함수들에 대해 정의를 해 주어야 한다. 프로그램에서 함수가 나오는 순서에 따라 생략할 수도 있으나, 가능하면 정의를 하는 것을 권장하고 싶다. 이렇게 함수들을 정의하게 되면 프로그램 내에 어떠한 함수들이 어떠한 형태로 사용되는지 한 눈으로 확인할 수 있기 때문이다. 함수를 정의하는 방법은 [그림 3-4]와 같으며, 정의할 내용은 함수명과 함께 함수가 실행되고 난 후 함수를 호출한 곳에 건네주는 결과값의 형태와 이 함수를 호출할 때 건네주어야 하는 값(인자)의 데이터 형에 대한 정의를 해 주어야 한다.

<함수원형 형식> 함수를 호출하면서 건네주는 값의 데이터 형은 순서대로 써 주어야 되지만 인자명은 생략할 수 있다.
함수형 함수명(인자1_데이터형, 인자2_데이터형....); 또는 **함수형 함수명(인자1_데이터형 인자1, 인자2_데이터형 인자2....);**
예) int sum(int, int); // 또는 int sum(int a, int b);

[그림 3-4] 함수 원형 선언 형식

함수에는 컴파일러에서 제공하는 라이브러리 함수와 사용자가 만든 함수가 있으며, 라이브러리 함수를 사용하는 경우에는 사용할 함수가 정의된 헤더파일을 include 하면 된다. 그러나, 사용자가 만든 함수는 함수 몸체 부분의 작성과 함께 함수원형에서 함수형태를 정의해 주어야 하며, 사용자 정의 함수가 많은 경우에는 헤더파일을 만들어 사용할 수도 있다.

■ 전역변수

일반적으로 함수 내에서 선언되는 변수들은 지역변수라 하여 다른 함수에서는 사용할 수 없으며, 함수의 실행이 끝나면 변수의 값은 모두 사라지게 된다. 이에 반해 전역변수는 모든 함수에서 사용할 수 있을 뿐 아니라 프로그램의 실행이 종료될 대가지 값이 보존된다. 따라서, 프로그램의 모든 함수에서 사용하고 싶은 변수는 이와 같이 전역변수 영역에 선언하면 된다.

■ main() 함수

C 프로그램은 기본적으로 함수들로 구성되어 작성되며, 특히 main() 함수는 실행 파일

을 만드는데 있어 반드시 포함되어야 하는 함수이다. 즉, 실행 파일에서 실행되는 부분은 main() 함수뿐이고, 다른 함수들은 main() 함수로부터 호출(직접 또는 호출된 함수로부터 호출) 되는 경우에만 실행능력을 갖게 된다. 따라서, 하나의 프로그램 내에는 main() 함수가 하나만 있어야 하며, 두 개 이상인 경우에는 에러가 발생하여 컴파일이 안된다는 점에 주의하여야 한다.

■ 그 밖의 함수 : reverse(), delay()

main() 함수이외에는 자체 실행 능력이 없으며, 다른 함수들로부터 호출될 때만 실행능력을 갖게 된다. 일반적인 함수의 구조는 다음과 같으며, 함수의 시작과 끝은 중괄호로 나타낸다.

```
함수형    함수명(인자1_데이터형 인자1, 인자2_데이터형 인자2....)
{                                   // 함수 시작
   변수 선언;                       // 함수 내에서 사용할 변수(지역변수) 선언

   함수 몸체;                       // 함수에서 수행하는 문장 기술

   return(함수형의 결과값);         // 함수형이 있는 경우 결과 리턴
}                                   // 함수 끝
```

[그림 3-5] 함수의 구조

함수형은 함수 몸체가 실행되고 난 후 함수를 호출한 곳에 실행결과를 반환하는 데이터형을 나타낸다. 함수형에는 [표 3-1]과 같은 형이 있으며, "void"는 "없다"라는 의미로 함수형이나 인자가 없을 때 사용한다.

[표 3-1] 함수형

함수 형	값의 범위
char	-128 ~ 127
unsigned char	0 ~ 255
int	-32768 ~ 32767
unsigned int	0 ~ 65535
long (또는 long int)	-2147483648 ~ 2147483647
unsigned long	0 ~ 4294967295
float	$\pm 1.175e^{-38}$ ~ $\pm 3.402e^{38}$
double	$\pm 1.175e^{-38}$ ~ $\pm 3.402e^{38}$
void	리턴 값 없음

함수의 형태를 정의하는 함수원형과 함수의 실체에 대한 정의 방법은 [그림 3-6]과 같다.

```
// 함수 원형 정의
// 함수를 호출하면서 건네주는 값의 데이터형은 순서대로 써 주어야 되지만
// 인자명은 생략할 수 있다.

int  sum(int, int);              // 또는 int  sun(int a, int b);
```

```
// 함수 실체 정의 예

// 2개의 값 더하기
int  sum(int a, int b)
{
     int   c;

     c = a + b;
     return(c);             // 또는 return c;
}
```

[그림 3-6] 함수 원형과 함수에 대한 정의 방법

return 문은 함수의 실행이 끝난 후 [그림 3-7]과 같이 결과값을 건네주면서 함수를 종료하는 역할을 한다. 그러나, 함수형이 void(리턴값이 없는 형)인 경우 return문이 사용되면 함수의 실행을 이 부분에서 강제 종료하고, 함수를 호출한 곳으로 리턴(귀환)하라는 것을 의미한다.

```
return(리턴값 또는 식);          // 또는 return 리턴값 또는 식
return;                          // 호출한 곳으로 리턴
```

[그림 3-7] return문 형식

■ 들여쓰기

중괄호로 표현되는 함수 또는 블록(제어문, 반복문)에서는 이 중괄호 안에 실행되는 문장들을 쓰게 되는데 여러 개의 공백이나 탭을 이용하여 여백을 두고 프로그램을 작성하는 방법을 들여쓰기라 한다. 들여쓰기는 프로그램의 실행과는 상관이 없지만, 프로그램의 이해를 돕기 위해 필요한 프로그램 작성법이므로 반드시 따르는 것이 필요하다.

■ 문장과 세미콜론(;)

우리가 문장을 쓸 때 종료부분에 마침표(.)를 사용하는 것과 같이 C로 프로그램을 작성할 때도 문장에는 반드시 세미콜론(;)을 사용한다. C 언어에서 문장은 작업을 처리할 수 있는 기본단위이며, 문장의 끝을 나타내기 위해 세미콜론을 사용한다. 세미콜론은 주로 변수 선언, 함수원형 선언, 대입문에 의한 표현식, 함수 호출 등의 마지막에 사용되며, 제어문이나 반복문에서 범위를 나타내는 경우에는 중괄호로 나타내고 세미콜론은 사용되지 않는다. 또한 전처리기에도 세미콜론은 사용되지 않기 때문에, 앞으로 프로그램 연습을 하면서 경험적으로 어느 부분에 사용되는지를 잘 익혀두어야 한다. 세미콜론이 사용되어야 할 위치에 제대로 사용되지 않으면 컴파일러가 엉뚱한 위치에 에러가 있다고 메시지를 출력할 수도 있기 때문에 세미콜론 사용에 항상 주의를 하여야 한다.

3.2 데이터형 및 변수

◆ 데이터 형

CodeVisionAVR C 컴파일러에서 지원하는 데이터형은 [표 3-2]와 같으며, 특히 값의 범위에 주의하여 사용하여야 한다.

[표 3-2] 데이터형에 따른 값의 범위

데이터 형	비트 수	값의 범위	비고
bit	1	0, 1	전역변수만 허용
char	8	-128 ~ 127	2의 보수
unsigned char	8	0 ~ 255	양의 정수
int	16	-32768 ~ 32767	2의 보수
unsigned int	16	0 ~ 65535	양의 정수
long (또는 long int)	32	-2147483648 ~ 2147483647	2의 보수
unsigned long	32	0 ~ 4294967295	양의 정수
float	32	$\pm 1.175e^{-38}$ ~ $\pm 3.402e^{38}$	실수
double	32	$\pm 1.175e^{-38}$ ~ $\pm 3.402e^{38}$	실수
sfrb	8	0 ~ 255	레지스터 번지 지정
sfrw	16	0 ~ 65535	레지스터 번지 지정

☞ sfrb, sfrw

특수기능레지스터(SFR : Special Function Register)를 나타낼 때 사용하는 지시어이며, sfrb는 byte 단위 레지스터를 sfrw는 word 단위의 레지스터를 각각 나타낸다. 이 지시어는 변수에 주소를 직접 지정하고자 할 때 사용한다. 이 지시어는 AVR 마이크로콘트롤러 관련 컴파일러에서만 사용할 수 있는 지시어라는 점에 주의하여 한다. 변수 선언 시에는 주소를 지정하게 되며, 문장에서는 그 주소에 값을 설정하라는 의미로 사용된다. sfrb, sfrw는 컴파일러에게 IN 과 OUT 어셈블리어 명령어를 사용하여 레지스터에게 접근하라고 지시한다

예)

```
sfrb TCNT2 = 0x24;     // 변수 TCNT2에 레지스터 번지 0x24 할당
sfrw TCNT1 = 0x2c;     // 변수 TCNT1에 레지스터 번지 0x2c 할당(16비트)

TCNT2 = 0x80;          // TCNT2가 가르키는 레지스터 번지에 0x80 저장
TCNT1 = 0x8000;        // TCNT1이 가르키는 레지스터 번지에 0x8000 저장
```

<헤더 파일 mega128.h 참조>

■ 식별자

식별자는 프로그램 작성을 위해 사용자가 정의하여 사용하는 함수명, 변수명, 라벨의 이름을 가르키며, 알파벳 대소문자와 숫자 그리고 밑줄('_')을 사용할 수 있다. 그러나 식별자의 첫 문자는 반드시 알파벳 또는 밑줄이 나올 수 있으며, 숫자는 첫 문자로 사용할 수 없다. 그리고, 대소문자를 구별해서 사용하며, 32문자까지 사용할 수 있다.

■ 예약어(키워드)

다음은 CodeVisionAVR C 컴파일러에 미리 예약된 단어이며, 프로그램 작성시에 이들 단어들은 식별자(함수명, 변수, 라벨)로 사용할 수 없다.

break	bit	case	char	const	continue	default	do
double	eeprom	else	enum	extern	flash	float	for
funcused	goto	if	inline	int	interrupt	long	register
return	short	signed	sizeof	sfrb	sfrw	static	struct
switch	typedef	union	unsigned	void	vloatile	while	

[그림 3-8] 예약어

■ 변수

변수는 프로그램에서 임시로 값을 저장하는 장소이며, 사용 전에 반드시 변수 선언을 해야 한다. 변수명은 이름만 보더라도 무슨 변수인지 짐작할 수 있게 용도(의미)에 맞춰 이름을 붙이는 것이 좋다. 전역변수의 경우에는 초기화가 되어 있지 않은 경우에 자동적으로 0이 저장되지만, 함수 내의 지역변수는 자동적으로 초기화되지 않는다.

```
<형식>
  데이터형    변수명;

<실제 예>
  char    a;
  int     b, c;           // 두 개 이상 정의시 콤마로 구분
  int     val =  10;      // 선언하면서 초기화
```

[그림 3-9] 변수 선언 형식

일반적으로 변수들은 메모리 SRAM에 저장위치가 정해지지만, 변수의 값이 저장되는 곳을 레지스터로 지정할 수도 있다. 그러나, 전역변수에서는 레지스터 변수로 사용할 수 없다.

```
register int abc;
register int a @10;     // R10 지정
```

[그림 3-10] 레지스터 변수 선언 형식

■ 상수

정수형 상수는 10진(예, 33), 2진(예, 0b00100001), 16진(예, 0x21), 문자('!')로 나타낼 수 있다. unsigned int 상수는 맨 뒤에 'U'를 붙여주며(예, 1000U), long int 상수는 맨뒤에 'L'을 붙인다(예, 99L). 그리고, unsigned long 상수는 맨 뒤에 'UL'을 붙이며(예, 99UL), float 변수는 맨 뒤에 'F'를 붙인다(1234F). 문자 상수는 따옴표로 문자를 묶어 나타낸다('A'). 프로그램이 실행되는 동안 값이 변하지 않는 상수형 변수는 플래시 메모리(Flash Memory)에 저장되며, 이를 위해 "flash" 또는 "const"를 변수형 앞에 붙여 지정한다.

```
flash char c_const = 'a';
const int c_int = 123;
```

[그림 3-11] 상수형 변수 선언 형식

■ SRAM 메모리 지정 변수

전역변수는 SRAM의 위치를 지정할 수 있으며, '@'를 사용하여 다음과 같이 지정한다.

```
int   aaa   @0x80;   // SRAM 0x80 번지 지정
```

[그림 3-12] SRAM 메모리 지정 변수 선언 형식

3.3 연산자

C 언어에서는 [표 3-3]과 같은 연산자가 사용 가능하며, 연산자들의 기능과 의미에 대해 잘 이해해 두어야 한다.

[표 3-3] 연산자

분류	연산자
대입연산자	=
산술 연산자	+ - * / %
관계 연산자	> < == != >= <=
증감 연산자	++ --
논리 연산자	&& || !
조건 연산자	?:
비트 논리 연산자	& | ^ ~
비트 이동 연산자	<< >>
형 변환 연산자	(char) (int) (float) (double) (unsigned char) (unsigned int)
축약 대입 연산자	+= -= *= /= %= &= |= ^= >>= <<=

■ 대입 연산자

'=' 기호가 대입(할당) 연산자이며, 대입 연산자 오른쪽 부분의 평가 결과를 왼쪽의 변수에 저장하는 기능을 갖는다. 따라서, 왼쪽에는 상수나 수식이 나올 수 없으며, 오른쪽 부분에 대한 평가값은 왼쪽 변수형에 맞추어 저장되는 점에 주의하여야 한다.

형식)
변수 = 상수값, 변수, 식, 함수

예)
```
a = 3;
b = a;
c = a + 3;
d = sum(3);
```

[그림 3-13] 대입 연산자

■ 산술 연산자

덧셈(+), 뺄셈(-), 곱셈(*), 나눗셈(/), 나머지 연산(%)를 수행하는 연산자이며, 나머지 연산자(%)는 정수형만 사용할 수 있다.

산술 연산자에서 연산은 연산자를 중심으로 피연산자의 데이터형과 대입 연산자의 왼쪽 변수형에 따라 결과값이 다음과 같이 달라진다.

① 정수끼리의 산술연산 결과는 정수가 된다. (<정수> 산술연산자 <정수> => <정수>)

예) 5 + 3 => 8
5 / 3 => 1

② 정수와 실수의 산술연산 결과는 실수가 된다.(<정수> 산술연산자 <실수> => <실수>, <실수> 산술연산자 <정수> => <실수>, <실수> 산술연산자 <실수> => <실수>)

예) 5 + 3.4 = 8.4
10 / 8.0 = 1.25
10.0 / 8.0 = 1.25

③ <변수> = <수식> 의 경우에는 수식이 먼저 계산된 후 그 결과값에 대해 왼쪽 변수형에 맞춰 데이터 형 변환이 이루어지면서 저장된다. <정수 -> 실수> 경우에는 소수점이 추가되고, <실수 -> 정수>의 경우에는 소수점이 모두 없어진다.

예)
```
int     a;
float   b;

a = 5 / 3;              // a에는 5/3의 정수연산 결과 1이 저장
```

```
a = 5 % 3;              // a에는 5/3의 나머지 연산 결과 2가 저장
b = 5 / 3;              // b에는 5/3의 정수연산 결과 1이 실수 1.0으로 저장
a = 8 / 3 + 7.0 / 2;    // a에는 2(정수연산) + 3.5(실수연산)에서 5.5가
                        // 왼쪽 변수 정수형에 맞춰 소수점이 없어지고
                        // 5로 저장

b = 8 / 3 + 8 / 5;      // b에는 2(정수 연산)+1(정수연산)의 값 3이
                        // 왼쪽 실수형 변수에 맞춰 3.0으로 저장
```

[리스트 3-1] 산술 연산자 테스트 프로그램

```
// c_ex1.c : 산술 연산자 테스트 프로그램
#include <mega128.h>

#include "led_seg.h"                // LED, 7-세그먼트 표시 함수 파일

void main(void)
{
    int  a, b, c;

    Init();                         // LED, 7-세그먼트 표시 준비

    a = 5 / 3;                      // 정수 연산
    b = 5 % 3;                      // 정수 연산
    c = 8 / 3 + 7.0 / 2;            // 정수 + 실수 연산

    // 결과 표시
    out(a);                         // 결과 a 7-세그먼트 출력
    out(b);                         // 결과 b 7-세그먼트 출력
    out(c);                         // 결과 c 7-세그먼트 출력

    while(1);                       // 대기
}
```

```
<실행결과>
1
2
5
```

프로그램에서 함수 Init()과 out()은 "led_seg.h" 헤더 파일에 정의된 함수이며, 이 헤더 파일에는 KUT-128 보드의 LED와 7-세그먼트를 이용하여 8비트 또는 16비트의 값을 표시하기 위한 함수들이 정의되어 있다. 이 헤더파일에는 [표 3-4]와 같은 함수들이 정의되어 있으며, 프로그램은 [리스트 3-2]와 같다. 이 프로그램에는 포트 출력과 타이머/카운터

에 대한 인터럽트 함수가 포함되어 있어 초보자에게는 이해하기 어려울 수도 있다. 따라서, [표 3-4]에 정의된 함수들의 형식을 갖추어 우선 이용하기 바라며, ATmega128의 타이머/카운터까지 학습한 후 다시 프로그램을 학습하길 바란다.

[표 3-4] led_seg.h 함수 기능

함수명	인자	설 명
Init(void)	없음	포트 B,C,F, 타이머0 초기설정
LED_out(char)	8비트 LED 출력 값	8비트 LED 출력(1:ON, 0:OFF)
SEG_off()	없음	7-세그먼트 LED off
SEG_dec8pm(char)	8비트 정수(-128~127)	7-세그먼트 8비트 10진 출력
SEG_dec8p(u_char)	8비트 정수(0~255)	7-세그먼트 8비트 10진 출력
out(int val)	16비트 정수(-999~9999)	10진수 출력
SEG_dec16pm(int)	16비트 정수(-999~9999)	7-세그먼트 16비트 10진 출력
out_hex8(char val)	8비트 정수(-128~127)	1바이트 16진 출력
SEG_hex8(char)	8비트 정수(0x00~0xFF)	7-세그먼트 8비트 16진 출력
out_hex16(int val)	16비트 정수(-32768~32767)	2바이트 16진 출력
SEG_hex16(int)	16비트 정수 (0x0000~0xFFFF)	7-세그먼트 16비트 16진 출력
interrupt [TIM0_OVF] void time0(void)		타이머0 인터럽트 처리함수

[리스트 3-2] LED 및 7-세그먼트 표시 프로그램

```
// led_seg.h
// LED, 7-세그먼트 표시 공통 함수
// 2012.3 made by SHIN DONGUK

#include <delay.h>

typedef unsigned char u_char;

// 7-세그먼트 출력 패턴(0,1,2,3,4,5,6,7,8,9,A,b,C,d,E,F,-,off)
flash u_char seg_pat[18] = {0x3f, 0x06, 0x5b, 0x4f, 0x66, 0x6d, 0x7d, 0x07,
                            0x7f, 0x6f, 0x77, 0x7c, 0x39, 0x5e, 0x79, 0x71, 0x40, 0x00};
flash u_char seg_on[4] = {0xE0, 0xD0, 0xB0, 0x70};    // 7-세그먼트 ON 값
u_char seg_val[4] = {17,17,17,17};
u_char seg_pos = 0;                        // 0 : 1자리, 1 : 10자리, 2 : 100자리, 3 : 1000자리

void Init(void);                           // 포트B,C,F, 타이머0 초기설정
void LED_out(char);                        // 8비트값 LED 출력(1 : ON, 0 : OFF)
void SEG_off();                            // 7-세그먼트 LED off
void SEG_dec8pm(char);                     // 7-세그먼트 8비트 10진 출력(-128~127)
void SEG_dec8p(u_char);                    // 7-세그먼트 8비트 10진 출력(0~255)
void out(int val);                         // 10진수 출력(-999~9999)
```

```
void SEG_dec16pm(int);              // 7-세그먼트 16비트 10진 출력(-999~9999)
void out_hex8(char val);            // 1바이트 16진 출력
void SEG_hex8(char);                // 7-세그먼트 8비트 16진 출력(0x00~0xFF)
void out_hex16(int val);            // 2바이트 16진 출력
void SEG_hex16(int);                // 7-세그먼트 16비트 16진 출력(0x0000~0xFFFF)

void Init(void)
{
    // 입출력 포트 방향 설정
    DDRC = 0xFF;                    // 포트C 출력 설정(LED)
    DDRB = 0xFF;                    // 포트B 출력설정(7-세그먼트 값 출력)
    DDRF = 0xF0;                    // PF4-PF7 출력 설정(7-세그머트 ON)

    // 입출력 포트 초기값 출력
    PORTC = 0xFF;                   // LED 모두 off
    PORTF = 0x0;                    // 7-세그먼트 모두 off
    PORTB = 0x0;                    // 7-세그먼트 LED 모두 off

    // 타이머/카운터 0 인터럽트 초기화
    TIMSK = 0x01;                   // TOIE0 = 1
    TCCR0 = 0x07;                   // 일반모드 1024분주
    TCNT0 = 192;                    // 주기 = 1/16us * 1024 * (256 - 192) = 2.048ms
    SREG = 0x80;
}

// 8비트값 LED 출력(1 : ON, 0 : OFF)
void LED_out(char val)
{
    PORTC = val ^ 0xFF;
}

// 7-세그먼트 LED off
void SEG_off()
{
    seg_val[3] = 17;                // 1000자리
    seg_val[2] = 17;                // 100자리
    seg_val[1] = 17;                // 10자리
    seg_val[0] = 17;                // 1자리
}

// 7-세그먼트 8비트 10진 출력(-128~127)
void SEG_dec8pm(char val)
{
    char uval;

    if(val >= 0x80) {
        uval = -val;
        seg_val[3] = 16;                    // '-'
    }
    else seg_val[3] = 17;                   // + 공백
```

```
        seg_val[2] = uval / 100;                    // 100자리
        seg_val[1] = (uval % 100) / 10;             // 10자리
        seg_val[0] = uval % 10;                     // 1자리

        if(seg_val[2] == 0){
            seg_val[2] = 17;
            if(seg_val[1] == 0) seg_val[1] = 17;
        }
}

// 7-세그먼트 8비트 10진 출력(0~255)
void SEG_dec8p(u_char val)
{
        seg_val[3] = 17;                            // 1000자리
        seg_val[2] = val / 100;                     // 100자리
        seg_val[1] = (val % 100) / 10;              // 10자리
        seg_val[0] = val % 10;                      // 1자리

        if(seg_val[2] == 0){
            seg_val[2] = 17;
            if(seg_val[1] == 0) seg_val[1] = 17;
        }
}

// 10진수 출력(-999~9999)
void out(int val)
{
        SEG_off();                                  // 7-세그먼트 표시 클리어
        delay_ms(1000);
        SEG_dec16pm(val);                           // 결과 a 7-세그먼트 출력
        delay_ms(1000);
}

// 10진수 출력(-999~9999)
void SEG_dec16pm(int val)
{
        int uval;

        if(val < 0) {
            uval = -val;
            seg_val[3] = 16;                        // '-'
            if(val > 999){                          // -999보다 작으면 '-FFF' 표시
                seg_val[2] = 15;                    // 'F'
                seg_val[1] = 15;                    // 'F'
                seg_val[0] = 15;                    // 'F'
            }
            else {
                seg_val[2] = uval / 100;            // 100자리
                seg_val[1] = (uval % 100) / 10;     // 10자리
                seg_val[0] = uval % 10;             // 1자리
```

```
            if(seg_val[2] == 0){
                seg_val[2] = 17;
                if(seg_val[1] == 0) seg_val[1] = 17;
            }
        }
    }
    else {
        if(val > 9999){                          // 9999보다 크면 'FFFF' 표시
            seg_val[3] = 15;                     // 'F'
            seg_val[2] = 15;                     // 'F'
            seg_val[1] = 15;                     // 'F'
            seg_val[0] = 15;                     // 'F'
        }
        else {
            seg_val[3] = val / 1000;                 // 1000자리
            seg_val[2] = (val % 1000) / 100;         // 100자리
            seg_val[1] = (val % 100) / 10;           // 10자리
            seg_val[0] = val % 10;                   // 1자리

            if(seg_val[3] == 0){
                seg_val[3] = 17;
                if(seg_val[2] == 0){
                    seg_val[2] = 17;
                    if(seg_val[1] == 0) seg_val[1] = 17;
                }
            }
        }
    }
}

// 1바이트 16진 출력
void out_hex8(char val)
{
    SEG_off();                               // 7-세그먼트 표시 클리어
    delay_ms(1000);
    SEG_hex8(val);                           // 결과 a 7-세그먼트 출력
    delay_ms(1000);
}

// 7-세그먼트 8비트 16진 출력(0x00~0xFF)
void SEG_hex8(char val)
{
    seg_val[0] = (u_char)(val & 0x000F);              // 1자리
    seg_val[1] = (u_char)((val & 0x00F0) >> 4);       // 16 자리
    seg_val[2] = 17;
    seg_val[3] = 17;
}

// 2바이트 16진 출력
void out_hex16(int val)
{
```

```
        SEG_off();                                  // 7-세그먼트 표시 클리어
        delay_ms(1000);
        SEG_hex16(val);                             // 결과 a 7-세그먼트 출력
        delay_ms(1000);

    }

    // 2바이트 16진 출력
    void SEG_hex16(int val)
    {
        seg_val[0] = (u_char)(val & 0x000F);         // 1자리
        seg_val[1] = (u_char)((val & 0x00F0) >> 4);   // 16 자리
        seg_val[2] = (u_char)((val & 0x0F00) >> 8);   // 256 자리
        seg_val[3] = (u_char)((val & 0xF000) >> 12);  // 4096 자리
    }

    // 주기 = 1/16us * 1024 * (256 -192) = 2.048ms
    interrupt [TIM0_OVF] void time0(void)
    {
        u_char   cc;

        TCNT0 = 192;                                // 초기값 재설정
        PORTF = seg_on[seg_pos];                    // seg_pos 위치 세그먼트 ON
        cc = seg_val[seg_pos];                      // 표시값 출력
        PORTB = seg_pat[cc];

        seg_pos = (seg_pos + 1) % 4;                // 다음 표시 자리
    }
```

■ 관계 연산자

관계 연산자는 2개의 피연산자 크기를 비교하기 위한 연산자이며, 결과는 참(1)이거나 거짓(0)이 된다. [표 3-5]는 6종류의 관계 연산자를 보여주며, [그림 3-14]는 사용 예를 보여준다.

[표 3-5] 관계 연산자

연산자	기호	의미
보다 크다.	op1 > op2	피연산자 op1이 피연산자 op2보다 크면 참, 그렇지 않으면 거짓이 된다.
보다 작다.	op1 < op2	피연산자 op1이 피연산자 op2보다 작으면 참, 그렇지 않으면 거짓이 된다.
같다.	op1 == op2	피연산자 op1이 피연산자 op2와 같으면 참, 그렇지 않으면 거짓이 된다.
같지 않다.	op1 != op2	피연산자 op1이 피연산자 op2와 같지 않으면 참, 그렇지 않으면 거짓이 된다.
크거나 같다.	op1 >= op2	피연산자 op1이 피연산자 op2보다 크거나 같으면 참, 그렇지 않으면 거짓이 된다.
작거나 같다.	op1 <= op2	피연산자 op1이 피연산자 op2보다 작거나 같으면 참, 그렇지 않으면 거짓이 된다.

관계 연산식	평가	결과
5 < 3	5는 3보다 작은가?	0(거짓)
5 == 3	5는 3과 같은가?	0(거짓)
5 != 3	5는 3과 다른가?	1(참)
(4 * 3) == (2 * 6)	(4 * 3)은 (2 * 6) 과 같은가?	1(참)

[그림 3-14] 관계 연산자 연산 예

[리스트 3-3] 관계 연산자 테스트 프로그램

```
// c_ex2.c : 관계 연산자 테스트 프로그램
#include <mega128.h>

#include "led_seg.h"                // LED, 7-세그먼트 표시 함수 파일

void main(void)
{
    Init();                         // LED 7-세그먼트 표시 준비

    // 결과 표시
    out(5 < 3);                     // (5 < 3)?  결과 7-세그먼트 출력
    out(5 == 3);                    // (5 == 3)? 결과 7-세그먼트 출력
    out(5 != 3);                    // (5 != 3)? 결과 7-세그먼트 출력
    out((4 * 3) == (2 * 6));        // (4 * 3) == (2 * 6)? 결과 7-세그먼트 출력

    while(1);                       // 대기
}
```

```
<실행결과>
0
0
1
1
```

■ 증감 연산자

증감연산자는 변수의 값을 1증가시키거나 1감소하는 연산자이며, 변수의 앞이나 뒤에 올 수 있다. 증감연산자가 단독으로 사용되는 경우에는 연산자의 위치에 관계없이 증감의 의미만을 갖지만, 다른 문장과 함께 사용하는 경우에는 의미가 다르기 때문에 주의가 필요하다. [표 3-6]는 4종류의 증감 연산자를 보여주며, [그림 3-15]는 사용 예를 보여준다.

[표 3-6] 증감 연산자

연산자	기호	의미
1증가.	변수++	변수의 현재값이 우선 사용된 후 맨 마지막에 변수의 값이 1 증가된다.
	++변수	변수의 현재값이 우선 1 증가된 후 그 다음에 사용된다.
1감소	변수--	변수의 현재값이 우선 사용된 후 맨 마지막에 변수의 값이 1 감소된다.
	--변수	변수의 현재값이 우선 1 감소된 후 그 다음에 사용된다.

```
int     a = 10, b = 10, c = 10;
int     ra, rb, rc;

ra = a++;       // a값 10이 먼저 ra에 저장되고, a의 값은 1증가하여 11이 된다.
rb = ++b;       // b값이 먼저 1증가하여 11이 되고, 증가된 값이 rb에 저장된다.
rc = c;         // rc에 c의 값 10이 저장된다.
c--;            // c값이 1감소하여 9가 된다.
--rc;           // rc값이 1감소하여 9가 된다.
```

[그림 3-15] 증감 연산자 사용 예

[리스트 3-4] 증감 연산자 테스트 프로그램

```
// c_ex3.c  : 증감 연산자 테스트 프로그램
#include <mega128.h>

#include "led_seg.h"            // LED, 7-세그먼트 표시 함수 파일

void main(void)
{
    int   a = 10, b = 10, c = 10;
    int   ra, rb, rc;

    Init();                     // LED, 7-세그먼트 표시 준비

    ra = a++;                   // ra = 10, a = 11
    rb = ++b;                   // b = 11, rb = 11
    rc = c;                     // c = 10, rc = 10
    c--;                        // c = 9
    --rc;                       // rc = 9

    // 결과 표시
    out(a);                     // 결과 a 7-세그먼트 출력
    out(b);                     // 결과 b 7-세그먼트 출력
    out(c);                     // 결과 c 7-세그먼트 출력
    out(ra);                    // 결과 ra 7-세그먼트 출력
    out(rb);                    // 결과 rb 7-세그먼트 출력
    out(rc);                    // 결과 rc 7-세그먼트 출력

    while(1);                   // 대기
}
```

```
<실행결과>
11
11
9
10
11
9
```

■ 논리 연산자

2개 이상의 관계 연산자를 기술할 때 사용되는 연산자로 관계 연산자와 같이 참과 거짓으로 결과값을 출력한다. 이들 논리 연산자는 여러 개의 조건을 동시에 만족하는지 또는 여러 개의 조건 중에서 하나라도 만족하는 지를 조사할 때 사용한다. [표 3-7]은 3종류의 논리 연산자를 보여주며, [그림 3-16]은 사용 예를 보여준다.

[표 3-7] 논리 연산자

연산자	기호	의미
AND(동시)	op1 && op2	연산자의 왼쪽값(op1)과 오른쪽 값(op2)의 값이 모두 참이면 참, 그렇지 않으면 거짓이 된다.
OR(또는)	op1 || op2	연산자의 왼쪽값(op1)과 오른쪽 값(op2)의 값 중에 하나라도 참이면 참, 모두 거짓이면 거짓이 된다.
NOT(반전)	!op1	연산자 오른쪽 값(op1)이 참이면 거짓, 거짓이면 참이 된다.

관계연산식	평가	결과
(5 < 3) && (1 < 3)	(5 < 3)이 거짓이므로 거짓이 된다.	0(거짓)
(5 == 3) || (5 > 3)	(5 == 3)은 거짓이지만, (5 > 3)이 참이므로 전체적으로 참이 된다.	1(참)
!(5 == 3)	(5 == 3)은 거짓이고, 거짓의 반대는 참이 된다.	1(참)
3 && 1	0이외의 값은 모두 참이며, 3과 1 모두 0이 아니므로 참이 된다.	1(참)

[그림 3-16] 논리 연산자 사용 예

[리스트 3-5] 논리 연산자 테스트 프로그램

```
// c_ex4.c : 논리 연산자 테스트 프로그램
#include <mega128.h>

#include "led_seg.h"                    // LED, 7-세그먼트 표시 함수 파일

void main(void)
{
    Init();                             // LED, 7-세그먼트 표시 준비

    // 결과 표시
    out((5 < 3) && (1 < 3));            // 결과 7-세그먼트 출력
    out((5 == 3) || (5 > 3));           // 결과 7-세그먼트 출력
    out(!(5 == 3));                     // 결과 7-세그먼트 출력
    out(3 && 1);                        // 결과 7-세그먼트 출력

    while(1);                           // 대기
}
```

```
<실행결과>
0
1
1
1
```

■ 조건 연산자(삼항 연산자)

이 연산자는 다음과 같이 3개의 항을 가지며, 관계연산식이 <참>인 경우에는 <참의 결과값>을 <거짓>인 경우에는 <거짓의 결과>를 출력한다. 이 연산자는 전처리기 #define문과 함께 매크로함수를 정의할 때 자주 사용한다.

(관계연산식) ? 참결과 : 거짓결과

예)

```
int    x = -4, y = 1;

max = (x > y) ? x : y;          // x와 y중에서 큰 값 구함
                                // x가 y보다 크면 x를, 그렇지 않으면 y를 출력
min = (x < y) ? x : y;          // x와 y중에서 작은 값 구함
abs = (x >= 0) ? x : -x;        // x의 절대값 구함 : x가 0보다 크거나 같으면
                                // x를, 그렇지 않으면 -x를 출력
```

[그림 3-17] 조건 연산자 형식 및 사용 예

[리스트 3-6] 조건 연산자 테스트 프로그램

```
// c_ex5.c  : 조건 연산자 테스트 프로그램
#include <mega128.h>

#include "led_seg.h"                // LED, 7-세그먼트 표시 함수 파일

void main(void)
{
    int  x = 44, y = 21, z = -77;
    int  max, min, abs;

    Init();                         // LED, 7-세그먼트 표시 준비

    max = (x > y) ? x : y;          // x와 y중에서 큰 값 구함
    min = (x < y) ? x : y;          // x와 y중에서 작은 값 구함
    abs = (z >= 0) ? z : -z;        // z의 절대값 구함

    out(max);                       // max값 7-세그먼트 출력
    out(min);                       // max값 7-세그먼트 출력
    out(abs);                       // abs값 7-세그먼트 출력

    while(1);                       // 대기
}
```

```
<실행결과>
44
21
77
```

■ 비트 이동 연산자

이 연산자는 비트 단위로 왼쪽 또는 오른쪽으로 이동시키는 연산을 수행한다.

[표 3-8] 비트 이동 연산자

연산자	기호	의미
왼쪽 이동	op1 << op2	연산자의 왼쪽값(op1)을 오른쪽 값(op2)만큼 왼쪽으로 이동하며, 오른쪽 빈자리에는 0으로 채워진다.($op1 \times 2^{op2}$)
오른쪽 이동	op1 >> op2	연산자의 왼쪽값(op1)을 오른쪽 값(op2)만큼 오른쪽으로 이동하며, 왼쪽 빈자리에는 0으로 채워진다.($op1 / 2^{op2}$)

32 >> 2	0b00100000 >> 2 => 0b00001000 결과 : 8 ($32 \div 2^2$)
32 << 2	0b00100000 << 2 => 0b10000000 결과 : 128 (32×2^2)

[그림 3-18] 비트 이동 연산자 사용 예

[리스트 3-7] 비트 이동 연산자 테스트 프로그램

```
// c_ex6.c : 비트 이동 연산자 테스트 프로그램
#include <mega128.h>
#include <delay.h>

#include "led_seg.h"            // LED, 7-세그먼트 표시 함수 파일

void main(void)
{
    Init();                     // LED, 7-세그먼트 표시 준비

    out(32 >> 2);               // (32 >> 2)값 7-세그먼트 출력
    out(32 << 2);               // (32 << 2)값 7-세그먼트 출력

    while(1);                   // 대기
}
```

```
실행결과
8
128
```

■ 비트 논리 연산자

이 연산자는 비트 단위로 논리 연산을 수행하는 연산자이다.

[표 3-9] 비트 논리 연산자

연산자	기호	의미
AND 연산	op1 & op2	연산자의 왼쪽값(op1)과 오른쪽값(op2)을 대응하는 비트끼리 AND 연산을 취한다. 대응하는 양쪽 비트가 모두 1일 때만 1이 되며, 그렇지 않으면 0이 된다. **특정비트를 추출하거나 특정비트를 강제로 0으르 할 때 사용한다.**
OR 연산	op1 | op2	연산자의 왼쪽값(op1)과 오른쪽값(op2)을 대응하는 비트끼리 OR 연산을 취한다. 대응하는 양쪽 비트 중 어느 한쪽이라도 1이면 1이 되며, 양쪽이 모두 0이면 0이 된다. **특정비트를 강제로 1로 할 때 사용한다.**
XOR 연산	op1 ^ op2	연산자의 왼쪽값(op1)과 오른쪽값(op2)을 대응하는 비트끼리 XOR 연산을 취한다. 대응하는 양쪽 비트의 값이 다르면 1이 되며, 같으면 0이 된다. **특정비트를 반전할 때 사용한다.**
반전 연산	~op1	연산자 오른쪽값(op1)의 모든 비트값에 대해 반전(1의 보수)을 취한다.

연산자	연산식	결과	의미
AND	0b10101010 & 0b00001111	0b00001010	하위 4비트 추출
OR	0b10101010 | 0b00001111	0b10101111	하위 4비트 강저 1로 셋
XOR	0b10101010 ^ 0b00001111	0b10100101	하위 4비트만 반전
반전	~0b10101010	0b01010101	모든 비트 반전

[그림 3-19] 비트 논리 연산자 연산 예

[리스트 3-8] 비트 논리 연산자 테스트 프로그램

```
// c_ex7.c : 비트 논리 연산자 테스트 프로그램
#include <mega128.h>

#include "led_seg.h"                    // LED, 7-세그먼트 표시 함수 파일

void main(void)
{
    unsigned char  a = 0b10101010;

    Init();                             // LED, 7-세그먼트 표시 준비

    LED_out(a & 0b00001111);            // AND 결과 LED 출력
    out_hex8(a & 0b00001111);           // AND 16진 결과 7-세그먼트 출력

    LED_out(a | 0b00001111);            // OR 결과 LED 출력
    out_hex8(a | 0b00001111);           // OR 16진 결과 7-세그먼트 출력

    LED_out(a ^ 0b00001111);            // XOR 결과 LED 출력
    out_hex8(a ^ 0b00001111);           // XOR 16진 결과 7-세그먼트 출력

    LED_out(~a);                        // ~(0b10101010) 결과 LED 출력
    out_hex8(~a);                       // ~(0b10101010) 16진 결과 7-세그먼트 출력

    while(1);                           // 대기
}
```

```
실행결과
off off off off on off on off
0A
on off on off on on on on
AF
on off on off off on off on
A5
off on off on off on off on
55
```

■ 형 변환 연산자

연산자 다음에 나오는 피연산자의 값을 연산자에서 지정한 데이터형으로 변환하는 연산을 수행한다.

[표 3-10] 형 변환 논리 연산자

연산자	기호	의미
8비트 부호 있는 char형 변환	(char)op1	연산자의 오른쪽값(op1)을 8비트 부호 있는 char 형으로 변환
8비트 부호 없는 char형 변환	(unsigned char)op1	연산자의 오른쪽값(op1)을 8비트 부호 없는 char 형으로 변환
16비트 부호 있는 int 형 변환	(int)op1	연산자의 오른쪽값(op1)을 16비트 부호 있는 int 형으로 변환
16비트 부호 없는 int 형 변환	(unsinged int)op1	연산자의 오른쪽값(op1)을 16비트 부호 없는 int 형으로 변환
실수 float형 변환	(float)op1	연산자의 오른쪽값(op1)을 실수 float형으로 변환
실수 double 형 변환	(double)op1	연산자의 오른쪽값(op1)을 실수 double형으로 변환

사용예)

```
int     a, b;

a = 8 / 3 + 7.0 / 2;       // 2(정수연산) + 3.5(실수연산)에서 5.5가
                           // 왼쪽 변수 정수형에 맞춰 소수점이 없어지고
                           // 5로 저장
b = (float)8 / 3 + 7.0 / 2;
                           // 2.67(실수연산) + 3.5(실수연산)에서 6.17이
                           // 왼쪽 변수 정수형에 맞춰 소수점이 없어지고
                           // 6으로 저장
```

[그림 3-20] 형 변환 연산자 사용 예

[리스트 3-9] 형 변환 연산자 테스트 프로그램

```
// c_ex8.c : 형 변환 연산자 테스트 프로그램
#include <mega128.h>

#include "led_seg.h"                // LED, 7-세그먼트 표시 함수 파일

void main(void)
{
    int  a, b;

    Init();                         // LED, 7-세그먼트 표시 준비

    a = 8 / 3 + 7.0 / 2;
    b = (float)8 / 3 + 7.0 / 2;

    out(a);                         // a 결과 7-세그먼트 출력
    out(b);                         // b 결과 7-세그먼트 출력

    while(1);                       // 대기
}
```

```
실행결과
5
6
```

◆ 축약 대입 연산자

대입 연산자와 산술 연산자, 비트 연산자를 합쳐 하나의 연산자처럼 표시한 연산자이며, 왼쪽 변수가 오른쪽 수식에서 하나의 피연산자로 사용될 때 이 연산자를 사용할 수 있다.

[표 3-11] 축약 대입 연산자

축약 대입 연산자	의미(x : 변수, y : 상수, 변수, 수식, 함수)
x += y	x = x + y
x -= y	x = x - y
x *= y	x = x * y
x /= y	x = x / y
x %= y	x = x % y
x &= y	x = x & y
x |= y	x = x | y
x ^= y	x = x ^ y
x >>= y	x = x >> y
x <<= y	x = x << y

[리스트 3-10] 축약 대입 연산자 테스트 프로그램

```
// c_ex9.c : 축약 대입 연산자 연산자 테스트 프로그램
#include <mega128.h>

#include "led_seg.h"                    // LED, 7-세그먼트 표시 함수 파일

void main(void)
{
    int  a = 1, b = 2, c = 3, d = 4, e = 5;

    Init();                             // LED, 7-세그먼트 표시 준비

    a += e;                             // a = a + e;
    b -=  (e - 3);                      // b = b - (e - 3)
    c *=  (e + 1);                      // c = c * (e + 1)
    d /=  2;                            // d = d / 2

    out(a);                             // a 결과 7-세그먼트 출력
    out(b);                             // b 결과 7-세그먼트 출력
    out(c);                             // a 결과 7-세그먼트 출력
    out(d);                             // b 결과 7-세그먼트 출력

    while(1);                           // 대기
}
```

```
실행결과
6
0
18
2
```

◆ 연산자의 우선순위

산술 연산자에서 곱셈과 나눗셈이 덧셈이나 뺄셈에 비해 우선순위가 높다는 것은 모두 알고 있는 사실이다. 지금까지 배운 모든 연산자 사이에도 우선순위가 있지만, 이를 모두 기억하기보다는 소괄호를 적당히 잘 사용하여 우선순위를 지정하는 것을 권장한다.

3.4 조건문

(1) if 문

if 조건문은 [그림 3-21]과 같이 주어진 조건식이 참일(만족할) 때만 실행문을 실행하고, 거짓일(만족하지 않을) 때는 실행문을 실행하지 않고 건너뛰게 할 때 사용하는 조건문이다. 조건식은 일반적으로 관계 연산자, 논리 연산자, 산술 연산자로 구성되며, 조건식의 데이터 형에 따라 [표 3-12]와 같이 참과 거짓이 구분된다. 조건식이 0이 아닌 상수가 오는 경우에는 항상 참이 되며, 실행문이 하나인 경우에는 중괄호를 생략할 수 있다.

```
if(조건식) {
    <실행문>
}
```

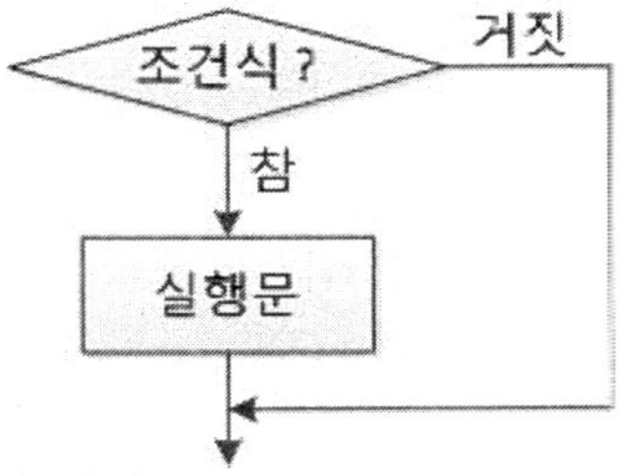

[그림 3-21] if문의 형식과 의미

[표 3-12] 데이터 형에 따른 참과 거짓

데이터 형	참	거짓
정수형	0 이외의 값	0
실수형	0.0 이외의 값	0.0
문자형	null 문자('\0') 이외	null 문자('\0')

```
예)
    unsigned char  c = 'n';
    unsigned char a = 86, b = 0x55;;

    if((a % 2) == 0) {                // 2로 나눈 나머지가 0이면(짝수)
          b = ~b;                     // b의 값 반전(0xAA)
     }

    if(c >= 'a' && c <= 'z'){         // c가 알파벳 소문자이면
         c = c - 'a' + 'A';           // 대문자로 변환하여 저장
    }
```

[그림 3-22] if문의 사용 예

[리스트 3-11] if 조건문 테스트 프로그램

```
// c_ex10.c : if 조건문 테스트 프로그램
#include <mega128.h>

#include "led_seg.h"                    // LED, 7-세그먼트 표시 함수 파일

void main(void)
{
    unsigned char  a = 86, b = 0x55;
    unsigned char  c = 'n';

    Init();                             // LED, 7-세그먼트 표시 준비

    if((a % 2) == 0){                   // 2로 나눈 나머지가 0이면(짝수)
        b = ~b;                         // b의 값 반전(0xAA)
    }

    if(c >= 'a' && c <= 'z'){           // c가 알파벳 소문자이면
        c = c - 'a' + 'A';              // 대문자로 변환
    }

    out_hex8(b);                        // b 결과 7-세그먼트 출력
    out_hex8(c);                        // c 결과 7-세그먼트 출력

    while(1);                           // 대기
}
```

```
실행결과
AA
4E
```

(2) if else 문

<if else> 조건문은 [그림 3-23]과 같이 주어진 조건식이 참일(만족할) 때는 <실행문1>을 실행하고, 거짓일(만족하지 않을) 때는 <실행문2>를 실행하는 조건문이다.

```
if(조건식) {
    <실행문1>
}
else {
    <실행문2>
}
```

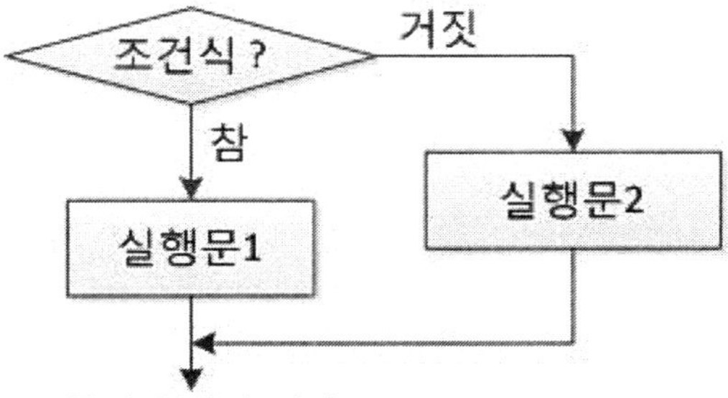

[그림 3-23] if else 문의 형식과 의미

```
예)
    unsigned int  a = 87, b = 0x55;

    if((a % 2) == 0) {              // 2로 나눈 나머지가 0이면(짝수)
        b = b ^ 0x0F;               // b의 하위 4비트 반전(0x5A)
     }
     else {                         // 그렇지 않으면(홀수)
        b= b ^ 0xF0;                // b의 상위 4비트 반전(0xA5)
     }
```

[그림 3-24] if else 문의 사용 예

[리스트 3-12] if else 테스트 프로그램

```
// c_ex11.c : if else 테스트 프로그램
#include <mega128.h>

#include "led_seg.h"                    // LED, 7-세그먼트 표시 함수 파일

void main(void)
{
    unsigned char a = 87, b = 0x55, nb;

    Init();                             // LED, 7-세그먼트 표시 준비

    if((a % 2) == 0) {                  // 2로 나눈 나머지가 0이면(짝수)
        nb = b ^ 0x0F;                  // b의 하위 4비트 반전(0x5A)
    }
    else {                              // 그렇지 않으면(홀수)
        nb = b ^ 0xF0;                  // b의 상위 4비트 반전(0xA5)
    }

    out_hex8(b);                        // b 결과 7-세그먼트 출력
    out_hex8(nb);                       // nb 결과 7-세그먼트 출력

    while(1);                           // 대기
}
```

```
실행결과
55
A5
```

(3) else if 문

<else if> 조건문은 [그림 3-25], [그림 3-26]과 같이 2가지 형식을 가지며, 여러 개의 조건이 있는 경우에 사용되는 조건문이다. [그림 3-25]에서는 주어진 조건식이 모두 만족하지 않을 때는 아무 것도 실행하지 않지만, [그림 3-26]에서는 else 문에 의해 아무 조건도 만족하지 않는 경우에는 else에 포함된 실행문을 실행하게 된다.

```
if(조건식1) {
    <실행문1>
}
else  if(조건식2) {
    <실행문2>
}
else  if(조건식3) {
    <실행문3>
}
```

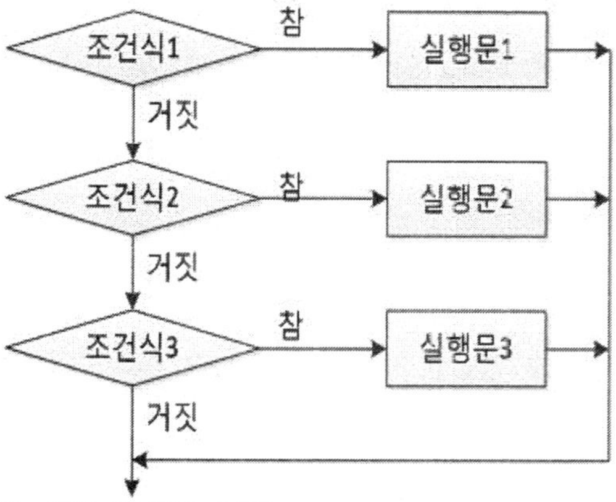

[그림 3-25] <else if> 문의 형식과 의미

```
if(조건식1) {
    <실행문1>
}
else  if(조건식2) {
    <실행문2>
}
else  if(조건식3) {
    <실행문3>
}
else {
    <실행문4>
}
```

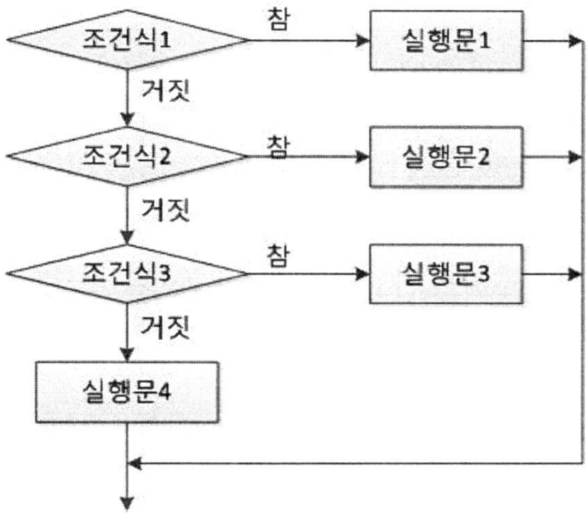

[그림 3-26] <else if....else> 문의 형식과 의미

```
예)
    unsigned int  a = 27, b;

    if((a % 2) == 0 && (a % 3) == 0)) {  // a가 2와 3의 배수이면
          b = 0x8;
     }
    else if((a % 2) == 0)){              // 2의 배수
          b = 0x4;
    }
    else if((a % 3) == 0)){              // 3의 배수
          b= 0x2;
     }
     else {                              // 2 또는 3의 배수가 아님
          b = 0x1;
     }
```

[그림 3-27] else if 문의 사용 예

[리스트 3-13] else if 테스트 프로그램

```
// c_ex12.c : else if 테스트 프로그램
#include <mega128.h>

#include "led_seg.h"          // LED, 7-세그먼트 표시 함수 파일

void main(void)
{
    unsigned char  a = 27, b;

    Init();                                  // LED, 7-세그먼트 표시 준비

    if((a % 2) == 0 && (a % 3) == 0){        // a가 2와 3의 배수(6의 배수)
        b = 0x8;
    }
    else if((a % 2) == 0){                   // 2의 배수
        b = 0x4;
    }
    else if((a % 3) == 0){                   // 3의 배수
        b= 0x2;
    }
    else {                                   // 2와 3의 배수가 아님
       b = 0x1;
    }

    out(a);                                  // a 7-세그먼트 출력
    out_hex8(b);                             // b 결과 7-세그먼트 출력

    while(1);                                // 대기
}
```

```
<실행결과>
27
02
```

(4) switch 문

switch 문은 [그림 3-28]과 같이 변수 또는 수식을 평가하여 그 값에 해당하는 실행문을 실행하고, 아무것도 일치하는 값이 없으면 default에 있는 실행문을 실행하는 조건문이다. 따라서, if 문에서는 참과 거짓을 판별한 후 참인 경우에만 실행문을 실행하지만, switch 문에서는 주어진 변수 또는 수식 평가값에 해당하는 부분을 찾아 실행한다는 점이 다르다. 여기서, case 바로 다음에 나오는 value는 수식이나 조건식은 나올 수 없으며, 항상 값(상수 또는 문자)을 나타내야 한다. 그리고, 실행문 뒤에 바로 break 문이 나오는데 이 명령어는 switch 문으로부터의 탈출을 의미하며, 이것이 생략된 경우에는 바로 다음에 나오는 case 다음의 실행문이 실행되므로 주의하여야 한다. 간혹 2개의 실행문을 실행하도록 하기 위해 break 문을 생략하는 경우도 있지만 확실히 이해하고 사용하여야 한다.

```
switch(변수 또는 수식) {
    case value1:
        <실행문1>
        break;
    case value2:
        <실행문2>
        break;
    default:
        <실행문3>
        break;
}
```

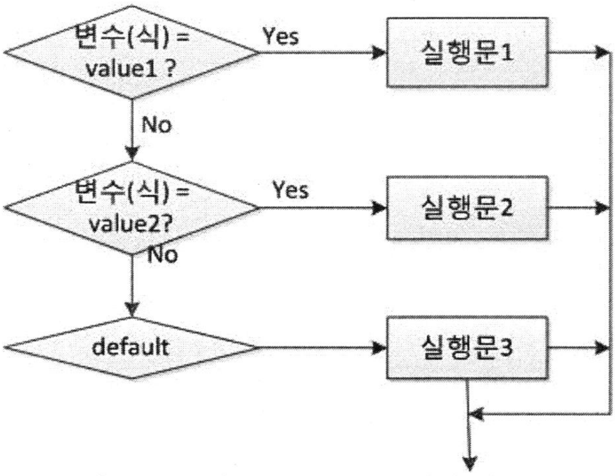

[그림 3-28] switch 문의 형식과 의미

☞ break 문

이 명령어는 주로 반복문에서 반복되는 루프(반복 실행되는 부분)로부터 탈출시킬 때 사용하지만, 반복문이 아닌 switch문에서도 특별히 이 명령어를 사용하여 switch 문으로부터 탈출시킬 때 사용된다.

예)
```
char  op = '/';
unsigned int  a = 10, b = 3, c;

switch(op){
     case '+':
          c = a + b;
          break;
     case '-':
          c = a - b;
          break;
     case '*':
          c = a * b;
          break;
     case '/':
          c = a / b;
          break;
     default:
          c = a % b;
          break;
}
```
[그림 3-29] switch 문의 사용 예

[리스트 3-14] switch 문 테스트 프로그램

```
// c_ex13.c : 연산자 지정에 따른 switch 문 테스트 프로그램
#include <mega128.h>

#include "led_seg.h"          // LED, 7-세그먼트 표시 함수 파일

void main(void)
{
    unsigned char  op = '/';
    unsigned char  a = 10, b = 3, c;

    Init();                   // LED, 7-세그먼트 표시 준비

    switch(op){
        case '+':
            c = a + b;
            break;
        case '-':
            c = a - b;
            break;
        case '*':
            c = a * b;
            break;
        case '/':
            c = a / b;
            break;
        default:
            c = a % b;
            break;
    }

    out(c);                   // b 결과 7-세그먼트 출력

    while(1);                 // 대기
}
```

```
<실행결과>
3
```

3.5 반복문

(1) for 문

for 문은 [그림 3-30]과 같이 for 다음 소괄호 안에 <카운터 변수 초기화>, <종료 조건식>, <증감연산>의 세 부분으로 구성된다. 실행순서는

① 카운터 변수에 대한 초기화가 실행된다.

② 종료 조건식에 대한 평가가 이루어지고 거짓이면 for문을 빠져나오고, 참이면 반복 실행문을 실행한다.

③ 카운터 변수값에 대한 증감연산을 수행한 후 ②, ③번을 반복한다.

```
for(카운터 변수 초기화; 종료 조건식 ; 카운터 변수 증감연산) {
        <반복 실행문>
}
```

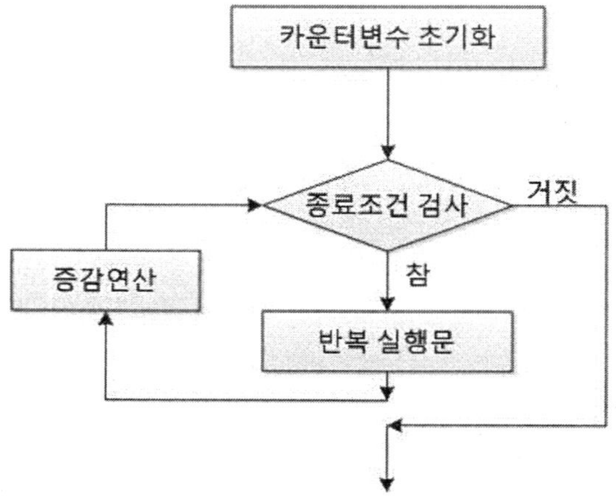

[그림 3-30] for문 형식 및 동작

<예 : 구구단표 2단값 표시하기>

```
int    a, val;

for(a = 1;a < 10;a++){
    val = 2 * a;
}
```

[그림 3-31] for문 사용 예1

[표 3-13] [그림 3-31] for문에 대한 동작 설명

실행순서	1		2	3
변수 a값	종료검사 (a < 10)	검사결과	반복문 실행 val = 2 * a	새로운 a 값 증감연산 a++
1(초기값)	1 < 10	참	2	1+1
2	2 < 10	참	4	2+1
3	3 < 10	참	6	3+1
4	4 < 10	참	8	4+1
5	5 < 10	참	10	5+1
6	6 < 10	참	12	6+1
7	7 < 10	참	14	7+1
8	8 < 10	참	16	8+1
9	9 < 10	참	18	9+1
10	10 < 10	거짓	반복문 종료	

[리스트 3-15] for 문 테스트 프로그램1

```
// c_ex14.c : for 문 테스트 프로그램1
#include <mega128.h>

#include "led_seg.h"                    // LED, 7-세그먼트 표시 함수 파일

void main(void)
{
    int     a, val;

    Init();                             // LED, 7-세그먼트 표시 준비

    for(a = 1;a < 10;a++){
        val = 2 * a;

        out(val);                       // val값 7-세그먼트 출력
    }

    while(1);                           // 대기
}
```

```
<실행결과>
2
4
6
8
10
12
14
16
18
```

```
<예 : 1부터 10까지 더하면서 결과 표시>

    int    a, sum = 0;

    for(a = 1;a <= 10;a++){
        sum = sum + a;
    }
```

[그림 3-32] for문 사용 예2

[표 3-14] for 문에 대한 동작 설명

실행순서	1		2	3
변수 a값	종료검사 (a <= 10)	검사 결과	반복문 실행 sum = sum + a	새로운 a 값 증감연산 a++
1(초기값)	1 <= 10	참	0 + 1 = 1	1 + 1
2	2 <= 10	참	1 + 2 = 3	2 + 1
3	3 <= 10	참	3 + 3 = 6	3 + 1
4	4 <= 10	참	6 + 4 = 10	4 + 1
5	5 <= 10	참	10 + 5 = 15	5 + 1
6	6 <= 10	참	15 + 6 = 21	6 + 1
7	7 <= 10	참	21 + 7 = 28	7 + 1
8	8 <= 10	참	28 + 8 = 36	8 + 1
9	9 <= 10	참	36 + 9 = 45	9 + 1
10	10 <= 10	참	45 + 10 = 55	10 + 1
11	11 <= 10	거짓	반복문 종료	

[리스트 3-16] for 문 테스트 프로그램2

```
// c_ex15.c : for 문 테스트 프로그램2
#include <mega128.h>
#include <delay.h>

#include "led_seg.h"                    // LED, 7-세그먼트 표시 함수 파일

void main(void)
{
    int   a, sum = 0;                   // sum의 초기값 반드시 필요(덧셈 시작 전)

    Init();                             // LED, 7-세그먼트 표시 준비

    for(a = 1;a <= 10;a++){
        sum  = sum + a;                 // 누적 덧셈 연산

        out(sum);                       // sum 값 7-세그먼트 출력
    }

    while(1);                           // 대기
}
```

```
<실행결과>
1
3
6
10
15
21
28
36
45
55
```

<2중 루프>

for 반복문내에 for 반복문이 나오는 형태를 2중 루프라 하며, [그림 3-33]은 구구단 연산을 하는 2중 루프 프로그램의 예를 보여준다. 외곽 변수의 초기값에 대해 내부 변수의 값이 초기값부터 종료값까지 증가하면서 곱셈 문장이 실행되며, 그 다음 외곽 변수의 값이 1증가한 후 다시 내부 변수의 값이 초기값부터 종료값까지 증가하면서 곱셈 문장이 실행된다. 이와 같은 과정을 외곽 변수의 값이 종료값 9에 이를 때까지 반복하여 실행하게 된다.

```
int     a, b, val;

for(b = 2;b < 10;b++){          // 단 값(2~9)
     for(a = 1;a < 10;a++){   // 행 값(1~9)
          val = b * a;
     }
}
```

[그림 3-33] 2중 루프 for 문 사용 예

실행순서	b=2	b=3	b=4	b=5	b=6	b=7	b=8	b=9
a값	연산	연산	연산	연산	연산	연산	연산	연산
1	2 * 1	3 * 1	4 * 1	5 * 1	6 * 1	7 * 1	8 * 1	9 * 1
2	2 * 2	3 * 2	4 * 2	5 * 2	6 * 2	7 * 2	8 * 2	9 * 2
3	2 * 3	3 * 3	4 * 3	5 * 3	6 * 3	7 * 3	8 * 3	9 * 3
4	2 * 4	3 * 4	4 * 4	5 * 4	6 * 4	7 * 4	8 * 4	9 * 4
5	2 * 5	3 * 5	4 * 5	5 * 5	6 * 5	7 * 5	8 * 5	9 * 5
6	2 * 6	3 * 6	4 * 6	5 * 6	6 * 6	7 * 6	8 * 6	9 * 6
7	2 * 7	3 * 7	4 * 7	5 * 7	6 * 7	7 * 7	8 * 7	9 * 7
8	2 * 8	3 * 8	4 * 8	5 * 8	6 * 8	7 * 8	8 * 8	9 * 8
9	2 * 9	3 * 9	4 * 9	5 * 9	6 * 9	7 * 9	8 * 9	9 * 9

[그림 3-34] 2중 루프 for 문에 대한 동작 설명

[리스트 3-17] 2중 루프 for 문 테스트 프로그램

```
// c_ex16.c : 2중 루프 for 문 테스트 프로그램
// 구구단표 출력(2중 루프)
#include <mega128.h>

#include "led_seg.h"                    // LED, 7-세그먼트 표시 함수 파일

void main(void)
{
     int     a, b, val;

     Init();                            // LED, 7-세그먼트 표시 준비

     for(b = 2;b < 10;b++){             // 단 값(2~9)
          for(a = 1;a < 10;a++){        // 행 값(1~9)
               val = b * a;             // b * a 계산

               out(val);                // val 값 7-세그먼트 출력
          }
     }

     while(1);                          // 대기
}
```

```
<실행결과>
2  4  6  8 10 12 14 16 18
3  6  9 12 15 18 21 24 27
4  8 12 16 20 24 28 32 36
5 10 15 20 25 30 35 40 45
6 12 18 24 30 36 42 48 54
7 14 21 28 35 42 49 56 63
8 16 24 32 40 48 56 64 72
9 18 27 36 45 54 63 72 81
```

(2) while 문

while 문은 [그림 3-35]와 같이 while 다음 소괄호 안에 종료 조건식이 나오며, 종료조건식이 참(만족)인 동안 while 문에 포함된 반복 실행문 부분이 실행된다. for 문과 달리 카운터 변수에 대한 초기설정과 증감연산이 while 문 자체에 포함되어 있지 않으므로, 초기설정은 while 문으로 들어가기 전에, 증감연산은 while 문 안에서 이루어져야 한다.

```
while(종료 조건식) {
        <반복 실행문>
}
```

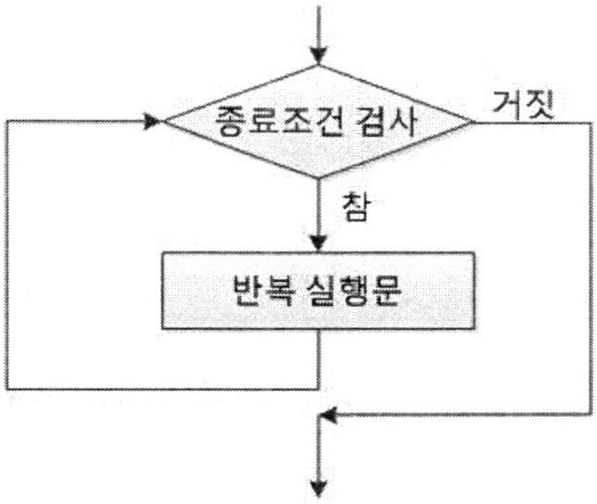

[그림 3-35] while 문 형식 및 동작

```
<예 : 구구단표 2단값 표시하기>

    int    a, val;

    a = 1;
    while(a < 10){
        val = 2 * a;

        a++;                    //  또는 a = a + 1
    }
```

[그림 3-36] while 사용 예1

[리스트 3-18] while 문 테스트 프로그램1

```
// c_ex17.c : while 문 테스트 프로그램1
#include <mega128.h>

#include "led_seg.h"            // LED, 7-세그먼트 표시 함수 파일

void main(void)
{
    int    a, val;

    Init();                         // LED, 7-세그먼트 표시 준비

    a = 1;

    while(a < 10){
        val = 2 * a;                // 2*a 계산
        a++;                        // a값 1증가

        out(val);                   // val 값 7-세그먼트 출력
    }

    while(1);                       // 대기
}
```

```
실행결과
2  4  6  8 10 12 14 16 18
```

<예 : 1부터 10까지 더하면서 결과 표시>

```
int    a = 1, sum = 0; // sum의 초기값 반드시 필요

while(a <= 10){
    sum = sum + a;
    a++;
}
```

[그림 3-37] while 사용 예2

[리스트 3-19] while 문 테스트 프로그램2

```
// c_ex18.c : while 문 테스트 프로그램2
#include <mega128.h>

#include "led_seg.h"            // LED, 7-세그먼트 표시 함수 파일

void main(void)
{
    int   a = 1, sum = 0;

    Init();                     // LED, 7-세그먼트 표시 준비

    while(a <= 10){
        sum   = sum + a;
        a++;                    // a값 1증가

        out(sum);               // sum값 7-세그먼트 출력
    }

    while(1);                   // 대기
}
```

```
<실행결과>
1  3  6 10 15 21 28 36 45 55
```

(3) do while 문

do while 문은 [그림 3-38]과 같이 우선 반복 실행문이 실행된 후 종료조건 검사가 이루어지기 때문에 for문이나 while 문과는 달리 적어도 반복 실행문을 1회 실행한다. do whie 문도 while 문과 같이 카운터 변수에 대한 초기설정과 증감연산이 do while 문 자체에 포함되어 있지 않으므로, 초기설정은 do while 문으로 들어가기 전에 증감연산은 do while 문 안에서 이루어져야 한다.

```
do {
        <반복 실행문>

} while(종료 조건식);
```

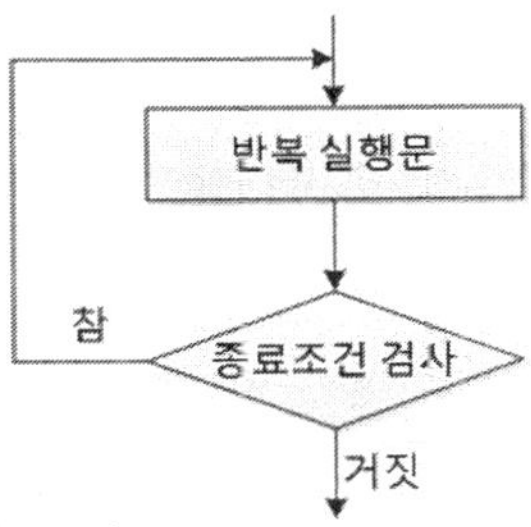

[그림 3-38] while 문 형식 및 동작

<예 : 10진값의 자릿값 차례로 출력하기>

12345의 10진값에 대해 1자리부터 반대로 한 자리씩 출력해 보자. 즉 5, 4, 3, 2, 1을 차례로 출력해보자.

10진값	10진값 % 10 (1자리 추출)	10진값 / 10 (10으로 나눈 몫)
12345	5	1234
1234	4	123
123	3	12
12	2	1
1	1	0

```
int    dig, val = 12345;

do {
      dig = val % 10;              // val의 1자리값 추출
      val = val / 10;              // 10으로 나눈 값을 val 저장
} while(val != 0);                 // val값이 0이 아닐 때까지
```

[그림 3-39] do while 문 사용 예

[리스트 3-20] do while 문 테스트 프로그램

```
// c_ex19.c : do while 문 테스트 프로그램
#include <mega128.h>

#include "led_seg.h"                  // LED, 7-세그먼트 표시 함수 파일

void main(void)
{
    int    dig, val = 12345;

    Init();                           // LED, 7-세그먼트 표시 준비

    do {
        dig = val % 10;               // val의 1자리값 추출
        val = val / 10;               // 10으로 나눈 값을 val 저장

        out(dig);                     // dig값 7-세그먼트 출력
    } while(val != 0);                // val값이 0이 아닐 때까지

    while(1);                         // 대기
}
```

```
<실행결과>
5 4 3 2 1
```

(4) 무한 루프

■ 무한 반복문

프로그램을 작성하다 보면 아무 조건 없이 계속 실행해야 하는 경우가 종종 발생하는데 이때 사용하는 구문이 무한 반복문이며, [그림 3-40]과 같이 for 문과 while 문을 이용한 무한 반복문이 있다. for 문에서는 종료조건식이 생략되면 반복 실행문이 계속 실행되며, while 문에서는 종료조건식이 0이 아닌 상수이면 항상 참이 되어 반복실행문이 계속 실행된다.

// 계속 반복 실행문 실행

```
for(;;){
        <반복 실행문>
}
```

(a) for 문에 의한 무한 반복문

```
while(1){
        <반복 실행문>
}
```

(b) while 문에 의한 무한 반복문

[그림 3-40] 무한 반복문

■ 무한 대기문

무한 반복문에서 [그림 3-41]과 같이 반복 실행문이 생략되면 무한 대기 상태가 된다.

```
for(;;);  또는 for(;;){ }
```

(a) for 문에 의한 무한 대기문

```
while(1);     또는   while(1) { }
```

(a) while 문에 의한 무한 대기문

[그림 3-41] 무한 대기문

■ continue 문, break 문

<break 문>

반복문(for, while, do while)에서 반복문으로부터 탈출시키는 기능을 가지며, 반복을 종료하고 반복문 다음으로 실행의 흐름을 바꾸어주는 역할을 한다.

[리스트 3-21] break 문 테스트 프로그램

```
// c_ex20.c : break 문 테스트 프로그램
/* break 예제
  1 + 2 + 3 + ...+ n 의 결과가 처음 100을 넘는 n의 값을 구해 출력하기
*/

#include <mega128.h>

#include "led_seg.h"                          // LED, 7-세그먼트 표시 함수 파일

void main(void)
{
     int   n = 1, sum = 0;

     Init();                                   // LED, 7-세그먼트 표시 준비

     while(1) {                                // 종료조건 없이 무한반복으로 실행
          sum = sum + n;

          if(sum > 100) break;                 // 100이 넘으면 무한루프 탈출

          out(n);                              // n값 출력
          out(sum);                            // sum값 출력

          n++;                                 // 더할 값 1증가
     }
     out(n);                                   // 100넘는 n값 출력

     while(1);                                 // 대기
}
```

```
<실행결과>
1  1
2  3
3  6
4  10
5  15
6  21
7  28
8  36
9  45
10 55
11 66
12 78
13 91
14
```

<continue 문>

반복문(for, while, do while)에서 continue 문 아래에 있는 브분의 실행을 생략하고 반복문의 선두(for문에서는 증감연산 부분)로 점프하여 실행의 흐름을 타꾸어주는 역할을 한다.

[리스트 3-22] continue 문 테스트 프로그램

```
// c_ex21.c : continue 문 테스트 프로그램
/* continue 예제
  1부터 100까지의 정수에 대해 2의 배수도 아니고 또한 3의 배수가 아닌
  정수만 출력하기
*/

#include <mega128.h>

#include "led_seg.h"                    // LED, 7-세그먼트 표시 함수 파일

void main(void)
{
    int   n;

    Init();                             // LED, 7-세그먼트 표시 준비

    for(n = 1;n < 100;n++){
        if((n % 2) == 0 || (n % 3) == 0){        // 2 또는 3의 배수이면
            continue;                            // 아래 부분 실행안함
        }

       out(n);                                   // n 출력 표시
    }

    while(1);                                    // 대기
}
```

```
<실행결과>
 1  5  7 11 13 17 19 23 25 29 31
35 37 41 43 47 49 53 55 59 61 65
67 71 73 77 79 83 85 89 91 95 97
```

3.6 함수

함수는 특정한 작업을 수행하는 독립된 프로그램이며, C 프로그램은 기본적으로 함수들로 구성되어 작성된다. C 프로그램에서 실행되는 함수는 main() 함수뿐이며, 그 밖의 함수들은 다른 함수들로부터 호출될 때만 실행된다. 일반적으로 C 언어로 프로그램을 작성할 때 하나의 함수로 구현할 수도 있지만, 여러 개의 작은 함수들로 나누어 작성하면 작성하기도 쉽고 작성된 프로그램도 쉽게 해석할 수 있는 장점도 가질 수 있다. 그리고, 프로그램을 작성하다 보면 똑같은 처리를 하는 부분이 여러 번 발생하는데 이 처리부분을 하나의 함수로 작성해서 필요할 때마다 함수를 호출하도록 작성하게 되면 프로그램의 길이도 짧게 할 수 있다.

함수에는 컴파일러에서 제공하는 라이브러리 함수와 프로그램 개발자가 작성한 사용자 함수가 있으며, 라이브러리 함수는 사용하려고 하는 함수가 정의된 헤더파일을 프로그램의 선두부분에 include 시키면 된다. 이 헤더 파일은 컴파일러가 설치된 <include> 폴더 밑에 함수의 종류에 따라 분류하여 여러 개의 파일로 제공된다. 예를 들면 CodeVisionAVR C 컴파일러에서는 시간을 지연해주는 함수를 지원하는데, 이 함수를 정의한 헤더파일이 <delay.h> 이며 [그림 3-42]와 같이 2개의 함수가 정의되어 있는 것을 알 수 있다.

```
// CodeVisionAVR C Compiler
// (C) 1998-2000 Pavel Haiduc, HP InfoTech S.R.L.

#ifndef _DELAY_INCLUDED_
#define _DELAY_INCLUDED_

#pragma used+

void delay_us(unsigned int n);        // us 단위
void delay_ms(unsigned int n);        // ms 단위

#pragma used-

#endif
```

[그림 3-42] delay.h 헤더파일

사용자 함수는 앞에서도 설명했듯이 [그림 3-43]과 같이 <함수 원형> 부분에서 함수형, 함수명, 인자 데이터형에 대해 정의하여야 한다.

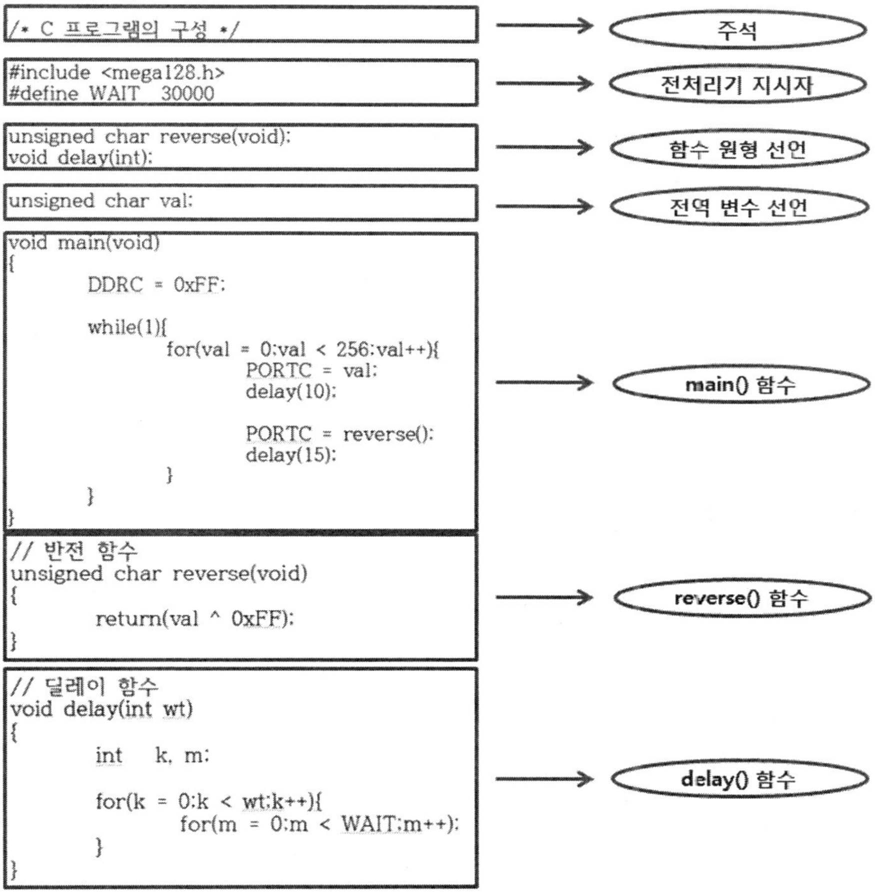

[그림 3-43] C 프로그램의 구조

<함수원형 형식>

함수를 호출하면서 건네주는 값의 데이터형은 순서대로 써 주어야 되지만 인자명은 생략할 수 있다.

함수형 함수명(인자1_데이터형, 인자2_데이터형....);

또는

함수형 함수명(인자1_데이터형 인자1, 인자2_데이터형 인자2....);

예)

```
int sum(int, int);            // 또는 int sum(int a, int b);
```

[그림 3-44] 함수 원형 선언 형식

[그림 3-44]에서 함수원형 선언부분은 프로그램에서 정의된 함수들에 대해 정의하는 부분으로 main() 함수를 제외한 모든 함수들에 대해 정의를 해 주어야 한다. 프로그램에서 함수가 나오는 순서에 따라 생략할 수도 있으나, 가능하면 정의하는 것을 권장한다. 이렇게 함수들을 정의하게 되면 프로그램 내에 어떤 함수들이 어떤 형태로 사용되는지 한 눈으로 확인할 수 있기 때문이다.

함수형은 함수가 실행되고 난 후 함수를 호출한 곳에 건네주는 결과값의 데이터 형을 의미하며, 인자는 이 함수를 호출할 때 건네주어야 하는 값을 의미한다. 인자는 건네주는 순서대로 데이터형과 함께 인자명을 선언해도 되고, 인자명은 생략해도 상관없다.

[표 3-15] 함수형 종류

함수 형	값의 범위
char	-128 ~ 127
unsigned char	0 ~ 255
int	-32768 ~ 32767
unsigned int	0 ~ 65535
long (또는 long int)	-2147483648 ~ 2147483647
unsigned long	0 ~ 4294967295
float	$\pm1.175e^{-38}$ ~ $\pm3.402e^{38}$
double	$\pm1.175e^{-38}$ ~ $\pm3.402e^{38}$
void	리턴 값 없음

◆ 함수의 정의

함수의 정의는 함수명을 나타내는 부분과 실제 수행되는 몸체 부분으로 구성되며, [그림 3-45]와 같은 구조를 갖는다.

```
함수형   함수명(인자1_데이터형 인자1, 인자2_데이터형 인자2....)
{                                  // 함수 시작
   변수 선언;                       // 함수 내에서 사용할 변수(지역변수) 선언

   함수 몸체;                       // 함수에서 수행하는 문장 기술

   return(함수형의 결과값);          // 함수형이 있는 경우 결과 리턴
}                                  // 함수 끝
```

[그림 3-45] 함수 구조

```
// 함수 실체 정의 예
  // 2개의 값 더하기
  int  sum(int a, int b)
  {
        int   c;

        c = a + b;

        return(c);            // 또는 return c;
  }
```

[그림 3-46] 함수의 정의 예

■ 반환 명령 return 문

함수형이 "void" 가 아닌 모든 함수에서는 실행이 끝난 후 결과값을 반환하여야 하며, 이 때 사용하는 명령어가 return 문이다. return 문은 기본적으로 함수의 종료를 나타내며, return 문 뒤에 값이나 수식이 있는 경우에는 값을 반환하면서 종료하라는 의미를 갖는다.

[표 3-16] return 문 형식

형식	의미 및 예
return	void형인 경우에 사용하며, 함수를 종료하라는 의미 로 사용된다.
return 식 또는 값	return 3; // 3 반환 return a+b; // a+b의 값 반환
return(식 또는 값)	return(3); // 3 반환 return(a+b); // a+b의 값 반환

3.7 #define 지시자

#define 지시자는 심볼을 정의하거나 매크로(macro) 함수를 정의할 때 사용되며, 이들 심볼과 매크로 함수는 [그림 3-47]과 같이 컴파일 전에 전처리기 과정에서 정의된 값이나 함수로 모두 치환된다.

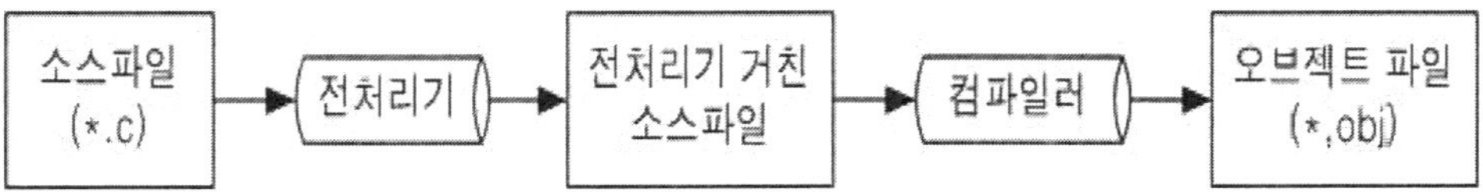

[그림 3-47] 컴파일러 전처리 과정

#define 지시자는 [그림 3-48]과 같이 2가지 형식을 가지며, 심볼명과 매크로 함수명은 일반변수들과 구별하기 위해 일반적으로 [그림 3-49]와 같이 대문자를 많이 사용한다.

```
#define  심볼명         심볼값
#define  매크로함수명   매크로함수
```

[그림 3-48] #define 지시자 형식

```
#define   PHI           3.141592                        // PHI값 정의

#deifne   SQUARE(x)     ((x) * (x))                     // 제곱 구하기 매크로 함수
#deine    MAX(x, y)     (((x) >= (y)) ? (x) : (y))      // 큰 값 구하기 매크로 함수
#define   ABS(x)        (((x) >= 0) ? (x) : -(x))       // 절대값 구하기 매크로 함수
```

[그림 3-49] #define 지시자 사용 예

#define 지시자가 정의하는 심볼이나 매크로 함수는 컴파일에 앞서 정의된 값이나 함수로 바뀌게 된다. 매크로 함수에서 수식을 정의하는 부분에서는 소괄호를 잘 사용하여야 하며, 그렇지 않으면 원하지 않는 결과가 얻어진다. 특히, 매크로 함수를 프로그램 내에서 사용할 때 하나의 값이나 변수가 아닌 연산식으로 주어지는 경우에 원하지 않는 문제가 발생할 수 있다. [표 3-17]과 같이 SAUARE(x)의 세 가지 정의식과 주어진 값에 대해 연산결과를 확인해보자. <정의식1>은 두 가지 모두 원하지 않은 결과가 나왔으며, <정의식2>는 한 가지 경우에 대해 원하지 않는 결과가 나왔음을 알 수 있다. 반면에 <정의식3>은 두 가지 모두 원하는 결과가 나왔지만, 소괄호가 많이 사용된 것을 알 수 있다. 매크로 함수는 이와 같이 소괄호를 이용하여 어떠한 경우에도 잘못된 연산결과가 나오지 않도록 신경 써서 정의해야 한다는 점에 주의하여야 한다.

[표 3-17] 정의식에 따른 평가값

SQUARE(x)	정의식1 x * x	정의식2 (x) * (x)	정의식3 ((x) * (x))	원하는 값
SQUARE(4+3)	4+3*4+3=19	(4+3)*(4+3)=49	((4+3)*(4+3)) = 49	49
64 / SQUARE(2)	64/2*2=64	64/(2)*(2)=64	64/((2)*(2)) = 16	16

[리스트 3-23] 매크로 함수 테스트 프로그램

```
// c_ex22.c : 매크로 함수 테스트 프로그램

#include <mega128.h>

#include "led_seg.h"                    // LED, 7-세그먼트 표시 함수 파일

#define  SQUARE1(x)                     x * x
#define  SQUARE2(x)                     (x) * (x)
#define  SQUARE3(x)                     ((x) * (x))

void main(void)
{
    Init();                             // LED, 7-세그먼트 표시 준비

    out(SQUARE1(4 + 3));                // SQUARE1(4+3) 계산값 출력
    out(SQUARE2(4 + 3));                // SQUARE2(4+3) 계산값 출력
    out(SQUARE3(4 + 3));                // SQUARE3(4+3) 계산값 출력

    out(64 / SQUARE1(2));               // 64/SQUARE1(2) 계산값 출력
    out(64 / SQUARE2(2));               // 64/SQUARE2(2) 계산값 출력
    out(64 / SQUARE3(2));               // 64/SQUARE3(2) 계산값 출력

    while(1);                           // 대기
}
```

```
<실행결과>
19  49  49
64  64  16
```

3.8 배열

배열은 학생들의 성적과 같이 같은 속성을 가진 많은 데이터를 일일이 변수를 선언하여 저장하기 보다는 대표 이름으로 정의한 후 변수명에 번호를 붙여 구분지어 사용하기 위한 자료구조이다. 배열은 [그림 3-50]과 같이 데이터형, 배열명, 데이터의 개수를 나타내는 배열크기로 정의하며, 이렇게 정의한 배열은 컴퓨터의 메모리에 연속적으로 저장 영역이 할당된다.

```
데이터형    배열명[배열크기];                      // 1차원
데이터형    배열명[행_배열크기][열_배열크기];       // 2차원
```

[그림 3-50] 배열 정의

예를 들어,

int score[10];

으로 정의하면 [그림 3-51]과 같이 10개의 저장 메모리가 연속적으로 할당된다. 할당된 메모리 크기는 int로 정의되어 있고, 개수가 10개이므로 (2바이트 * 10개)=20바이트가 된다. 할당된 메모리에서 첫 번째 데이터가 저장되는 곳의 변수명은 score[0]가 되고, 맨 마지막 데이터가 저장되는 곳의 변수명은 score[9]가 된다. 여기서, score[0]부터 score[9]를 원소라 하며, 대괄호에 있는 번호는 <index> 라 하여 0 ~ (배열크기-1)의 값을 갖는다. 첫 번째 데이터는 score[1]이 아니라 score[0]부터 시작되는 점에 주의하여야 한다.

[그림 3-51] 배열 정의

배열에 값을 부여하는 경우에는 [그림 3-52]와 같이 원소 하나하나에 값을 부여할 수도 있고, 또한 배열을 선언할 때 중괄호를 이용하여 부여할 수도 있다.

```
int    a[4] = {33, 87, 65, 28};
int    b[3], c[100];

b[0] = 3;
b[1] = 2;
b[2] = 7;

for(i = 0;i < 100;i++){
     c[i] = 100 - i;
}
```

[그림 3-52] 배열에 대한 값 부여 예

[리스트 3-24] 배열 테스트 프로그램

```
// c_ex23.c
/* 10명 학생의 성적 초기 설정 후 점수를 하나씩 출력하고,
   맨 마지막에 정수형 평균값으로 출력하기
*/

#include <mega128.h>

#include "led_seg.h"                    // LED, 7-세그먼트 표시 함수 파일

void main(void)
{
     int  score[10] = {65, 93, 76, 88, 57, 72, 81, 85, 90, 69};
     int    i, sum = 0, avg;

     Init();                            // LED, 7-세그먼트 표시 준비

     for(i = 0;i < 10;i++){
          sum = sum + score[i];         // 누적 합 계산

          out(score[i]);                // I번째 score값 표시
     }

     avg = sum / 10;                    // 평균값 계산

     out(avg);                          // 평균값 표시

     while(1);                          // 대기
}
```

```
<실행결과>
65  93  76  88  57  72  81  85  90  69
77
```

2차원 배열에서는 2개의 index로 정의하며, 이 index값으로 원소를 지정한다.

```
int    aa[3][2];
```

와 같이 정의하면 [그림 3-53]과 같이 원소명들이 정의되며, 메모리에는 a[0][0]의 저장위치가 선두위치에 놓이고 a[2][1]이 마지막 위치에 연속적으로 할당된다.

a[0][0]	a[0][1]
a[1][0]	a[1][1]
a[2][0]	a[2][1]

변수명	할당된 저장 메모리
a[0][0]	
a[0][1]	
a[1][0]	
a[1][1]	
a[2][0]	
a[2][1]	

[그림 3-53] 2차원 배열의 구조와 메모리 할당

2차원 배열에 대한 값도 원소마다 값을 부여할 수도 있고, 배열을 선언할 때 초기값으로 모든 원소의 값을 부여할 수도 있다. 2차원 배열 초기화는 일반적으로 행단위로 열의 개수씩 묶어 정의하는 방법으로

```
int   a[3][2] = {{1, 2}, {3, 4}, {5, 6}};
```

와 같이 정의할 수도 있지만, 1차원 배열처럼 일렬로 메모리에 저장된 순서대로

```
int   a[3][2] = {1, 2, 3, 4, 5, 6};
```

와 같이 정의할 수도 있다.

[리스트 3-25] 배열 테스트 프로그램

```
// c_ex24.c
// 구구단표 2단과 3단의 값을 배열에 저장하고 차례로 출력하기

#include <mega128.h>

flash int gugu[2][9] = {{2, 4, 6, 8, 10, 12, 14, 16, 18},
                        {3, 6, 9, 12, 15, 18, 21, 24, 27}};

#include "led_seg.h"                    // LED, 7-세그먼트 표시 함수 파일

void main(void)
{
    int   j, k;

    Init();                             // LED, 7-세그먼트 표시 준비

    for(k = 0;k < 2;k++){
        for(j = 0;j < 9;j++){
            out(gugu[k][j]);            // k행 j열 값 표시
        }
    }

    while(1);                           // 대기
}
```

<실행결과>
2 4 6 8 10 12 14 16 18
3 6 9 12 15 18 21 24 27

3.9 문자열(String)

계속된 일련의 문자를 문자열이라 하며, 앞뒤로 인용부호로 둘러싸서 표기한다. 문자열의 정의는 char 데이터형 배열로 다음과 같이 정의한다.

```
char  ss[100];
```

문자열의 초기화는 일반적으로

```
char ss[] = "String Test"
```

와 같이 수행하며, 배열의 크기는 지정하지 않더라도 컴파일러가 인용부호 사이에 있는 문자수에 1을 더한 메모리 공간을 할당한다. [그림 3-54]는 문자열 ss[]의 초기화에 따라 메모리에 저장된 상태를 보여준다. 여기서 특이한 점은 맨 마지막에 문자열의 끝을 나타내는 null 문자('\0')가 자동으로 추가되어 저장된다는 점에 주의하여야 한다. null문자는 실제로 0의 값을 가지며, 많은 문자열 관련함수들이 이를 이용하여 작성된다.

변수명	메모리 저장값	실제 저장값 (ASCII Code)
ss[0]	'S'	0x53
ss[1]	't'	0x74
ss[2]	'r'	0x72
ss[3]	'i'	0x69
ss[4]	'n'	0x6e
ss[5]	'g'	0x67
ss[6]	' '	0x20
ss[7]	'T'	0x54
ss[8]	'e'	0x65
ss[9]	's'	0x73
ss[10]	't'	0x74
ss[11]	'\0' (null 문자)	0x0

[그림 3-54] 문자열의 구조와 메모리 할당

문자열 초기화의 다른 방법으로는 다음과 같이 데이터 하나씩 부여하는 방법이 있지만, 문자열에 관련된 다양한 라이브러리 함수를 사용하려면 문자열의 맨 마지막에 null

문자('\0')도 반드시 넣어주어야 한다.

char ss[] = {'S', 't', 'r', 'i', 'n', 'g', ' ', 'T', 'e', 's', 't', '\0'};

[리스트 3-26] 문자열 테스트 프로그램

```
// c_ex25.c
// 문자열을 초기화하고 한 문자씩 ASCII Code로 출력하면서
// 문자열의 길이를 카운터하여 최종적으로 문자열의 길이를 출력하는
// 프로그램(문자열 SRAM에 저장 : 값 수정 가능)

#include <mega128.h>

#include "led_seg.h"                    // LED, 7-세그먼트 표시 함수 파일

void main(void)
{
    char   ss[]= "String Test";
    int    len = 0;

    Init();                             // LED, 7-세그먼트 표시 준비

    while(ss[len] != '\0'){             // len번째 문자열이 null문자가 아니면
        out_hex8(ss[len]);              // len 번째 문자 16진값 출력

        len++;                          // 다음문자 가르키도록 index값 1증가
    }

    out(len);                           // 길이값 출력

    while(1);                           // 대기
}
```

```
실행결과
53 74 72 69 6E 67 20 54 65 73 74
11
```

[리스트 3-27] 문자열 테스트 프로그램

```
// c_ex26.c
// 문자열을 초기화하고 한 문자씩 ASCII Code로 출력하면서
// 문자열의 길이를 카운터하여 최종적으로 문자열의 길이를 출력하는
// 프로그램(문자열 Flash ROM에 저장 : 값 고정으로 수정 안됨)

#include <mega128.h>

#include "led_seg.h"                    // LED, 7-세그먼트 표시 함수 파일

flash char    ss[]= "String Test";      // ROM에 저장하고 값 고정(값 수정 안됨)

void main(void)
{
    int       len = 0;

    Init();                             // LED, 7-세그먼트 표시 준비

    while(ss[len] != '\0'){             // len번째 문자열이 null문자가 아니면
        out_hex8(ss[len]);              // len 번째 문자 16진값 출력

        len++;                          // 다음문자 가르키도록 index값 증가
    }

    out(len);                           // 길이값 출력

    while(1);                           // 대기
}
```

```
<실행결과>
53 74 72 69 6E 67 20 54 65 73 74
11
```

■ 배열을 함수 인자로 건네는 경우

배열을 함수 인자로 건네주는 경우에는 다음과 같은 형식을 취한다. 함수원형 부분에서는 인자명을 생략하고 대괄호만 쓰거나 배열형식을 갖는 임의의 배열명을 써주면 된다. 그리고, 함수를 호출할 때는 배열명으로 함수를 호출해야 하며, 호출되는 함수에서 배열의 크기는 생략한 상태로 함수를 정의하면 된다. 배열명은 배열의 선두 어드레스를 나타내며, 함수를 호출할 때 배열의 선두 어드레스가 건네진다고 생각하면 된다.

[리스트 3-28] 배열 인자 테스트 프로그램

```
// c_ex27.c
/* 10명 학생의 성적 초기 설정 후 평균값을 계산하는 함수를 호출하여
   결과값을 받아 출력
*/

#include <mega128.h>

#include "led_seg.h"                    // LED, 7-세그먼트 표시 함수 파일

int     average(int a[], int);          // 데이터 배열, 배열 크기 인자로 사용

void main(void)
{
    int  score[10] = {65, 93, 76, 88, 57, 72, 81, 85, 90, 69};
    int   avg;

    Init();                             // LED, 7-세그먼트 표시 준비

    avg = average(score, 10);           // 평균값 계산 함수 호출(배열명으로 건넴)
    out(avg);                           // 평균값 출력

    while(1);                           // 대기
}

// 평균값 계산 함수
int    average(int a[], int len)        // 배열 인자부분에서 크기는 생략
{
        int  k, sum = 0, avg;

        for(k = 0;k < len;k++){
              sum = sum + a[k];         // 누적 합 계산

              out(a[k]);                // k번째 값 출력
        }
        avg = sum / len;                // 평균값 계산

        return(avg);                    // 계산값 반환
}
```

```
<실행결과>
65  93  76  88  57  72  81  85  90  69
77
```

[리스트 3-29] 배열 전역변수 테스트 프로그램

```
// c_ex28.c
/* 10명 학생의 성적 초기 설정 후 평균값을 계산하는 함수를 호출하여
   결과값을 받아 출력(배열을 전역변수로 사용하여 배열을 어디서든지 사용할
   수 있게 함)
*/

#include <mega128.h>

#include "led_seg.h"                    // LED, 7-세그먼트 표시 함수 파일

flash int  score[10] = {65, 93, 76, 88, 57, 72, 81, 85, 90, 69};

int     average(int);                   // 배열의 크기만 인자로 사용

void main(void)
{
     int    avg;

     Init();                            // LED, 7-세그먼트 표시 준비

     avg = average(10);                 // 평균값 계산 함수 호출(배열크기를 건넴)
     out(avg);                          // 평균값 출력

     while(1);                          // 대기
}

// 평균값 계산 함수
int    average(int len)
{
     int  k, sum = 0, avg;

     for(k = 0;k < len;k++){
          sum = sum + score[k];         // 누적 합 계산

          out(score[k]);                // k번째 값 출력
     }

     avg = sum / len;                   // 평균값 계산

     return(avg);                       // 계산값 반환
}
```

```
<실행결과>
65  93  76  88  57  72  81  85  90  69
77
```

3.10 변수의 범위

변수는 종류에 따라 사용할 수 있는 범위가 결정되며, 다음과 같은 변수들이 주로 많이 사용된다.

▲ 전역변수 : 함수외부에서 선언되어 모든 함수에서 사용할 수 있는 변수이다.

▲ 지역변수 : 함수에서 선언되어 함수내에서만 사용할 수 있는 변수이며, 함수가 종료하면 모든 변수의 값은 없어진다.

▲ 정적지역변수 : 함수내에 선언되는 변수이며, 데이터형 앞에 "static"을 붙여 사용한다. 이 변수는 함수가 종료하더라도 일반 지역변수와는 달리 메모리상에 계속 남아 보존되며, 변수의 초기화는 함수가 처음 호출될 때만 한 번 실행된다.

[리스트 3-30] 변수 영역 테스트 프로그램

```
// c_ex29.c
/* 전역변수, 지역변수, 정적변수 테스트*/

#include <mega128.h>

#include "led_seg.h"                   // LED, 7-세그먼트 표시 함수 파일

int  g_cnt = 0;                        // 전역변수

void var_test(void);                   // 변수 테스트 함수

void main(void)
{
     int k;                            // 지역변수

     Init();                           // LED, 7-세그먼트 표시 준비

     for(k = 0;k < 5;k++){
          g_cnt++;                     // 전역변수 값 증가

          var_test();
     }

     while(1);                         // 대기
}

// 불려질 때마다 지역변수, 정적지역변수, 전역변수 1증가 출력
void var_test(void)
{
     int     cnt = 0;                  // 지역변수
     static  int t_cnt = 0;            // 정적변수

     cnt++;                            // 지역변수 값 증가
     t_cnt++;                          // 정적변수 값 증가
     g_cnt++;                          // 전역변수 값 증가

     out(cnt);                         // 지역변수 출력
     out(t_cnt);                       // 정적변수 출력
     out(g_cnt);                       // 전역변수 출력
}
```

```
<실행결과>
1 1 2
1 2 4
1 3 6
1 4 8
1 5 10
```

3.11 포인터 변수

일반변수와는 다르게 변수에 메모리의 주소(address)를 저장하는 변수이며, 선언시에 '*'를 사용하여 포인터 변수임을 나타낸다.

데이터형 *변수명;
char *cptr; int *ptr, *iptr; float *fptr;

[그림 3-55] 포인터 변수 선언

따라서,

int *ptr;

로 정의하면 ptr 변수는 포인터 변수로서 어드레스를 값으로 갖는다는 것을 의미한다. 그리고, 변수 선언이외의 문장에서 포인터 변수 앞에 '*'가 붙으면 포인터 변수가 가르키는 곳의 내용을 나타낸다. 그리고, 일반변수는 변수 자체가 변수의 값을 나타내지만, 변수 앞에 '&'가 붙으면 그 변수의 값이 저장되는 메모리의 주소를 나타내게 된다.

```
int     *p;
int      i;

i = 3;          // i에 값 3 저장
p = &i;         // 변수 i의 저장 어드레스를 p에 저장
                // p는 i 의 값이 저장되는 어드레스를 가짐
*p = *p + 3     // p가 가르키는 곳(i 어드레스)에 3을 더해 저장
                // 즉 i값은 3이 증가된 6이 된다.
```

[그림 3-56] 포인터 사용 예

[리스트 3-31] 포인터 연습1

```
// c_ex30.c
// 포인터 연습1

#include <mega128.h>

#include "led_seg.h"                // LED, 7-세그먼트 표시 함수 파일

void main(void)
{
    int     *p;
    int      i;

    Init();                         // LED, 7-세그먼트 표시 준비

    i = 3;                          // i의 값 3 저장
    p = &i;                         // 변수 i의 저장 어드레스를 p에 저장
                                    // p는 i 의 값이 저장되는 어드레스를 나타냄
    *p = *p + 3;                    // p가 가르키는 곳(i 어드레스)에 3을 더해 저장
                                    // 즉 i값은 3이 증가된 6이 된다.

    out(i);                         // i값 7-세그먼트 출력

    while(1);                       // 대기
}
```

```
<실행결과>
6
```

■ 포인터와 배열

포인터와 배열은 아주 가까운 사이라고 할 수 있으며, 포인터를 배열처럼 사용할 수도 있다. 일반적으로 배열을 선언하게 되면 메모리가 할당되며, 배열명은 배열의 선두 어드레스를 나타낸다. 예를 들면

```
int     aa[5] = {1, 2, 3, 4, 5};
```

와 같이 배열이 선언되었다면 배열명 aa는 배열의 선두 어드레스를 나타내는 &aa[0]와 같은 의미를 갖는다. 배열에 저장된 값을 읽거나 쓸 때 다음과 같이 배열을 포인터처럼 사용할 수도 있으며, 포인터를 배열처럼 사용할 수도 있다.

배열		포인터 ptr = aa;		저장값
배열 표현	포인터 표현	포인터 표현	배열 표현	
aa[0]	*aa	*ptr	ptr[0]	1
aa[1]	*(aa + 1)	*(ptr + 1)	ptr[1]	2
aa[2]	*(aa + 2)	*(ptr + 2)	ptr[2]	3
aa[3]	*(aa + 3)	*(ptr + 3)	ptr[3]	4
aa[4]	*(aa + 4)	*(ptr + 4)	ptr[4]	5

[그림 3-57] 배열과 포인터의 혼합 사용(char *ptr;)

포인터 변수에는 특별한 덧셈(뺄셈)이 사용되며, (포인터 변수 + 1)은 포인터 변수가 가르키는 곳에 단순히 1을 더하라는 의미가 아니라 다음 데이터가 가르키는 곳의 어드레스 만큼 증가시키라는 의미로 사용된다. 따라서, 다음과 같이 3가지 다른 데이터 형에 대한 포인터 변수에 덧셈 연산을 실행하면 실제 어드레스는 데이터형의 바이트 수만큼 증가된다.

```
char    *pc;    // 1바이트형
int     *pi;    // 2바이트형
float   *pf;    // 4바이트형
```

char 형 (1바이트)	주소 증가값	정수형 (2바이트)	주소 증가값	실수형	주소 증가값
pc	0	pi	0	pf	0
pc + 1	+1	pi + 1	+2	pf + 1	+4
pc + 2	+2	pi + 2	+4	pf + 2	+8
pc + 3	+3	pi + 3	+6	pf + 3	+12
pc + 4	+4	pi + 4	+8	pf + 4	+16

[그림 3-58] 포인터 변수의 덧셈 연산에 대한 의미

[리스트 3-32] 포인터 연습2

```
// c_ex31.c
// 포인터 변수의 덧셈연산에 대한 테스트

#include <mega128.h>

#include "led_seg.h"                    // LED, 7-세그먼트 표시 함수 파일

void main(void)
{
    int      i,pp;
    char     *pc;                       // 1바이트형
    int      *pi;                       // 2바이트형
    float    *pf;                       // 4바이트형

    Init();                             // LED, 7-세그먼트 표시 준비

    pc = (char *)0x0100;                // pc 어드레스 초기값 설정
    pi = (int *)0x0200;                 // pi 어드레스 초기값 설정
    pf = (float *)0x0400;               // pf 어드레스 초기값 설정

    // char형 포인터 변수 어드레스 출력
    for(i = 0;i < 3;i++){
        pp = (int)pc;                   // pc 어드레스값 pp에 저장
        out_hex16(pp);                  // 출력 표시
        pc++;                           // 1바이트형 포인터변수 +1
    }

    // int형 포인터 변수 어드레스 출력
    for(i = 0;i < 3;i++){
        pp = (int)pi;                   // pi 어드레스값 pp에 저장
        out_hex16(pp);                  // 출력 표시
        pi++;                           // 2바이트형 포인터변수 +1
    }

    // float형 포인터 변수 어드레스 출력
    for(i = 0;i < 3;i++){
        pp = (int)pf;                   // pf 어드레스값 pp에 저장
        out_hex16(pp);                  // 출력 표시
        pf++;                           // 4바이트형 포인터변수 +1
    }

    while(1);                           // 대기
}
```

```
<실행결과>
100 101 102
200 202 204
400 404 408
```

[리스트 3-33] 포인터 연습2

```
// c-ex32.c
// 문자열을 초기화하고 한 문자씩 ASCII Code로 출력

#include <mega128.h>

#include "led_seg.h"                    // LED, 7-세그먼트 표시 함수 파일

unsigned char ss[]= "String Test";

void main(void)
{
    unsigned char   *ptr;

    Init();                              // LED, 7-세그먼트 표시 준비

    ptr = ss;                            // 배열 선두 어드레스

    while(*ptr != '\0') {                // *ptr이 나타내는 문자가 null문자가 아니면
        out_hex8(*ptr);                  // *ptr이 나타내는 문자 출력

        ptr++;                           // 다음문자 가르키도록 포인터 값 1증가
    }

    while(1);                            // 대기
}
```

```
<실행결과>
53 74 72 69 6E 67 20 54 65 73 74
```

[리스트 3-34] 포인터 연습3

```
// c-ex33.c
// 문자열을 초기화하고 한 문자씩 ASCII Code로 출력
// 포인터를 배열처럼 사용

#include <mega128.h>

#include "led_seg.h"                    // LED, 7-세그먼트 표시 함수 파일

unsigned char ss[]= "String Test";

void main(void)
{
    unsigned char    *ptr;
    int       k = 0;

    Init();                             // LED, 7-세그먼트 표시 준비

    ptr = ss;                           // 배열 선두 어드레스

    while(ptr[k] != '\0'){              // ptr[k]가 나타내는 문자가 null문자가 아니면
        out_hex8(ptr[k]);               // ptr[k]가 나타내는 문자 출력

        k++;
    }

    while(1);                           // 대기
}
```

```
<실행결과>
53 74 72 69 6E 67 20 54 65 73 74
```

제 2 부

ATmega128의 기초

Chapter 01

ATmega128의 특징 및 구조

1.1 AVR 패밀리

Atmel사에서 생산하고 있는 AVR RISC 마이크로프로세서의 종류는 [표 1-1], [표 1-2], [표 1-3]과 같으며, 그 특징들도 각각 다르다. AVR은 크게 AT90S 시리즈와 Tiny 시리즈, Mega 시리즈로 나눌 수 있다. 이름에서도 알 수 있듯이 AT90S 시리즈는 일반적인 다른 프로세서와 마찬가지로 적절한 메모리 용량과 I/O를 가지고 있는 것이 특징이며 범용으로 사용하기에 적당하다. 반면에 Tiny 시리즈는 대부분 핀 수가 적고 메모리 용량도 작아서 소형 제어기에 적당하다. Mega 시리즈는 메모리 용량이 AT90S 시리즈와 Tiny 시리즈에 비해 크기 때문에 시스템을 구동하는 코드의 양이 많거나 사용되는 주변기기가 많은 제어기에 적당하다.

[표 1-1] AVR 8비트 RISC Tiny 시리즈

PART	FLASH	EEPROM	SRAM	명령어	I/O	인터럽트	외부인터럽트	SPI	UART	8비트 타이머	16비트 타이머	PWM	WDT	RTC 타이머	아날로그비교기	10비트 AD컨버터	내장 오실레이터	브라운아웃 검출기	ISP	전압	클럭 주파수MHz
ATiny11L	1K	-	-	90	6	4	1	-	-	1	-	-	Y	-	Y	-	Y	-	Y	2.7-5.5	0-2
ATiny11	1K	-	-	90	6	4	1	-	-	1	-	-	Y	-	Y	-	Y	-	Y	4.0-5.5	0-6
ATiny12V	1K	64	-	90	6	5	1	-	-	1	-	-	Y	-	Y	-	Y	Y	Y	1.8-5.5	0-1
ATiny12L	1K	64	-	90	6	5	1	-	-	1	-	-	Y	-	Y	-	Y	Y	Y	2.7-5.5	0-4
ATiny12	1K	64	-	90	6	5	1	-	-	1	-	-	Y	-	Y	-	Y	Y	Y	4.0-5.5	0-8
ATiny15L	1K	64	-	90	6	8	1	-	-	2	-	1	Y	-	Y	4	Y	Y	Y	2.7-5.5	1.6
ATiny22L	2K	128	128	120	5	2	1	-	-	1	-	-	Y	-	-	-	Y	-	Y	2.7-6.0	0-4
ATiny22	2K	128	128	120	5	2	1	-	-	1	-	-	Y	-	-	-	Y	-	Y	4.0-6.0	0-8
ATiny28V	2K	-	-	90	19	5	2	-	-	1	-	-	Y	-	-	-	Y	-	Y	1.8-3.6	0-1
ATiny28L	2K	-	-	90	19	5	2	-	-	1	-	-	Y	-	-	-	Y	-	Y	2.7-3.6	0-4

[표 1-2] AVR 8비트 RISC AT90S 시리즈

PART	FLASH	EEPROM	SRAM	명령어	I/O	인터럽트	외부인터럽트	SPI	UART	8비트 타이머	16비트 타이머	PWM	WDT	RTC 타이머	아날로그비교기	10비트 AD컨버터	내장 오실레이터	브라운아웃 검출기	ISP	전압	클럭 주파수MHz
AT90S1200	1K	64	–	89	15	3	1	–	–	1	–	–	Y	–	Y	–	Y	–	Y	2.7–6.0	0–12
AT90S2313	2K	128	128	120	15	10	2	–	1	1	1	1	Y	–	Y	–	–	–	Y	2.7–6.0	0–10
AT90LS2323	2K	128	128	120	3	2	1	–	–	1	–	–	Y	–	–	–	–	–	Y	2.7–6.0	0–4
AT90S2323	2K	128	128	120	3	2	1	–	–	1	–	–	Y	–	–	–	–	–	Y	4.0–6.0	0–10
AT90LS2343	2K	128	128	120	5	2	1	–	–	1	–	–	Y	–	–	–	Y	–	Y	2.7–6.0	0–4
AT90S2343	2K	128	128	120	5	2	1	–	–	1	–	–	Y	–	–	–	Y	–	Y	4.0–6.0	0–10
AT90LS2333	2K	128	128	120	20	14	2	1	1	1	1	2	Y	–	Y	6	–	Y	Y	2.7–6.0	0–4
AT90S2333	2K	128	128	120	20	14	2	1	1	1	1	2	Y	–	Y	6	–	Y	Y	4.0–6.0	0–8
AT90S4414	4K	256	256	120	32	11	2	1	1	1	1	2	Y	–	Y	–	–	–	Y	2.7–6.0	0–8
AT90LS4433	4K	256	128	120	20	14	2	1	1	1	1	2	Y	–	Y	6	–	Y	Y	2.7–6.0	0–4
AT90S4433	4K	256	128	120	20	14	2	1	1	1	1	2	Y	–	Y	6	–	Y	Y	4.0–6.0	0–8
AT90LS4434	4K	256	256	120	32	15	2	1	1	2	1	3	Y	Y	Y	8	–	–	Y	2.7–6.0	0–4
AT90S4434	4K	256	256	120	32	15	2	1	1	2	1	3	Y	Y	Y	8	–	–	Y	4.0–6.0	0–8
AT90S8515	8K	512	512	120	32	11	2	1	1	1	1	2	Y	–	Y	–	–	–	Y	2.7–6.0	0–8
AT90S8534	8K	512	256	120	15	7	2	–	–	1	1	–	Y	–	–	6	–	–	–	3.3–6.0	0–1.5
AT90LS8535	8K	512	512	120	32	15	2	1	1	2	1	3	Y	Y	Y	8	–	–	Y	2.7–6.0	0–4
AT90S8535	8K	512	512	120	32	15	2	1	1	2	1	3	Y	Y	Y	8	–	–	Y	4.0–6.0	0–8

[표 1-3] AVR 8비트 RISC Mega 시리즈

PART	FLASH	EEPROM	SRAM	명령어	I/O	인터럽트	외부인터럽트	SPI	UART	8비트 타이머	16비트 타이머	PWM	WDT	RTC 타이머	아날로그비교기	10비트 A/D컨버터	내장 오실레이터	브라운아웃 검출기	ISP	전압	클럭 주파수MHz
ATmega8	8K	512	1K	130	23	18	2	1	1	2	1	3	Y	Y	Y	–	Y	Y	Y	4.5-5.5	0-16
ATmega8L	8K	512	1K	130	23	18	2	1	1	2	1	3	Y	Y	Y	–	Y	Y	Y	2.7-5.5	0-8
ATmega16	16k	512	1k	131	32	20	3	1	1	2	1	4	Y	Y	Y	8	Y	Y	Y	4.5-5.5	0-16
ATmega16L	16k	512	1K	131	32	20	3	1	1	2	1	4	Y	Y	Y	8	Y	Y	Y	2.7-5.5	0-8
ATmega32	32K	1K	2K	130	32	19	3	1	1	2	1	4	Y	Y	Y	8	Y	Y	Y	4.5-5.5	0-16
ATmega32L	32K	1K	2K	130	32	19	3	1	1	2	1	4	Y	Y	Y	8	Y	Y	Y	2.7-5.5	0-8
ATmega48	4K	256	512	131	23	26	5	1	1	2	1	6	Y	Y	Y	8	Y	Y	Y	1.8-5.5	0-20
ATmega64	64K	2K	4K	133	53	34	8	1	2	2	2	8	Y	Y	Y	8	Y	Y	Y	4.5-5.5	0-16
ATmega64L	64K	2K	4K	133	53	34	8	1	2	2	2	8	Y	Y	Y	8	Y	Y	Y	2.7-5.5	0-8
ATmega88	8K	512	1K	131	23	26	5	1	1	2	1	6	Y	Y	Y	8	Y	Y	Y	1.8-5.5	0-20
ATmega103	128K	4K	4K	121	48	23	8	1	1	2	1	4	Y	Y	Y	8	–	–	Y	4.0-5.5	0-6
ATmega103L	128K	4K	4K	121	48	23	8	1	1	2	1	4	Y	Y	Y	8	–	–	Y	2.7-3.6	0-4
ATmega128	128K	4K	4K	133	53	34	8	1	2	2	2	8	Y	Y	Y	8	Y	Y	Y	4.5-5.5	0-16
ATmega128L	128K	4K	4K	133	53	34	8	1	2	2	2	8	Y	Y	Y	8	Y	Y	Y	2.7-5.5	0-8
ATmega161	16K	512	1K	130	35	20	3	1	2	2	1	4	Y	Y	Y	–	–	Y	Y	4.0-5..5	0-8
ATmega161L	16K	512	1K	130	35	20	3	1	2	2	1	4	Y	Y	Y	–	–	Y	Y	2.7-5.5	0-4
ATmega162	16K	512	1K	130	35	28	3	1	2	2	2	6	Y	Y	–		Y	Y	Y	2.7-5.5	0-16
ATmega162v	16K	512	1K	130	35	28	3	1	2	2	2	6	Y	Y	–		Y	Y	Y	1.8-5.5	0-8
ATmega163	16K	512	1K	130	32	17	2	1	1	2	1	4	Y	Y	Y	8	Y	Y	Y	4.0-3.6	0-8
ATmega163L	16K	512	1K	130	32	17	2	1	1	2	1	4	Y	Y	Y	8	Y	Y	Y	2.7-5.5	0-4
ATmega165	16K	512	1K	130	53	22	3	1	1	2	1	4	Y	Y	Y	8	Y	Y	Y	4.5-5.5	0-16
ATmega165V	16K	512	1K	130	53	22	3	1	1	2	1	4	Y	Y	Y	8	Y	Y	Y	1.8-5.5	0-8
ATmega168	16K	512	1K	131	23	26	5	1	1	2	1	6	Y	Y	Y	8	Y	Y	Y	1.8-5.5	0-20
ATmega169	16K	512	1K	130	54	22	17	1	1	2	1	4	Y	Y	Y	8	Y	Y	Y	4.5-5.5	0-16
ATmega169L	16K	512	1K	130	54	22	17	1	1	2	1	4	Y	Y	Y	8	Y	Y	Y	2.7-5.5	0-8
ATmega169V	16K	512	1K	130	54	22	17	1	1	2	1	4	Y	Y	Y	8	Y	Y	Y	1.8-5.5	0-1
ATmega8515	8K	512	512	130	35	16	3	1	1	1	1	3	Y	–	Y	–	Y	Y	Y	4.5-5.5	0-16
ATmega8515L	8K	512	512	130	35	16	3	1	1	1	1	3	Y	–	Y	–	Y	Y	Y	2.7-5.5	0-8
ATmega8535	8K	512	512	130	32	20	3	1	1	2	1	4	Y	Y	Y	8	Y	Y	Y	4.5-5.5	0-16
ATmega8535L	8K	512	512	130	32	20	3	1	1	2	1	4	Y	Y	Y	8	Y	Y	Y	2.7-5.5	0-8
ATmega1280	128K	4K	8K	135	86	57	11	1	4	2	4	16	Y	Y	Y	16	Y	Y	Y	2.7-5.5	0-16
ATmega1281	128K	4K	8K	135	54	48	11	1	2	2	4	9	Y	Y	Y	8	Y	Y	Y	2.7-5.5	0-16
ATmega2560	256K	4K	8K	135	86	57	11	1	4	2	4	16	Y	Y	Y	16	Y	Y	Y	2.7-5.5	0-16
ATmega2561	256K	4K	8K	135	54	48	11	1	2	2	4	9	Y	Y	Y	8	Y	Y	Y	2.7-5.5	0-16

1.2 ATmega128의 특징

[표 1.4]는 ATmega128의 특징을 나타낸다.

[표 1.4] ATmega128의 특징

고 성능의 저 전력 RISC 구조	· 133개의 명령어(대부분 한 클럭 사이클로 실행) · 32 x 8 비트 개의 범용 작업 레지스터 · 16MHz에서 16MIPS까지의 명령 처리 속도, 곱셈기 2사이클 실행
데이터 및 비휘발성 메모리	· 128KB 바이트의 ISP 방식 프로그램용 플래시 메모리 내장 - 10,000번까지 쓰기/삭제 가능 · 4KB의 SRAM, 4KB의 EEPROM(100,000번 쓰기/삭제 가능) · 외부 64KB의 메모리 영역 · 소프트웨어와 EEPROM 데이터 보안을 위한 락(Lock)기능
주변장치	· ISP 기능을 위한 SPI 인터페이스 · 내장 메모리(플래시. EEPROM)의 프로그래밍과 On-chip 디버그 기능을 위한 JTAG 인터페이스(IEEE std. 1149.1) · 53개의 I/O 핀(A, B, C, D, E, F 포트 - 8 비트, G 포트 - 5 비트) · 리셋을 포함한 35개의 인터럽트 소스 · 별도의 프리스케일러를 갖는 2개의 8 비트 타이머/카운터(0, 2) · 별도의 프리스케일러를 갖는 2개의 16 비트 타이머/카운터(1, 3) · 2개의 8비트 PWM 채널과 6개의 8~16비트 PWM 채널 · 8채널 10비트 A/D 컨버터와 아날로그 비교기 · TWI, SPI 시리얼 인터페이스, 2개의 프로그램이 가능한 시리얼 USART · 독립적인 내장 발진기에 의한 워치독 타이머
특수 기능	· 6개의 슬립모드 · 내부 RC 오실레이터와 외부 크리스탈을 연결하기 위한 발진회로 내장 · 외부, 내부 인터럽트(Interrupt) 소스
동작 전압	· 2.7-5.5V (ATmega128L), 4..5-5.5V (ATmega128)
동작 클럭	· 0-8MHz (ATmega128L), 0-16MHz (ATmega128)

1.3 ATmega128의 핀 구조

AVR RISC 구조에 기초한 ATmega128은 저전력 CMOS형의 8 비트 마이크로콘트롤러로서 ATmega128의 핀 구조는 [그림 1-1]과 같으며, 패키지형은 64핀의 TQFP형과 MLF형이 있다. 분기 명령 등을 제외한 대부분의 명령어는 한 클럭 사이클에 실행되며, ATmega128은 1MIPS/MHz에 가까운 처리속도를 낼 수 있기 때문에 전력 소모를 최적화할 수 있다.

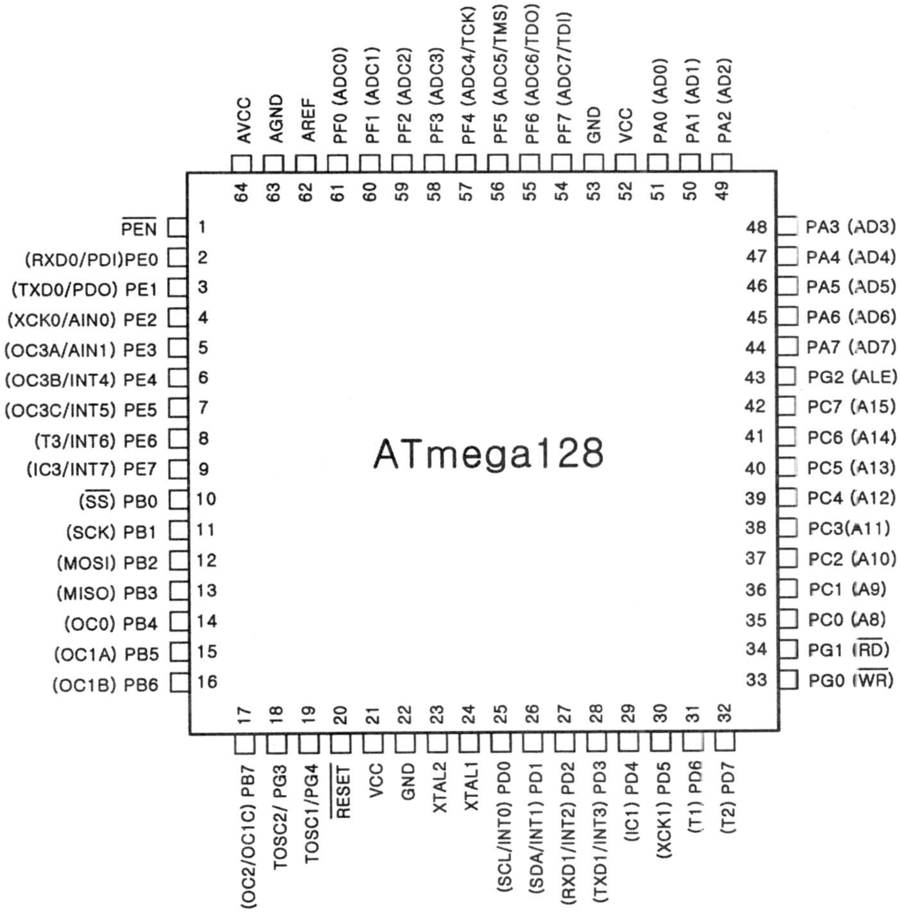

[그림 1-1] ATmega128의 핀 구조

1.3.1 내부 구조

AVR 코어는 32개의 범용 레지스터와 함께 풍부한 명령어를 갖는다. 모든 32개의 레지스터는 ALU(Arithmetic Logic Unit)와 직접 연결되어 있으며, 한 클럭 사이클에 실행되는 한 개의 명령어에서 두 개의 독립된 레지스터를 처리할 수 있다. 결과적으로 이러한 구조는 일반적인 CISC 마이크로콘트롤러에 비해 10배 이상의 빠른 속도로 효과적인 코딩이 가능하다. [그림 1-2]는 ATmega128의 내부 구조를 보여준다.

ATmega128은 프로그램 가능한 플래시 메모리 128K 바이트, EEPROM 4K 바이트, SRAM 4K 바이트, 53개의 범용 I/O 라인, 32개의 범용 레지스터, 비교 모드와 PWM 기능을 갖는 4개의 유연성 있는 타이머/카운터, 내부 및 외부 인터럽트, 프로그램 가능한 2개의 시리얼 USART, 내장 오실레이터에 의한 프로그램 가능한 워치독 타이머, SPI 및 TWI 시리얼 인터페이스와 IEEE std. 1149.1 JTAG 인터페이스, 소프트웨어적으로 선택 가능한 6개의 파워 절약 모드 기능이 있다.

프로그램 가능한 내장 플래시 메모리는 SPI 시리얼 인터페이스나 일반적인 메모리 프로그래머를 통해서 시스템에 장착된 상태로 재 프로그램이 가능하다.

1.3.2 핀 기능

· VCC - 전원.

· GND - 접지.

· **포트 A(PA7..PA0)** - 포트 A는 내부 풀업저항(20kΩ-100kΩ)을 갖는 8비트 양방향 I/O 포트이며, 출력버퍼는 sink와 source 능력에 대해 대칭적으로 40mA의 구동특성을 갖는다. 리셋 상태에서는 3-스테이트 상태가 되며, 외부에 메모리 또는 I/O를 연결할 경우에는 하위 어드레스 버스와 데이터 버스로 사용된다.

· **포트 B(PB7..PB0)** - 포트 B는 내부 풀업저항을 갖는 8비트 양방향 I/O 포트이며, 출력버퍼는 sink와 source 능력에 대해 대칭적으로 40mA의 구동특성을 갖는다. 리셋 상태에서는 3-스테이트 상태가 되며, 포트 B는 [그림 1-1]의 핀 구성에서와 같이 다양한 기능을 갖는다.

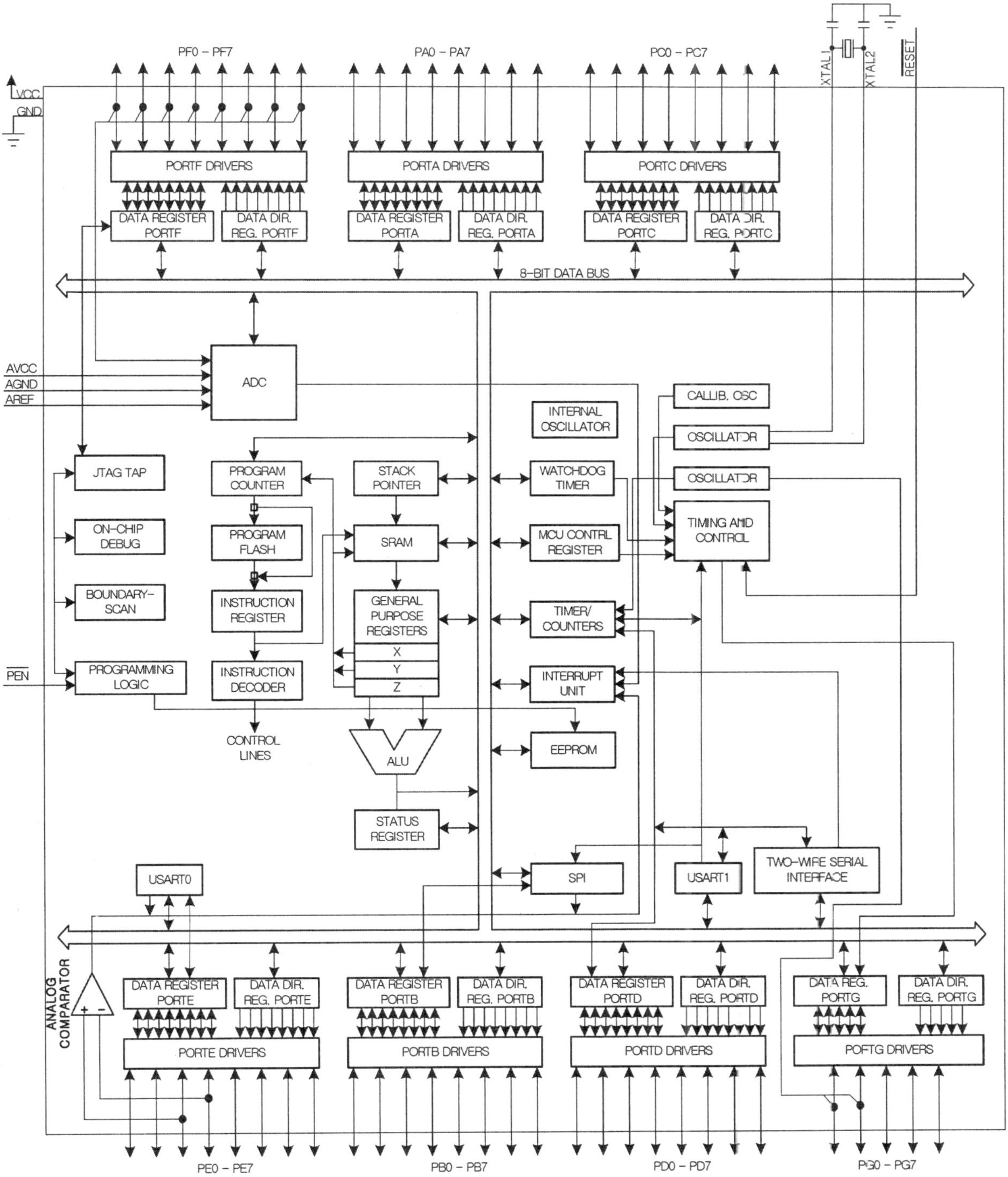

[그림 1-2] ATmega128의 블록도

· **포트 C(PC7..PC0)** - 포트 C는 내부 풀업저항을 갖는 8비트 양방향 I/O 포트이며, 출력버퍼는 sink와 source 능력에 대해 대칭적인 구동특성을 갖는다. 리셋 상태에서는 3-스테이트 상태가 되며, 외부에 메모리 또는 I/O를 연결할 경우에는 상위 어드레스 버스로 사용된다.

· **포트 D(PD7..PD0)** - 포트 D는 내부 풀업저항을 갖는 8비트 양방향 I/O 포트이며, 출력버퍼는 sink와 source 능력에 대해 대칭적인 구동특성을 갖는다. 리셋 상태에서는 3-스테이트 상태가 되며, [그림 1-1]의 핀 구성에서와 같이 다양한 기능을 제공한다.

· **포트 E(PE7..PE0)** - 포트 E는 내부 풀업저항을 갖는 8비트 양방향 I/O 포트이며, 출력버퍼는 sink와 source 능력에 대해 대칭적인 구동특성을 갖는다. 리셋 상태에서는 3-스테이트 상태가 되며, [그림 1-1]의 핀 구성에서와 같이 다양한 기능을 제공한다.

· **포트 F(PF7..PF0)** - 포트 F는 내부 풀업저항을 갖는 8비트 양방향 I/O 포트이며, 출력버퍼는 sink와 source 능력에 대해 대칭적인 구동특성을 갖는다. 리셋 상태에서는 3-스테이트 상태가 되며, JTAG 인터페이스가 인에이블 되어 있으면 리셋이 발생할지라도 PF7, PF4, PF5에 연결된 동작상태가 된다.

· **포트 G(PG4..PG0)** - 포트 G는 내부 풀업저항을 갖는 8비트 양방향 I/O 포트이며, 출력버퍼는 sink와 source 능력에 대해 대칭적인 구동특성을 갖는다. 리셋 상태에서는 3-스테이트 상태가 되며, 외부에 메모리 또는 I/O를 연결할 경우에는 제어신호들(/RD, /WR, ALE)이 출력된다.

· $\overline{\text{RESET}}$ - 리셋 입력 단자이며, 리셋동작을 확실하게 하기 위해서는 1.5us 이상의 low 신호가 인가되어야 한다.

· XTAL1 - 인버팅 오실레이터 증폭기와 내부 클록 동작회로에 대한 입력 단자이다.

· XTAL2 - 인버팅 오실레이터 증폭기의 출력 단자이다.

· AVCC - A/D 컨버터 및 포트 F의 전원 단자이다.

· AREF - A/D 컨버터에 대한 아날로그 기준전압 입력 단자이다.

· AGND - AVCC에 대한 전원접지 단자이며, 반드시 GND와 접지하여 사용한다.

· $\overline{\text{PEN}}$ (Programmng Enable) - SPI 모드를 위한 프로그램 인에이블 핀이며, 내부적으로 High로 풀업되어 있다. 전원 ON에 의한 파워온 리셋시에 Low 상태를 유지하면 MCU는 SPI 모드로 들어가게 된다. $\overline{\text{PEN}}$은 정상동작 중에는 기능하지 않으며, 보통 5V에 접속한다.

· ALE(Address Latch Enable) - 외부에 메모리를 사용할 경우 포트 A를 통해 어드레스가 출력되고 있음을 나타내는 어드레스 래치 인에이블 출력 단자이다.

· $\overline{\text{RD}}$, $\overline{\text{WR}}$ - 외부 메모리를 액세스하기 위한 읽기/쓰기 제어신호 출력단자이다.

· SCK(Serial Clock) - ISP 직렬 프로그래밍 인터페이스에서 마스터(PC)가 ATmega128에 보내는 클럭신호이며, ATmega128의 직렬 프로그래밍에서는 이 단자를 사용한다.

· PDI(Programming Data Input) - ISP 직렬 프로그래밍 인터페이스에서 마스터(PC)가 ATmega128에 보내는 데이터 신호 MOSI(Master Output/Slaver Input)이며, ATmega128의 직렬 프로그래밍에서는 이 단자를 사용한다.

· PDO(Programming Data Output) - ISP 직렬 프로그래밍 인터페이스에서 ATmega128이 마스터(PC)에 보내는 데이터 신호 MISO(Master Input/Slaver Output)이며, ATmega128의 직렬 프로그래밍에서는 이 단자를 사용한다.

· TCK(JTAG Test Clock) - JTAG ICE가 ATmega128에 보내는 클럭 신호 단자이다.

· TMS(JTAG Test Mode Select) - JTAG ICE가 ATmega128에 보내는 모드 선택 신호 단자이다.

· TDO(JTAG Test Data Output) - ATmega128이 JTAG ICE에 보내는 데이터 출력신호 단자이다.

· TDI(JTAG Test Data Input) - JTAG ICE가 ATmega128에 보내는 데이터 입력 신호 단자이다.

· INT0~INT7 - 외부 인터럽트 요청 입력 단자이다.

· TXD0, RXD0 - RS-232C 시리얼 통신 0을 위한 송/수신 단자이다.

· TXD1, RXD1 - RS-232C 시리얼 통신 1을 위한 송/수신 단자이다.

· XCK0 - 시리얼 통신 포트 0이 동기모드로 동작할 때의 클럭 입출력 단자이다.

· XCK1 - 시리얼 통신 포트 1이 동기모드로 동작할 때의 클럭 입출력 단자이다.

· $\overline{\text{SS}}$(SPI Slave Slect) - SPI 채널의 슬레이브 선택 입력 단자이다.

· SCK(SPI Serial Clock) - SPI 채널의 마스터 클럭 출력 또는 슬레이브 클럭 입력단자이다.

· MOSI(SPI Master Output Slave Input) - SPI 채널의 마스터 데이터 출력 또는 슬레이브 데이터 입력 단자이다.

· MISO(SPI Master Input Slave Output) - SPI 채널의 마스터 데이터 입력 또는 슬레이브 데이터 출력 단자이다.

· SCL(TWI Serial Clock) - TWI 채널의 클럭 입출력 단자이다.

· SDA(TWI Serial Data) - TWI 채널의 데이터 입출력 단자이다.

· TOSC1, TOSC2(Timer/Counter0 RTC Oscillator) - 타이머/카운터0의 RTC(Real Time Clock) 기능을 사용하는 경우의 클럭 발생을 위한 수정발진자 연결 단자이다.

· T1, T2, T3 - 타이머/카운터1, 2, 3의 외부 클럭 입력 단자이다.

· OC0, OC1A, OC1B, OC1C, OC2, OC3A, OC3B, OC3C(Timer/Counter 0, 1, 2, 3 Output Compare Match and PWM Output) - 타이머/카운터 0, 1, 2, 3의 비교 출력 단자로서 타이머/카운터를 PWM 모드로 설정하면 이 단자들을 통해 PWM 신호가 출력된다.

· IC1, IC3(Timer/Counter 1, 3 Input Capture Trigger) - 타이머/카운터 1과 3의 캡쳐 모드에서의 트리거 입력 신호 단자이다.

· ADC0~ADC7(ADC Channel 0~7) - A/D 컨버터의 아날로그 입력 단자이다.

· AIN0, AIN1 - 아날로그 비교기의 입력신호 단자로서, AIN0과 AIN1은 각각 (+)와 (-) 극성을 갖는다.

1.4 ATmega128의 구조 개요

[그림 1-3]은 AVR RISC의 내부구조를 보여준다. 고속 액세스가 가능한 32개의 8비트 범용 레지스터는 단일 클럭 사이클의 액세스 시간을 갖는다. 즉, 한 개의 클럭 사이클 동안 한 개의 ALU 동작이 가능하다는 것을 의미한다. 한 클럭 사이클 동안 레지스터 파일에서 두 개의 오퍼랜드가 출력되는 동시에 오퍼랜드는 실행되고 결과는 다시 레지스터 파일에 저장된다.

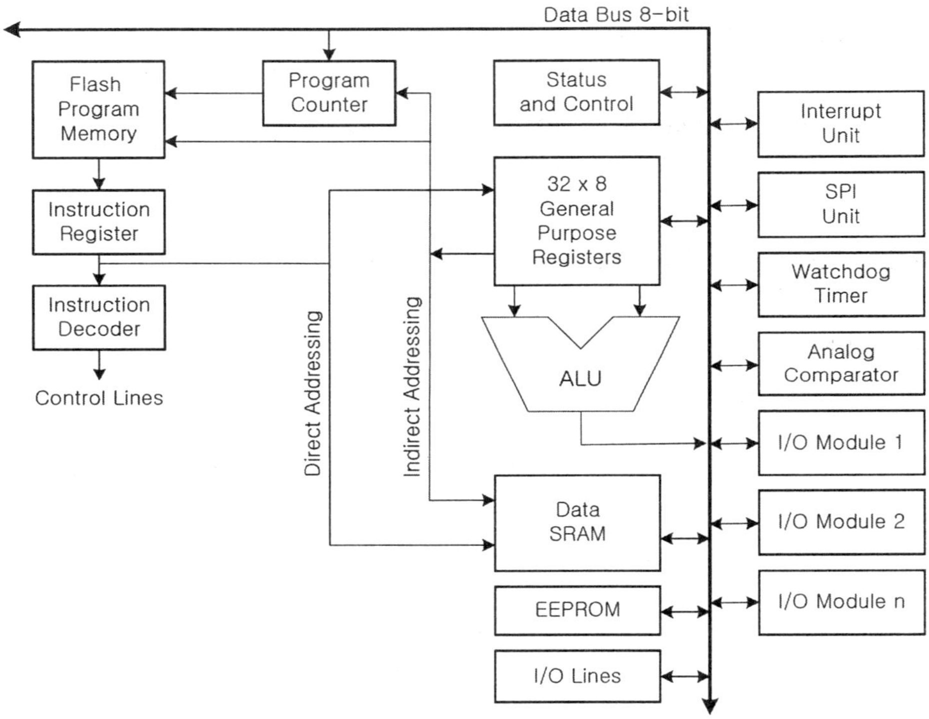

[그림 1-3] AVR RISC 구조

32개의 레지스터 중에 6개의 레지스터는 데이터 영역 주소를 지정하기 위해 16비트 간접 주소 포인터 레지스터로 사용할 수 있으며, 이러한 기능을 갖는 레지스터는 16비트의 X 레지스터, Y 레지스터, Z 레지스터이다.

ALU는 레지스터와 레지스터 또는 레지스터와 상수 사이의 산술 및 논리 연산을 지원하며, 단일 레지스터 연산도 ALU내에서 실행된다. 산술연산 후에는 연산결과에 따라 상태 레지스터의 값이 갱신된다.

1.4.1 ALU(Arithmetic Logic Unit)

ATmega128의 ALU는 32개의 범용 레지스터와 직접 연결되어 있다. 범용레지스터 사이의 산술연산 또는 레지스터와 상수의 연산은 단일 클럭 사이클에 실행되며, ALU 연산은 산술, 논리와 비트 연산의 세 범주로 나뉘어진다. ALU 연산이 실행되고 난 후에는 연산결과에 따라 MCU의 상태 레지스터 SREG의 비트값에 영향을 주게 된다.

■ SREG(Status Register) : 상태 레지스터

이 레지스터는 일반적으로 산술연산 명령어가 실행될 때마다 값이 변하는 레지스터로서, I/O 메모리 영역 0x3F(0x5F) 번지에 위치하며 각 비트는 다음과 같은 의미를 갖는다.

비트	7	6	5	4	3	2	1	0	
0x3F (0x5F)	I	T	H	S	V	N	Z	C	SREG
읽기/쓰기	읽기/쓰기	읽기/쓰기	읽기/쓰기	읽기/쓰기	읽기/쓰기	읽기/쓰기	읽기/쓰기	읽기/쓰기	
초기값	0	0	0	0	0	0	0	0	

- Bit 7-I : 전역 인터럽트 인에이블(Global Interrupt Enable) 비트

  이 비트는 인터럽트를 인에이블 시키기 위해서 반드시 셋 되어야 한다. 각각의 인터럽트 인에이블 제어는 별도의 제어 레지스터에서 수행되며, 전역 인터럽트 인에이블 비트가 0이면 개별적인 인터럽트 인에이블의 설정이 의미가 없게 된다. 이 비트는 인터럽트가 발생된 후에 하드웨어적으로 클리어 되며, 다음 인터럽트 인에이블을 위해서 RETI 명령에 의해 자동적으로 셋 된다.

- Bit 6-T : 비트 복사 저장(Bit Copy Storage) 비트

  이 비트는 비트 복사 저장 명령 BLD(Bit Load)와 BST(Bit Store)의 소스와 목적 비트로서 사용된다. BST 명령에 의해 레지스터 파일 내의 레지스터로부터 T 비트로 복사되며, BLD 명령에 의해 T 비트는 레지스터 파일내의 레지스터로 복사된다.

- Bit 5-H : 하프 캐리 플래그(Half Carry Flag) 비트
  이 비트는 산술 연산에서 발생된 하프 캐리를 가리키며, 3비트째에서 4비트째로 자리 올림이나 자리 빌림이 있을 때 셋 된다.

- Bit 4-S : 부호 비트(Sign Bit), $S = N \oplus V$
  이 비트는 음수 플래그 N과 2의 보수 오버플로우 플래그 V와의 XOR 연산 결과와 같다.

- Bit 3-V : 2의 보수 오버플로우 플래그(2's Complement Overflow Flag) 비트
  이 비트는 2의 보수 연산에서 오버플로우가 발생했음을 나타낸다.

- Bit 2-N : 음수 플래그(Negative Flag) 비트
  이 비트는 산술 및 논리 연산 후에 음의 결과를 나타낸다.

- Bit 1-Z : 제로 플래그(Zero Flag) 비트
  이 비트는 산술 및 논리 연산 후에 결과가 0 임을 나타낸다.

- Bit 0-C : 캐리 플래그(Carry Flag) 비트
  이 비트는 산술 및 논리 연산에서 캐리의 발생을 나타낸다.

상태 레지스터는 인터럽트 처리 루틴에 들어갈 때 자동으로 저장되지 않으며, 또한 인터럽트 처리 루틴에서 복귀할 때도 자동 복귀되지 않는다는 점에 주의해야 한다. 이것은 사용자에 의해 소프트웨어적으로 처리되어야 한다.

1.4.2 범용 레지스터

[그림 1-4]는 CPU내의 32개 범용 레지스터의 구조를 보여준다. 범용 레지스터를 오퍼랜드로 사용하는 대부분의 명령어는 모든 레지스터들을 직접 액세스할 수 있으며, 대부분의 명령어들이 단일 사이클로 수행된다.

[그림 1-4]에서 보여진 것처럼 각 레지스터는 데이터 메모리 영역에서 직접 맵핑(mapping) 가능하도록 32개의 영역에 대한 데이터 메모리 주소가 할당되어 있다. 비록 SRAM 영역으로서 물리적인 구현이 되어 있지 않지만, 이런 메모리 구성은 유연한 레지스터의 액세스를 가능하게 한다.

레지스터 R26~R31은 범용적인 사용이외에 추가된 기능을 가지고 있다. 이 레지스터들은 데이터 영역의 간접 주소 지정 방식을 위한 주소 포인터로 사용되며, 이 세 개의 간접 주소 레지스터 X, Y, Z는 [그림 1-5]와 같다. 이 레지스터들은 다른 주소 지정 방식과 달리 고정 변위, 자동 증가 및 자동 감소 기능을 갖는다.

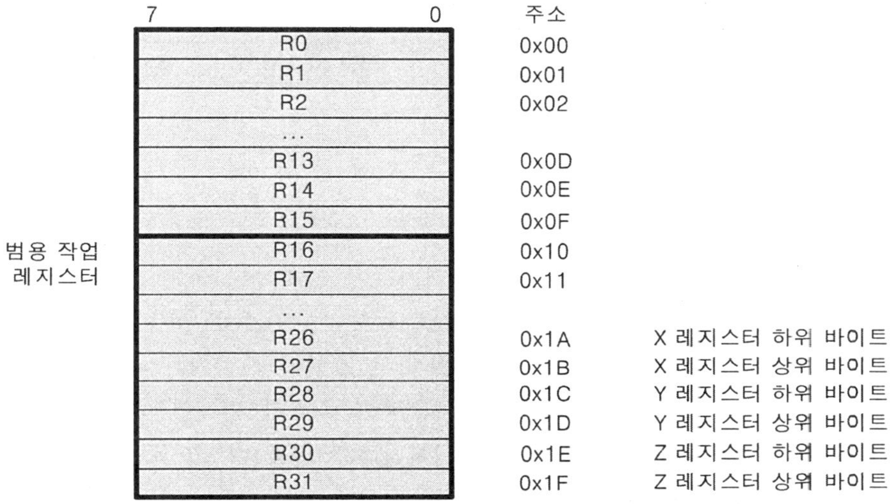

[그림 1-4] ATmega128의 범용 레지스터

X-레지스터, Y-레지스터, Z-레지스터

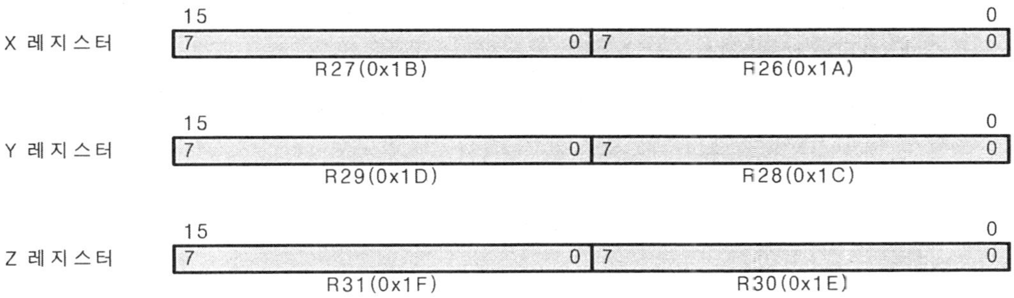

[그림 1-5] X, Y, Z 레지스터

1.4.3 스택 포인터(SP : Stack Pointer)

스택은 임시 데이터, 국소 변수, 인터럽트 또는 서브루틴을 실행할 때 리턴 주소를 저장하기 위한 영역이며, 스택 포인터는 이러한 스택을 관리하기 위한 포인터 레지스터이다.

ATmega128의 SP는 16비트의 길이를 가지며, I/O 영역내에 두 개의 8비트 레지스터 SPH와 SPL이라는 이름으로 0x3E(0x5E)와 0x3D(0x5D)에 지정되어 있다. 따라서, SP는 64K 바이트의 외부 SRAM을 지원할 수 있다.

비트	15	14	13	12	11	10	9	8	
0x3E(0x5E)	SP15	SP14	SP13	SP12	SP11	SP10	SP9	SP8	SPH
0x3D(0x5D)	SP7	SP6	SP5	SP4	SP3	SP2	SP1	SP0	SPL
	7	6	5	4	3	2	1	0	
읽기/쓰기	읽기/쓰기 읽기/쓰기	읽기/쓰기 읽기/쓰기	읽기/쓰기 읽기/쓰기	읽기/쓰기 읽기/쓰기	읽기/쓰기 읽기/쓰기	읽기/쓰기 읽기/쓰기	읽기/쓰기 읽기/쓰기	읽기/쓰기 읽기/쓰기	
초기값	0 0	0 0	0 0	0 0	0 0	0 0	0 0	0 0	

스택 포인터는 서브루틴이 호출되거나 인터럽트가 인에이블 되기 전에 프로그램에 의해 미리 정의되어야 하며, 스택 포인터는 SRAM 영역인 0x100 번지 이상을 가리키도록 해야 한다. 스택 포인터는 PUSH 명령을 사용하여 스택에 데이터가 저장될 때 1씩 감소하며, 서브루틴 호출이나 인터럽트에 의해서 스택에 주소가 저장될 때 2씩 감소한다. 스택 포인터는 POP 명령을 사용하여 스택의 데이터를 가져올 때 1씩 증가하며, 서브루틴의 RET 명령이나 인터럽트의 RETI 명령에 의해 스택에서 주소를 가져오면 2씩 증가한다.

■ RAMPZ(RAM Page Z Select Register) 레지스터 : RAM 페이지 선택 레지스터

이 레지스터는 ATmega128의 내부 플래시 프로그램 메모리에서 64KB 단위로 구분되는 2개의 페이지 중에서 어느 것을 사용할지를 지정한다. 프로그램 메모리 영역의 상수를 액세스할 때는 16비트의 Z 레지스터가 사용되어 64KB까지밖에 지정할 수 없기 때문에 현재 액티브 페이지가 0인지 1인지를 이 비트로 미리 지정해 주어야 한다.

비트	7	6	5	4	3	2	1	0	
0x3B (0x5B)	-	-	-	-	-	-	-	RAMPZ0	RAMPZ
읽기/쓰기	읽기	읽기	읽기	읽기	읽기	읽기	읽기	읽기/쓰기	
초기값	0	0	0	0	0	0	0	0	

- Bit0 – RAMPZ0 : 확장 RAM 페이지 Z 포인터(Extended Ram Page Z-Pointer) 비트

  RAMPZ0 = 0 : 0x0000 ~ 0x7FFF의 페이지 0 영역 선택

  RAMPZ0 = 1 : 0x8000 ~ 0xFFFF의 페이지 1 영역 선택

1.4.4 명령 실행 타이밍

이 절에서는 일반적인 명령 실행과 내부 메모리 액세스를 위한 액세스 타이밍 개념을 설명한다.

AVR MCU는 외부에 연결된 수정발진기에 의해 발생된 시스템 클럭으로 구동된다. [그림 1-6]은 하버드 아키텍처와 고속 액세스 레지스터 파일 개념에 의해 동작하는 병렬 방식의 명령 패치와 명령 실행을 보여준다. 이것은 1MHz에서 1MIPS 이상의 속도를 얻기 위한 기본 파이프라인(pipe-line) 개념이다.

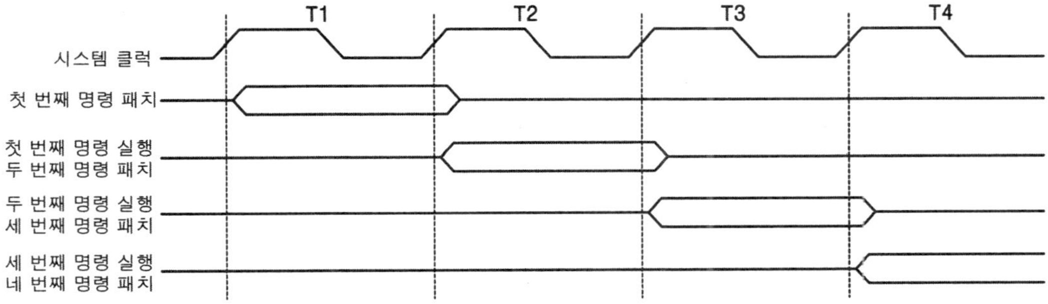

[그림 1-6] 병렬 명령 패치와 명령 실행

[그림 1-7]은 레지스터 파일에 대한 내부 타이밍 개념을 보여준다. 2개의 레지스터를 사용하는 ALU 연산은 단일 클럭 사이클에서 실행되고, 그 결과는 목적 레지스터에 저장된다.

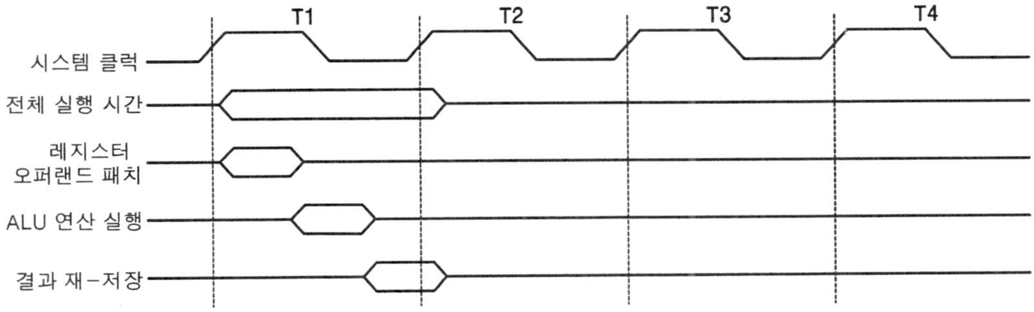

[그림 1-7] 단일 클럭 ALU 연산

1.4.5 플래시 프로그램 메모리

ATmega128은 프로그램 저장을 위해 ISP 기능을 갖는 플래시 메모리 128K 바이트를 내장하고 있다. 모든 명령어는 16 비트나 32 비트이기 때문에, 플래시 메모리는 64K x 16 비트로 구성되어 있다. 프로그램 메모리는 부트 플래시 섹션과 어플리케이션 플래시 섹션으로 나누어지며, 사용자가 작성한 프로그램은 어플리케이션 플래시 섹션 0번지부터 저장된다. 그리고, 부트 플래시 섹션에는 컴퓨터로부터 프로그램을 다운받아 어플리케이션 섹션에 저장하는 프로그램이 미리 저장되어 있다. 이 프로그램 메모리는 SPI 시리얼 통신을 이용한 ISP(In-System Programming) 기능을 가지고 있으며, 적어도 10,000번의 쓰기 및 삭제가 가능하다. 플래시 프로그램 메모리의 프로그래밍은 SPI, JTAG, 병렬 프로그래밍 방식을 이용할 수 있다. 프로그램 메모리 영역에 정의된 상수를 액세스할 때 Z 레지스터가 사용되는데 128K x 8비트 형식으로 액세스하기 때문에 2개의 64K x 8비트 영역으로 나누어 액세스하여야 하며, 이를 위해 RAMPZ 레지스터의 RAMPZ0 비트가 미리 설정되어야 한다.

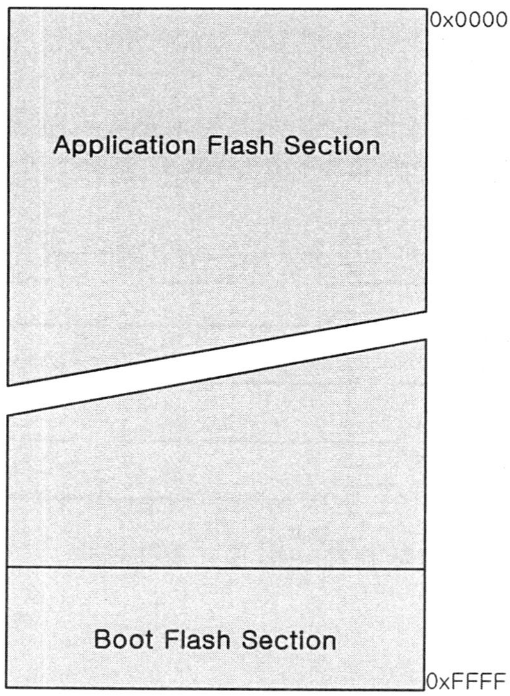

[그림 1-8] ATmega128 플래시 프로그램 메모리

1.4.6 SRAM 데이터 메모리

ATmega128의 내부 데이터 메모리 구성은 정상적인 모드와 ATmega103 호환모드의 경우가 다르며, 여기서는 ATmega128 정상모드의 경우만 설명하기로 한다.

[그림 1-9]는 ATmega128의 데이터 메모리 구성을 보여주며, 32개의 범용 레지스터 영역, 64개의 I/O 레지스터, 160개의 확장 I/O 레지스터, 4KB의 내부 SRAM으로 구성되어 있다.

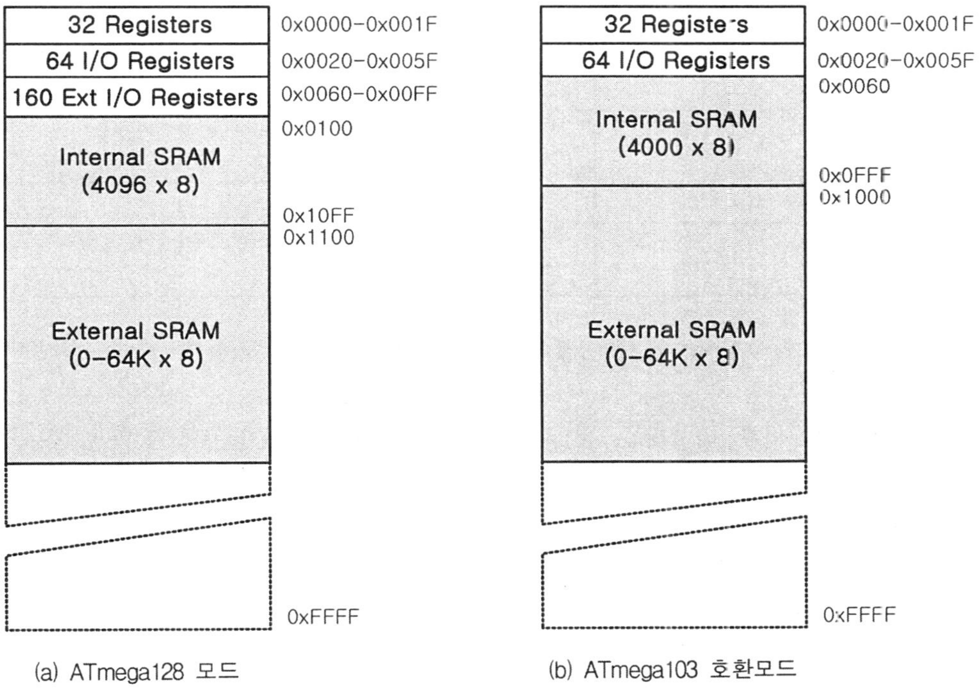

[그림 1-9] ATmega128 데이터 메모리

I/O 레지스터는 ATmega128에 내장된 I/O 기능들을 제어하기 위한 레지스터로서 64개의 영역이 할당되어 있다. 이 레지스터 영역은 [그림 1-9]와 같이 0x0020~0x005F의 어드레스를 가지지만, IN/OUT 명령을 사용하여 지정하는 경우에는 0x00~0x3F의 어드레스로 지정해야 한다. [표 1-5]는 I/O 레지스터를 보여주며, 이 영역의 레지스터들은 비트, 바이트, 워드(2바이트) 단위의 읽기/쓰기가 가능하다.

확장 I/O 레지스터는 ATmega128에 새로 추가된 I/O 기능들을 제어하기 위해 확장된 영역으로서 0x0060~0x00FF 번지에 할당되어 있으며, 이 영역은 외부 데이터 메모리처럼 사용하여야 한다. 따라서, 이 영역에 대해서는 IN/OUT 명령을 사용할 수 없으며, [표 1-6]은 확장 I/O 레지스터를 보여준다. 이 확장 I/O 레지스터들은 바이트 단위의 읽기/쓰기만 가능하다.

내부 SRAM은 0x0100~0x10FF 번지의 4KB를 가지며, 이 SRAM를 액세스하는 데는 [그림 1-10]과 같이 2개의 시스템 클럭 내에서 수행된다.

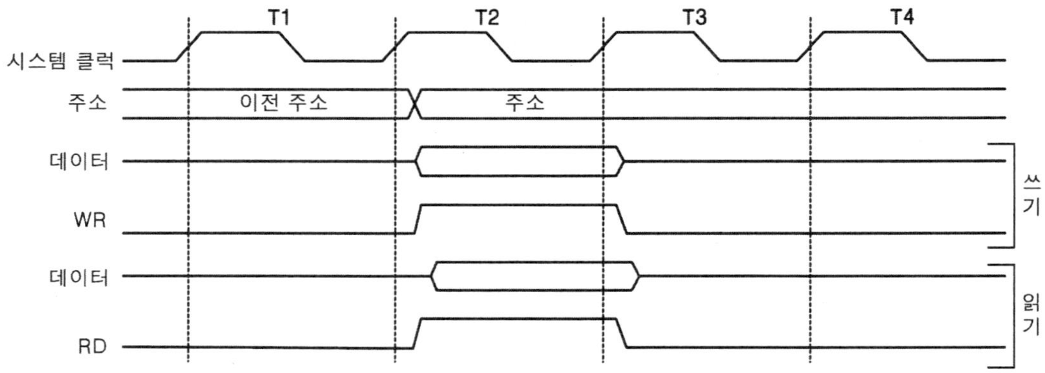

[그림 1-10] 내부 데이터 SRAM 액세스 사이클

ATmega128의 외부 데이터는 0x1100~0xFFFF번지의 약 60KB의 영역을 가지며, 이 영역에 사용자가 필요에 따라 RAM을 접속하여 사용하거나 I/O 영역으로 사용할 수가 있다. 이 외부 데이터 영역을 액세스하는 데는 ALE, $\overline{RD}$, $\overline{WR}$ 신호가 MCU로부터 출력되므로 이들 신호를 이용하여 회로를 설계하여야 한다.

[표 1-5] I/O 레지스터

주소	레지스터명	기 능
0x00(0x20)	PINF	포트 F 데이터 입력 레지스터
0x01(0x21)	PINE	포트 E 데이터 입력 레지스터
0x02(0x22)	DDRE	포트 E 데이터 방향 레지스터
0x03(0x23)	PORTE	포트 E 데이터 출력 레지스터
0x04(0x24)	ADCL	A/D 변환 결과 하위 레지스터
0x05(0x25)	ADCH	A/D 변환 결과 상위 레지스터
0x06(0x26)	ADCSRA	A/D 변환기 제어 및 상태 레지스터
0x07(0x27)	ADMUX	A/D 변환기 멀티플렉서 레지스터
0x08(0x28)	ACSR	아날로그 비교기 제어 및 상태 레지스터
0x09(0x29)	UBR0OL	USART 0 보우 레지스터(하위 바이트)
0x0A(0x2A)	UCSR0B	USART 0 제어 및 상태 레지스터 B
0x0B(0x2B)	UCSR0A	USART 0 제어 및 상태 러지스터 A
0x0C(0x2C)	UDR0	USART 0 I/O 데이터 레지스터
0x0D(0x2D)	SPCR	SPI 제어 레지스터
0x0E(0x2E)	SPSR	SPI 상태 레지스터
0x0F(0x2F)	SPDR	SPI I/O 데이터 레지스터
0x10(0x30)	PIND	포트 D 데이터 입력 레지스터
0x11(0x31)	DDRD	포트 D 데이터 방향 레지스터
0x12(0x32)	PORTD	포트 D 데이터 출력 레지스터
0x13(0x33)	PINC	포트 C 데이터 입력 레지스터
0x14(0x34)	DDRC	포트 C 데이터 방향 레지스터
0x15(0x35)	PORTC	포트 C 데이터 출력 레지스터
0x16(0x36)	PINB	포트 B 데이터 입력 레지스터
0x17(0x37)	DDRB	포트 B 데이터 방향 레지스터
0x18(0x38)	PORTB	포트 B 데이터 출력 레지스터
0x19(0x39)	PINA	포트 A 데이터 입력 레지스터
0x1A(0x3A)	DDRA	포트 A 데이터 방향 레지스터
0x1B(0x3B)	PORTA	포트 A 데이터 출력 레지스터
0x1C(0x3C)	EECR	EEPROM 제어 레지스터
0x1D(0x3D)	EDDR	EEPROM 데이터 레지스터
0x1E(0x3E)	EEARL	EEPROM 주소 레지스터(하위 주소)
0x1F(0x3F)	EEARH	EEPROM 제어 레지스터(상위 주소)
0x20(0x40)	SFIOR	특수 기능 I/O 레지스터
0x21(0x41)	WDTCR	워치독 타이머 제어 레지스터
0x22(0x42)	OCDR	On-chip 디버그 레지스터

[표 1-5] I/O 레지스터(계속)

주소	레지스터명	기 능
0x23(0x43)	OCR2	타이머/카운터2 출력비교 레지스터
0x24(0x44)	TCNT2	타이머/카운터2 레지스터
0x25(0x45)	TCCR2	타이머/카운터2 제어 레지스터
0x26(0x46)	ICR1L	타이머/카운터1 입력캡쳐 레지스터 상위 바이트
0x27(0x47)	ICR1H	타이머/카운터1 입력캡쳐 레지스터 상위 바이트
0x28(0x48)	OCR1BL	타이머/카운터1 출력 비교 B 레지스터 하위 바이트
0x29(0x49)	OCR1BH	타이머/카운터1 출력 비교 B 레지스터 상위 바이트
0x2A(0x4A)	OCR1AL	타이머/카운터1 출력 비교 A 레지스터 하위 바이트
0x2B(0x4B)	OCR1AH	타이머/카운터1 출력 비교 A 레지스터 상위 바이트
0x2C(0x4C)	TCNT1L	타이머/카운터1 하위 바이트
0x2D(0x4D)	TCNT1H	타이머/카운터1 상위 바이트
0x30(0x50)	ASSR	비동기 상태 레지스터
0x31(0x51)	OCR0	타이머/카운터0 출력비교 레지스터
0x32(0x52)	TCNT0	타이머/카운터0 레지스터
0x33(0x53)	TCCR0	타이머/카운터0 제어 레지스터
0x34(0x54)	MCUCSR	MCU 제어 및 상태 레지스터
0x35(0x55)	MCUCR	MCU 제어 레지스터
0x36(0x56)	TIFR	타이머/카운터 인터럽트 플래그 레지스터
0x37(0x57)	TIMSK	타이머/카운터 인터럽트 마스크 레지스터
0x38(0x58)	EIFR	확장 인터럽트 플래그 레지스터
0x39(0x59)	EIMSK	확장 인터럽트 인에이블 레지스터
0x3A(0x5A)	EICRB	외부 인터럽트 제어 레지스터 B
0x3B(0x5B)	RAMPZ	확장 인터럽트 플래그 레지스터
0x3C(0x5C)	XDIV	XTAL Divide 제어 레지스터
0x3D(0x5D)	SPL	스택 포인터 하위 바이트
0x3E(0x5E)	SPH	스택 포인터 상위 바이트
0x3F(0x5F)	SREG	상태 레지스터

[표 1-6] 확장 I/O 레지스터

주소	레지스터명	기 능
0x60	Reserved	-
0x61	DDRF	F 포트 데이터 방향 레지스터
0x62	PORTF	F 포트 데이터 출력 레지스터
0x63	PING	G 포트 데이터 입력 레지스터
0x64	DDRG	G 포트 데이터 방향 레지스터
0x65	PORTG	G 포트 데이터 출력 레지스터
0x66	Reserved	-
0x67	Reserved	-
0x68	SPMCSR	Store 프로그램 제어 및 상태 레지스터
0x69	Reserved	-
0x6A	EICRA	외부 인터럽트제어 레지스터 A
0x6B	Reserved	-
0x6C	XMCRB	외부 메모리 제어 레지스터 B
0x6D	XMCRA	외부 메모리 제어 레지스터 A
0x6E	Reserved	-
0x6F	OSCCAL	오실레이터 캘리브레이션 레지스터
0x70	TWBR	TWI 비트 레이트 레지스터
0x71	TWSR	TWI 상태 레지스터
0x72	TWAR	TWI 어드레스 레지스터
0x73	TWDR	TWI 데이터 레지스터
0x74	TWCR	TWI 제어 레지스터
0x75	Reserved	-
0x76	Reserved	-
0x77	Reserved	-
0x78	OCR1CL	타이머/카운터1 출력비교 C 레지스터 하위 바이트
0x79	OCR1CH	타이머/카운터1 출력비교 C 레지스터 상위 바이트
0x7A	TCCR1C	타이머/카운터1 제어 레지스터 C
0x7B	Reserved	-
0x7C	ETIFR	확장 타이머/카운터 인터럽트 플래그 레지스터
0x7D	ETIMSK	확장 타이머/카운터 인터럽트 마스크 레지스터
0x7E	Reserved	-
0x7F	Reserved	-

[표 1-6] 확장 I/O 레지스터(계속)

주소	레지스터명	기 능
0x80	ICR3L	타이머/카운터3 입력캡쳐 레지스터 하위 바이트
0x81	ICR3H	타이머/카운터3 입력캡쳐 레지스터 하위 바이트
0x82	OCR3CL	타이머/카운터3 출력비교 C 레지스터 하위 바이트
0x83	OCR3CH	타이머/카운터3 출력비교 C 레지스터 상위 바이트
0x84	OCR3BL	타이머/카운터3 출력비교 B 레지스터 하위 바이트
0x85	OCR3BH	타이머/카운터3 출력비교 B 레지스터 상위 바이트
0x86	OCR3AL	타이머/카운터3 출력비교 A 레지스터 하위 바이트
0x87	0CR3AH	타이머/카운터3 출력비교 A 레지스터 상위 바이트
0x88	TCNT3L	타이머/카운터3 레지스터 하위 바이트
0x89	TCNT3H	타이머/카운터3 레지스터 상위 바이트
0x8A	TCCR3B	타이머/카운터3 제어 레지스터 B
0x8B	TCCR3A	타이머/카운터3 제어 레지스터 A
0x8C	TCCR3C	타이머/카운터3 제어 레지스터 C
0x8D	Reserved	-
0x8E	Reserved	-
0x8F	Reserved	-
0x90	UBRR0H	USART0 보우 레이트 레지스터(상위 바이트)
0x91	Reserved	-
0x92	Reserved	-
0x93	Reserved	-
0x94	Reserved	-
0x95	UCSR0C	USART0 제어 및 상태 레지스터 C
0x96	Reserved	-
0x97	Reserved	-
0x98	UBRR1H	USART1 보우 레이트 레지스터(상위 바이트)
0x99	UBRR1L	USART1 보우 레이트 레지스터(하위 바이트)
0x9A	UCSR1B	USART1 제어 및 상태 레지스터 B
0x9B	UCSR1A	USART1 제어 및 상태 레지스터 A
0x9C	UDR1	USART1 데이터 레지스터
0x9D	UCSR1C	USART1 제어 및 상태 레지스터 C
0x9E~0xFF	Reserved	-

1.4.7 EEPROM 데이터 메모리

ATmega128에는 4K 바이트의 데이터 EEPROM이 내장되어 있으며, 별도의 데이터 영역으로 구성되어 바이트 단위로 읽거나 쓸 수 있다. EEPROM은 적어도 100,000번 정도의 쓰기 및 삭제가 가능하다. EEPROM은 EEPROM 주소 레지스터, EEPROM 데이터 레지스터, EEPROM 제어 레지스터를 이용하여 액세스할 수 있다.

1.4.8 외부 메모리 인터페이스

ATmega128은 외부 메모리 영역 0x1100~0xFFFF 번지의 약 60KB 영역에 대해 SRAM, LCD, A/D, D/A 등과 같은 주변장치를 사용할 수 있으며, 이를 위한 외부 인터페이스에 대해 다음과 같은 특징을 갖는다.

① 4개의 다른 웨이트 상태 설정 가능
② 외부 데이터 메모리 영역을 2개의 섹터로 나눌 수 있고, 이들 섹터에 대해 각각 독립적인 웨이트 사이클 설정 가능
③ 어드레스 상위 바이트에서 필요한 비트만 동작 설정 가능
④ 전류소비를 최소화하기 위해 데이터 버스에 버스키퍼 기능 설정 가능

그리고, 외부 인터페이스에 사용되는 신호는

① AD0~AD7 : 어드레스 하위 및 데이터 신호 (PA 포트)
② A8~A15 : 어드레스 상위 신호 (PC 포트)
③ ALE : 어드레스 래치 인에이블 신호 (PG2)
④ $\overline{RD}$: 외부 메모리 읽기 신호 (PG1)
⑤ $\overline{WR}$: 외부 메모리 쓰기 신호 (PG0)

이며, [그림 1-10]은 이들 신호를 이용하여 구성한 외부 메모리 영역에 대한 기본 인터페이스를 보여준다. AD0~AD7은 시분할로 어드레스 버스와 데이터 버스로 사용되기 때문에, 데이터 신호는 ALE신호와 래치(D-플립플롭)를 이용하여 구성된 회로를 거쳐 외부 메모리에 연결되어 있는 것을 알 수 있다.

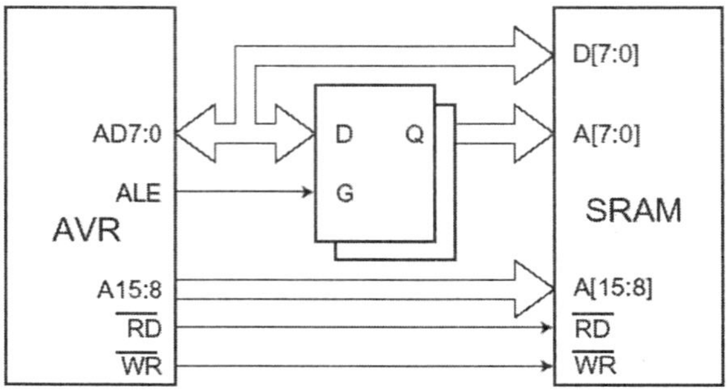

[그림 1-11] 외부 메모리 영역에 대한 기본 인터페이스

외부 메모리에 대한 제어는 3개의 레지스터 MCUCR, XMCRA, XMCRB에 의해 이루어지며, 각 레지스터의 기능은 다음과 같다.

■ MCUCR(MCU Control Register) : MCU 제어 레지스터

이 레지스터는 I/O 영역 0x35(0x55) 번지에 위치하며, 외부 메모리에 관련이 있는 비트의 기능은 다음과 같다.

비트	7	6	5	4	3	2	1	0	
0x35(0x55)	SRE	SRW10	SE	SM1	SM0	SM2	IVSEL	IVCE	MCUCR
읽기/쓰기	읽기/쓰기	읽기/쓰기	읽기/쓰기	읽기/쓰기	읽기/쓰기	읽기/쓰기	읽기/쓰기	읽기/쓰기	
초기값	0	0	0	0	0	0	0	0	

- Bit 7–SRE(External SRAM/XMEM Enable) : 외부 메모리 사용 인에이블

  1로 하면 외부 데이터 메모리 영역의 인터페이스 신호 AD0~AD7, A8~A15, ALE, $\overline{RD}$, $\overline{WR}$ 가 액티브되며, 0으로 하면 외부 메모리 인터페이스 신호가 아니라 일반 I/O 핀으로 동작하게 된다.

- Bit 6–SRW10 : 웨이트 사이클 수 설정 비트

  XMCRA 레지스터의 SRW11 비트와 조합하여 외부 데이터 메모리 영역을 액세스할 때 부여하는 웨이트 사이클 수를 설정하는데 사용된다.

■ XMCRA(External Memory Control Register A) : 외부 메모리 제어 레지스터 A

이 레지스터는 I/O 영역 0x6D 번지에 위치하며, 외부 메모리에 관련이 있는 비트의 기능은 다음과 같다.

비트	7	6	5	4	3	2	1	0	
0x6D	-	SRL2	SRL1	SRL0	SRW01	SRW00	SRW11	-	XMCRA
읽기/쓰기	읽기	읽기/쓰기	읽기/쓰기	읽기/쓰기	읽기/쓰기	읽기/쓰기	읽기/쓰기	읽기	
초기값	0	0	0	0	0	0	0	*	

- Bit 6..4−SRL2, SRL1, SRL0 : Wait Sector Limit

  이 비트들은 [그림 1-12]와 같이 외부 메모리 영역을 2개의 섹터로 분할하기 위한 선택비트이며, 이렇게 나누어진 두개의 영역에는 서로 다른 웨이트 사이클 수를 지정할 수가 있다. [표 1-7]은 이 비트들에 의해 나누어진 영역을 보여준다.

- Bit 3..1−SRW01, SRW00, SRW11 : 웨이트 사이클 수 설정 비트

  이 비트들은 외부 메모리 영역의 웨이트 사이클 수를 설정하는 비트로서, SRW01, SRW00은 [그림 1-12]에서 메모리의 하위 섹터에 대한 웨이트 사이클 수를 설정한다. 그리고, SRW11과 MCUCR의 6번째 비트 SRW10는 상위 섹터에 대한 웨이트 사이클 수를 설정하는 비트이다. [표 1-8]은 이를 요약한 것이다.

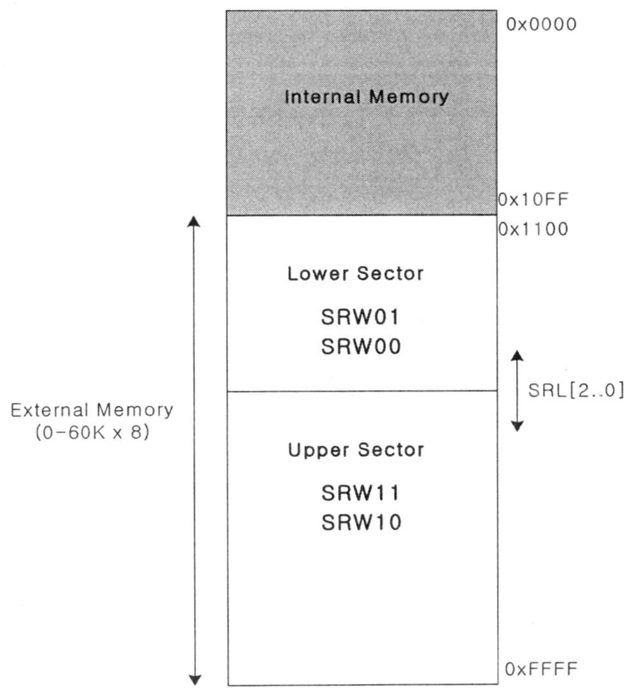

[그림 1-12] 외부 메모리 영역 섹터 분할

[표 1-7] 외부 메모리의 섹터 분할

SRL2	SRL1	SRL0	섹터 영역
0	0	0	lower sector = 없음 upper sector = 0x1100 - 0xFFFF
0	0	1	lower sector = 0x1100 - 0x1FFF upper sector = 0x2000 - 0xFFFF
0	1	0	lower sector = 0x1100 - 0x3FFF upper sector = 0x4000 - 0xFFFF
0	1	1	lower sector = 0x1100 - 0x5FFF upper sector = 0x6000 - 0xFFFF
1	0	0	lower sector = 0x1100 - 0x7FFF upper sector = 0x8000 - 0xFFFF
1	0	1	lower sector = 0x1100 - 0x9FFF upper sector = 0xA000 - 0xFFFF
1	1	0	lower sector = 0x1100 - 0xBFFF upper sector = 0xC000 - 0xFFFF
1	1	1	lower sector = 0x1100 - 0xDFFF upper sector = 0xE000 - 0xFFFF

[표 1-8] SRW11..10과 SRW01..00에 의한 웨이트 사이클 수 설정

SRWn1	SRWn0	웨이트 사이클수
0	0	웨이트 없음
0	1	리드/라이트 중에 1개의 웨이트
1	0	리드/라이트 중에 2개의 웨이트
1	1	리드/라이트 중에 2개의 웨이트와 다음 어드레스 출력 전에 1 개의 웨이트

(n : 0 또는 1)

■ XMCRB(External Memory Control Register B) : 외부 메모리 제어 레지스터 B

이 레지스터는 버스 키퍼기능의 설정과 외부 메모리 어드레스의 상위 바이트에서 필요한 비트만 동작하도록 설정하는데 사용된다.

비트	7	6	5	4	3	2	1	0	
0x6C	XMBK	-	-	-	-	XMM2	XMM1	XMM0	XMCRB
읽기/쓰기	읽기/쓰기	읽기	읽기	읽기	읽기	읽기/쓰기	읽기/쓰기	읽기/쓰기	
초기값	0	0	0	0	0	0	0	*	

- Bit 7-XMBK : 외부 메모리 버스 키퍼 인에이블 비트

  1로 하면 AD0~AD7 버스라인에 버스키퍼 기능이 인에이블 되어 이 버스에 마지막으로 출력한 값이 계속해서 출력된다. 이 버스키퍼 기능은 외부 메모리가 사용되지 않는 경우(MCUCR 레지스터의 7번째 비트 SRE=0의 경우)에도 XMBK가 1이면 버스키퍼 기능이 동작한다.

- Bit 2..0-XMM2, XMM1, XMM0 : 외부 메모리 High Mask

  이 비트들은 외부 메모리의 어드레스 상위 바이트 A8-A15 중에서 어드레스 버스 신호로 어느 비트까지 사용할지를 설정하며, 어드레스 버스 신호로 사용하지 않는 비트들은 I/O 포트의 기능을 갖게 된다. 이것은 외부에 작은 용량의 메모리를 사용하는 경우에 일부의 버스신호를 I/O 포트로 사용할 수 있다는 장점을 갖는다. [표 1-9]는 이들 비트값에 따라 어드레스 버스신호로 사용하는 비트와 I/O 포트로 사용할 수 있는 비트를 나타낸다.

[표 1-9] 외부 메모리 사용이 인에이블 되었을 때 I/O 포트로 사용할 수 있는 비트

XMM2	XMM1	XMM0	외부 메모리 어드레스로 사용하는 비트수 (어드레스 신호)	I/O 포트로 사용할 수 있는 비트
0	0	0	8 (A8-A15)	없음
0	0	1	7 (A8-A14)	PC7
0	1	0	6 (A8-A13)	PC6-PC7
0	1	1	5 (A8-A12)	PC5-PC7
1	0	0	4 (A8-A11)	PC4-PC7
1	0	1	3 (A8-A10)	PC3-PC7
1	1	0	2 (A8-A9)	PC2-PC7
1	1	1	0 (없음)	PC0-PC7

1.5 ATmega128 하드웨어 기본사항

이 절에서는 ATmega128을 이용하여 하드웨어를 구성할 때 기본적으로 알아두어야 할 사항에 대해 설명한다.

1.5.1 메모리 Lock 비트와 Fuse 비트

ATmega128에는 메모리의 내용을 보호하기 위한 1바이트의 메모리 Lock 비트를 가지며, 시스템 설정을 위한 3바이트의 퓨즈 비트(Fuse bit)를 갖는다.

(1) 메모리 Lock 비트

ATmega128에는 메모리의 내용을 보호하기 위해 [표 1-10]과 같이 6개의 메모리 Lock 비트를 가지며, 디폴트 값은 1(unprogrammed)로 되어 있다. 그리고, 칩 지우기(Chip erase) 명령에 의해 디폴트 값 1로 된다. 메모리 Lock 비트에 대한 기능은 [표 1-11]과 같다.

[표 1-10] 메모리 Lock 비트 바이트 값

비트 번호	Lock bit 명	기능	디폴트 값
7	-	-	1(unprogrammed)
6	-	-	1(unprogrammed)
5	BLB12	Boot Lock bit	1(unprogrammed)
4	BLB11	Boot Lock bit	1(unprogrammed)
3	BLB02	Boot Lock bit	1(unprogrammed)
2	BLB01	Boot Lock bit	1(unprogrammed)
1	LB2	Lock bit	1(unprogrammed)
0	LB1	Lock bit	1(unprogrammed)

[표 1-11] 메모리 Lock 비트에 대한 메모리 보호 기능

메모리 Lock 비트			기 능
LB Mode	LB2	LB1	플래시 및 EEPROM 메모리에 대한 Lock 설정
1	1	1	Lock 기능 설정 안함
2	1	0	메모리 및 퓨즈 비트에 대한 프로그램 금지
3	0	0	· 메모리에 대한 프로그램 및 확인(verify) 금지. · 퓨즈 비트에 대한 프로그램 금지.
BLB0 MODE	BLB02	BLB01	응용프로그램 섹션에 대한 액세스 보호 설정
1	1	1	응용프로그램 섹션을 액세스하기 위한 LPM(load program memory)과 SPM(store program memory) 명령에 대한 제약 없음
2	1	0	SPM명령에 의한 응용프로그램 섹션 쓰기 금지
3	0	0	· SPM명령에 의한 응용프로그램 섹션 쓰기 금지 · 부트로더 섹션에서의 LPM명령에 의한 응용프로그램 섹션 읽기 금지 · 만일 부트로더 섹션에 인터럽트 벡터가 위치하면 응용 프로그램이 실행되는 동안 모든 인터럽트 금지
4	0	1	· 부트로더 섹션에서의 LPM명령에 의한 응용프로그램 섹션 읽기 금지 · 만일 부트로더 섹션에 인터럽트 벡터가 위치하면 응용 프로그램 섹션이 실행되는 동안 모든 인터럽트 금지
BLB1 Mode	BLB12	BLB11	부트로더 섹션에 대한 액세스 보호 설정
1	1	1	부트로더 섹션을 액세스하기 위한 SPM과 LPM 명령에 대한 제약 없음
2	1	0	SPM명령에 의한 부트로더 섹션 쓰기 금지
3	0	0	· SPM명령에 의한 부트로더 섹션 쓰기 금지 · 응용프로그램 섹션에서의 LPM명령에 의한 부트로더 섹션 읽기 금지 · 만일 응용프로그램 섹션에 인터럽트 벡터가 위치하면 부트로더 섹션이 실행되는 동안 모든 인터럽트 금지
4	0	1	· 응용프로그램 섹션에서의 LPM명령에 의한 부트로더 섹션 읽기 금지 · 만일 응용프로그램 섹션에 인터럽트 벡터가 위치하면 부트로더 섹션이 실행되는 동안 모든 인터럽트 금지

(2) Fuse 비트

ATmega128은 3바이트의 퓨즈 비트를 가지며, 이 비트들은 프로그램하면 0(programmed)이 되며, 프로그램하지 않으면 1(unprogrammed)이 된다. 칩삭제 명령을 실행해도 퓨즈 비트는 영향을 받지 않으며, [표 1-11]에서 나타내듯이 LB1을 0으로 하면 변경할 수 없도록 설정이 가능하다.

퓨즈 비트의 첫 번째 바이트는 확장 퓨즈 바이트(Extended Fuse Byte)로서 [표 1-12]와 같이 ATmega103 호환모드와 워치독 타이머 설정을 위한 2개의 비트만 사용되며, 디폴트 상태에서 ATmega103 호환모드로 설정되어 있다.

[표 1-12] Extended Fuse 바이트

비트번호	비트명	기 능	디폴트값
7			
6			
5			
4			
3			
2			
1	M103C	ATmega103 호환모드	0(programmed)
0	WDTON	Watchdog Timer 동작	1(unprogrammed)

퓨즈 비트의 두 번째 바이트는 Fuse High 바이트이며, [표 1-13]과 같다. 디폴트 상태에서 JTAG와 SPI에 의한 직렬 프로그래밍이 가능한 상태이며, 부트로더 영역은 [표 1-14]에 나타낸 것과 같이 0xF000~0xFFFF로 4096워드 사이즈가 기본적으로 설정된다.

[표 1-13] Fuse High 바이트

비트번호	비트명	기 능	디폴트값
7	OCDEN	OCD 사용 가능	1(unprogrammed)
6	JTAGEN	JTAG 사용 가능	0(programmed)
5	SPIEN	SPI 직렬 프로그래밍 인에이블	0(programmed)
4	CKOPT	오실레이터 옵션	1(unprogrammed)
3	EESAVE	Chip Erase EEPROM 내용 보호	1(unprogrammed)
2	BOOTSZ1	부트로더 크기 선택	0(programmed)
1	BOOTSZ0		0(programmed)
0	BOOTRST	RESET 벡터 선택	1(unprogrammed)

[표 1-14] BOOTSZ1..0에 의한 부트로더 크기

BOOTSZ1	BOOTSZ0	부트로더 사이즈	응용프로그램 섹션	부트로더 섹션
0	0	4096워드	0x0000-0xEFFF	0xF000-0xFFFF
0	1	2048워드	0x0000-0xF7FF	0xF800-0xFFFF
1	0	1024워드	0x0000-0xFBFF	0xFC00-0xFFFF
1	1	512워드	0x0000-0xFDFF	0xFE00-0xFFFF

퓨즈 비트의 세 번째 바이트는 Fuse Low 바이트이며, [표 1-15]와 같이 주로 시스템 클럭의 선택과 스타트 업 시간에 대한 설정 비트로 구성된다. 클럭 소스는 디폴트로 내부 RC 발진기 1MHz가 설정되며, 브라운 아웃 검출기는 동작하지 않도록 설정된다.

[표 1-15] Fuse Low 바이트

비트번호	비트명	기 능	디폴트값
7	BODLEVEL	브라운 아웃 검출기 트리거 레벨	1(unprogrammed)
6	BODEN	브라운 아웃 검출기 인에이블	1(unprogrammed)
5	SUT1	스타트 업 시간 선택	1(unprogrammed)
4	SUT0		0(programmed)
3	CKSEL3	클록 소스 선택(1.5.2 시스템 클럭 참조)	0(programmed)
2	CKSEL2		0(programmed)
1	CKSEL1		0(programmed)
0	CKSEL0		1(unprogrammed)

(3) Signature 바이트

Atmel사의 모든 마이크로콘트롤러는 디바이스를 나타내는 3바이트의 코드를 가지고 있다. 이 코드는 Lock 설정에 관계없이 직렬 프로그램 모드나 병렬 프로그램 모드에서 읽을 수 있으며, 어드레스 공간 0x0000-0x0002에 저장된다.

ATmega128에 대한 이들 값은 다음과 같다.

0x0000 : 0x1E(Atmel을 의미)
0x0001 : 0x97(128KB 플래시 메모리 모델을 나타냄)
0x0002 : 0x02(ATmega128을 나타냄)

1.5.2 시스템 클럭

[그림 1-13]은 ATmega128의 클럭 시스템을 보여주며, 시스템 클럭은 5개의 소스원으로부터 선택되어 입력되어진다. 또한 ATmega128 내부에는 워치독 타이머를 위한 1MHz 발진기를 내장하고 있으며, 이것은 MCU가 리셋될 때 전원이 안정되기까지의 추가적인 지연시간을 주기 위해 사용되기도 한다.

[그림 1-13]에 보여진 시스템 클럭의 소스는 퓨즈비트 설정용의 3번째 바이트 (Fuse Low Byte)에 있는 4비트의 플래시 퓨즈 비트 CKSEL3..0에 의해 [표 1-16]과 같이 선택되어진다. 디폴트로는 가장 긴 스타트 업 시간을 갖는 1MHz의 내부 RC 발진기가 설정되어 있으며, 사용자는 ISP나 병렬 프로그래머를 이용하여 희망하는 클럭 소스원을 선택할 수 있다.

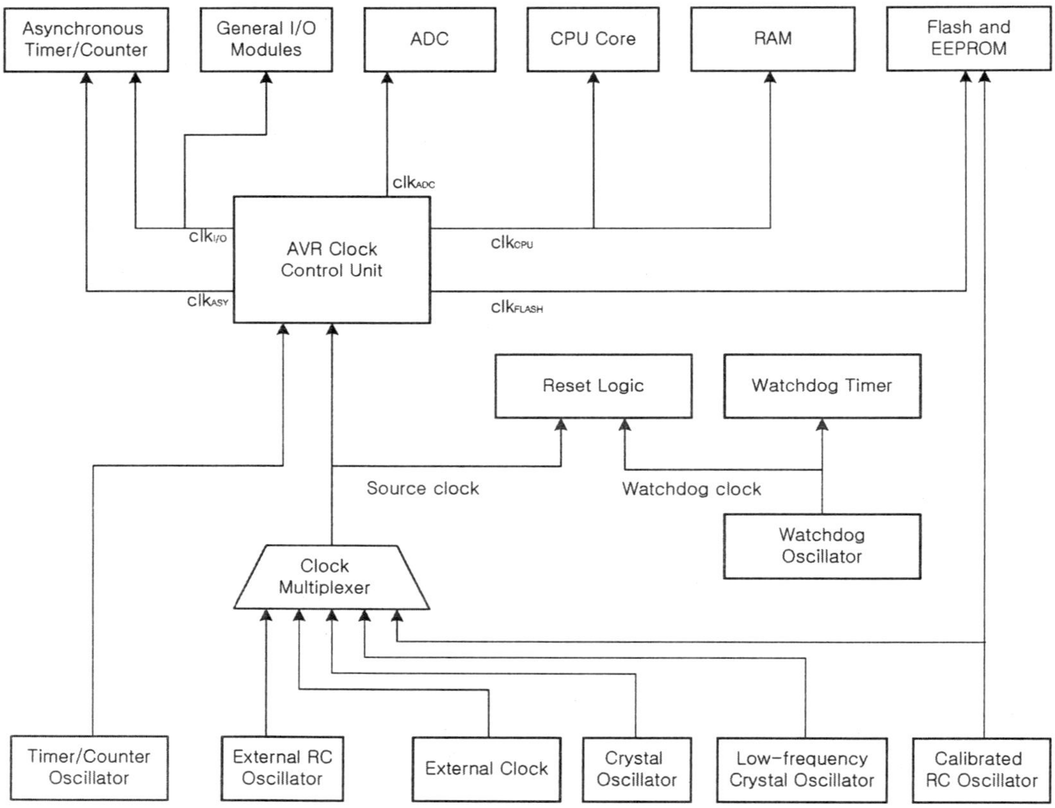

[그림 1-13] ATmega128 클럭 시스템

[표 1-16] 클럭 소스 선택

클럭 소스	CKSEL3..0
외부 크리스탈/세라믹 레조네이터	1111 - 1010
외부 저주파 크리스탈 발진기	1001
외부 RC 발진기	1000 - 0101
내부 RC 발진기	0100 - 0001
외부 클럭	0000

(1) 외부 크리스탈/세라믹 레조네이터 발진기

이것은 [그림 1-14]와 같이 외부에 크리스탈 또는 세라믹 레조네이터를 2개의 콘덴서와 함께 MCU의 XTAL1 단자와 XTAL2 단자에 연결하여 구성한다. 콘덴서 C1, C2는 [표 1-17]에서와 같이 12pF - 22pF의 콘덴서가 권장값으로 되어 있다.

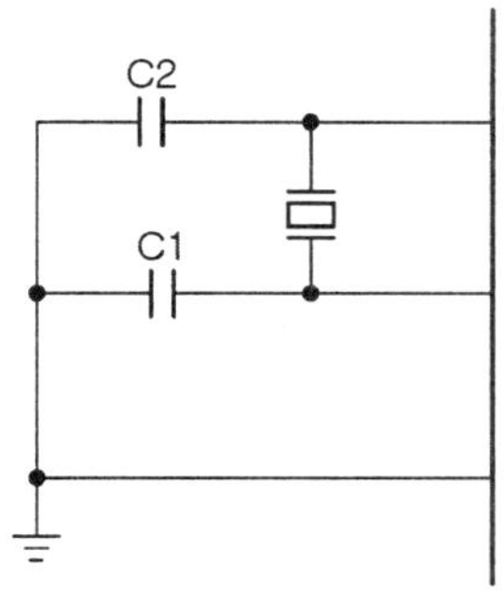

[그림 1-14] 외부 크리스탈/레조네이터 발진기

[표 1-17] 외부 크리스탈 발진기에서의 콘덴서 C1, C2 권장값

CKOPT	CKSLE3..1	주파수 범위(MHz)	콘덴서 C1, C2 권장값 (pF)
1	101	0.4 - 0.9	세라믹 레조네이터에서만 사용 (제조회사의 권장치 사용)
1	110	0.9 - 3.0	12 - 22
1	111	3.0 - 8.0	12 - 22
0	101,110,111	1.0 - 16.0	12 - 22

(2) 외부 저주파 크리스탈 발진기

이것은 32.768KHz의 낮은 주파수를 시스템 클럭으로 사용하는 경우로서 [표 1-16]에서와 같이 CKSEL3..0를 1001로 설정하며, 크리스탈은 외부 크리스탈과 마찬가지로 [그림

1-14]와 같이 연결한다. 그러나, CKOPT를 0으로 설정하는 경우에는 XTAL1과 XTAL2 단자에 내부 콘덴서(36pF)가 연결되므로 외부에 있는 콘덴서는 제거해야 한다.

(3) 외부 RC 발진기

외부 RC발진기는 정밀한 타이밍이 요구되지 않는 용도에 사용되며, [그림 1-15]와 같이 외부 저항 R과 콘덴서 C를 MCU의 XTAL1단자에 연결한다. 발진주파수는 대략 f = 1/(3RC)로 주어지며, C는 적어도 22pF 이상의 콘덴서를 사용해야 한다. CKOPT 퓨즈 비트를 0으로 하면 36pF의 내부 콘덴서가 XTAL1과 GND에 연결되므로 외부 콘덴서는 제거해야 한다. 발진기는 주파수 범위에 따라 [표 1-18]과 같이 네 개의 다른 모드로 사용된다.

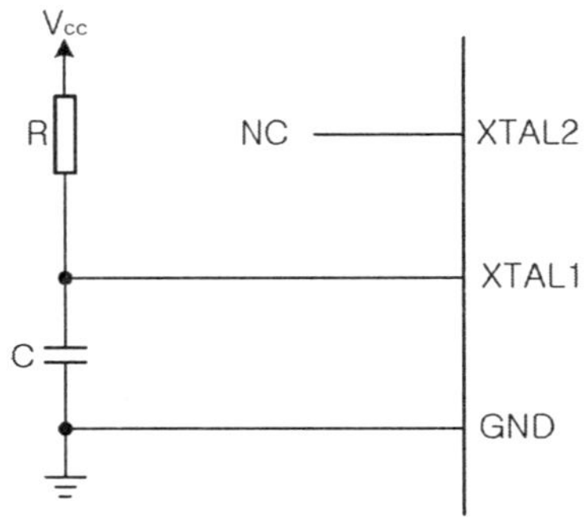

[그림 1-15] 외부 RC 발진기

[표 1-18] 외부 RC 발진기 동작모드

CKSLE3..0	클럭 주파수 (MHz)
0101	0.0~0.9
0110	0.9~3.0
0111	3.0~8.0
1000	8.0~12.0

(4) 내부 RC 발진기

내부 RC 발진기는 1.0, 2.0, 4.0, 8.0MHz 중에서 [표 1-19]에서와 같이 퓨즈 비트 CKSEL3..0의 값에 따라 하나의 클럭이 선택되어 공급된다. 이때 CKOPT 퓨즈 비트값은 반드시 1이어야 한다.

[표 1-19] 내부 RC 발진기 동작모드

CKSLE3..0	클럭 주파수 (MHz)
0001	1.0
0010	2.0
0011	4.0
0100	8.0

내부 RC 발진기에서 출력되는 클럭은 시스템 클럭으로도 사용할 수 있지만, 플래시 메모리와 EEPROM을 액세스하는 클럭으로도 사용된다. 그리고, 내부 RC 발진기에서 출력되는 클럭의 주파수는 8비트 OSCCAL 레지스터를 이용하여 조정할 수 있다.

■ **OSCCAL(Oscillator Calibration) Register : 발진기 조정 레지스터**

이 레지스터는 클럭 주파수를 조정하는데 사용되며, [표 1-19]에서 설정된 주파수의 50%에서 200%의 범위로 조정이 가능하다. 이 레지스터의 값이 0이면 가장 낮은 주파수로 발진하고, 값이 0xFF이면 가장 높은 주파수로 발진하게 된다. 확장 I/O 영역 내 0x6F에 지정되어 있다.

비트	7	6	5	4	3	2	1	0	
0x6F	CAL7	CAL6	CAL5	CAL4	CAL3	CAL2	CAL1	CAL0	OSCCAL
읽기/쓰기	읽기/쓰기	읽기/쓰기	읽기/쓰기	읽기/쓰기	읽기/쓰기	읽기/쓰기	읽기/쓰기	읽기/쓰기	

(5) 외부 클럭 발진기

이것은 [그림 1-16]과 같이 외부로부터 클럭이 XTAL1단자로 직접 공급되며, XTAL2 단자는 오픈 상태로 둔다.

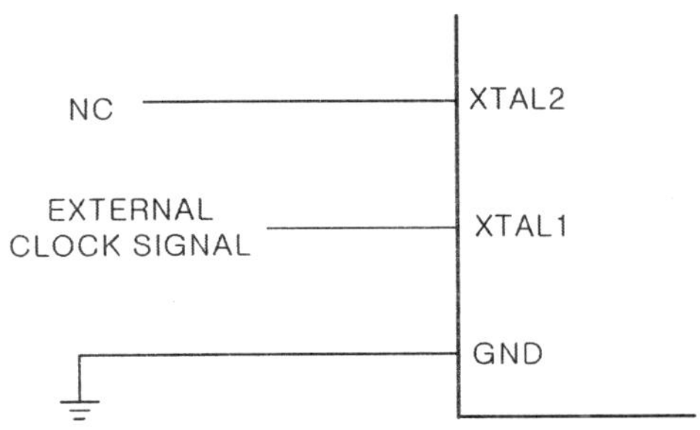

[그림 1-16] 외부 클럭 발진기

■ XDIV(XTAL Divide Control) Register : 발진기 분주 제어 레지스터

이 레지스터를 사용하면 소스 클럭을 2~129로 나누어 CPU와 모든 주변장치에 공급되는 클럭의 주파수를 낮출 수 있다.

비트	7	6	5	4	3	2	1	0	
0x3C(0x5C)	XDIVEN	XDIV6	XDIV5	XDIV4	XDIV3	XDIV2	XDIV1	XDIV0	XDIV
읽기/쓰기	읽기/쓰기	읽기/쓰기	읽기/쓰기	읽기/쓰기	읽기/쓰기	읽기/쓰기	읽기/쓰기	읽기/쓰기	

- Bit 7–XDIVEN : XDIV 인에이블 비트

  1로 하면 소스클럭의 분주가 허용되며, XDIV0~XDIV6의 값에 따라 분주비가 결정된다.

- Bit 6..0–XDIV6–XDIV0 : 분주비 설정비트

  이 비트들은 분주비를 설정하며, 이 값을 d라고 하면 CPU 및 주변장치에는 다음 식과 같이 분주되어 클럭이 공급된다.

  $$f_{clk} = \frac{System\ Clock}{129 - d}$$

1.5.3 리셋(RESET)

ATmega128은 다음과 같이 5개의 리셋 소스를 가지며, [그림 1-17]은 리셋 로직을 보여준다.

1) 파워온 리셋 : 전원이 공급될 때 MCU에 걸리는 리셋
2) 외부 리셋 : $\overline{\text{RESET}}$핀에 1.5us 이상의 Low 신호가 인가되었을 때 MCU에 걸리는 리셋
3) 워치독 리셋 : 워치독 타이머에 의해 MCU에 걸리는 리셋
4) 브라운 아웃 검출(Brown-out detection) 리셋 : 전원전압 Vcc가 지정된 최소시간 2us 이상동안 브라운 아웃 리셋 임계 전압(2.7V 또는 4V)보다 낮은 경우 발생
5) JTAG AVR 리셋 : JTAG 시스템에서 리셋 레지스터가 논리값 1인 동안 MCU에 걸리는 리셋

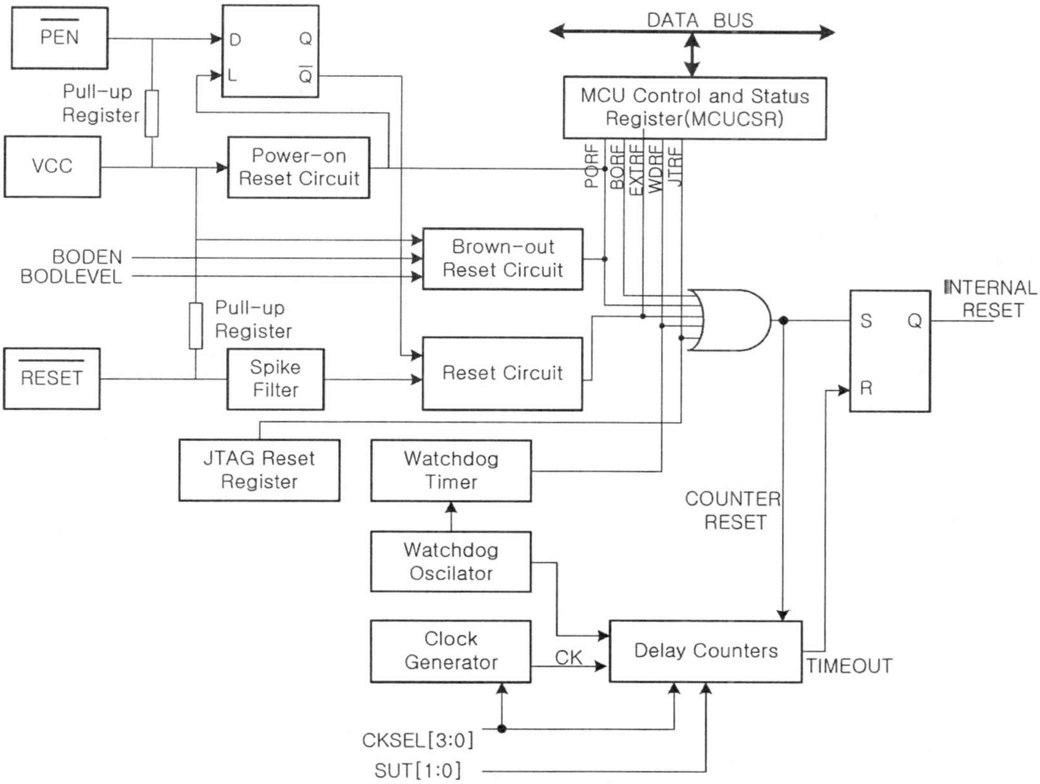

[그림 1-17] 리셋 로직

리셋이 어느 원인에 의해 발생되었는지는 MCUCSR 레지스터를 보면 확인할 수 있다

■ MCUCSR(MCU Control and Status Register) : MCU 제어 및 상태 레지스터

이 레지스터는 I/O 영역 0x34(0x54) 번지에 위치하며, 각 비트의 기능은 다음과 같다.

비트	7	6	5	4	3	2	1	0	
0x34(0x54)	JTD	-	-	JTRF	WDRF	BORF	EXTFF	PORF	MCUCSR
읽기/쓰기	읽기/쓰기	읽기	읽기	읽기/쓰기	읽기/쓰기	읽기/쓰기	읽기/쓰기	읽기/쓰기	
초기값	0	0	0						

- Bit 4 – JTRF : JTAG 리셋 플래그 비트

  JTAG 리셋이 발생했음을 나타낸다.

- Bit 3 – WDRF : 워치독 리셋 플래그 비트
  워치독 리셋이 발생했음을 나타낸다.

- Bit 2 – BORF : 브라운 리셋 플래그 비트
  브라운 리셋이 발생했음을 나타낸다.

- Bit 1 – EXTRF : 워치독 리셋 플래그 비트
  외부 리셋이 발생했음을 나타낸다.

- Bit 0–PORF : 파워온 리셋 플래그 비트
  파워온 리셋이 발생했음을 나타내며, 직접 0을 쓰는 경우에만 리셋된다.

리셋이 걸리는 동안 모든 I/O 레지스터는 초기값으로 설정되고, 프로그램은 0x0000 번지부터 실행된다. 0x0000 번지의 명령은 리셋 처리 루틴에 대한 RJMP 명령이어야 한다. 만일 프로그램이 인터럽트 소스를 전혀 인에이블 하지 않거나 인터럽트 벡터를 사용하지 않으면 프로그램 코드는 0x0000 번지에 위치할 수도 있다.

(1) 파워온 리셋(POR : Power On Reset)

파워온 리셋(POR)은 전원전압 Vcc가 POR 임계전압(V_{POT})보다 낮을 때 발생한다. 이것은 전원이 공급되기 시작하면 바로 MCU를 리셋시키며, 전원전압이 임계전압에 도달하여도 일정시간 동안 리셋이 유지된다. [그림 1-18]과 [그림 1-19]는 MCU 스타트 업의 파워온 리셋 동작을 보여준다.

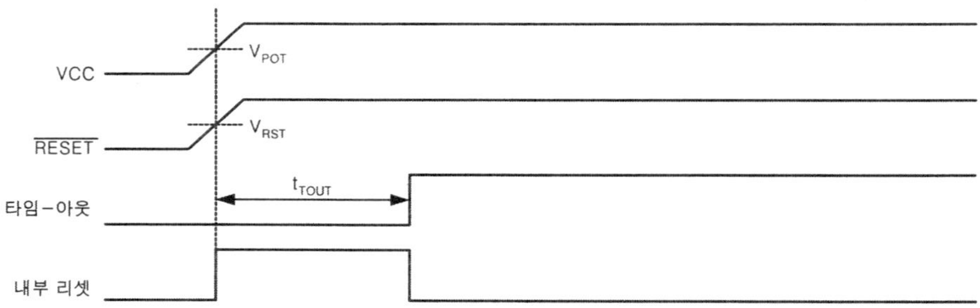

[그림 1-18] MCU 스타트 업, Vcc와 $\overline{\text{RESET}}$ 연결

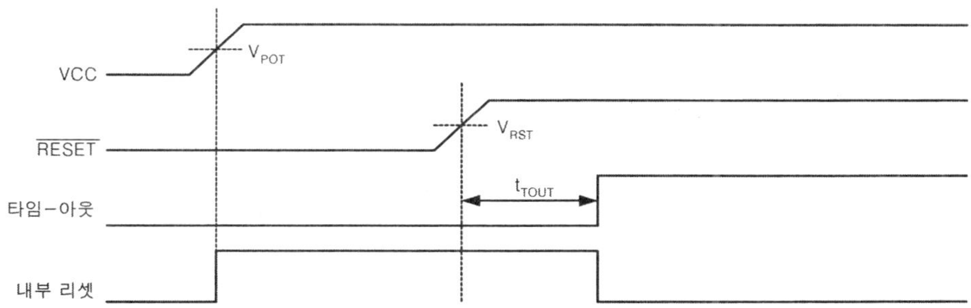

[그림 1-19] MCU 스타트 업, $\overline{\text{RESET}}$ 핀에 외부 리셋신호 연결

(2) 외부 리셋(External Reset)

외부 리셋은 $\overline{\text{RESET}}$ 핀에 1.5us 이상의 low 신호가 입력되면 발생하며, 짧은 리셋 펄스는 리셋 발생을 보증할 수 없다. 인가된 신호의 상승 에지에서 리셋 임계 전압 V_{RST}에 이르면 타임아웃 주기 t_{TOUT} 발생 후에 MCU가 동작을 시작한다 ([그림 1-20])

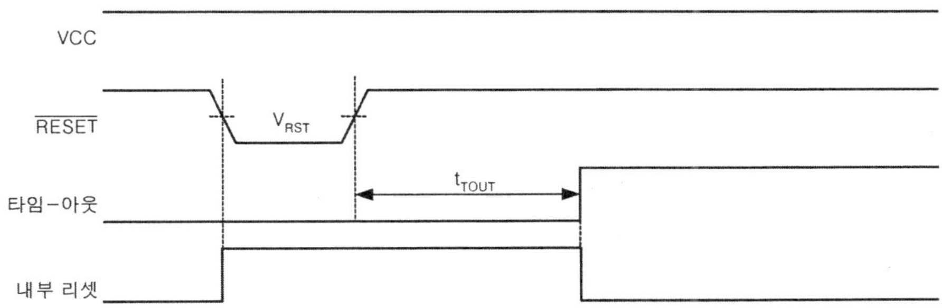

[그림 1-20] 외부 리셋 동작

(3) 워치독 리셋(Watchdog Reset)

워치독 타이머가 타임아웃이 될 때, [그림 1-21]과 같이 1 클럭 사이클 동안 리셋 펄스가 발생한다. 이 펄스의 상승 에지에서 지연 타이머가 타임아웃 주기 t_{TOUT} 동안 유지된다.

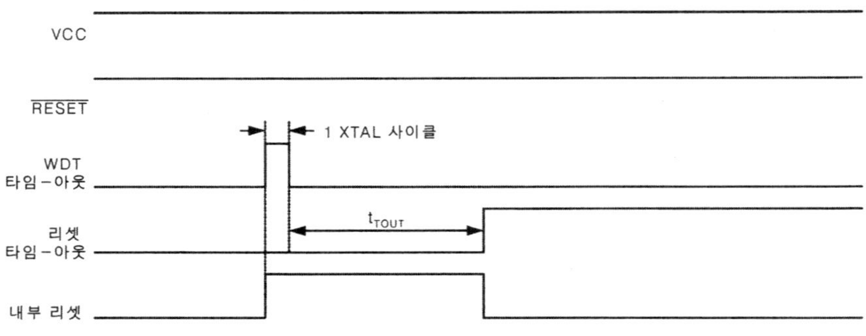

[그림 1-21] 워치독 리셋 동작

(4) 브라운 아웃 검출 리셋(Brown-out detection Reset)

브라운 아웃 검출 리셋은 [그림 1-22]와 같이 전원전압 Vcc가 브라운 리셋 임계전압 V_{BOT}보다 2us 이상 낮을 때 발생한다. V_{BOT}는 Fuse Low 바이트의 BODLEVEL 비트값에 따라 2.7V(unprogrammed) 또는 4.0V(programmed)로 지정된다. 그리고, BOD 기능은 Fuse Low 바이트의 BODEN 비트로 동작시키거나 금지한다.

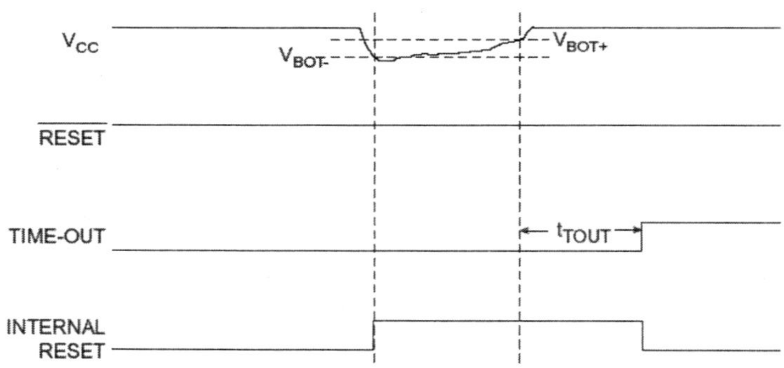

[그림 1-22] 브라운 아웃 리셋 동작

Chapter 02

I/O 포트

[그림 2-1]은 I/O 포트의 기능을 보여준다. 즉, 외부의 스위치 또는 센서의 상태를 입력 포트로 받아 사용자의 프로그램에 따라 출력 포트에 연결된 LED, 릴레이, 모터 등에 제어신호를 출력하여 구동하는 기능을 갖는다.

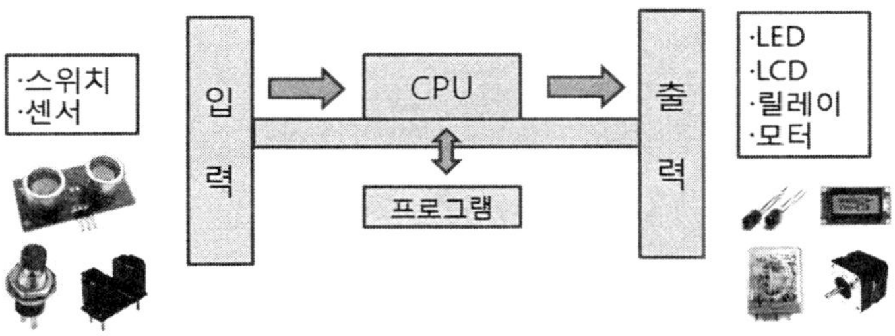

[그림 2-1] I/O 포트 기능

ATmega128에는 8비트 양방향 병렬 I/O포트 6개(A, B, C, D, E, F)와 5비트 양방향 병렬 I/O포트 1개(G)로 53개의 I/O 포트핀을 가지며, [그림 2-2]는 하나의 I/O핀에 대한 등가 구조를 보여준다. 각 I/O핀에는 보호용 다이오드와 20kΩ~100kΩ의 내부 풀업저항을 가지고 있으며, LED를 직접 구동할 수 있는 40mA 정도의 출력 능력을 갖는다.

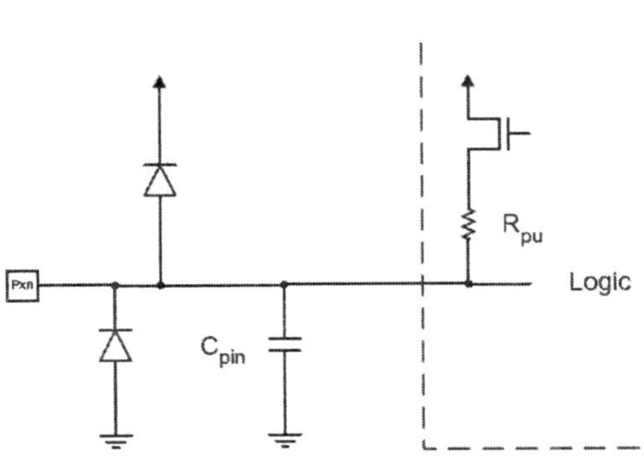

[그림 2-2] I/O 핀 등가 구조

[그림 2-3]은 기능적인 구조를 보여주며, 그림에서 핀이름은 Pxn으로 표시하였다. 여기서, x는 포트 A, B, C, D, E, F, G를 나타내며, n는 각 포트의 비트번호를 나타낸다. 각 포트에는 [표 2-1]과 같이 관련된 레지스터를 3개씩 가지고 있으며, 레지스터명은 PORTx, DDRx, PINx이다. 여기서, PORTx는 데이터 출력 레지스터, DDRx는 포트의 입출력 방향을 설정하는 레지스터, PINx는 포트 입력 레지스터이다. PORTx와 DDRx는 읽기와 쓰기가 모두 가능하지만 PINx는 읽기만 가능하다.

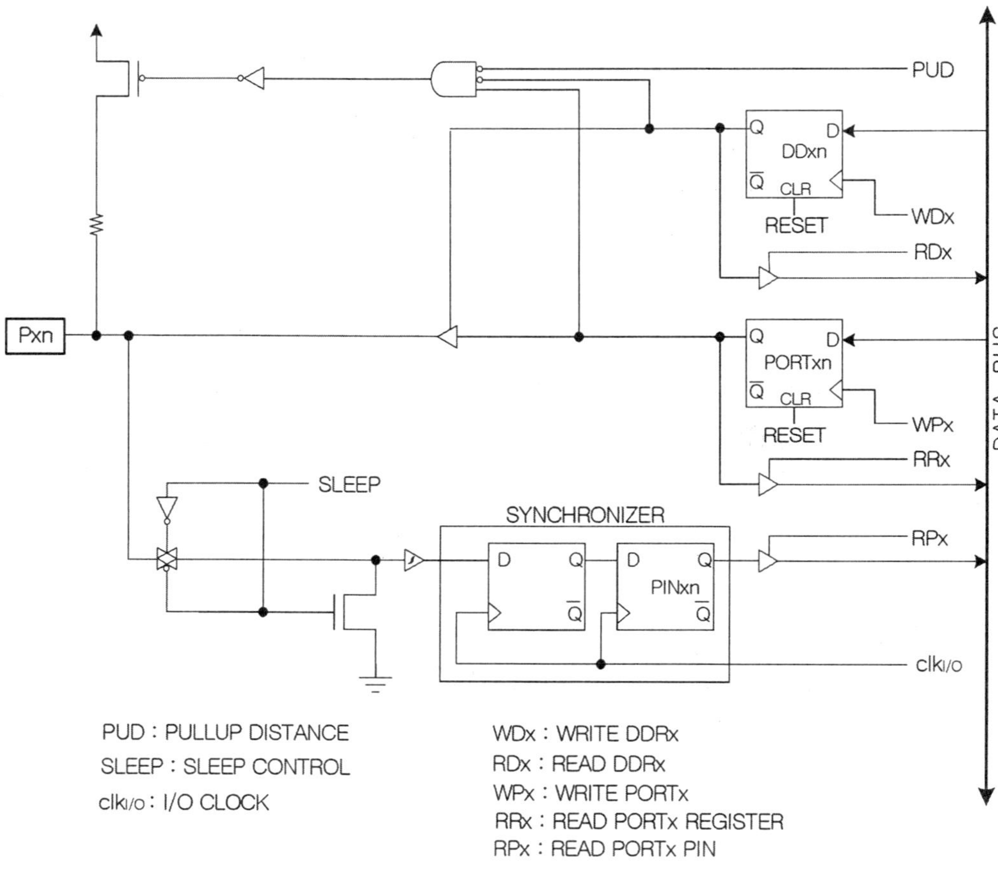

[그림 2-3] 범용 디지털 I/O 구조

[표 2-1] I/O 포트 레지스터(x=A, B, C, D, E, F. G)

레지스터명	기능	비 고
DDRx	입출력 방향 설정	비트 단위 설정(1 : 출력, 0 : 입력)
PORTx	출력	출력처리 : PORTx 쓰기 동작
PINx	입력	입력처리 : PINx 읽기 동작

2.1 I/O 포트 관련 레지스터

■ SFIOR (Special Function I/O Register) : 특수 기능 레지스터

이 레지스터는 모든 I/O포트의 풀업 저항에 대한 사용여부를 설정하며, 또한 타이머/카운터의 프리스케일러에 대한 리셋 기능을 가지고 있다.

비트	7	6	5	4	3	2	1	0	
0x20(0x40)	TSM	-	-	-	ACME	PUD	PSR0	PSR321	SFIOR
읽기/쓰기	읽기/쓰기	읽기	읽기	읽기	읽기/쓰기	읽기/쓰기	읽기/쓰기	읽기/쓰기	
초기값	0	0	0	0	0	0	0	*	

- Bit 2-PUD : Pull-up disable 설정 비트

  1로 하면 모든 I/O포트에 대한 풀업 저항 기능이 없어진다. 반면에 0으로 하면 풀업 저항의 기능이 생기지만, 추가적으로 DDRx 레지스터의 해당비트를 0(입력)으로 하고 PORTx레지스터의 해당비트를 1로 하여야 한다.

DDRx 레지스터의 각 비트값(DDxn)은 해당비트(핀)의 입출력 방향을 설정하며, 1이면 출력이고 0이면 입력으로 설정된다.

PORTxn이 입력핀으로 설정되고 SFIOR 레지스터의 PUD 비트가 0인 경우 이 핀에 1을 출력하면 풀업 저항이 활성화된다. 풀업 저항이 동작하지 않도록 하기 위해서는 PORTxn에 0을 출력하거나 또는 이 핀이 출력방향으로 설정되어 있어야 한다. [표 2-2]는 포트핀의 동작상태를 나타낸다.

[표 2-2] 포트핀의 동작상태

DDxn	PORTxn	PUD	입출력방향	풀업저항	비 고
0	0	x	입력	No	하이 임피던스
0	1	0	입력	Yes	내부풀업
0	1	1	입력	No	하이 임피던스
1	0	x	출력	No	Low출력(Sink)
1	1	x	출력	No	High출력(Source)

(DDxn : DDRx 레지스터의 각 비트값, PUD : SFIOR 레지스터 2번째 비트)

각 포트의 레지스터들을 열거하면 다음과 같다.

■ PORTA (Port A Data Register) : 포트 A 데이터 출력 레지스터

비트	7	6	5	4	3	2	1	0	
0x1B(0x3B)	PORTA7	PORTA6	PORTA5	PORTA4	PORTA3	PORTA2	PORTA1	PORTA0	PORTA
읽기/쓰기	읽기/쓰기	읽기/쓰기	읽기/쓰기	읽기/쓰기	읽기/쓰기	읽기/쓰기	읽기/쓰기	읽기/쓰기	
초기값	0	0	0	0	0	0	0	0	

■ DDRA (Port A Data Direction Register) : 포트 A 데이터 방향 설정 레지스터

비트	7	6	5	4	3	2	1	0	
0x1A(0x3A)	DDA7	DDA6	DDA5	DDA4	DDA3	DDA2	DDA1	DDA0	DDRA
읽기/쓰기	읽기/쓰기	읽기/쓰기	읽기/쓰기	읽기/쓰기	읽기/쓰기	읽기/쓰기	읽기/쓰기	읽기/쓰기	
초기값	0	0	0	0	0	0	0	0	

■ PINA (Port A Pin Input Register) : 포트 A 핀 입력 레지스터

비트	7	6	5	4	3	2	1	0	
0x19(0x39)	PINA7	PINA6	PINA5	PINA4	PINA3	PINA2	PINA1	PINA0	PINA
읽기/쓰기	읽기	읽기	읽기	읽기	읽기	읽기	읽기	읽기	
초기값	N/A	N/A	N/A	N/A	N/A	N/A	N/A	N/A	

■ PORTB (Port B Data Register) : 포트 B 데이터 출력 레지스터

비트	7	6	5	4	3	2	1	0	
0x18(0x38)	PORTB7	PORTB6	PORTB5	PORTB4	PORTB3	PORTB2	PORTB1	PORTB0	PORTB
읽기/쓰기	읽기/쓰기	읽기/쓰기	읽기/쓰기	읽기/쓰기	읽기/쓰기	읽기/쓰기	읽기/쓰기	읽기/쓰기	
초기값	0	0	0	0	0	0	0	0	

■ DDRB (Port B Data Direction Register) : 포트 B 데이터 방향 설정 레지스터

비트	7	6	5	4	3	2	1	0	
0x17(0x37)	DDB7	DDB6	DDB5	DDB4	DDB3	DDB2	DDB1	DDB0	DDRB
읽기/쓰기	읽기/쓰기	읽기/쓰기	읽기/쓰기	읽기/쓰기	읽기/쓰기	읽기/쓰기	읽기/쓰기	읽기/쓰기	
초기값	0	0	0	0	0	0	0	0	

■ PINB (Port B Pin Input Register) : 포트 B 핀 입력 레지스터

비트	7	6	5	4	3	2	1	0	
0x16(0x36)	PINB7	PINB6	PINB5	PINB4	PINB3	PINB2	PINB1	PINB0	PINB
읽기/쓰기	읽기	읽기	읽기	읽기	읽기	읽기	읽기	읽기	
초기값	N/A	N/A	N/A	N/A	N/A	N/A	N/A	N/A	

■ PORTC (Port C Data Register) : 포트 C 데이터 출력 레지스터

비트	7	6	5	4	3	2	1	0	
0x15(0x35)	PORTC7	PORTC6	PORTC5	PORTC4	PORTC3	PORTC2	PORTC1	PORTC0	PORTC
읽기/쓰기	읽기/쓰기	읽기/쓰기	읽기/쓰기	읽기/쓰기	읽기/쓰기	읽기/쓰기	읽기/쓰기	읽기/쓰기	
초기값	0	0	0	0	0	0	0	0	

■ DDRC (Port C Data Direction Register) : 포트 C 데이터 방향 설정 레지스터

비트	7	6	5	4	3	2	1	0	
0x14(0x34)	DDC7	DDC6	DDC5	DDC4	DDC3	DDC2	DDC1	DDC0	DDRC
읽기/쓰기	읽기/쓰기	읽기/쓰기	읽기/쓰기	읽기/쓰기	읽기/쓰기	읽기/쓰기	읽기/쓰기	읽기/쓰기	
초기값	0	0	0	0	0	0	0	0	

■ PINC (Port C Pin Input Register) : 포트 C 핀 입력 레지스터

비트	7	6	5	4	3	2	1	0	
0x13(0x33)	PINC7	PINC6	PINC5	PINC4	PINC3	PINC2	PINC1	PINC0	PINC
읽기/쓰기	읽기	읽기	읽기	읽기	읽기	읽기	읽기	읽기	
초기값	N/A	N/A	N/A	N/A	N/A	N/A	N/A	N/A	

■ PORTD (Port D Data Register) : 포트 D 데이터 출력 레지스터

비트	7	6	5	4	3	2	1	0	
0x12(0x32)	PORTD7	PORTD6	PORTD5	PORTD4	PORTD3	PORTD2	PORTD1	PORTD0	PORTD
읽기/쓰기	읽기/쓰기	읽기/쓰기	읽기/쓰기	읽기/쓰기	읽기/쓰기	읽기/쓰기	읽기/쓰기	읽기/쓰기	
초기값	0	0	0	0	0	0	0	0	

■ DDRD (Port D Data Direction Register) : 포트 D 데이터 방향 설정 레지스터

비트	7	6	5	4	3	2	1	0	
0x11(0x31)	DDD7	DDD6	DDD5	DDD4	DDD3	DDD2	DDD1	DDD0	DDRD
읽기/쓰기	읽기/쓰기	읽기/쓰기	읽기/쓰기	읽기/쓰기	읽기/쓰기	읽기/쓰기	읽기/쓰기	읽기/쓰기	
초기값	0	0	0	0	0	0	0	0	

■ PIND (Port D Pin Input Register) : 포트 D 핀 입력 레지스터

비트	7	6	5	4	3	2	1	0	
0x10(0x30)	PIND7	PIND6	PIND5	PIND4	PIND3	PIND2	PIND1	PIND0	**PIND**
읽기/쓰기	읽기	읽기	읽기	읽기	읽기	읽기	읽기	읽기	
초기값	N/A	N/A	N/A	N/A	N/A	N/A	N/A	N/A	

■ PORTE (Port E Data Register) : 포트 E 데이터 출력 레지스터

비트	7	6	5	4	3	2	1	0	
0x03(0x23)	PORTE7	PORTE6	PORTE5	PORTE4	PORTE3	PORTE2	PORTE1	PORTE0	**PORTE**
읽기/쓰기	읽기/쓰기	읽기/쓰기	읽기/쓰기	읽기/쓰기	읽기/쓰기	읽기/쓰기	읽기/쓰기	읽기/쓰기	
초기값	0	0	0	0	0	0	0	0	

■ DDRE (Port E Data Direction Register) : 포트 E 데이터 방향 설정 레지스터

비트	7	6	5	4	3	2	1	0	
0x02(0x22)	DDE7	DDE6	DDE5	DDE4	DDE3	DDE2	DDE1	DDE0	**DDRE**
읽기/쓰기	읽기/쓰기	읽기/쓰기	읽기/쓰기	읽기/쓰기	읽기/쓰기	읽기/쓰기	읽기/쓰기	읽기/쓰기	
초기값	0	0	0	0	0	0	0	0	

■ PINE (Port E Pin Input Register) : 포트 E 핀 입력 레지스터

비트	7	6	5	4	3	2	1	0	
0x01(0x21)	PINE7	PINE6	PINE5	PINE4	PINE3	PINE2	PINE1	PINE0	**PINE**
읽기/쓰기	읽기	읽기	읽기	읽기	읽기	읽기	읽기	읽기	
초기값	N/A	N/A	N/A	N/A	N/A	N/A	N/A	N/A	

■ PORTF (Port F Data Register) : 포트 F 데이터 출력 레지스터

비트	7	6	5	4	3	2	1	0	
0x62	PORTF7	PORTF6	PORTF5	PORTF4	PORTF3	PORTF2	PORTF1	PORTF0	**PORTF**
읽기/쓰기	읽기/쓰기	읽기/쓰기	읽기/쓰기	읽기/쓰기	읽기/쓰기	읽기/쓰기	읽기/쓰기	읽기/쓰기	
초기값	0	0	0	0	0	0	0	0	

■ DDRF (Port F Data Direction Register) : 포트 F 데이터 방향 설정 레지스터

비트	7	6	5	4	3	2	1	0	
0x61	DDF7	DDF6	DDF5	DDF4	DDF3	DDF2	DDF1	DDF0	**DDRF**
읽기/쓰기	읽기/쓰기	읽기/쓰기	읽기/쓰기	읽기/쓰기	읽기/쓰기	읽기/쓰기	읽기/쓰기	읽기/쓰기	
초기값	0	0	0	0	0	0	0	0	

■ PINF (Port F Pin Input Register) : 포트 F 핀 입력 레지스터

비트	7	6	5	4	3	2	1	0	
0x00(0x20)	PINF7	PINF6	PINF5	PINF4	PINF3	PINF2	PINF1	PINF0	**PINF**
읽기/쓰기	읽기	읽기	읽기	읽기	읽기	읽기	읽기	읽기	
초기값	N/A	N/A	N/A	N/A	N/A	N/A	N/A	N/A	

■ PORTG (Port G Data Register) : 포트 G 데이터 출력 레지스터

비트	7	6	5	4	3	2	1	0	
0x65	–	–	–	PORTG4	PORTG3	PORTG2	PORTG1	PORTG0	**PORTG**
읽기/쓰기	읽기	읽기	읽기	읽기/쓰기	읽기/쓰기	읽기/쓰기	읽기/쓰기	읽기/쓰기	
초기값	0	0	0	0	0	0	0	0	

■ DDRG (Port G Data Direction Register) : 포트 G 데이터 방향 설정 레지스터

비트	7	6	5	4	3	2	1	0	
0x64	–	–	–	DDG4	DDG3	DDG2	DDG1	DDG0	**DDRG**
읽기/쓰기	읽기	읽기	읽기	읽기/쓰기	읽기/쓰기	읽기/쓰기	읽기/쓰기	읽기/쓰기	
초기값	0	0	0	0	0	0	0	0	

■ PING (Port G Pin Input Register) : 포트 G 핀 입력 레지스터

비트	7	6	5	4	3	2	1	0	
0x63	–	–	–	PING4	PING3	PING2	PING1	PING0	**PING**
읽기/쓰기	읽기	읽기	읽기	읽기	읽기	읽기	읽기	읽기	
초기값	N/A	N/A	N/A	N/A	N/A	N/A	N/A	N/A	

2.2 I/O 포트의 다른 기능

(1) 포트 A

포트 A는 외부 메모리를 인터페이스할 때 시분할로 데이터 버스와 어드레스 하위 바이트로 동작하며, AD0~AD7로 표시된다.

[표 2-3] 포트 A 핀의 다른 기능

포트 핀	포트 C의 다른 기능
PA0	AD0 (외부 메모리 인터페이스 어드레스와 데이터 비트 0)
PA1	AD1 (외부 메모리 인터페이스 어드레스와 데이터 비트 1)
PA2	AD2 (외부 메모리 인터페이스 어드레스와 데이터 비트 2)
PA3	AD3 (외부 메모리 인터페이스 어드레스와 데이터 비트 3)
PA4	AD4 (외부 메모리 인터페이스 어드레스와 데이터 비트 4)
PA5	AD5 (외부 메모리 인터페이스 어드레스와 데이터 비트 5)
PA6	AD6 (외부 메모리 인터페이스 어드레스와 데이터 비트 6)
PA7	AD7 (외부 메모리 인터페이스 어드레스와 데이터 비트 7)

(2) 포트 B

포트 B는 [표 2-4]와 같이 타이머/카운터, SPI 직렬통신에 관련된 다른 기능을 갖는다.

[표 2-4] 포트 B 핀의 다른 기능

포트 핀	포트 B의 다른 기능
PB0	$\overline{SS}$ (SPI 슬레이브 선택 입력)
PB1	SCK (SPI 버스 직렬 클럭)
PB2	MOSI (SPI 버스 마스터 출력/슬레이브 입력)
PB3	MISO (SPI 버스 마스터 입력/슬레이브 출력)
PB4	OC0 (타이머/카운터0 출력비교 매치 및 PWM 출력)
PB5	OC1A (타이머/카운터1 출력비교 매치 및 PWM 출력 A)
PB6	OC1B (타이머/카운터1 출력비교 매치 및 PWM 출력 B)
PB7	OC2/OC1C (타이머/카운터2 출력비교 매치 및 PWM 출력 또는 타이머/카운터1 출력비교 매치 및 PWM 출력 C)

(3) 포트 C

포트 C는 외부 메모리를 인터페이스할 때 어드레스 상위 바이트로 동작하며, A8~A15로 표시된다.

[표 2-5] 포트 C 핀의 다른 기능

포트 핀	포트 C의 다른 기능
PC0	A8 (외부 메모리 인터페이스 어드레스 비트 8)
PC1	A9 (외부 메모리 인터페이스 어드레스 비트 9)
PC2	A10 (외부 메모리 인터페이스 어드레스 비트 10)
PC3	A11 (외부 메모리 인터페이스 어드레스 비트 11)
PC4	A12 (외부 메모리 인터페이스 어드레스 비트 12)
PC5	A13 (외부 메모리 인터페이스 어드레스 비트 13)
PC6	A14 (외부 메모리 인터페이스 어드레스 비트 14)
PC7	A15 (외부 메모리 인터페이스 어드레스 비트 15)

(4) 포트 D

포트 D는 [표 2-6]과 같이 시리얼 통신, 외부 인터럽트, 타이머/카운터, 외부 메모리에 관련된 다른 기능을 갖는다.

[표 2-6] 포트 D 핀의 다른 기능

포트 핀	포트 D의 다른 기능
PD0	INT0/SCL (외부 인터럽트 0 또는 TWI 시리얼 클럭)
PD1	INT1/SDA (외부 인터럽트 1 또는 TWI 시리얼 데이터)
PD2	INT2/RXD1 (외부 인터럽트 2 또는 USART 1 수신)
PD3	INT3/TXD1 (외부 인터럽트 3 또는 USART 1 송신)
PD4	IC1 (타이머/카운터1 입력 캡쳐 트리거 입력)
PD5	XCK1 (USART 1 외부 클럭 입/출력)
PD6	T1 (타이머/카운터 1 클럭 입력)
PD7	T2 (타이머/카운터 2 클럭 입력)

(5) 포트 E

포트 E는 [표 2-7]과 같이 타이머/카운터나 외부 인터럽트 또는 USART 0, 타이머/카운터, 외부 메모리에 관련된 다른 기능을 갖는다.

[표 2-7] 포트 E 핀의 다른 기능

포트 핀	포트 E의 다른 기능
PE0	PDI/RXD0 (프로그래밍 데이터 입력 또는 USART 0 수신)
PE1	PDO/TXD0 (프로그래밍 데이터 출력 또는 USART 0 송신)
PE2	AIN0/XCK0 (아날로그 +입력 0 또는 USART 0 외부 클럭 입출력)
PE3	AIN1/OC3A (아날로그 -입력 1 또는 타이머/카운터 3 출력비교 매치 및 PWM 출력 A)
PE4	INT4/OC3B (외부 인터럽트 4 또는 타이머/카운터 3 출력비교 매치 및 PWM 출력 B)
PE5	INT5/OC3C (외부 인터럽트 5 또는 타이머/카운터 3 출력비교 매치 및 PWM 출력 C)
PE6	INT6/T3 (외부 인터럽트 6 또는 타이머/카운터 3 외부 클럭 입력)
PE7	INT7/IC3 (외부 인터럽트 7 또는 타이머/카운터 3 입력 캡쳐 트리거 입력)

(6) 포트 F

포트 F는 [표 2-8]과 같이 A/D 컨버터나 JTAG 인터페이스에 관련된 다른 기능을 갖는다.

[표 2-8] 포트 F 핀의 다른 기능

포트 핀	포트 F의 다른 기능
PF0	ADC0 (ADC 입력 채널 0)
PF1	ADC1 (ADC 입력 채널 1)
PF2	ADC2 (ADC 입력 채널 2)
PF3	ADC3 (ADC 입력 채널 3)
PF4	ADC4/TCK (ADC 입력 채널 4 또는 JTAG 테스트 클럭)
PF5	ADC5/TMS (ADC 입력 채널 5 또는 JTAG 테스트 모드 선택)
PF6	ADC6/TDO (ADC 입력 채널 6 또는 JTAG 테스트 데이터 출력)
PF7	ADC7/TDI (ADC 입력 채널 7 또는 JTAG 테스트 데이터 입력)

(7) 포트 G

포트 G는 [표 2-9]와 같이 타이머/카운터나 외부 메모리에 관련된 다른 기능을 갖는다.

[표 2-9] 포트 G 핀의 다른 기능

포트 핀	포트 G의 다른 기능
PG0	$\overline{WR}$ (외부 데이터 메모리 쓰기 신호)
PG1	$\overline{RD}$ (외부 데이터 메모리 읽기 신호)
PG2	ALE (외부 메모리 어드레스 래치 신호)
PG3	TOSC2 (타이머/카운터 0의 Real Time Clock 발진기 출력)
PG4	TOSC1 (타이머/카운터 0의 Real Time Clock 발진기 입력)

2.3 *CodeVisionAVR* 에서 레지스터 정의

*CodeVisionAVR*에서는 ATmega128의 레지스터명과 그 어드레스를 <mega128.h>에 정의해서 헤더 파일로 제공하고 있으며, 이 헤더 파일에는 레지스터명 이외에 인터럽트 함수를 정의할 때 사용하는 인터럽트 소스명도 함께 정의되어 있다. [표 2-10]은 헤더파일을 보여주며, 사용자는 프로그램을 작성할 때 프로그램의 선두에 #include 와 함께 사용하면 된다. 이렇게 해서 사용자는 헤더파일에 정의된 레지스터명을 프로그램 내에서 재정의 할 필요 없이 사용할 수 있다.

[표 2-10] <mega128.h> 헤더 파일

```
// CodeVisionAVR C Compiler
// (C) 1998-2004 Pavel Haiduc, HP InfoTech S.R.L.

// I/O registers definitions for the ATmega128

#ifndef _MEGA128_INCLUDED_
#define _MEGA128_INCLUDED_

#pragma used+
sfrb PINF=0;
sfrb PINE=1;
sfrb DDRE=2;
sfrb PORTE=3;
sfrb ADCL=4;
sfrb ADCH=5;
sfrw ADCW=4;        // 16 bit access
sfrb ADCSRA=6;
sfrb ADMUX=7;
sfrb ACSR=8;
sfrb UBRR0L=9;
sfrb UCSR0B=0xa;
sfrb UCSR0A=0xb;
sfrb UDR0=0xc;
sfrb SPCR=0xd;
sfrb SPSR=0xe;
sfrb SPDR=0xf;
sfrb PIND=0x10;
sfrb DDRD=0x11;
sfrb PORTD=0x12;
sfrb PINC=0x13;
sfrb DDRC=0x14;
sfrb PORTC=0x15;
sfrb PINB=0x16;
sfrb DDRB=0x17;
sfrb PORTB=0x18;
```

```
sfrb PINA=0x19;
sfrb DDRA=0x1a;
sfrb PORTA=0x1b;
sfrb EECR=0x1c;
sfrb EEDR=0x1d;
sfrb EEARL=0x1e;
sfrb EEARH=0x1f;
sfrw EEAR=0x1e;   // 16 bit access
sfrb SFIOR=0x20;
sfrb WDTCR=0x21;
sfrb OCDR=0x22;
sfrb OCR2=0x23;
sfrb TCNT2=0x24;
sfrb TCCR2=0x25;
sfrb ICR1L=0x26;
sfrb ICR1H=0x27;
sfrw ICR1=0x26;   // 16 bit access
sfrb OCR1BL=0x28;
sfrb OCR1BH=0x29;
sfrw OCR1B=0x28;  // 16 bit access
sfrb OCR1AL=0x2a;
sfrb OCR1AH=0x2b;
sfrw OCR1A=0x2a;  // 16 bit access
sfrb TCNT1L=0x2c;
sfrb TCNT1H=0x2d;
sfrw TCNT1=0x2c;  // 16 bit access
sfrb TCCR1B=0x2e;
sfrb TCCR1A=0x2f;
sfrb ASSR=0x30;
sfrb OCR0=0x31;
sfrb TCNT0=0x32;
sfrb TCCR0=0x33;
sfrb MCUCSR=0x34;
sfrb MCUCR=0x35;
sfrb TIFR=0x36;
sfrb TIMSK=0x37;
sfrb EIFR=0x38;
sfrb EIMSK=0x39;
sfrb EICRB=0x3a;
sfrb RAMPZ=0x3b;
sfrb XDIV=0x3c;
sfrb SPL=0x3d;
sfrb SPH=0x3e;
sfrb SREG=0x3f;
#pragma used-
#define DDRF (*(unsigned char *) 0x61)
#define PORTF (*(unsigned char *) 0x62)
#define PING (*(unsigned char *) 0x63)
#define DDRG (*(unsigned char *) 0x64)
#define PORTG (*(unsigned char *) 0x65)
#define SPMCSR (*(unsigned char *) 0x68)
#define EICRA (*(unsigned char *) 0x6a)
```

```
#define XMCRB (*(unsigned char *) 0x6c)
#define XMCRA (*(unsigned char *) 0x6d)
#define OSCCAL (*(unsigned char *) 0x6f)
#define TWBR (*(unsigned char *) 0x70)
#define TWSR (*(unsigned char *) 0x71)
#define TWAR (*(unsigned char *) 0x72)
#define TWDR (*(unsigned char *) 0x73)
#define TWCR (*(unsigned char *) 0x74)
#define OCR1CL (*(unsigned char *) 0x78)
#define OCR1CH (*(unsigned char *) 0x79)
#define TCCR1C (*(unsigned char *) 0x7a)
#define ETIFR (*(unsigned char *) 0x7c)
#define ETIMSK (*(unsigned char *) 0x7d)
#define ICR3L (*(unsigned char *) 0x80)
#define ICR3H (*(unsigned char *) 0x81)
#define OCR3CL (*(unsigned char *) 0x82)
#define OCR3CH (*(unsigned char *) 0x83)
#define OCR3BL (*(unsigned char *) 0x84)
#define OCR3BH (*(unsigned char *) 0x85)
#define OCR3AL (*(unsigned char *) 0x86)
#define OCR3AH (*(unsigned char *) 0x87)
#define TCNT3L (*(unsigned char *) 0x88)
#define TCNT3H (*(unsigned char *) 0x89)
#define TCCR3B (*(unsigned char *) 0x8a)
#define TCCR3A (*(unsigned char *) 0x8b)
#define TCCR3C (*(unsigned char *) 0x8c)
#define UBRR0H (*(unsigned char *) 0x90)
#define UCSR0C (*(unsigned char *) 0x95)
#define UBRR1H (*(unsigned char *) 0x98)
#define UBRR1L (*(unsigned char *) 0x99)
#define UCSR1B (*(unsigned char *) 0x9a)
#define UCSR1A (*(unsigned char *) 0x9b)
#define UDR1 (*(unsigned char *) 0x9c)
#define UCSR1C (*(unsigned char *) 0x9d)
// Interrupt vectors definitions

#define EXT_INT0 2
#define EXT_INT1 3
#define EXT_INT2 4
#define EXT_INT3 5
#define EXT_INT4 6
#define EXT_INT5 7
#define EXT_INT6 8
#define EXT_INT7 9
#define TIM2_COMP 10
#define TIM2_OVF 11
#define TIM1_CAPT 12
#define TIM1_COMPA 13
#define TIM1_COMPB 14
#define TIM1_OVF 15
#define TIM0_COMP 16
#define TIM0_OVF 17
```

```
#define SPI_STC 18
#define USART0_RXC 19
#define USART0_DRE 20
#define USART0_TXC 21
#define ADC_INT 22
#define EE_RDY 23
#define ANA_COMP 24
#define TIM1_COMPC 25
#define TIM3_CAPT 26
#define TIM3_COMPA 27
#define TIM3_COMPB 28
#define TIM3_COMPC 29
#define TIM3_OVF 30
#define USART1_RXC 31
#define USART1_DRE 32
#define USART1_TXC 33
#define TWI 34
#define SPM_RDY 35

#endif
```

2.4 I/O 포트 실험

I/O 포트를 사용하기 위해서는 우선 방향 설정 레지스터(DDRx)를 이용하여 사용하는 포트에 대해 비트 단위로 입출력 방향을 설정해야 하며, 만일 입력으로 사용하는 포트에 대해서는 내부 풀업저항을 사용할 것인가를 SFIOR 레지스터를 이용하여 설정해 주어야 한다. 그리고, 포트에 값을 출력하는 경우에는 레지스터 PORTx를 이용하겨, 포트 상태를 입력하는 경우에는 레지스터 PINx를 이용한다. 일반적으로 프로그램 작성 시 제일 먼저 해야 하는 부분이 바로 I/O 포트에 대한 방향 설정이고, 그 다음이 출력포트에 연결된 장치들에 대한 초기값 출력이라고 할 수 있다. I/O 포트에 대한 사용법을 간단히 요약하면 다음과 같으며, 반드시 요약된 내용에 따라 프로그램을 작성해야 한다.

☞ **I/O 포트 사용법 요약**

① 사용하는 포트에 대한 비트 단위의 입출력 방향 설정(0 : 입력, 1 : 출력)
사용 레지스터 : DDRx (x : A, B, C, D, E, F, G)

- 내부 풀업저항을 사용하는 경우에는 추가적으로 사용 설정
사용 레지스터 : SFIOR, PORTx (x : A, B, C, D, E, F, G)

② 포트에 연결된 출력장치에 대한 초기상태 출력
사용 레지스터 : PORTx (x : A, B, C, D, E, F, G)

—————— **여기까지 I/O포트 초기화** ——————

(초기화 : MCU가 사용자의 의도대로 동작하도록 미리 기본적인 설정을 하는 것)

③ 사용자의 의도대로 MCU가 동작하도록 프로그램을 작성하면서 입출력에 따라 입력 레지스터 또는 출력 레지스터를 이용하여 외부 장치들을 제어한다.
- 포트에 값을 출력할 때 : PORTx(x : A, B, C, D, E, F, G) 이용
- 포트로부터 값을 입력할 때 : PINx(x : A, B, C, D, E, F, G) 이용

<KUT-128 보드 LED 출력회로>

포트 출력에 대한 실험을 할 수 있도록 [그림 2-4]와 같이 포트 C에 8개의 LED를 연결하였으며, 풀업저항에 연결된 전원연결을 ON/OFF 할 수 있도록 점퍼 JP1을 장착하였다.

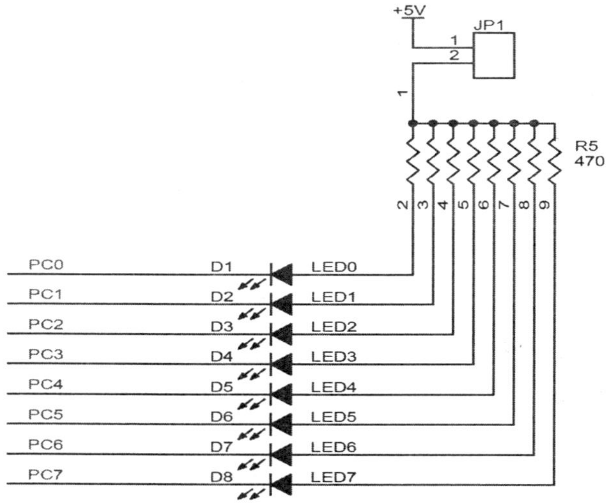

[그림 2-4] KUT-128 보드 LED 출력 회로

포트의 출력값에 따른 LED의 ON/OFF 상태는 [그림 2-5]와 같으며, 기본적으로 LED가 ON이 되어 발광하기 위해서는 애노드의 전압이 캐소드의 전압보다 높아야 한다. 포트에 0V(논리값 0)가 출력된 경우에는 LED의 캐소드(K)가 애노드(A)의 5V보다 낮은 전압이 되므로 LED는 ON이 된다. 그러나, 포트에 5V(논리값 1)가 출력된 경우에는 LED의 캐소드(K)와 애노드(A) 모두 5V이므로 LED는 OFF가 된다.

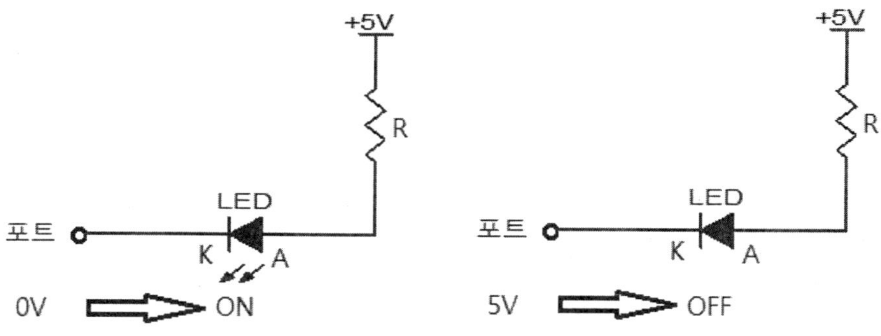

[그림 2-5] 포트 출력값에 따른 LED ON/OFF 동작

[예제 2-1] LED ON/OFF 하기

LED가 연결되어 있는 포트C에 0x55(0b01010101)를 출력하여 다음과 같이 LED가 ON/OFF 되도록 프로그램을 작성하라.

포트	PC7	PC6	PC5	PC4	PC3	PC2	PC1	PC0
연결 LED	LED7	LED6	LED5	LED4	LED3	LED2	LED1	LED0
출력값	0	1	0	1	0	1	0	1
LED 상태	☼	●	☼	●	☼	●	☼	●

(☼ : ON, ● : OFF)

[예제 2-1] LED ON/OFF 하기

```
// eex2-1.c
// LED ON/OFF하기
#include <mega128.h>

void main(void)
{
    DDRC = 0xFF;          // 포트C 출력 설정

    PORTC = 0x55;         // 포트 C 0x55(또는 0b01010101) 출력

    while(1);             // 대기
}
```

[예제 2-2] LED ON/OFF 점멸하기1

LED가 연결되어 있는 포트C에 0x55(0b01010101)와 0xAA(0b10101010)를 번갈아 출력하면서 점멸시키는 프로그램을 작성하라.(딜레이 함수 직접 작성)

[예제 2-2] LED ON/OFF 점멸하기1

```
// eex2-2.c
// LED ON/OFF 점멸하기

#include <mega128.h>

void  delay(unsigned int);                    // 사용자 정의 딜레이 함수

void main(void)
{
      DDRC = 0xFF;                            // 포트C 출력 설정

      while(1){                               // 무한 루프
            PORTC = 0x55;                     // 0x55 출력
            delay(5);                         // 대기

            PORTC = 0xAA;                     // 0xAA 출력
            delay(5);                         // 대기
      }
}

// 딜레이 함수
void delay(unsigned int wt)
{
      unsigned int  k, m;

      for(k = 0;k < wt;k++){
            for(m = 0;m < 60000;m++);
      }
}
```

[예제 2-3] LED ON/OFF 점멸하기2

LED가 연결되어 있는 포트C에 0x55(0b01010101)와 0xAA(0b10101010)를 번갈아 출력하면서 점멸시키는 프로그램을 작성하라.(라이브러리 함수 delay_ms() 사용)

[예제 2-3] LED ON/OFF 점멸하기2

```
// eex2-3.c
// LED 점멸하기(라이브러리 딜레이 함수 이용)

#include <mega128.h>
#include <delay.h>                  // delay_ms(), delay_us() 정의 헤더파일

void main(void)
{
    DDRC = 0xFF;                    // 포트C 출력 설정

    while(1){                       // 무한 루프
        PORTC = 0x55;               // 0x55 출력
        delay_ms(500);              // 500ms 대기
        PORTC = 0xAA;               // 0xAA 출력
        delay_ms(500);              // 500ms 대기
    }
}
```

[예제 2-4] LED ON/OFF 점멸하기3

LED가 연결되어 있는 포트C에 0x55(0b01010101)와 0xAA(0b10101010)를 번갈아 출력하면서 점멸시키는 프로그램을 작성하라.(변수와 반전 연산자 사용)

[예제 2-4] LED ON/OFF 점멸하기3

```
// eex2-4.c
// LED 점멸하기(변수와 반전 연산자 이용)

#include <mega128.h>
#include <delay.h>                  // delay_ms(), delay_us() 정의 헤더파일

void main(void)
{
    unsigned char led = 0x55;

    DDRC = 0xFF;                    // 포트C 출력 설정

    while(1){                       // 무한 루프
        PORTC = led;                // led 값 출력
        delay_ms(500);              // 500ms 대기
        led = ~led;                 // led 값 반전(또는 led = led ^ 0xFF);
    }
}
```

[예제 2-5] LED 쉬프트하면서 순차 점멸하기1

led = 0xFE(0b11111110)로 초기설정한 후 왼쪽으로 쉬프트하면서 led값을 포트C에 출력하는 프로그램을 작성하라. 단, 쉬프트 8회를 1주기로 하여 계속 반복하도록 한다.

[예제 2-5] LED 쉬프트하면서 순차 점멸하기1

```
// eex2-5.c
// LED 순차 점멸하기(쉬프트 연산자)
#include <mega128.h>
#include <delay.h>                    // delay_ms(지연값), delay_us(지연값) 정의 헤더 파일

void main(void)
{
    int  i;
    unsigned char  led;

    DDRC = 0xFF;                      // 포트C 출력 설정

    while(1){                         // 무한 루프
        led = 0xFE;                   // led 초기값

        for(i = 0;i < 8;i++){         // 8회 실행
            PORTC = led;              // led 값 출력
            delay_ms(500);            // 500ms 딜레이

            led = led << 1;           // 1비트 왼쪽 쉬프트
        }
    }
}
```

〈쉬프트 연산에 따른 led 값〉

i	led 값(포트C 출력값)	1비트 쉬프트 값(다음 출력값)
0	0b11111110	0b11111100
1	0b11111100	0b11111000
2	0b11111000	0b11110000
3	0b11110000	0b11100000
4	0b11100000	0b11000000
5	0b11000000	0b10000000
6	0b10000000	0b00000000
7	0b00000000	0b00000000

[예제 2-6] LED 쉬프트하면서 순차 점멸하기2

led = 0xFE(0b11111110)로 초기설정하고, 1비트씩 왼쪽으로 쉬프트 한 후 OR 연산을 통해 최하위 비트를 강제로 1로 하여 포트C에 출력하는 프로그램을 작성하라. 간, 쉬프트 8회를 1주기로 하여 계속 반복하도록 한다.

[예제 2-6] LED 쉬프트하면서 순차 점멸하기2

```
// eex2-6.c
// LED 순차 점멸하기(쉬프트 연산 + OR 연산자)
#include <mega128.h>
#include <delay.h>                          // 딜레이 함수 정의 헤더 파일

void main(void)
{
    int i;
    unsigned char  led;

    DDRC = 0xFF;                            // 포트C 출력 설정

    while(1){                               // 무한 루프
        led = 0xFE;                         // led 초기값

        for(i = 0;i < 8;i++){               // 8회 실행
            PORTC = led;                    // led 값 출력
            delay_ms(500);                  // 500ms 딜레이

            led = led << 1;                 // 1비트 왼쪽 쉬프트
            led = led | 0x01;               // 최하위 비트 셋
        }
    }
}
```

〈쉬프트 연산과 OR 연산에 따른 led 값〉

i	led 값(포트C 출력값)	1비트 쉬프트 값	0x01 OR연산(다음 출력값)
0	0b11111110	0b11111100	0b11111101
1	0b11111101	0b11111010	0b11111011
2	0b11111011	0b11110110	0b11110111
3	0b11110111	0b11101110	0b11101111
4	0b11101111	0b11011110	0b11011111
5	0b11011111	0b10111110	0b10111111
6	0b10111111	0b01111110	0b01111111
7	0b01111111	0b11111110	0b11111111

[예제 2-6] LED 순차 점멸하기3(배열 이용하기)

```
// eex2-6_1.c
// 배열 이용하여 순차 점멸하기

#include <mega128.h>
#include <delay.h>            // 딜레이 함수 정의 헤더 파일
                              // delay_ms(지연값), delay_us(지연값)

void main(void)
{
    int  i;
    unsigned char  led[8] = {0xFE, 0xFD, 0xFB, 0xF7, 0xEF, 0xDF, 0xBF, 0x7F};

    DDRC = 0xFF;                      // 포트C 출력 설정

    while(1){                         // 무한 루프
        for(i = 0;i < 8;i++){
            PORTC = led[i];           // i번째 led값 출력
            delay_ms(500);            // 500ms 딜레이
        }
    }
}
```

[예제 2-6] LED 순차 점멸하기4(배열 이용하기)

```
// eex2-6_2.c
// 배열 이용하여 순차 점멸하기(Flash 형 : 값 고정 이용)

#include <mega128.h>
#include <delay.h>            // 딜레이 함수 정의 헤더 파일
                              // delay_ms(지연값), delay_us(지연값)
flash unsigned char  led[8] = {0xFE, 0xFD, 0xFB, 0xF7, 0xEF, 0xDF, 0xBF, 0x7F};

void main(void)
{
    int  i;

    DDRC = 0xFF;                      // 포트C 출력 설정

    while(1){                         //  무한 루프
        for(i = 0;i < 8;i++){
            PORTC = led[i];           // I번째 led값 출력
            delay_ms(500);            // 500ms 딜레이
        }
    }
}
```

[예제 2-7] LED 순차 점멸 실험

LED0 -> LED1 ->... -> LED6 -> LED7 -> LED6 -> ...LED0 의 순서로 LED가 켜지는 동작을 반복하는 프로그램을 작성하라.

[예제 2-7] LED 순차 점멸 실험

```
// 파일명 : eex2-7.c
// LED 순차 점멸 실험

#include <mega128.h>
#include <delay.h>

void main(void)
{
    unsigned char led = 0xFE;

    DDRC = 0xFF;                    // 포트 C 출력 설정

    while(1){
        do{
            PORTC = led;            // 포트 C에 출력
            delay_ms(300);          // 시간 지연
            led = led << 1;         // led 변수의 좌 쉬프트
            led = led | 0x01;       // 쉬프트 후에 0비트에는 0이 입력되므로 1로 셋
        } while(led != 0x7F);       // MSB가 켜지면 루프 종료

        do{
            PORTC = led;            // 포트 C에 출력
            delay_ms(300);          // 시간 지연
            led = led >> 1;         // led 변수의 우 쉬프트
            led = led | 0x80;       // 쉬프트 후에 7비트에는 0이 입력되므로 1로 셋
        } while(led != 0xFE);       // LSB가 켜지면 루프 종료
    }
}
```

[예제 2-8] LED 하나만 점멸하기

포트C에 0x55를 출력하고, 포트C의 0비트(PORTC.0)에 연결되어 있는 LED0만 점멸시키는 프로그램을 작성하라.

[예제 2-8] LED 하나만 점멸하기

```
// eex2-8.c
// 바이트 단위 제어
// 포트C의 0비트째만 점멸

#include <mega128.h>
#include <delay.h>                // 딜레이 함수 정의 헤더 파일
                                  // delay_ms(지연값), delay_us(지연값)

void main(void)
{
    DDRC = 0xFF;                         // 포트C 출력 설정

    PORTC = 0x55;                        // 포트C 0x55 출력

    while(1){                            // 무한 루프
        PORTC = PORTC ^ 0x01;            // PORTC의 0비트만 반전(XOR 연산)
        delay_ms(500);                   // 500ms 딜레이
    }
}
```

[예제 2-8] LED 하나만 점멸하기

```
// eex2-8_1.c
// 비트 단위 제어
// 포트C의 0비트만 점멸

#include <mega128.h>
#include <delay.h>

void main(void)
{
    DDRC = 0xFF;                         // 포트C 출력 설정

    PORTC = 0x55;                        // 포트C 0x55 출력

    while(1){                            // 무한 루프
        PORTC.0 = 1;                     // PORTC의 0비트 OFF
        delay_ms(500);                   // 500ms 딜레이

        PORTC.0 = 0;                     // PORTC의 0비트 ON
        delay_ms(500);                   // 500ms 딜레이
    }
}
```

☞ 비트 단위 지정

비트 단위 조작은 64개의 I/O레지스터만 가능하며(데이터 메모리 멥 참조), 비트 지정은 [I/O 레지스터 어드레스.비트번호]의 형식으로 지정한다. 그러나, 컴파일러의 헤더파일(mega128.h)에는 레지스터의 어드레스가 레지스터명으로 모두 선언되어 있으므로 [I/O 레제스터명.비트번호]의 형식으로 비트를 지정하면 된다.

PORTC.0 <= 포트C 출력 레지스터 0비트
PINE.4 <= 포트E 입력 레지스터 4비트

[주의] 160개의 확장 I/O 레지스터들은 비트 지정이 안되는 점에 주의하여야 한다.

[예제 2-8] LED 하나만 점멸하기

```
// eex2-8_2.c
// 비트 단위 제어
// 포트C의 0비트만 점멸(비트 반전 연산자 이용)

#include <mega128.h>
#include <delay.h>

void main(void)
{
    DDRC = 0xFF;                    // 포트C 출력 설정

    PORTC = 0x55;                   // 포트C 0x55 출력

    while(1){
        PORTC.0 = !PORTC.0;         // PORTC의 0비트 반전
        delay_ms(500);              // 500ms 딜레이
    }
}
```

[예제 2-8] LED 하나만 점멸하기

```
// eex2-8_3.c
// 비트 단위 제어
// LED0, ON, OFF 심볼 정의(define문 이용)

#include <mega128.h>
#include <delay.h>

#define  LED0    PORTC.0
#define  ON      0
#define  OFF     1

void main(void)
{
    DDRC = 0xFF;                    // 포트C 출력 설정

    PORTC = 0x55;                   // 포트C 0x55 출력

    while(1){
        LED0 = OFF                  // LED0 OFF
        delay_ms(500);              // 500ms 딜레이

        LED0 = ON                   // LED0 ON
        delay_ms(500);              // 500ms 딜레이
    }
}
```

[예제 2-8] LED 하나만 점멸하기

```
// eex2-8_4.c
// 비트 단위 제어
// LED0 정의(비트반전 이용)

#include <mega128.h>
#include <delay.h>

#define  LED0    PORTC.0

void main(void)
{
    DDRC = 0xFF;                    // 포트C 출력 설정

    PORTC = 0x55;                   // 포트C 0x55 출력

    while(1){
        LED0 = !LED0;               // LED0 반전 출력
        delay_ms(500);              // 500ms 딜레이
    }
}
```

<스위치 입력회로 및 스위치 ON/OFF 동작에 따른 포트 값>

KUT-128 보드에는 4개의 스위치가 [그림 2-5]와 같이 풀업저항과 콘덴서로 연결되어 있다. 콘덴서는 채터링(전자 회로 내의 스위치나 계전기의 접점이 붙거나 떨어질 때 기계적인 진동에 의해 매우 짧은 시간 안에 접점이 붙었다가 떨어지는 현상)을 방지하는 기능을 갖는다.

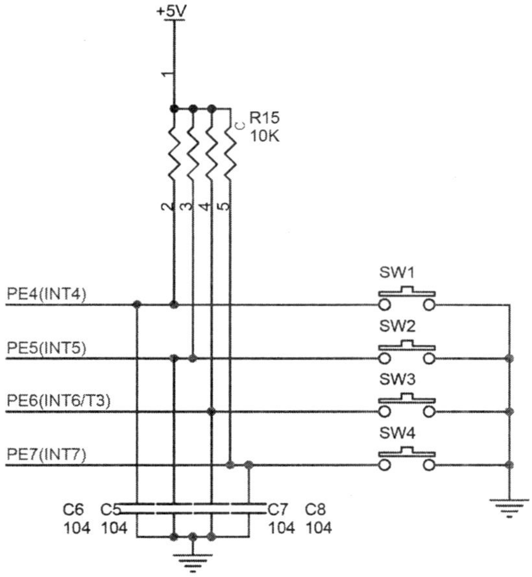

[그림 2-5] KUT-128 보드 스위치 입력회로

스위치의 ON/OFF에 따른 포트의 입력값은 [그림 2-6]과 같다. 스위치가 OFF인 경우에는 풀업저항의 5V가 콘덴서에 충전된 상태로 포트에 입력되어 5V(논리값 1)가 되며, 스위치가 ON인 경우에는 스위치 양쪽의 전압이 같아지면서 0V(논리값 0)의 값이 포트에 입력된다. 따라서, 포트에 연결된 스위치의 ON/OFF 상태는 포트를 관리하는 레지스터를 읽어 0인지 아니면 1인지를 체크하여 판단할 수 있다. 즉, 포트의 스위치에 연결된 해당 비트값이 0이면 스위치는 ON 상태이고, 1이면 스위치는 OFF 상태를 나타내게 된다.

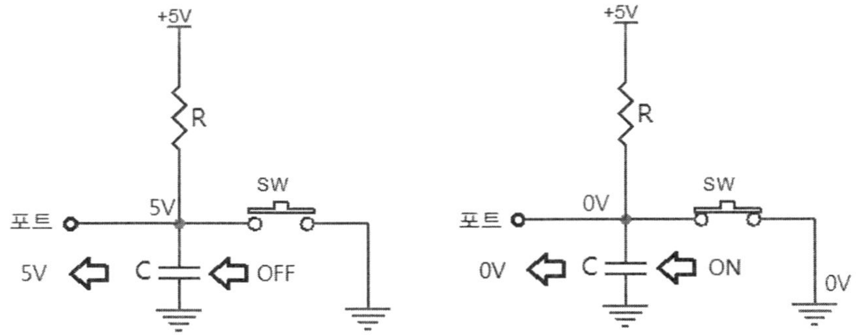

[그림 2-6] 스위치 ON/OFF 동작에 따른 포트 값

[예제 2-9] 스위치 상태 읽기

PE4에 연결되어 있는 SW1이 ON이면(0이 되면) 포트C에 연결되어 있는 LED를 모두 ON시키고, SW1이 OFF이면 포트C에 연결되어 있는 LED를 모두 OFF시키는 프로그램을 작성하라.

☞ <힌트>

* 초기설정

포트E -> 입력설정(SW)

포트C -> 출력설정(LED)

* 반복부분

- 포트E 읽기(PINE 이용)
- PE4 비트 조사 1(SW OFF)이면 LED 모두 OFF

  0(SW ON)이면 LED 모두 ON

[예제 2-9] 스위치 상태 읽기

```
// eex2-9.c
// 바이트 단위 입력처리

#include <mega128.h>

void main(void)
{
    unsigned char   sw;

    DDRC = 0xFF;                         // 포트C 출력 설정
    DDRE = 0x0;                          // 포트E 입력 설정

    PORTC = 0xFF;                        // LED 모두 off
    while(1){
        sw = PINE & 0b00010000;          // PE4비트 추출

        if(sw != 0) PORTC = 0xFF;        // SW1 OFF -> LED 모드 OFF
        else PORTC = 0x0;                // SW1 ON -> LED 모두 ON
    }
}
```

[예제 2-9] 스위치 상태 읽기

```
// eex2-9_1.c
// 비트 단위 입력처리

#include <mega128.h>

void main(void)
{
    DDRC = 0xFF;                         // 포트C 출력 설정
    DDRE = 0x0;                          // 포트E 입력 설정

    PORTC = 0xFF;                        // LED 모두 off

    while(1){
        if(PINE.4 == 1) PORTC = 0xFF;    // SW1 OFF -> LED 모두 OFF
        else PORTC = 0x0;                // SW1 ON -> LED 모두 ON
    }
}
```

[예제 2-9] 스위치 상태 읽기

```
// eex2-9_2.c
// 비트 단위 입력처리

#include <mega128.h>

#define  SW1   PINE.4
#define  ON    0

void main(void)
{
    DDRC = 0xFF;                          // 포트C 출력 설정
    DDRE = 0x0;                           // 포트E 입력 설정

    PORTC = 0xFF;                         // LED 모두 off

    while(1){
        if(SW1 != ON) PORTC = 0xFF;       // SW1 OFF -> LED 모두 OFF
        else PORTC = 0x0;                 // SW1 ON -> LED 모두 ON
    }
}
```

[예제 2-10] 스위치 4개의 상태 읽기

PE4~PE7에 연결되어 있는 4개의 스위치 SW1, SW2, SW3, SW4의 상태를 그대로 포트 C의 하위에 연결된 4개의 LED에 출력하고, 포트 C의 상위에 연결된 4개의 LED에는 반전시켜 출력하는 프로그램을 작성하라.

[예제 2-10] 스위치 4개의 상태 읽기

```
// ex2-10.c
// 포트 E에 연결된 4개 스위치 상태를 포트 C의 하위(그대로)와 상위(반전)에 출력

#include <mega128.h>

void main(void)
{
    unsigned char key, Lout, Mout;

    DDRC = 0xFF;                            // 포트 C 출력 설정
    DDRE = 0x0;                             // 포트E 입력 설정

    PORTC = 0xFF;                           // LED 모두 Off

    while(1){
        key = PINE & 0xF0;                  // 스위치(포트 E 상위) 읽어오기
        Mout = key ^ 0xF0;                  // 상위 출력값
        Lout = (key >> 4);                  // 하위 출력값
        PORTC = Mout | Lout;                // 포트 C에 출력
    }
}
```

☞ **동작 설명**

key = PINE & 0xF0 => SW4 SW3 SW2 SW1 0 0 0 0

Mout = key ^ 0xF0 => 상위값 반전처리(XOR 연산)

=> /SW4 /SW3 /SW2 /SW1 0 0 0 0

Lout = key >> 4 => 0 0 0 0 SW4 SW3 SW2 SW1

PORTC = Mout | Lout

=> /SW4 /SW3 /SW2 /SW1 SW4 SW3 SW2 SW1

[예제 2-11] 스위치 상태에 따라 다르게 출력하기

4개의 스위치 입력에 대해 다음과 같은 동작을 하는 프로그램을 작성하라.

[표 2-11] 스위치 입력에 대한 LED 출력

SW4	SW3	SW2	SW1	LED
OFF	OFF	OFF	ON	All ON
OFF	OFF	ON	OFF	All OFF
OFF	ON	OFF	OFF	짝수 LED ON
ON	OFF	OFF	OFF	홀수 LED ON

[예제 2-11] 스위치 상태에 따라 다르게 출력하기

```
// eex2-11.c
// 스위치에 따라 LED가 다르게 켜기

#include <mega128.h>

void main(void)
{
    unsigned char key;

    DDRC = 0xFF;                          // 포트 C 출력 설정
    DDRE = 0x0;                           // 포트 E 입력 설정

    PORTC = 0xFF;                         // LED 모두 OFF

    while(1){
        key = PINE & 0xF0;                // 포트 E 읽어오기

        switch(key){
            case 0b11100000 :             // SW1이 눌리면 LED 모두 ON
                PORTC = 0x00;
                break;
            case 0b11010000 :             // SW2가 눌리면 LED 모두 OFF
                PORTC = 0xFF;
                break;
            case 0b10110000 :             // SW3이 눌리면 짝수번째 LED ON
                PORTC = 0b01010101;
                break;
            case 0b01110000 :             // SW4가 눌리면 홀수번째 LED ON
                PORTC = 0b10101010;
                break;
            default:
                break;
        }
    }
}
```

[예제 2-12] 스위치가 OFF에서 ON으로 될 때마다 LED 순차 점멸하기

PE4에 연결되어 있는 SW1이 OFF에서 ON으로 될 때마다 포트C에 연결되어 있는 8개의 LED를 순차 점멸하는 프로그램을 작성하라.

〈☞ 힌트〉

짧은 시간차를 두고 스위치의 상태를 읽어 두 상태의 값으로부터 스위치의 상태를 [그림 2-7]과 [표 2-12]와 같이 파악한다. 시간차를 두고 연속해서 2회 읽어도 되지만, 실제 프로그램을 작성할 때는 현재 상태를 이전 상태로 하고 새로 읽은 상태를 현재 상태로 하여 한 번씩만 읽는 방법을 사용한다. 따라서, 맨 처음에만 연속해서 두 번 스위치의 상태를 읽고 그 다음부터는 1회씩 읽으면서 스위치의 상태를 파악하게 된다.

[표 2-12] 스위치 상태 분류

스위치 상태	앞 상태	뒤 상태	비 고
OFF	OFF	OFF	
OFF -> ON	OFF	ON	Fall ng Edge
ON	ON	ON	
ON -> OFF	ON	OFF	Ris ng Edge

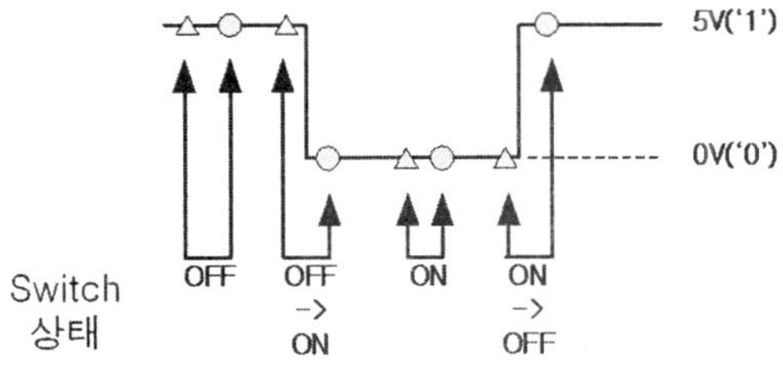

[그림 2-7] 스위치의 상태 파악하기

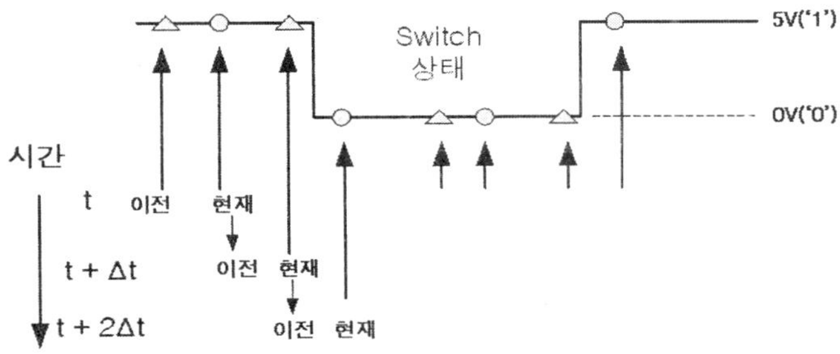

[그림 2-8] 스위치의 상태 파악하기2

[예제 2-12] 스위치 상태 OFF에서 ON으로 바뀌는 순간 파악하기

```
// eex2-12.c
// SW1이 OFF -> ON 되는 순간 LED 순차점멸

#include <mega128.h>

void main(void)
{
    unsigned char  o_sw, n_sw;
    unsigned char  led = 0xFE;

    DDRC = 0xFF;                              // 포트C 출력 설정
    DDRE = 0x0;                               // 포트E 입력 설정

    PORTC = led;                              // 포트C 초기값 출력

    o_sw = PINE & 0b00010000;                 // SW1 상태값 추출

    while(1){
        n_sw = PINE  & 0b00010000;            // SW1 상태값 추출
        if(o_sw != 0 && n_sw == 0){           // OFF -> ON 되는 순간 체크
            led = (led << 1) | 0x01;          // 1비트 쉬프트, 0비트 1로 채움
            if(led == 0xFF) led = 0xFE;       // LED 모두 off상태이면 초기값 재설정

            PORTC = led;
        }
        o_sw = n_sw;                          // 이전상태 <- 현재상태
    }
}
```

[예제 2-12] 스위치 상태 OFF에서 ON으로 바뀌는 순간 파악하기

```
// eex2-12_1.c
// SW1이 OFF -> ON 되는 순간 LED 순차점멸(배열 이용)

#include <mega128.h>

flash unsigned char led[8] = {0xFE, 0xFD, 0xFB, 0xF7, 0xEF, 0xDF, 0xBF, 0x7F};

void main(void)
{
    unsigned char  o_sw, n_sw;
    unsigned char  st = 0;                  // LED 출력 상태(0번째)

    DDRC = 0xFF;                            // 포트C 출력 설정
    DDRE = 0x0;                             // 포트E 입력 설정

    PORTC = led[st];                        // 포트C 초기상태 출력

    o_sw = PINE & 0b00010000;               // SW1 상태값 추출
    while(1){
        n_sw = PINE  & 0b00010000;          // SW1 상태값 추출
        if(o_sw != 0 && n_sw == 0){         // OFF -> ON 되는 순간 체크
            st = (st + 1) % 8;              // st 다음 상태로 갱신(7 다음 0)
            PORTC = led[st];
        }
        o_sw = n_sw;                        // 이전상태 <- 현재상태
    }
}
```

☞ st = (st + 1) % 8;

st값	(st + 1) 값	st 새로운 값 = (st + 1) % 8
0	1	1
1	2	2
2	3	3
3	4	4
4	5	5
5	6	6
6	7	7
7	8	0

<대체 구문> 아래의 2개의 문장으로 써줄 수 있다.

```
st = st + 1;
if(st == 8) st = 0;
```

<7-Segment 구동회로>

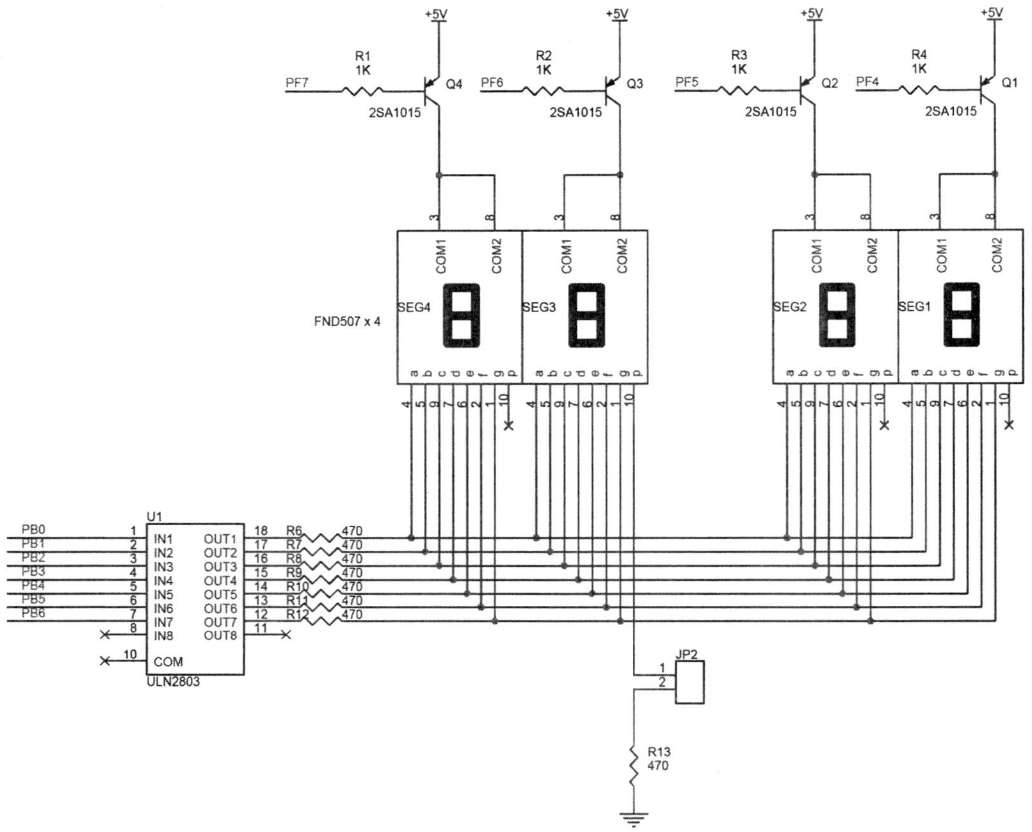

[그림 2-9] 7-Segment 구동회로

디지털시계의 제작 또는 A/D 변환기의 변환값 등을 표시할 수 있도록 Common Anode 형의 7-Segment를 4개 장착하였다. 각 Segment의 LED는 ULN2803을 거쳐 포트 B에 연결되어 있으며, 각 Segment의 ON/OFF는 4개의 트랜지스터 2SA1015를 이용하여 동적 구동법에 의해 구동하도록 설계하였다.

- 각 Segment의 LED를 ON시키기 위해서는 포트 B의 해당비트에 1 출력
- Segment를 ON시키기 위해서는 PF4~PF7에 0을 출력시켜 트랜지스터 ON
- 점퍼 JP2는 좌측 2번째 Segment의 decimal point LED의 표시 ON/OFF 제어

[예제 2-13] 7-Segment 구동연습 1

맨 우측 7-Segment의 7개 LED a,b,c,d,e,f,g를 순차적으로 점멸시키는 프로그램을 작성하라. 회로도로부터 7-Segment의 LED를 ON시킬 때는 ULN2803에 1을 출력하고, 트랜지스터에 0를 출력하여 트랜지스터를 ON시키면 7-Segment가 동작하게 된다.

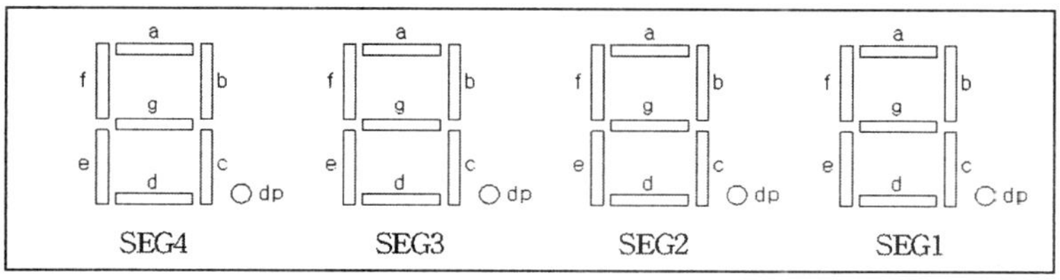

[표 2-13] LED 연결포트

7-Seg	a	b	c	d	e	f	g
연결 포트	PB0	PB1	PB2	PB3	PB4	PB5	PB6
1의 값을 출력하면 세그먼트의 LED가 ON 된다.(ULN2803을 통해 제어)							

[표 2-14] 7-Segment COM 단자 연결포트

SEG COM(+) 단자	SEG4	SEG3	SEG2	SEG1
연결 포트	PF7	PF6	PF5	PF4
0을 출력하면 세그먼트의 COM(+) 단자에 전원이 연결된다.(2SA1015를 통해 제어)				

[예제 2-13] 7-Segment의 LED 순차 구동 1

```
// eex4-13.c
// 7-Segment의 각 LED 순차 구동
#include <mega128.h>
#include <delay.h>

void main(void)
{
    char i, val;

    DDRB = 0xFF;                    // 포트 B 출력 설정
    DDRF = 0b11110000;              // PF4-PF7 출력 설정

    PORTF = 0b11100000;             // 맨 우측 7-Segment SEG1 ON(PF4=0)

    while(1){
        val = 0b00000001;

        for(i = 0;i < 7;i++){
            PORTB = val;            // val 값 포트B 출력
            delay_ms(500);
            val = val << 1;         // 출력할 값 1비트 왼쪽 쉬프트
        }
    }
}
```

[예제 2-14] 7-Segment 구동연습 2

맨 우측의 7-Segment부터 좌측의 7-Segment 로 이동해가며 7-Segment의 모든 LED를 0.5초씩 ON 시키는 프로그램을 작성하라.

[예제 2-14] 7-Segment 구동연습 2

```
// ex2-14.c
// 4개의 7-Segment 구동연습

#include <mega128.h>
#include <delay.h>

void main(void)
{
    DDRB = 0xFF;                          // 포트 B 출력 설정
    DDRF = 0b11110000;                    // PF4-PF7 출력 설정

    while(1){
        PORTF = 0b11100000;               // SEG1 7-Segment ON (PF4=0)
        PORTB = 0b01111111;               // LED 모두 ON
        delay_ms(500);

        PORTF = 0b11010000;               // SEG2 7-Segment ON (PF5=0)
        PORTB = 0b01111111;               // LED 모두 ON
        delay_ms(500);

        PORTF = 0b10110000;               // SEG3 7-Segment ON (PF6=0)
        PORTB = 0b01111111;               // LED 모두 ON
        delay_ms(500);

        PORTF = 0b01110000;               // SEG4 7-Segment ON (PF7=0)
        PORTB = 0b01111111;               // LED 모두 ON
        delay_ms(500);
    }
}
```

☞ delay_ms(500)을 아래와 같이 수정해서 실행한 후 어떤 차이가 있는지 확인해 보세요.

(1) delay_ms(500) => delay_ms(10)

(2) delay_ms(500) => delay_ms(5) : 동적 구동법

[예제 2-15] 7-Segment 구동연습 3

맨 우측의 7-Segment에 대해 16진값 '0'~'F'를 순차 표시하는 프로그램을 작성하라. [표 2-15]는 16진수의 문자를 표시하기 위해 포트 B에 출력할 값을 나타낸다.

[표 2-15] 16진 표시 출력값

표시문자	PB6	PB5	PB4	PB3	PB2	PB1	PB0
	g	f	e	d	c	b	a
0	0	1	1	1	1	1	1
1	0	0	0	0	1	1	0
2	1	0	1	1	0	1	1
3	1	0	0	1	1	1	1
4	1	1	0	0	1	1	0
5	1	1	0	1	1	0	1
6	1	1	1	1	1	0	1
7	0	0	0	0	1	1	1
8	1	1	1	1	1	1	1
9	1	1	0	1	1	1	1
A	1	1	1	0	1	1	1
b	1	1	1	1	1	0	0
C	0	1	1	1	0	0	1
d	1	0	1	1	1	1	0
E	1	1	1	1	0	0	1
F	1	1	1	0	0	0	1

[예제 2-15] 7-Segment 구동연습 3

```
// eex2-15.c
// 16진수 순차 표시

#include <mega128.h>
#include <delay.h>

flash unsigned char seg_pat[16]= {0x3f, 0x06, 0x5b, 0x4f, 0x66, 0x6d, 0x7d, 0x07,
                    0x7f, 0x6f, 0x77, 0x7c, 0x39, 0x5e, 0x79, 0x71};

void main(void)
{
    int i;

    DDRB = 0xFF;                    // 포트 B 출력 설정
    DDRF = 0b11110000;              // PF4-PF7 출력 설정

    PORTF = 0b11100000;             // 맨 오른쪽 7-Segment ON (PF4=0)

    while(1){                       // 16진수 순차 표시
        for(i = 0;i < 16;i++){
            PORTB = seg_pat[i];
            delay_ms(1000);
        }
    }
}
```

[예제 2-16 7-Segment 구동연습 4

맨 우측 2개의 7-Segment를 이용하여 0부터 99까지 표시하는 프로그램을 작성하라.

[예제 2-16] 7-Segment 구동연습 4

```
// eex2-16.c
// 7-Segment에 0-99까지 출력하기

#include <mega128.h>
#include <delay.h>

flash char seg_pat[10]= {0x3f, 0x06, 0x5b, 0x4f, 0x66, 0x6d, 0x7d, 0x07, 0x7f  0x6f};

void  Seg2_out(int);                        // 두 자리 정수 출력

void main(void)
{
    int num = 0;

    DDRB = 0xFF;                            // 포트 B 출력 설정
    DDRF = 0b11110000;                      // PF4-PF7 출력 설정

    while(1){
        Seg2_out(num);
        num++;
        if(num > 99) num = 0;
    }
}

// 두 자리 정수 출력
void Seg2_out(int num)
{
    int i, N10, N1;

    N10 = num / 10;                         // 10자리 추출
    N1 = num % 10;                          // 1자리 추출

    for(i = 0;i < 49;i++){
        PORTF = 0b11100000;                 // 맨 우측 7-Segment SEG1 ON (PF4=0)
        PORTB = seg_pat[N1];
        delay_ms(10);

        PORTF = 0b11010000;                 // 7-Segment SEG2 ON (PF5=0)
        PORTB = seg_pat[N10];
        delay_ms(10);
    }
}
```

[예제 2-17] 7-Segment 구동연습 5

모든 7-Segment를 이용하여 0부터 9999까지 표시하는 프로그램을 작성하라.

[예제 2-17] 7-Segment 구동연습 5

```
// eex2-17.c
// 7-Segment에 0-9999까지 출력하기

#include <mega128.h>
#include <delay.h>

flash char seg_pat[10] = {0x3f, 0x06, 0x5b, 0x4f, 0x66, 0x6d, 0x7d, 0x07, 0x7f, 0x6f};

void  Seg4_out(int);                       // 네 자리 정수 출력

void main(void)
{
    int num = 0;

    DDRB = 0xFF;                           // 포트 B 출력 설정
    DDRF = 0b11110000;                     // PF4-PF7 출력 설정

    while(1){
        Seg4_out(num);
        num++;
        if(num > 9999) num = 0;
    }
}

// 네 자리 정수 출력
void Seg4_out(int num)
{
    int i, N1000, N100, N10, N1, buf;

    N1000 = num / 1000;                    // 1000자리 추출
    buf = num % 1000;

    N100 = buf / 100;                      // 100자리 추출
    buf = buf % 100;

    N10 = buf / 10;                        // 10자리 추출
    N1 = buf % 10;                         // 1자리 추출

    for(i = 0;i < 2;i++){
        PORTF = 0b11100000;                // 맨 우측 7-Segment SEG1 ON (PF4=0)
        PORTB = seg_pat[N1];               // 1자리 표시
        delay_ms(5);
```

[예제 2-17] 7-Segment 구동연습 5 (계속)

```
        PORTF = 0b11010000;          // 7-Segment SEG2 ON (PF5=0)
        PORTB = seg_pat[N10];        // 10자리 표시
        delay_ms(5);

        PORTF = 0b10110000;          // 7-Segment SEG3 ON  (PF6=0)
        PORTB = seg_pat[N100];       // 100자리 표시
        delay_ms(5);

        PORTF = 0b01110000;          // 7-Segment SEG4 ON (PF7=0)
        PORTB = seg_pat[N1000];      // 1000자리 표시
        delay_ms(5);
    }
}
```

[예제 2-18] 입력에 따른 7-Segment 구동연습

SW1(PE4)이 눌려질 때마다 맨 우측 Segment에 표시되는 값이 0 -> 1 -> 2 -> 3 -> 4 -> ... -> 9 ->0 .. 가 표시되도록 하는 프로그램을 작성하라.

[예제 2-18] 포트 입력 실험3

```
// eex2-18.c
// 포트 E의 SW1이 눌려질 때마다 7-세그먼트 0-9 순차 표시

#include <mega128.h>
#include <delay.h>

flash unsigned char seg_pat[10]= {0x3f, 0x06, 0x5b, 0x4f, 0x66, 0x6d, 0x7d, 0x07, 0x7f, 0x6f};

void main(void)
{
    unsigned char oldkey, key, num = 0;

    DDRB = 0xFF;                                // 포트 B 출력 설정
    DDRF = 0xF0;                                // PF4-PF7 출력 설정
    DDRE = 0x0;                                 // 포트 E 입력 설정

    PORTF = 0b11100000;                         // 맨 오른쪽 7-Segment ON (PF4=0)

    oldkey = PINE & 0b00010000;                 // SW1 상태만 추출

    while(1){
        PORTB = seg_pat[num];                   // 현재의 num 값 표시
        key = PINE & 0b00010000;                // SW1 상태만 추출

        if(oldkey != 0 && key == 0){            // 먼저 상태 OFF, 현 상태 ON ?
            num = (num + 1) % 10;               // num값 1증가(9 다음은 0)
        }
        oldkey = key;                           // 먼저 상태 <- 현 상태
    }
}
```

[예제 2-19] 폴링 방식에 의한 네 자리 입력 실험

두 개의 스위치 SW1과 SW2만을 이용하여 네 자리의 값을 입력하도록 하라. 여기서, SW2는 입력될 자리(위치)를 선택하고, SW1이 눌려지면 현재 선택된 자리의 값을 +1하도록 한다. SW2가 눌려지면 입력될 위치를 1자리 -> 10자리 -> 100자리 -> 1000자리 -> 1자리 -> 10자리 ...로 이동하도록 한다.

[예제 2-19] 폴링 방식에 의한 네 자리 입력 실험

```
// eex2-19.c
// 폴링 방식에 의한 네 자리 입력 실험

#include <mega128.h>
#include <delay.h>

typedef unsigned char u_char;

flash u_char seg_pat[10]= {0x3f, 0x06, 0x5b, 0x4f, 0x66, 0x6d, 0x7d, 0x07, 0x7f, 0x6f};

u_char  N1 = 0, N10 = 0, N100 = 0, N1000 = 0;
u_char  pos = 0;                    // 0 : 1자리, 1 : 10자리 , 2 : 100자리 , 3 : 1000자리

void Seg4_out(void);                // 네 자리 7-Segment 출력 함수
void sw_key1(void);                 // SW1 입력 처리 함수
void sw_key2(void);                 // SW2 입력 처리 함수

void main(void)
{
    unsigned char old_sw, sw;

    DDRB = 0xFF;                    // 포트 B 출력 설정
    DDRF = 0b11110000;              // PF4-PF7 출력 설정
    DDRE = 0x0;                     // 포트 E 입력 설정

    old_sw = (PINE & 0xF0);         // 스위치 상태값 추출

    while(1) {
        Seg4_out();

        sw = (PINE & 0xF0);         // 스위치 상태값 추출
        if(sw == old_sw) continue;  // 스위치 상태 변화 없으면 처음으로
        if(old_sw == 0b11110000 && sw == 0b11100000){      // SW1 눌려지는 순간
            sw_key1();              // SW1 입력 처리
        }
        else if(old_sw == 0b11110000 && sw == 0b11010000){ // SW2 눌려지는 순간
            sw_key2();              // SW2 입력 처리
        }
        old_sw = sw;
```

[예제 2-19] 폴링 방식에 의한 네 자리 입력 실험 (계속)

```
    }
}

// 네 자리수 7-Segment 출력 함수
void Seg4_out(void)
{
    PORTF = 0b11100000;          // SEG 1 (PF4=0), 1자리 표시
    PORTB = seg_pat[N1];
    delay_ms(5);

    PORTF = 0b11010000;          // SEG 2 (PF5=0), 10자리 표시
    PORTB = seg_pat[N10];
    delay_ms(5);

    PORTF = 0b10110000;          // SEG 3 (PF6=0), 100자리 표시
    PORTB = seg_pat[N100];
    delay_ms(5);

    PORTF = 0b01110000;          // SEG 4 (PF7=0), 1000자리 표시
    PORTB = seg_pat[N1000];
    delay_ms(5);
}

// SW1 입력 처리 함수
void sw_key1(void)
{
    if(pos == 0) N1 = (N1 + 1) % 10;                    // 1자리 +1
    else if(pos == 1) N10 = (N10 + 1) % 10;             // 10자리 +1
    else if(pos == 2) N100 = (N100 + 1) % 10;           // 100자리 +1
    else N1000 = (N1000 + 1) % 10;                      // 1000자리 +1
}

// SW2 입력 처리 함수
void sw_key2(void)
{
    pos = (pos + 1) % 4;          // 입력 자리 이동
}
```

[예제 2-20] 간이 시계 제작

7-세그먼트를 이용하여 시간과 분을 표시하는 시계 프로그램을 작성하라. 시간 설정을 위한 스위치는 SW1과 SW2를 이용하며, 24시 표시형으로 한다.

시간 (10자리)	시간 (1자리)	분 (10자리)	분 (1자리)

SW1(PE4) : 선택된 자리의 값 +1(현재값 +1, 9 다음은 0)
SW2(PE5) : 자리이동

☞ 1초 측정

아직 시간 측정 기능이 있는 타이머/카운터를 배우지 않았기 때문에 여기서 시간을 측정할 수 있는 방법은 CodeVisionAVR C 컴파일러에서 제공하는 delay_ms() 또는 delay_us() 함수를 이용하는 것이다. 그러나, 단순히 딜레이 함수를 이용해서 기다리기만 하면 7-세그먼트의 표시가 off될 수 있기 때문에 시간 측정을 위해 기다리는 동안 계속해서 7-Segment()를 표시해야 된다. 프로그램에서 time_Disp() 함수가 이 역할을 하며, 4개의 세그먼트를 표시하는데 20ms씩 사용하고 for문을 이용하여 5회 실시하면 100ms가 된다. 그리고 main() 함수에서 스위치를 체크하면서 10회 실행하면 대략 1초(100ms x 10회)가 경과하게 된다. 물론 보다 정확한 시간을 만들고자 한다면 delay_ms() 대신 delay_us()를 이용하여 시간 조정을 하면 충분히 정확한 시계를 만들 수도 있다.

☞ 시간 조정 시 주의 사항

두 개의 스위치에 의해 시간을 조정할 때 시간의 1자리와 시간의 10자리에 대해서는 주의가 필요하다. sw_key1() 함수에서 이를 수행한다.

- 분 1자리 : 값의 범위 0~9
- 분 10자리 : 값의 범위 0~5
- 시간 1자리 : 시간의 10자리에 따라 값의 범위가 달라진다.

시간 10자리	가능한 시간 1자리
0 또는 1	0~9
2	0~3

- 시간 10자리 : 시간의 1자리에 따라 값의 범위가 달라진다.

시간 1자리	가능한 시간 10자리
0~3	0~2
4~9	0~1 (현재 시간 10자리가 1인 경우에는 스위치 입력에 의해 2가 되어 시간값이 24~29가 되므로 스위치 입력을 무시한다.)

[예제 2-20] 간이 시계

```
// eex2-20.c
#include <mega128.h>
#include <delay.h>

typedef unsigned char u_char;

flash u_char seg_pat[10]= {0x3f, 0x06, 0x5b, 0x4f, 0x66, 0x6d, 0x7d, 0x07, 0x7f, 0x6f};
u_char   hour = 12, min = 0, sec = 0;
u_char   N1000 = 0, N100 = 0, N10 = 0, N1 = 0;
u_char   pos = 0;               // 0 : 1자리, 1 : 10자리 , 2 : 100자리 , 3 : 1000자리

void time_Disp(void);           // 시간 표시
void sw_key1(void);             // SW1 입력 처리 함수
void sw_key2(void);             // SW2 입력 처리 함수

void main(void)
{
    u_char old_sw, sw, n;

    DDRB = 0xFF;                // 포트 B 출력 설정
    DDRF = 0xF0;                // PF4-PF7 출력 설정
    DDRE = 0x0;                 // PE 포트 입력 설정

    old_sw = PINE & 0b11110000;                 // SW1 상태값 추출
    while(1){
        for(n = 0;n < 10;n++){                  // 약 1초 경과 루틴
            time_Disp();                        // 현재 시간 표시

            sw = PINE & 0b11110000;             // SW1 상태값 추출
            if(sw == old_sw) continue;          // 스위치 상태 변화 없으면 선두로

            if(old_sw == 0b11110000 &&
               sw == 0b11100000) sw_key1();        // SW1 입력 처리
            else if(old_sw == 0b11110000 &&
               sw == 0b11010000) sw_key2();        // SW2 입력 처리

            old_sw = sw;
        }

        sec++;                          // 1초 증가
        if(sec == 60){                  // 초값=60이면 분값 증가
           sec = 0;
           min++;
           if(min == 60) {              // 분값=60이면 시간 증가
                min = 0;
                hour++;
                if(hour == 24) hour = 0;
           }
        }
    }
}
```

[예제 2-20] 간이 시계(계속)

```
// 현재 시간 출력
void time_Disp()
{
    int  i;

    N1000 = hour / 10;                          // 시간 10자리 추출
    N100 = hour % 10;                           // 시간 1자리 추출

    N10 = min / 10;                             // 분 10자리 추출
    N1 = min % 10;                              // 분 1자리 추출

    for(i = 0;i < 5;i++){
        PORTF = 0b11100000;                     // 맨 우측 7-Segment SEG1 ON (PF4=0)
        PORTB = seg_pat[min % 10];              // 1자리 표시
        delay_ms(5);

        PORTF = 0b11010000;                     // 7-Segment SEG2 ON (PF5=0)
        PORTB = seg_pat[min / 10];              // 10자리 표시
        delay_ms(5);

        PORTF = 0b10110000;                     // 7-Segment SEG3 ON  (PF6=0)
        PORTB = seg_pat[hour % 10];             // 100자리 표시
        delay_ms(5);

        PORTF = 0b01110000;                     // 7-Segment SEG4 ON (PF7=0)
        PORTB = seg_pat[hour / 10];             // 1000자리 표시
        delay_ms(5);
    }
}

// sw1 입력처리
void sw_key1(void)
{
    N1 = min % 10;                                      // 현재 분 1자리 추출
    N10 = min / 10;                                     // 현재 분 10자리 추출
    N100 = hour % 10;                                   // 현재 시간 1자리 추출
    N1000 = hour / 10;                                  // 현재 시간 10자리 추출

    if(pos == 0) N1 = (N1 + 1) % 10;                    // 분 1단위 +1
    else if(pos == 1) N10 = (N10 + 1) % 6;              // 분 10단위 +1
    else if(pos == 2) {                                 // 시간 1단위 +1
        if(N1000 == 2) N100 = (N100 + 1) % 4;
        else N100 = (N100 + 1) % 10;
    }
    else {                                              // 시간 10단위 +1
        if(N100 < 4) N1000 = (N1000 + 1) % 3;
        else if(N1000 != 1) N1000 = (N1000 + 1) % 3;
    }

    hour = N1000 * 10 + N100;                           // 시간 계산
    min = N10 * 10 + N1;                                // 분 계산
}
```

[예제 2-20] 간이 시계(계속)

```
// sw2 입력처리
void sw_key2(void)
{
    pos = (pos + 1) % 4;                    // 입력 자리 이동
}
```

[과제] 스톱워치 제작 : 7-Segment에 1/100초(10ms) 단위로 표시
(외부 인터럽트, 타이머/카운터 기능 사용없이)

초 (10단위)	초 (1단위)	1/10초	1/100초

SW1(PE4) : 시작/정지 토글 동작
SW2(PE5) : 리셋(클리어)

<힌트> 7-Segment에 4자리를 표시하는 시간이 1/100초(10ms) 정도 걸리게끔 하는 함수를 만들어 동작 상태이면 10ms씩 증가시키며 현재의 시간을 표시한다. 그러나, 정지 상태이면 시간은 증가시키지 말고 현재의 시간을 표시하는 함수만 실행하도록 한다.

Chapter 03

외부 인터럽트

3.1 개요

3.1.1 인터럽트란?

일반적으로 MCU에서 입력을 받아들이는 방법에는 두 가지가 있다. 하나는 사용자가 명령어를 사용하여 입력핀의 값을 계속 또는 주기적으로 읽어서 변화를 알아내는 것(폴링 : polling)이고, 다른 하나는 MCU 자체가 하드웨어적으로 그 변화를 체크하여 변화 시에만 일정한 동작을 하는 것(interrupt)이다.

[그림 3-1]은 인터럽트의 개념도를 보여주며, 외부 또는 내부에서 인터럽트 소스(원인)에 의해 CPU에게 인터럽트 신호가 전달되면 CPU는 미리 정해진 작업(인터럽트 서비스 루틴)을 실행하게 된다. 인터럽트가 발생했을 때 MCU는 지금까지 실행하던 프로그램을 일단 중단하고 사용자에 의해 정해진 인터럽트 서비스 루틴을 실행하게 되며, 그 루틴의 실행이 끝나면 다시 원래 실행하던 프로그램으로 돌아가서 하던 일을 계속하게 된다.

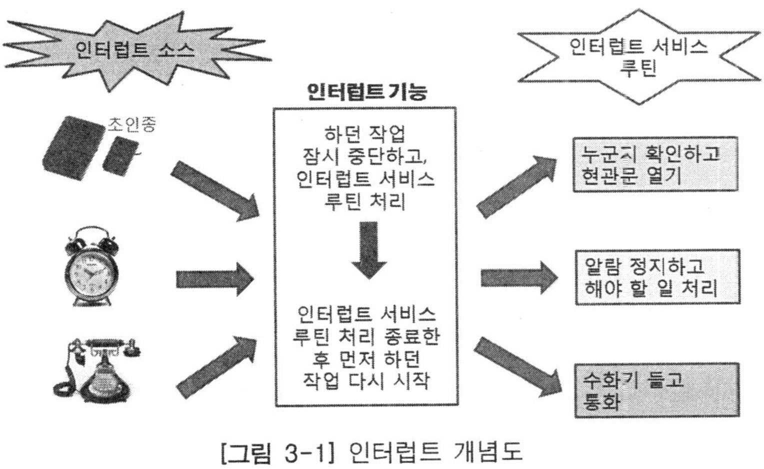

[그림 3-1] 인터럽트 개념도

폴링 방식에서는 입력핀의 변화가 있는지 확인하기 위해 계속 입력핀의 값을 읽을 필요가 있지만, 인터럽트 방식에서는 하드웨어적인 변화가 있으면 자동적으로 CPU에게 신호가 전달되므로 직접 입력핀의 값을 읽을 필요가 없게 된다.

폴링 방식은 모든 경우의 입력 또는 값의 변화에 대응하여 처리가 가능하지만 인터럽트는 하드웨어적으로 지원되는 몇 개의 입력 또는 값의 변화에만 대응 처리가 가능하며, 처리 속도는 일반적인 경우에 인터럽트가 더 빠르다고 할 수 있다.

인터럽트를 발생시킬 수 있도록 만들어진 것(외부 입력 핀, 타이머, 시리얼 포트 등)을 인터럽트 소스(interrupt source)라고 하고, 인터럽트 발생시 분기 장소를 기록해 놓은 특정 번지의 내용을 인터럽트 점프 테이블(interrupt jump table) 또는 인터럽트 벡터 테이블(interrupt vector table)이라고 한다. 그리고, 인터럽트 처리 프로그램을 인터럽트 핸들러(interrupt handler) 또는 인터럽트 서비스 루틴(interrupt service routine)이라고 한다.

3.2 인터럽트 처리

ATmega128은 리셋을 포함하여 35개의 인터럽트 소스를 제공하며, [표 3-1]은 그것을 요약한 것이다. 인터럽트와 리셋 벡터는 각각 프로그램 메모리 영역 내에 별도의 벡터를 가지며, 모든 인터럽트에는 인터럽트를 인에이블 시키기 위해 상태 레지스터 SREG의 I 비트와 함께 각각의 개별적인 인터럽트 인에이블 비트가 할당되어 있다.

[표 3-1] 리셋과 인터럽트 벡터

벡터	프로그램 주소(2)	인터럽트 소스	인터럽트 설명
1	0x0000(1)	RESET	외부 리셋. 파워온 리셋/워치독 리셋
2	0x0002	INT0	외부 인터럽트 요구 0
3	0x0004	INT1	외부 인터럽트 요구 1
4	0x0006	INT2	외부 인터럽트 요구 2
5	0x0008	INT3	외부 인터럽트 요구 3
6	0x000A	INT4	외부 인터럽트 요구 4
7	0x000C	INT5	외부 인터럽트 요구 5
8	0x000E	INT6	외부 인터럽트 요구 6
9	0x0010	INT7	외부 인터럽트 요구 7
10	0x0012	TIMER2 COMP	타이머/카운터2 비교 매치
11	0x0014	TIMER2 OVF	타이머/카운터2 오버플로

12	0x0016	TIMER1 CAPT	타이머/카운터1 캡쳐 이벤트
13	0x0018	TIMER1 COMPA	타이머/카운터1 비교 매치 A
14	0x001A	TIMER1 COMPB	타이머/카운터1 비교 매치 B
15	0x001C	TIMER1 OVF	타이머/카운터1 오버플로
16	0x001E	TIMER1 COMP	타이머/카운터1 비교 매치
17	0x0020	TIMER0 OVF	타이머/카운터0 오버플로
18	0x0022	SPI, STC	SPI 직렬 전송 완료
19	0x0024	USART0, RX	USART0 수신 완료
20	0x0026	USART0, UDRE	USART0 데이터 레지스터 빔
21	0x0028	USART0,TX	USART0 데이터 전송 완료
22	0x002A	ADC	A/D 변환 완료
23	0x002C	EE READY	EEPROM Ready
24	0x002E	ANALOG COMP	아날로그 비교기
25	0x0030(3)	TIMER1 COMPC	타이머/카운터1 비교 매치 C
26	0x0032(3)	TIMER3 CAPT	타이머/카운터3 캡쳐 이벤트
27	0x0034(3)	TIMER3 COMPA	타이머/카운터3 비교 매치 A
28	0x0036(3)	TIMER3 COMPB	타이머/카운터3 비교 매치 B
29	0x0038(3)	TIMER3 COMPC	타이머/카운터3 비교 매치 C
30	0x003A(3)	TIMER3 OVF	타이머/카운터3 오버플로
31	0x003C(3)	USART1, RX	USART1 수신 완료
32	0x003E(3)	USART1, UDRE	USART0 데이터 레지스터 빔
33	0x0040(3)	USART1, TX	USART0 데이터 전송 완료
34	0x0042(3)	TWI	Two-wire 직렬 인터페이스
35	0x0044(3)	SPM READY	Store Program Memory Ready

☞(1) 퓨즈 비트의 BOOTRST비트를 0으로 하면, 리셋때 부트로더 번지로 점프함
(2) 레지스터 MCUCR의 IVSEL 비트가 1이면, 인터럽트 벡터는 부트 플래시 섹션의 스타트 번지로 이동한다. 따라서, 각 인터럽트 벡터 어드레스는 부트 플래시 섹션의 시작번지에 이 표의 프로그램 주소가 더해진 값이 된다.
(3) ATmega103 호환모드에서는 0x0030~0x0044는 존재하지 않는다.

리셋과 인터럽트 벡터는 [표 3-2]와 같이 퓨즈 비트 BOOTRST와 MCUCR 레지스터의 IVSEL 비트 값에 따라 다른 벡터값을 갖는다. 표에서 Boot Reset 어드레스는 2부 1.5.1절의 [표 1-14]에 나타낸 BOOTSZ1..0값에 따른 부트로더 섹션의 시작번지를 나타낸다. [표 3-3]은 전형적인 경우(BOOTRST=1, IVSEL=0)의 어셈블리 프로그램을 보여주며, 리셋 어드레스는 0x0000이고 인터럽트 벡터 시작 어드레스는 0x0002인 것을 알 수 있다.

[표 3-2] 리셋 및 인터럽트 벡터 위치

BOOTRST	IVSEL	Reset 어드레스	인터럽트 벡터 시작 어드레스
1	0	0x0000	0x002
1	1	0x0000	Boot Reset address + 0x0002
0	0	Boot Reset address	0x002
0	1	Boot Reset address	Boot Reset address + 0x002

[표 3-3] 전형적인 (BOOTRST=1, IVSEL=0) 어셈블리 프로그램

```
Address   Labels   Code                    Comments
---------------------------------------------------------------------
0x0000             rjmp RESET              ; Reset Handler
0x0002             rjmp EXT_INT0           ; IRQ0 Handler
0x0004             rjmp EXT_INT1           ; IRQ1 Handler
0x0006             rjmp EXT_INT2           ; IRQ2 Handler
0x0008             rjmp EXT_INT3           ; IRQ3 Handler
0x000A             rjmp EXT_INT4           ; IRQ4 Handler
0x000C             rjmp EXT_INT5           ; IRQ5 Handler
0x000E             rjmp EXT_INT6           ; IRQ6 Handler
0x0010             rjmp EXT_INT7           ; IRQ7 Handler
0x0012             rjmp TIM2_COMP          ; Timer2 Compare Handler
0x0014             rjmp TIM2_OVF           ; Timer2 Overflow Handler
0x0016             rjmp TIM1_CAPT          ; Timer1 Capture Handler
0x0018             rjmp TIM1_COMPA         ; TImer1 Compare A Handler
0x001A             rjmp TIM1_COMPB         ; TImer1 Compare B Handler
0x001C             rjmp TIM1_OVF           ; TImer1 Overflow Handler
0x001E             rjmp TIM0_COMP          ; Timer0 Compare Handler
0x0020             rjmp TIM0_OVF           ; Timer0 Overflow Handler
0x0022             rjmp SPI_STC            ; SPI Transfer Complete Handler
0x0024             rjmp USART0_RXC         ; USART0 RX Complete Handler
0x0026             rjmp USART0_DRE         ; USART0 UDR Empty Handler
0x0028             rjmp USART0_TXC         ; USART0 TX Complete Handler
0x002A             rjmp ADC                ; ADC Conversion Complete Handler
0x002C             rjmp EE_READY           ; EEPROM Ready Handler
0x002E             rjmp ANA_COMP           ; Analog Comparator Handler
0x0030             rjmp TIM1_COMPC         ; Timer1 Compare C Handler
0x0032             rjmp TIM3_CAPT          ; Timer3 Capture Handler
0x0034             rjmp TIM3_COMPA         ; Timer3 Compare A Handler
0x0036             rjmp TIM3_COMPB         ; Timer3 Compare B Handler
0x0038             rjmp TIM3_COMPC         ; Timer3 Compare C Handler
0x003A             rjmp TIM3_OVF           ; Timer3 Overflow Handler
0x003C             rjmp USART1_RXC         ; USART1 RX Complete Handler
0x003E             rjmp USART1_DRE         ; USART1 UDR Empty Handler
0x0040             rjmp USART1_TXC         ; USART1 TX Complete Handler
0x0042             rjmp TWI                ; TWO-wire Serial Interface Handler
0x0044             rjmp SPM_RDY            ; SPM Ready Handler
;
0x046     RESET:   ldi r16,high(RAMEND)    ; Main program start
0x012              out SPH,r16             ; Set Stack Pointer to top of RAM
0x013              <instr> xxx
............................
```

[표 3-4]는 BOOTRST=1, IVSEL=1이고 부트로더 사이즈가 8K바이트인 경우(부트로더 섹션 0xF000~0xFFFF)의 어셈블리 프로그램을 보여주며, 리셋 어드레스는 0x000이고 인터럽트 벡터 시작 어드레스는 0xF002인 것을 알 수 있다.

[표 3-4] BOOTRST=1, IVSEL=1인 경우의 어셈블리 프로그램

```
Address  Labels   Code                    Comments
---------------------------------------------------------------------------
0x000    RESET:   ldi r16,high(RAMEND)    ; Main program start
0x001             out SPH,r16             ; Set Stack Pointer to top of RAM
0x002             ldi r16,low(RAMEND)
0x003             out SPL,r16
0x004             sei                     ; Enable interrupts
0x005             <instr> xxx

                 .org 0xF002
0xF002            rjmp EXT_INT0           ; IRQ0 Handler
0xF004            rjmp EXT_INT1           ; IRQ1 Handler
...      ....     ..                      ;
0xF044            rjmp SPM_RDY            ; Store Program memory Ready
```

■ MCUCR(MCU Control Register) : MCU 제어 레지스터

이 레지스터는 I/O 레지스터 영역 0x35(0x55) 번지에 위치하며, 인터럽트에 관련이 있는 비트의 기능은 다음과 같다.

비트	7	6	5	4	3	2	1	0	
0x35(0x55)	SRE	SRW10	SE	SM1	SM0	SM2	IVSEL	IVCE	**MCUCR**
읽기/쓰기	읽기/쓰기	읽기/쓰기	읽기/쓰기	읽기/쓰기	읽기/쓰기	읽기/쓰기	읽기/쓰기	읽기/쓰기	
초기값	0	0	0	0	0	0	0	0	

- Bit 1–IVSEL(Interrupt Vector Select) : 인터럽트 벡터 선택 비트

  이 비트가 0이면 인터럽트 벡터는 플래시 메모리의 시작에 위치하지만, 이 비트가 1이면 인터럽트 벡터는 [표 3-2]와 같이 플래시 메모리의 부트로더 섹션의 선두 위치로 이동하게 된다. 부트로더의 선두 어드레스는 퓨즈 비트 BOOTSZ1..0에 의해 결정된다. 이 비트에 새로운 값을 쓰기 위해서는 IVCE 비트를 우선적으로 1로 하고 4사이클 이내에 원하는 값을 써주어야 한다. 이 4사이클 동안 MCU는 인터럽트 금지상태가 된다.

- Bit 0–IVCE(Interrupt Vector Change Enable) : 인터럽트 벡터 변경 인에이블 비트

  이 비트는 IVSEL 비트를 변경할 때 이를 가능하게 하기 위해 우선적으로 1로 하여야 하며, 이 비트가 1이 되고 4사이클 후 또는 IVSEL에 값이 셋 되었을 때 하드웨어적으로 클리어 된다. 따라서, IVCE 비트에 1을 쓰고, 4사이클 이내에 IVSEL 비트에 원하는 값을 써야만 한다.

프로그램 메모리 영역의 최하위 영역에 리셋과 인터럽트 벡터가 [표 3-1]과 같이 정의되어 있으며, 가장 낮은 주소를 갖는 인터럽트가 가장 높은 인터럽트 우선 순위를 갖는다. 즉, 외부 리셋에 대한 인터럽트가 가장 높은 우선 순위를 가지며, 외부 인터럽트 0은 두 번째로 높은 우선 순위를 갖는다.

인터럽트가 발생하여 인터럽트 서비스 루틴으로 점프하게 되면 전역 인터럽트 인에이블 비트인 SREG 레지스터의 I 비트는 0으로 되며, 모든 인터럽트가 무시된다. 사용자는 인터럽트를 인에이블 시키기 위해 I 비트를 셋 할 수도 있으며, 또한 인터럽트 서비스 루틴을 빠져 나오는 명령 RETI를 사용하면 I 비트가 자동적으로 셋 된다.

이벤트에 의해 발생되는 인터럽트는 이벤트가 발생했을 때 인터럽트 플래그가 셋 된다. 만일 인터럽트 플래그가 클리어 되고 인터럽트 조건이 유지된다면 인터럽트 플래그는 다음 이벤트가 발생할 때까지 셋 되지 않는다.

프로그램 카운터가 인터럽트 처리 루틴을 실행하기 위해 실제 인터럽트 벡터를 가리키게 되면 발생된 인터럽트에 대응하는 플래그는 하드웨어적으로 자동 클리어 된다.

인터럽트 인에이블 비트가 클리어 되어 있을 때 대응하는 인터럽트 조건이 발생되면 인터럽트 플래그는 셋 되며, 인터럽트가 인에이블 되거나 소프트웨어에 의해 클리어 될 때까지 유지된다.

전역 인터럽트 인에이블 비트 I가 클리어 되어 있을 때 한 개 이상의 인터럽트 조건이 발생되면 대응되는 인터럽트 플래그는 셋 되고 전역 인터럽트 인에이블 비트가 셋 될 때까지 유지되고 우선 순위에 의해서 실행된다.

외부 인터럽트 중 레벨 인터럽트는 플래그를 가지고 있지 않으며, 인터럽트 조건이 충족되어 있을 동안만 유지된다.

3.3 외부 인터럽트

ATmega128의 외부 인터럽트는 INT0~INT7 핀에 의해 발생되며, 외부 인터럽트가 인에이블 되어 있으면 이 핀들이 출력으로 설정되어 있더라도 인터럽트가 발생한다. 이것은 소프트웨어적으로 인터럽트를 발생시키는 방법을 제공한다.

외부 인터럽트 INT0~INT7은 에지 트리거(하강 에지 또는 상승 에지) 또는 레벨 트리거(Low 레벨)에 의해 인터럽트가 발생할 수 있으며, 레지스터 EICRA와 EICRB에 의해 설정되어진다.

■ EICRA(External Interrupt Control Register A) : 외부 인터럽트 제어 레지스터 A

비트	7	6	5	4	3	2	1	0	
0x6A	ISC31	ISC30	ISC21	ISC20	ISC11	ISC10	ISC01	ISC00	EICRA
읽기/쓰기	읽기/쓰기	읽기/쓰기	읽기/쓰기	읽기/쓰기	읽기/쓰기	읽기/쓰기	읽기/쓰기	읽기/쓰기	
초기값	0	0	0	0	0	0	0	0	

이 레지스터는 외부 인터럽트 INT0~INT3에 대한 인터럽트 트리거 방식을 설정하며 [표 3-5]와 같다.

[표 3-5] 외부 인터럽트 INT0~INT3 트리거 방식(n=0~3)

ISCn1	ISCn0	설 명
0	0	INTn의 Low 레벨에서 인터럽트 요구
0	1	-
1	0	INTn의 하강 에지에서 비동기적으로 인터럽트 요구
1	1	INTn의 상승 에지에서 비동기적으로 인터럽트 요구

INT0~INT3의 레벨 트리거와 에지 트리거 방식에 의한 외부 인터럽트는 클럭에 상관없이 비동기적으로 검출되며, 이것들은 슬립모드를 해제하는 수단으로 사용될 수 있다. 에지 트리거로 사용되는 인터럽트는 최소 50ns이상의 펄스폭을 가져야 한다.

■ EICRB(External Interrupt Control Register B) : 외부 인터럽트 제어 레지스터 B

비트	7	6	5	4	3	2	1	0	
0x3A(0x5A)	ISC71	ISC70	ISC61	ISC60	ISC51	ISC50	ISC41	ISC40	EICRB
읽기/쓰기	읽기/쓰기	읽기/쓰기	읽기/쓰기	읽기/쓰기	읽기/쓰기	읽기/쓰기	읽기/쓰기	읽기/쓰기	
초기값	0	0	0	0	0	0	0	0	

이 레지스터는 외부 인터럽트 INT4~INT7에 대한 인터럽트 트리거 방식을 설정하며 [표 3-6]과 같다.

[표 3-6] 외부 인터럽트 INT4~INT7 트리거 방식(n=4~7)

ISCn1	ISCn0	설 명
0	0	INTn의 Low 레벨에서 인터럽트 요구
0	1	INTn에 논리적인 변화가 있을 때 인터럽트 요구
1	0	INTn의 하강 에지에서 인터럽트 요구
1	1	INTn의 상승 에지에서 인터럽트 요구

INT4~INT7의 에지 트리거 방식에 의한 외부 인터럽트는 I/O 클럭을 필요로 하기 때문에 아이들 모드이외의 슬립모드에서는 슬립모드를 해제하는 수단으로 사용될 수 없다.

에지 트리거로 사용되는 인터럽트는 최소 1주기이상의 펄스폭을 가져야 하며, 레벨 트리거를 사용하는 경우에는 현재 실행중인 명령어가 끝날 때까지 Low 레벨을 유지하여야 한다.

■ EIMSK(External Interrupt Mask Register) : 외부 인터럽트 마스크 레지스터

EIMSK는 8개의 외부 인터럽트를 인에이블시키는 비트로 구성된다.

비트	7	6	5	4	3	2	1	0	
0x39(0x59)	INT7	INT6	INT5	INT4	INT3	INT2	INT1	INT0	EIMSK
읽기/쓰기	읽기/쓰기	읽기/쓰기	읽기/쓰기	읽기/쓰기	읽기/쓰기	읽기/쓰기	읽기/쓰기	읽기/쓰기	
초기값	0	0	0	0	0	0	0	0	

- Bit 7..0 – INT7~INT0 : 외부 인터럽트 인에이블 비트

  INT0~INT7 비트가 셋 되어 있고 상태 레지스터 SREG의 I 비트가 셋 되어 있을 경우에 해당하는 외부 인터럽트가 인에이블 되며, 인터럽트 트리거 방식은 EICRA 레지스터와 EICRB 레지스터에 의해 설정된다.

■ EIFR(External Interrupt Flag Register) : 외부 인터럽트 플래그 레지스터

이 레지스터는 외부 인터럽트의 발생여부를 나타낸다.

비트	7	6	5	4	3	2	1	0	
0x38(0x58)	INTF7	INTF6	INTF5	INTF4	INTF3	INTF2	INTF1	INTF0	EIFR
읽기/쓰기	읽기/쓰기	읽기/쓰기	읽기/쓰기	읽기/쓰기	읽기/쓰기	읽기/쓰기	읽기/쓰기	읽기/쓰기	
초기값	0	0	0	0	0	0	0	0	

• Bit 7..0 – INTF7~INTF0 : 외부 인터럽트 플래그 비트

INT0~INT7 핀에서 인터럽트 요구의 이벤트가 발생했을 때 이 비트가 셋 된다. SREG의 I 비트와 EIMSK 레지스터의 INT0~INT7 비트가 셋 되어 있으면 MCU는 해당하는 인터럽트 벡터로 점프한다. 인터럽트 루틴이 실행되면 플래그는 자동적으로 클리어 되거나 또는 플래그 비트에 1을 쓰면 클리어 된다. 레벨 트리거로 설정된 경우에는 항상 클리어 되어 있다.

■ SREG(Status Register) : 상태 레지스터

상태 레지스터(SREG)는 산술연산 결과에 대한 상태 플래그 비트와 전체 인터럽트를 제어하는 인에이블 비트를 가지며, I/O 레지스터 영역 0x3F(0x5F) 번지에 위치한다.

비트	7	6	5	4	3	2	1	0	
0x3F(0x5F)	I	T	H	S	V	N	Z	C	SREG
읽기/쓰기	읽기/쓰기	읽기/쓰기	읽기/쓰기	읽기/쓰기	읽기/쓰기	읽기/쓰기	읽기/쓰기	읽기/쓰기	
초기값	0	0	0	0	0	0	0	0	

• BIT 7–I : 전역 인터럽트 인에이블(Global Interrupt Enable) 비트

이 비트는 인터럽트를 인에이블 시키기 위해서 반드시 셋 되어져야 한다. 각각의 인터럽트 인에이블 제어는 별도의 제어 레지스터에서 수행되며, 이 비트가 0이면 개별적인 인터럽트 인에이블의 설정이 의미가 없게 된다. 이 비트는 인터럽트가 발생된 후에 하드웨어적으로 자동 클리어 되며, 다음 인터럽트 인에이블을 위해서 RETI 명령에 의해 셋 된다.

3.4 외부 인터럽트 실험

3.4.1 *CodeVisionAVR* 에서 인터럽트 사용법

*CodeVisionAVR*에서 인터럽트를 사용하기 위해서는 다음과 같은 형식을 갖추어야 한다.

```
interrupt [인터럽트 소스명] void 함수명(void)
{
        인터럽트 서브루틴
}
```

여기서, 인터럽트 소스명은 *CodeVisionAVR*에서 제공하는 헤더 파일 <mega128.h>에 정의된 소스명을 사용하며, 함수명은 사용자가 임의로 정해주면 된다. [표 3-7]은 <mega128.h>에서 인터럽트 소스명 정의부분만 표시한 것이다.

[예] 외부 인터럽트 0

```
interrupt [EXT_INT0] void ext_int0(void)
{
        .....
}
```

[예] 외부 인터럽트 4

```
interrupt [EXT_INT4] void ex_int4(void)
{
        .......
}
```

[표 3-7] <mega128.h>에서 정의된 인터럽트 소스경

```
// Interrupt vectors definitions

#define EXT_INT0 2
#define EXT_INT1 3
#define EXT_INT2 4
#define EXT_INT3 5
#define EXT_INT4 6
#define EXT_INT5 7
#define EXT_INT6 8
#define EXT_INT7 9
#define TIM2_COMP 10
#define TIM2_OVF 11
#define TIM1_CAPT 12
#define TIM1_COMPA 13
#define TIM1_COMPB 14
#define TIM1_OVF 15
#define TIM0_COMP 16
#define TIM0_OVF 17
#define SPI_STC 18
#define USART0_RXC 19
#define USART0_DRE 20
#define USART0_TXC 21
#define ADC_INT 22
#define EE_RDY 23
#define ANA_COMP 24
#define TIM1_COMPC 25
#define TIM3_CAPT 26
#define TIM3_COMPA 27
#define TIM3_COMPB 28
#define TIM3_COMPC 29
#define TIM3_OVF 30
#define USART1_RXC 31
#define USART1_DRE 32
#define USART1_TXC 33
#define TWI 34
#define SPM_RDY 35

#endif
```

3.4.2 외부 인터럽트 실험

외부 인터럽트도 I/O 포트 사용과 마찬가지로 사용하기 전에 사용하려고 하는 의도에 맞춰 관련 레지스터에 대한 설정을 해 주어야 인터럽트 처리가 정상적으로 동작하게 된다. 일반적으로 프로그램 작성 시 I/O 포트에 대한 설정이 끝난 후에 외부 인터럽트나 타이머/카운터에 대한 설정을 하면 된다. 외부 인터럽트에 대한 사용법을 간단히 요약하면 다음과 같으며, 반드시 요약된 내용에 따라 프로그램을 작성해야 한다.

☞ 외부 인터럽트 사용법 요약

① 사용하고자 하는 외부 인터럽트 인에이블 비트 셋
　사용 레지스터 : EIMSK

② 트리거 방식 설정(하강에지/상승에지/레벨 트리거 중 선택)
　사용 레지스터 : EICRA(INT0 - INT3), EICRB(INT4 - INT7)

③ 전역 인터럽트 인에이블 비트 I 셋
　사용 레지스터 : SREG(최상위 비트)
　-> 가능하면 모든 초기 설정이 끝난 후 제일 마지막에 I 비트를 셋 한다.

④ 인터럽트 함수 작성

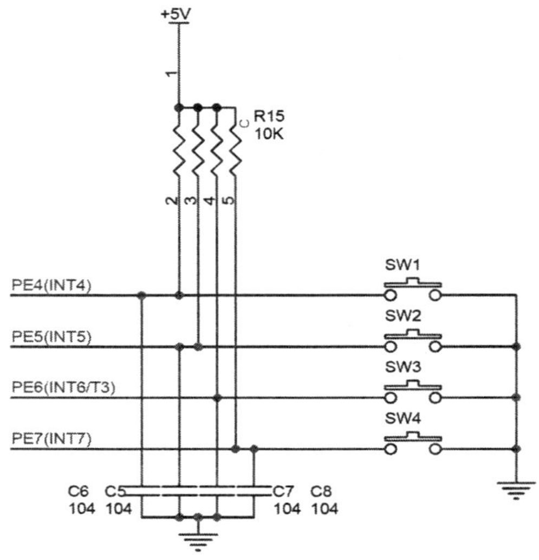

[그림 3-2] KUT-128 보드 스위치 입력회로(INT4~INT7 사용)

[예제 3-1] 외부 인터럽트4에 의한 LED 점멸 실험(하강 에지)

KUT-128 보드의 SW1/INT4이 눌려질 때마다 외부 인터럽트4가 발생하여 LED가 순차적으로 점멸되도록 프로그램을 작성하라. 외부 인터럽트4의 입력 트리거는 하강 에지에서 발생하도록 한다.

[예제 3-1] 외부 인터럽트4에 의한 LED 순차 점멸 실험(하강 에지)

```
// eex3-1.c
// 외부 인터럽트4에 대한 LED 순차 점멸 실험(하강 에지)

#include <mega128.h>

unsigned char led = 0xFE;

void main(void)
{
    // 포트 초기화
    DDRC = 0xFF;                    // 포트 C 출력 설정

    PORTC = led;                    // 포트 C에 초기값 출력

    // 외부 인터럽트 초기화
    EIMSK = 0b00010000;             // 외부 인터럽트4 인에이블
    EICRB = 0b00000010;             // 외부 인터럽트4 : 하강 에지
    SREG = 0x80;                    // 전역 인터럽트 인에이블 비트 셋

    while(1);
}

// 외부 인터럽트4 서비스 루틴
interrupt [EXT_INT4] void external_int4(void)
{
    led = led << 1;                 // 1비트 쉬프트
    led = led | 0b00000001;         // 최하위 비트 셋
    if(led == 0xFF) led = 0xFE;     // 모두 off 상태면 초기값 재설정
    PORTC = led;                    // 포트 출력
}
```

[예제 3-2] 외부 인터럽트4에 의한 LED 점멸 실험(상승 에지)

KUT-128 보드의 SW1/INT4이 눌렸다 떼어지는 순간(상승 에지) 외부 인터럽트4가 발생하여 LED가 순차적으로 점멸되도록 프로그램을 작성하라.

[예제 3-2] 외부 인터럽트4에 위한 LED 순차 점멸 실험(상승 에지)

```
// eex3-2.c
// 외부 인터럽트4에 대한 LED 순차 점멸 실험(상승 에지)

#include <mega128.h>

unsigned char led = 0xFE;

void main(void)
{
     // 포트 초기화
     DDRC = 0xFF;                    // 포트 C 출력 설정

     PORTC = led;                    // 포트 C에 초기값 출력

     // 외부 인터럽트 초기화
     EIMSK = 0b00010000;             // 외부 인터럽트4 인에이블
     EICRB = 0b00000011;             // 외부 인터럽트4 : 상승 에지
     SREG = 0x80;                    // 전역 인터럽트 인에이블 비트 셋

     while(1);
}

// 외부 인터럽트4 서비스 루틴
interrupt [EXT_INT4] void external_int4(void)
{
     led = led << 1;                 // 1비트 쉬프트
     led = led | 0b00000001;         // 최하위 비트 셋
     if(led == 0xFF) led = 0xFE;     // 모두 off 상태면 초기값 재설정
     PORTC = led;                    // 포트 출력
}
```

☞ EICRB = 0b00000011; => EICRB = 0b00000001;
로 수정해서 실행한 후 어떻게 동작하는지 확인해 보세요.

[예제 3-3] 외부 인터럽트4에 의한 LED 전자 룰렛 실험(레벨 트리거)

외부 인터럽트4에 대한 실험으로 입력 트리거 방식을 레벨 트리거 방식으로 하여 SW1이 눌리고 있는 동안에는 LED가 순차 점멸 하도록 하며, SW1을 누르고 있다가 손을 떼면 순차 점멸하던 LED가 정지하도록 프로그램을 작성하라.

[예제 3-3] 외부 인터럽트4에 의한 LED 전자 룰렛 실험(레벨 트리거)

```
// eex3-3.c
// 외부 인터럽트4에 의한 LED 전자 룰렛 실험(레벨 트리거)

#include <mega128.h>
#include <delay.h>

unsigned char led = 0xFE;

void main(void)
{
    // 포트 초기화
    DDRC = 0xFF;                    // 포트 C 출력 설정

    PORTC = led;                    // 포트 C에 초기값 출력

    // 외부 인터럽트 초기화
    EIMSK = 0b00010000;             // 외부 인터럽트4 인에이블
    EICRB = 0b00000000;             // 외부 인터럽트4 : low 레벨
    SREG = 0x80;                    // 전역 인터럽트 인에이블 비트 셋

    while(1);                       // 무한 루프
}

// 외부 인터럽트4 서비스 루틴
interrupt [EXT_INT4] void external_int4(void)
{
    // LED 순차 점멸
    led = led << 1;                 // 1비트 쉬프트
    led = led | 0b00000001;         // 최하위 비트 셋
    if(led == 0xFF) led = 0xFE;     // 모두 off 상태면 초기값 재설정
    PORTC = led;                    // 포트 출력

    delay_ms(5);
}
```

[예제 3-4] 외부 인터럽트4에 의한 스위치 입력 실험

외부 인터럽트4를 이용하여 SW1/INT4를 누를 때마다 맨 우측 7-Segment의 표시값이 0->1->2-> ,,,->9->0->1,,, 이 표시되도록 프로그램을 작성하라.

[예제 3-4] 외부 인터럽트4에 의한 스위치 입력 실험

```
// eex3-4.c

#include <mega128.h>
#include <delay.h>

flash char seg_pat[10]= {0x3f, 0x06, 0x5b, 0x4f, 0x66, 0x6d, 0x7d, 0x07, 0x7f, 0x6f};

unsigned char  N1 = 0;

void main(void)
{
    DDRB = 0xFF;                    // 포트 B 출력 설정
    DDRF = 0b11110000;              // PF4-PF7 출력 설정

    // 외부 인터럽트 초기화
    EIMSK = 0b00010000;             // 외부 인터럽트4 인에이블
    EICRB = 0b00000010;             // 외부 인터럽트4 : 하강 에지
    SREG = 0x80;                    // 전역 인터럽트 인에이블 비트 셋

    PORTF = 0b11100000;             // 맨 우측 7-Segment SEG1 ON (PF4=0)

    while(1) PORTB = seg_pat[N1];
}

// 외부 인터럽트4 서비스 루틴
interrupt [EXT_INT4] void external_int4(void)
{
    N1 = (N1 + 1) % 10;             // 값 +1
}
```

[예제 3-5] 외부 인터럽트4~7을 이용한 10진 네 자리 입력 실험

INT4~INT7을 이용하여 10진 네 자리(0000~9999) 값을 입력하여 7-Segment에 출력하는 프로그램을 작성하라. 여기서, SW1/INT4이 눌리면 1의 자리를 +1, SW2/INT5가 눌리면 10의 자리를 +1, SW3/INT6이 눌리면 100의 자리를 +1, SW4/INT7가 눌리면 1000의 자리를 +1 하도록 하라. 그리고, 각 자리의 최대값은 9로 하고 9 다음에는 0으로 한다.

[예제 3-5] 외부 인터럽트4~7을 이용한 네 자리 입력 실험

```
// eex3-5.c
// 스위치 4개를 이용한 네 자리 입력실험

#include <mega128.h>
#include <delay.h>

typedef unsigned char u_char;

flash u_char seg_pat[10]= {0x3f, 0x06, 0x5b, 0x4f, 0x66, 0x6d, 0x7d, 0x07, 0x7f, 0x6f};

u_char  N1 = 0, N10 = 0, N100 = 0, N1000 = 0;

void Seg4_out(void);                    // 네 자리수 7-Segment 출력

void main(void)
{
    DDRB = 0xFF;                        // 포트 B 출력 설정
    DDRF = 0b11110000;                  // PF4-PF7 출력 설정

    // 외부 인터럽트 초기화
    EIMSK = 0b11110000;                 // 외부 인터럽트 4,5,6,7 인에이블
    EICRB = 0b10101010;                 // 외부 인터럽트 4,5,6,7 : 하강 에지
    SREG = 0x80;                        // 전역 인터럽트 인에이블 비트 셋

    while(1) Seg4_out();
}

// 네 자리수 7-Segment 출력 함수
void Seg4_out(void)
{
    PORTF = 0b11100000;                 // SEG 1 (PF4=0), 1자리 표시
    PORTB = seg_pat[N1];
    delay_ms(5);

    PORTF = 0b11010000;                 // SEG 2 (PF5=0), 10자리 표시
    PORTB = seg_pat[N10];
    delay_ms(5);

    PORTF = 0b10110000;                 // SEG 3 (PF6=0), 100자리 표시
    PORTB = seg_pat[N100];
    delay_ms(5);
```

[예제 3-5] 외부 인터럽트4~7을 이용한 네자리 입력 실험 (계속)

```
    PORTF = 0b01110000;                 // SEG 4 (PF7=0), 1000자리 표시
    PORTB = seg_pat[N1000];
    delay_ms(5);
}

// 외부 인터럽트4 처리 함수
interrupt [EXT_INT4] void external_int4(void)
{
    N1 = (N1 + 1) % 10;                 // 1자리 +1
}

// 외부 인터럽트5 처리 함수
interrupt [EXT_INT5] void external_int5(void)
{
    N10 = (N10 + 1) % 10;               // 10자리 +1
}

// 외부 인터럽트6 처리 함수
interrupt [EXT_INT6] void external_int6(void)
{
    N100 = (N100 + 1) % 10;             // 100자리 +1
}

// 외부 인터럽트7 처리 함수
interrupt [EXT_INT7] void external_int7(void)
{
    N1000 = (N1000 + 1) % 10;           // 1000자리 +1
}
```

[예제 3-6] 두 개의 외부 인터럽트를 이용한 10진 네 자리 입력 실험

[예제 3-5]를 두 개의 스위치 SW1/INT4과 SW2/INT5만을 이용하여 구현하도록 하라. 여기서, SW2는 입력될 자리(위치)를 나타내고, SW1이 눌려지면 현재 선택된 자리의 값을 +1하도록 한다. SW2가 눌려지면 입력될 위치를 1자리 -> 10자리 -> 100자리 -> 1000자리 -> 1자리 -> 10자리 ...로 이동하도록 한다.

[예제 3-6] 두 개의 외부 인터럽트를 이용한 네 자리 입력 실험

```
// eex3-6.c
// 두 개의 스위치를 이용한 네 자리 입력 실험
#include <mega128.h>
#include <delay.h>

typedef unsigned char u_char;

flash u_char seg_pat[10]= {0x3f, 0x06, 0x5b, 0x4f, 0x66, 0x6d, 0x7d, 0x07,0x7f, 0x6f};

u_char  N1 = 0, N10 = 0, N100 = 0, N1000 = 0;
u_char  pos = 0;                    // 0 : 1자리, 1 : 10자리 , 2 : 100자리 , 3 : 1000자리

void Seg4_out(void);                // 네 자리수 7-Segment 출력

void main(void)
{
    DDRB = 0xFF;                    // 포트 B 출력 설정
    DDRF = 0b11110000;              // PF4-PF7 출력 설정

    // 외부 인터럽트 초기화
    EIMSK = 0b00110000;             // 외부 인터럽트 4,5 인에이블
    EICRB = 0b00001010;             // 외부 인터럽트 4,5 : 하강 에지
    SREG = 0x80;                    // 전역 인터럽트 인에이블 비트 셋

    while(1) Seg4_out();
}

// 네 자리수 7-Segment 출력 함수
void Seg4_out(void)
{
    PORTF = 0b11100000;             // SEG 1 (PF4=0), 1자리 표시
    PORTB = seg_pat[N1];
    delay_ms(5);

    PORTF = 0b11010000;             // SEG 2 (PF5=0), 10자리 표시
    PORTB = seg_pat[N10];
    delay_ms(5);

    PORTF = 0b10110000;             // SEG 3 (PF6=0), 100자리 표시
    PORTB = seg_pat[N100];
    delay_ms(5);
```

[예제 3-6] 두 개의 외부 인터럽트를 이용한 네 자리 입력 실험 (계속)

```
        PORTF = 0b01110000;              // SEG 4 (PF7=0), 1000자리 표시
        PORTB = seg_pat[N1000];
        delay_ms(5);
}

// 외부 인터럽트4 서비스 루틴
interrupt [EXT_INT4] void external_int4(void)
{
        if(pos == 0) N1 = (N1 + 1) % 10;                    // 1자리 +1
        else if(pos == 1) N10 = (N10 + 1) % 10;             // 10자리 +1
        else if(pos == 2) N100 = (N100 + 1) % 10;           // 100자리 +1
        else N1000 = (N1000 + 1) % 10;                      // 1000자리 +1
}

// 외부 인터럽트5 서비스 루틴
interrupt [EXT_INT5] void external_int5(void)
{
        pos = (pos + 1) % 4;                                // 입력 자리 이동
}
```

[예제 3-7] 외부인터럽트를 이용한 간이 시계 제작

delay_ms() 함수를 이용하여 시간과 분을 7-Segment에 출력하는 프로그램을 작성하라. 시간과 분의 조정은 [예제 3-6]과 같이 두 개의 스위치를 이용하여 입력하도록 한다.

[예제 3-7] 외부 인터럽트를 이용한 간이 시계 제작

```
// eex3-7.c
// 외부인터럽트를 이용한 간이 시계 제작
#include <mega128.h>
#include <delay.h>

typedef unsigned char u_char;

flash u_char seg_pat[10]= {0x3f, 0x06, 0x5b, 0x4f, 0x66, 0x6d, 0x7d, 0x07, 0x7f, 0x6f};

u_char  N1, N10, N100, N1000;
u_char  pos = 0;                    // 0 : 1자리, 1 : 10자리 , 2 : 100자리 , 3 : 1000자리
u_char  hour = 12, min = 0, sec = 0;

void Time_out(void);                // 시간 표시 함수

void main(void)
{
     char i;

     DDRB = 0xFF;                   // B 포트 모든 핀 출력
     DDRF = 0b11110000;             // PF4-PF7 출력

     // 외부 인터럽트 초기화
     EIMSK = 0b00110000;            // 외부 인터럽트 4,5 인에이블
     EICRB = 0b00001010;            // 외부 인터럽트 4,5 : 하강 에지

     SREG = 0x80;                   // 전역 인터럽트 인에이블 비트 셋

     while(1) {
          for(i = 0;i < 49;i++) Time_out();        // 약 1초간 반복 표시

          sec = sec + 1;                           // 초값 +1
          if(sec == 60) {
               sec = 0;
               min = min + 1;                      // 분값 +1
               if(min == 60) {
                    min = 0;
                    hour = (hour + 1) % 24;        // 시간 +1
               }
          }
     }
}
```

[예제 3-7] 외부 인터럽트를 이용한 간이 시계 제작 (계속)

```
// 시간 표시 함수
void Time_out(void)
{
    PORTF = 0b11100000;                     // SEG 1 (분 1단위 표시)
    PORTB = seg_pat[min % 10];
    delay_ms(5);

    PORTF = 0b11010000;                     // SEG 2 (분 10단위 표시)
    PORTB = seg_pat[min / 10];
    delay_ms(5);

    PORTF = 0b10110000;                     // SEG 3 (시간 1단위 표시)
    PORTB = seg_pat[hour % 10];
    delay_ms(5);

    PORTF = 0b01110000;                     // SEG 4 (시간 10단위 표시)
    PORTB = seg_pat[hour / 10];
    delay_ms(5);
}

// 외부 인터럽트 요구 4 서비스 루틴
interrupt [EXT_INT4] void external_int4(void)
{
    N1 = min % 10;                          // 현재 분 1자리 추출
    N10 = min / 10;                         // 현재 분 10자리 추출
    N100 = hour % 10;                       // 현재 시간 1자리 추출
    N1000 = hour / 10;                      // 현재 시간 10자리 추출

    if(pos == 0) N1 = (N1 + 1) % 10;        // 분 1단위 +1
    else if(pos == 1) N10 = (N10 + 1) % 6;  // 분 10단위 +1
    else if(pos == 2) {                     // 시간 1단위 +1
        if(N1000 == 2) N100 = (N100 + 1) % 4;
        else N100 = (N100 + 1) % 10;
    }
    else {                                  // 시간 10단위 +1
        if(N100 < 4) N1000 = (N1000 + 1) % 3;
        else if(N1000 != 1) N1000 = (N1000 + 1) % 3;
    }
    hour = N1000 * 10 + N100;               // 시간 계산
    min = N10 * 10 + N1;                    // 분 계산
}

// 외부 인터럽트 요구 5 서비스 루틴
interrupt [EXT_INT5] void external_int5(void)
{
    pos = (pos + 1) % 4;                    // 입력 자리 이동
}
```

[과제] 스톱워치 제작 : 7-Segment에 1/100초 단위로 표시(외부 인터럽트 사용)

초 (10단위)	초 (1단위)	1/10초	1/100초

SW1(PE4) : 시작/정지 토글 동작
SW2(PE5) : 리셋(클리어)

<힌트> 7-Segment에 4자리를 표시하는 시간이 1/100초(10ms) 정도 걸리게끔 하는 함수를 만들어 동작 상태이면 10ms씩 증가시키며 현재의 시간을 표시한다. 그러나, 정지 상태이면 시간은 증가시키지 말고 현재의 시간을 표시하는 함수만 실행하도록 한다.

Memo

Chapter 04

타이머/카운터

ATmega128은 2개의 8비트 타이머/카운터 0과 2를 가지며, 2개의 16비트 타이머/카운터 1과 3을 가지고 있다. 이들 타이머/카운터는 내부 클럭 $clk_{I/O}$(=clk_{CPU})을 카운트하는 타이머 또는 외부 클럭을 카운트하는 카운터로 동작하며, [표 4-1]과 같이 3가지 기능으로 동작한다.

[표 4-1] 타이머/카운터 기능 요약

타이머	카운터	PWM 신호 출력
		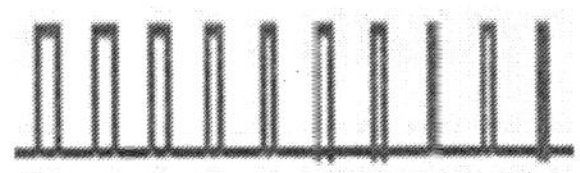
- 시계 기능 - 내부 클럭 사용 - 일정 시간 반복처리 시 많이 사용(인터럽트)	- 계수기 기능 - 외부 클럭 사용 - 모터 회전수 카운트 시 사용(인터럽트)	- PWM 파형 자동 출력 - DC 모터 제어에 많이 사용

[표 4-2]는 ATmega128의 4개 타이머/카운터에 대해 요약한 것을 보여준다.

[표 4-2] 타이머/카운터 요약표

	타이머/카운터0	타이머/카운터1	타이머/카운터2	타이머/카운터3
구조	8비트	16비트	8비트	16비트
카운터 동작 시 외부클럭 입력핀	TOSC1	T1	T2	T3
프리스케일러	1, 8, 32, 64, 128, 256, 1024	1, 8, 64, 256, 1024	1, 8, 64, 256, 1024	1, 8, 64, 256, 1024

관련 레지스터	TCNT0, TCCR0, OCR0, ASSR, TIMSK, TIFR, SFIOR	TCNT1, TCCR1A, TCCR1B, TCCR1C, OCR1A OCR1B, OCR1C, ICR1, TIMSK, ETIMSK, TIFR, ETIFR, SFIOR	TCNT2, TCCR2, OCR2, TIMSK, TIFR, SFIOR	TCNT3, TCCR3A, TCCR3B, TCCR3C, OCR3A OCR3B, OCR3C, ICR3, TIMSK, ETIMSK, TIFR, ETIFR, SFIOR
관련 입력핀	TOSC1, TOSC2	T1, IC1	T2	T3, IC3
관련 출력핀	OC0	OC1A, OC1B, OC1C	OC2	OC3A, OC3B, OC3C
인터럽트	오버플로우, 출력 비교 매치	오버플로우, 출력 비교 매치 A/B/C, 입력 캡쳐	오버플로우, 출력 비교 매치	오버플로우, 출력 비교 매치 A/B/C, 입력 캡쳐
특징	RTC 기능, 타이머/ 카운터 모두 프리 스케일러 사용	캡쳐 기능	-	캡쳐 기능

4.1 타이머/카운터0

타이머/카운터0은 8비트 업/다운 카운터로서 다음과 같은 특징을 갖는다.

- 10비트 프리스케일러 내장
- 비교 매치에서 타이머 클리어(오토 리로드)
- 카운터로 동작할 때의 클럭 입력 단자 : TOSC1
- 32kHz 시계 클럭 접속 단자 : TOSC1, TOSC2
- 오버플로우와 출력 비교 매치(Output Compare match) 2개의 인터럽트 소스 제공

[그림 4-1]은 타이머/카운터0의 블록도를 보여주며, 클럭은 시스템 클럭 또는 외부 클럭이 프리스케일러를 거쳐 타이머/카운터에 입력된다.

4.1.1 타이머/카운터0 관련 레지스터

타이머/카운터0에 관련된 레지스터에는 타이머/카운터0의 값을 저장하는 레지스터 TCNT0와 출력비교 레지스터 OCR0, 타이머/카운터0 제어 레지스터 TCCR0가 있으며, 그

밖에 타이머 인터럽트 플래그 레지스터 TIFR, 타이머 인터럽트 마스크 레지스터 TIMSK, 특수기능 I/O 레지스터 SFIOR이 있다. 그리고, 외부 클럭에 의하여 비동기 모드(카운터)로 동작하는 경우에 관련된 기능을 수행하는 비동기 상태 레지스터 ASSR이 있다.

타이머/카운터의 클럭 소스가 선택되지 않으면 타이머/카운터는 정지한다. 출력 비교 레지스터 OCR0은 항상 TCNT0과 비교되어 일치하게 되면 비교 결과에 따라 OC0 핀을 통해 PWM 출력 또는 주파수가 변하는 출력을 발생시킬 수 있다.

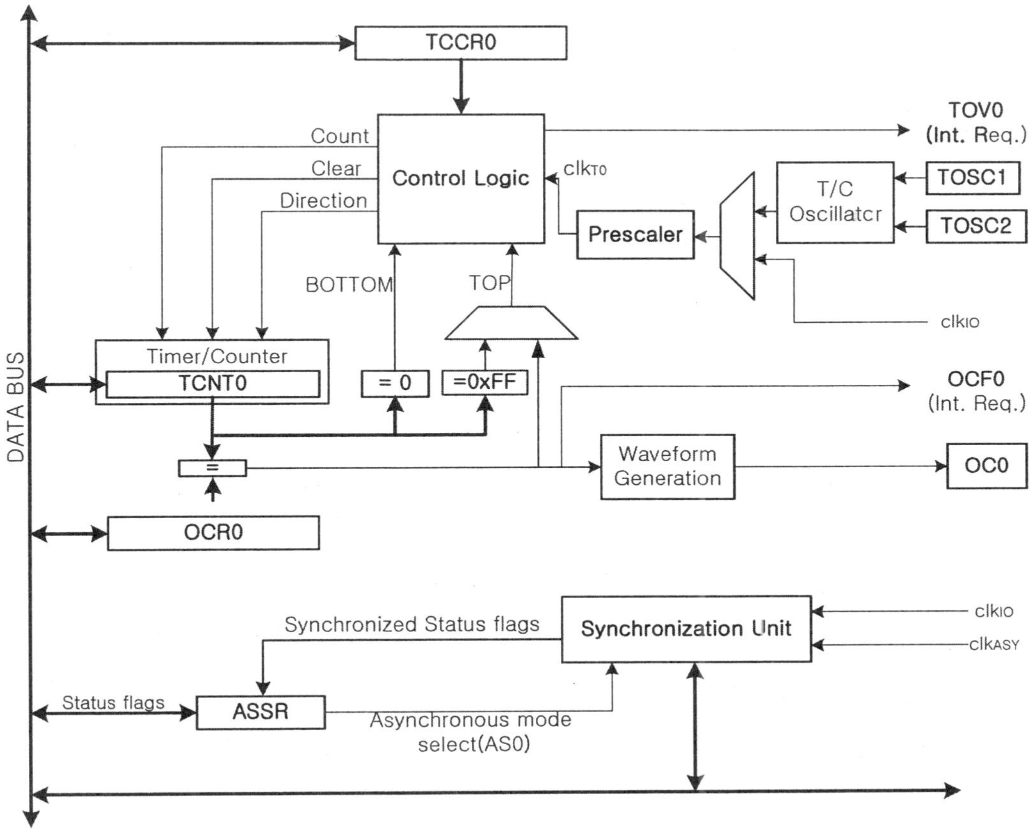

[그림 4-1] 8비트 타이머/카운터0 블록도

타이머/카운터에서는 다음과 같은 3개의 심볼이 정의되어 사용된다.

- BOTTOM : 타이머/카운터가 가질 수 있는 최소값(0x00)
- MAX : 타이머/카운터가 가질 수 있는 최대값으로, 8비트 타이머/카운터에서는 0xFF, 16비트 타이머/카운터에서는 0xFFFF를 나타낸다.

- TOP : 타이머/카운터가 동작모드에 따라 취할 수 있는 최대값으로, 0xFF(16비트의 경우는 0xFFFF)와 같은 고정값을 가질 수도 있고 또는 레지스터에 의해 지정될 수도 있다

■ TCCR0(Timer/Counter0 Control Register) : 타이머/카운터0 제어 레지스터

비트	7	6	5	4	3	2	1	0	
0x33(0x53)	FOC0	WGM00	COM01	COM00	WGM01	CS02	CS01	CS00	TCCR0
읽기/쓰기	읽기/쓰기	읽기/쓰기	읽기/쓰기	읽기/쓰기	읽기/쓰기	읽기/쓰기	읽기/쓰기	읽기/쓰기	
초기값	0	0	0	0	0	0	0	0	

- Bit 7 – FOC0(Force Output Compare)

  이 비트는 PWM 모드가 아닌 경우에만 유효하며, 이 비트가 1이면 비교출력 단자 OC0을 통해 COM01:COM00 비트에 의해 설정된 값이 즉시 출력된다. 이 비트는 인터럽트를 발생시키지 않으며, 또한 OCR0 레지스터를 TOP으로 사용하는 CTC 모드에서 타이머를 클리어 시키지 않는다.

- Bit 6, Bit 3 – WGM00, WGM01(Waveform Generation Mode)

  이 비트들은 타이머/카운터0의 동작모드를 설정하며, 이 값에 따라 카운트 순서 및 최대 카운터값(TOP)이 [표 4-3]과 같이 결정된다. 여기서, TOP은 타이머/카운터0이 카운트할 수 있는 최대값을 나타낸다.

[표 4-3] 타이머/카운터0 동작모드

모드	WGM01	WGM00	동작모드	TOP	OCR0 업데이트 시점	TOV0 플래그 셋 시점
0	0	0	Normal	0xFF	설정 즉시	MAX
1	0	1	Phase Correct PWM	0xFF	TOP	BOTTOM
2	1	0	CTC	OCR0	설정 즉시	MAX
3	1	1	Fast PWM	0xFF	TOP	MAX

- Bit 5, Bit 4 – COM01, COM00(Compare Match Output Mode)

  이 비트들은 타이머/카운터0의 출력단자 OC0 핀의 동작을 제어하며, 동작모드에 따라 [표 4-4], [표 4-5], [표 4-6]과 같은 출력기능을 갖는다.

이 때 OC0 핀에 해당하는 데이터 방향 레지스터 DDRB의 4비트는 출력이 되도록 셋 되어져야 한다.

[표 4-4] Normal 또는 CTC 모드인 경우의 출력기능

COM01	COM00	OC0핀의 출력기능
0	0	일반 I/O 포트 동작(OC0 차단)
0	1	비교 매치에서 OC0 출력값 토글(반전)
1	0	비교 매치에서 OC0 클리어
1	1	비교 매치에서 OC0 셋

[표 4-5] Phase Correct PWM 모드인 경우의 출력기능

COM01	COM00	OC0핀의 출력기능
0	0	일반 I/O 포트 동작(OC0 차단)
0	1	-
1	0	업 카운트 중의 비교 매치에서는 OC0 클리어, 다운 카운트 중의 비교 매치에서는 셋
1	1	업 카운트 중의 비교 매치에서는 OC0 셋, 다운 카운트 중의 비교 매치에서는 클리어

[표 4-6] Fast PWM 모드인 경우의 출력기능

COM01	COM00	OC0핀의 출력기능
0	0	일반 I/O 포트 동작(OC0 차단)
0	1	-
1	0	비교 매치에서 OC0 클리어, TOP에서 셋
1	1	비교 매치에서 OC0 셋, TOP에서 클리어

- Bit 2:0 – CS02:0(클럭 선택)

  이 비트들은 [표 4-7]과 같이 타이머/카운터0의 분주비(프리스케일러)를 결정하며, [그림 4-2]는 타이머/카운터0의 프리스케일러 내부 구조를 보여준다.

[표 4-7] 타이머/카운터0의 클럭 선택

CS02	CS01	CS00	기 능
0	0	0	클럭입력 차단(타이머/카운터 정지)
0	0	1	clk_{TOS} / 1
0	1	0	clk_{TOS} / 8
0	1	1	clk_{TOS} / 32
1	0	0	clk_{TOS} / 64
1	0	1	clk_{TOS} / 128
1	1	0	clk_{TOS} / 256
1	1	1	clk_{TOS} / 1024

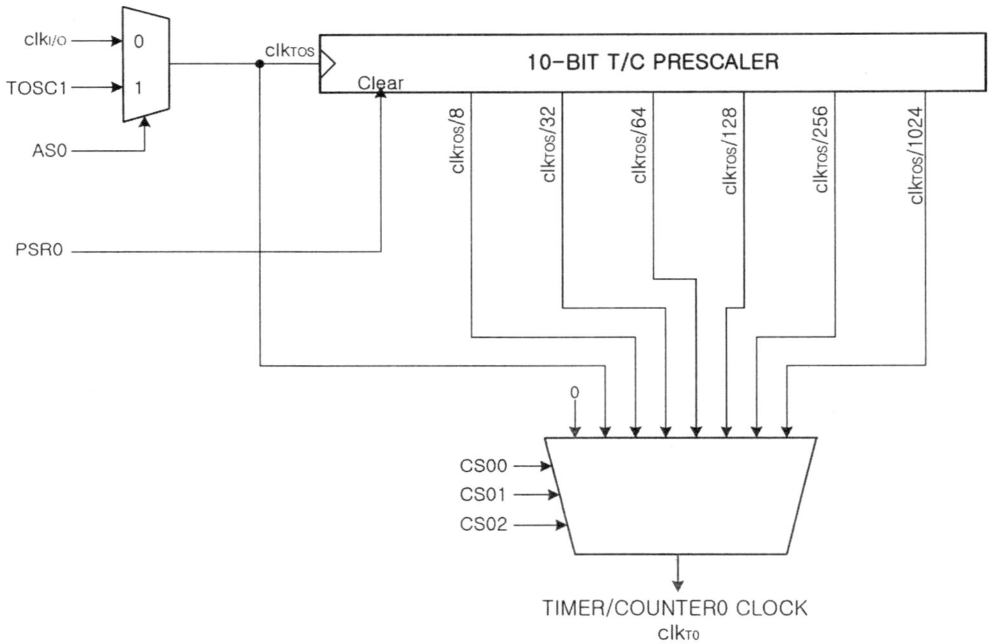

[그림 4-2] 타이머/카운터0 프리스케일러

■ TCNT0(Timer/Counter 0 Register) : 타이머 카운터0 레지스터

비트	7	6	5	4	3	2	1	0	
0x32(0x52)	MSB							LSB	**TCNT0**
읽기/쓰기	읽기/쓰기	읽기/쓰기	읽기/쓰기	읽기/쓰기	읽기/쓰기	읽기/쓰기	읽기/쓰기	읽기/쓰기	
초기값	0	0	0	0	0	0	0	0	

타이머/카운터0 레지스터는 읽기 및 쓰기가 가능한 업/다운 카운터로 동작하며, 타이머/카운터0이 동작하는 동안 TCNTO 값을 변경하면 OCR0 레지스터와의 비교 매치에 오류를 발생시킬 수도 있기 때문에 주의가 필요하다.

■ OCR0(Output Compare Register 0) : 출력비교 레지스터0

비트	7	6	5	4	3	2	1	0	
0x31(0x51)	MSB							LSB	OCR0
읽기/쓰기	읽기/쓰기	읽기/쓰기	읽기/쓰기	읽기/쓰기	읽기/쓰기	읽기/쓰기	읽기/쓰기	읽기/쓰기	
초기값	0	0	0	0	0	0	0	0	

이 레지스터는 TCNT0과 계속 비교되는 8비트 레지스터로서, 두 레지스터의 값이 일치했을 때 OC0 핀을 통해 설정된 값이 출력되거나 출력비교 인터럽트를 발생한다.

■ ASSR(Asynchronous Status Register) : 비동기 상태 레지스터

비트	7	6	5	4	3	2	1	0	
0x30(0x50)	-	-	-	-	AS0	TCNOUB	CCR0UB	TCR0UB	ASSR
읽기/쓰기	읽기	읽기	읽기	읽기	읽기/쓰기	읽기	읽기	읽기	
초기값	0	0	0	0	0	0	0	0	

이 레지스터는 타이머/카운터0이 외부 클럭에 의하여 비동기 모드로 동작하는 경우에 관련된 기능을 한다.

- Bit 3 – AS0(Asynchronous Timer/Counter 0) : 비동기 타이머/카운터0
  타이머/카운터0의 클럭 소스를 선택하는 비트로서 0이면 내부 클럭 $clk_{I/O}$가 선택되어 동기모드(타이머)로 동작하고, 1이면 TOSC1 단자에 입력되는 클럭이 선택되어 비동기모드(카운터)로 동작한다. 이 비트가 변화하면 TCNT0, OCR0, TCCRO의 값이 바뀔 수 있다.

- Bit 2 – TCN0UB(Timer/Counter 0 Update Busy) : 타이머/카운터0 갱신 비지 플래그 비트
  타이머/카운터0이 비동기 모드로 동작하고 있을 때 TCNT0에 새로운 값이 쓰여지면 셋 되며, TCNT0의 쓰기가 완료되면 이 비트는 자동적으로

클리어 된다.

- Bit 1 – OCR0UB(Output Compare Register 0 Update Busy) :
  OCR0 갱신 비지 플래그 비트
  타이머/카운터0이 비동기 모드로 동작하고 있을 때 OCR0에 새로운 값이 쓰여지면 셋 되며, OCR0의 쓰기가 완료되면 이 비트는 자동적으로 클리어 된다.

- Bit 0 – TCR0UB(Timer/Counter Control Register 0 Update Busy) :
  타이머/카운터 제어 레지스터0 갱신 비지 플래그 비트
  타이머/카운터0이 비동기 모드로 동작하고 있을 때 TCCR0에 새로운 값이 쓰여지면 셋 되며, TCCR0의 쓰기가 완료되면 이 비트는 자동적으로 클리어 된다.

타이머/카운터0를 동기모드와 비동기 모드사이에서 스위칭하는 경우에는 TCNT0, TCCR0, OCR0에 영향을 줄 수 있으므로, 다음과 같은 안전한 절차에 의해 모드를 바꾸어야 한다.

① 0C1E0와 TOIE0를 클리어하여 타이머/카운터0의 인터럽트를 금지시킨다.
② AS0 비트를 원하는 대로 설정한다.
③ TCNT0, OCR0, TCCR0에 새로운 값을 설정한다.
④ TCN0UB, OCR0UB, TCR0UB 비트가 0이 될 때까지 대기한다.
⑤ 타이머/카운터0의 인터럽트 플래그(OCF0, TOV0)를 클리어시킨다.
⑥ 필요하면 인터럽트를 인에이블 시킨다.

■ TIMSK(Timer/Counter Interrupt Mask Register) : 타이머/카운터 인터럽트 마스크 레지스터

비트	7	6	5	4	3	2	1	0	
0x37(0x57)	OCIE2	TOIE2	TICIE1	OC1E1A	OC1E1B	TOIE1	OCIE0	TOIE0	TIMSK
읽기/쓰기	읽기/쓰기	읽기/쓰기	읽기/쓰기	읽기/쓰기	읽기/쓰기	읽기/쓰기	읽기/쓰기	읽기/쓰기	
초기값	0	0	0	0	0	0	0	0	

- Bit 1 – OCIE0 : 타이머/카운터0 출력 비교 인터럽트 인에이블 비트

  이 비트가 셋 되고 상태 레지스터 SREG의 I 비트가 셋 되었을 때 타이머/카운터0의 출력 비교 인터럽트는 인에이블 된다. TCNT0과 OCR0의 값이 일치하여 타이머/카운터 인터럽트 플래그 레지스터 TIFR의 OCF0 비트가 셋 되면 대응하는 인터럽트 서비스 루틴이 실행된다.

- Bit 0 – TOIE0 : 타이머/카운터0 오버플로우 인터럽트 인에이블 비트

  이 비트가 셋 되고 상태 레지스터 SREG의 I 비트가 셋 되었을 때 타이머/카운터0의 오버플로우 인터럽트는 인에이블 된다. 타이머/카운터0에서 오버플로우(0xFF->0x00)가 발생하여 타이머/카운터 인터럽트 플래그 레지스터 TIFR의 TOV0 비트가 셋 되면 대응하는 인터럽트 서비스 루틴이 실행된다.

■ **TIFR(Timer/Counter Interrupt Flag Register) : 타이머/카운터 인터럽트 플래그 레지스터**

비트	7	6	5	4	3	2	1	0	
0x36(0x56)	OCF2	TOV2	ICF1	OCF1A	OCF1B	TOV1	OCF0	TOV0	TIFR
읽기/쓰기	읽기/쓰기	읽기/쓰기	읽기/쓰기	읽기/쓰기	읽기/쓰기	읽기/쓰기	읽기/쓰기	읽기/쓰기	
초기값	0	0	0	0	0	0	0	0	

- Bit 1 – OCF0 : 타이머/카운터0 출력 비교 인터럽트 플래그 비트

  이 비트는 타이머/카운터0 레지스터 TCNT0과 출력 비교 레지스터 OCR0의 값이 일치할 경우 셋 되며, 이 비트는 대응하는 인터럽트 처리 루틴이 실행될 경우 자동적으로 클리어 된다.

- Bit 0 – TOV0 : 타이머/카운터0 오버플로우 인터럽트 플래그 비트

  이 비트는 타이머/카운터0에서 오버플로우가(0xFF-> 0x00) 발생하는 경우에 셋 되며, 대응하는 인터럽트 처리 루틴이 실헝될 경우 이 비트는 자동적으로 클리어 된다.

■ SFIOR(Special Function I/O Register) : 특수 기능 I/O 레지스터

비트	7	6	5	4	3	2	1	0	
0x20(0x40)	TSM	-	-	-	ACME	PUD	PSR0	PSR321	SFIOR
읽기/쓰기	읽기/쓰기	읽기	읽기	읽기	읽기/쓰기	읽기/쓰기	읽기/쓰기	읽기/쓰기	
초기값	0	0	0	0	0	0	0	0	

- Bit 7 – TSM(Timer/Counter Synchronization Mode) : 타이머/카운터 동기 모드

  이 비트는 모든 타이머/카운터를 동기화시키는 기능을 하며, 1로 설정하면 PSR0 및 PSR321 비트값이 그대로 유지된다. 이것은 PSR0과 PSR321이 모두 1인 경우 대응하는 프리스케일러를 계속해서 리셋 상태를 유지하게 해주어 모든 타이머/카운터를 정지시켜 주는 역할을 하게 된다. 이와 같이 타이머/카운터가 정지된 상태에서 타이머/카운터에 같은 값을 설정할 수 있다. 그리고, 이 비트를 0으로 하면 PSR0과 PSR321 비트는 하드웨어적으로 클리어 되어 타이머/카운터는 동시에 카운팅을 시작하게 되어 동기를 맞출 수 있게 된다.

- Bit 1 – PSR0 : 타이머/카운터 0의 프리스케일러 리셋

  이 비트를 1로 설정하면 타이머/카운터0의 프리스케일러가 리셋되며, 그 후 바로 자동적으로 클리어된다. 그러나 타이머/카운터0이 비동기모드(카운터)로 동작할 때 이 비트를 1로 하면 프리스케일러가 리셋될 때까지 그대로 1을 유지하며, 또한 TSM 비트가 셋되면 이 비트는 자동적으로 클리어 되지 않는다.

4.1.2 타이머/카운터0 동작

(1) 일반 모드(Normal Mode)

타이머/카운터0의 가장 간단하면서도 가장 많이 사용되는 동작모드로서, 정해진 작업을 일정시간 간격으로 계속 수행할 때 사용한다. [그림 4-3]과 같이 이 모드에서는 항상 업카운터로서만 동작하며, 타이머/카운터0의 값이 8비트 최대값 0xFF(TOP=0xFF)가 되면 0x00부터 다시 시작한다. 타이머/카운터0의 오버플로우 인터럽트 플래그 TOV0은 TCNT0 값이 0xFF에서 0x00으로 될 때 1이 되어 인터럽트를 발생시킨다.

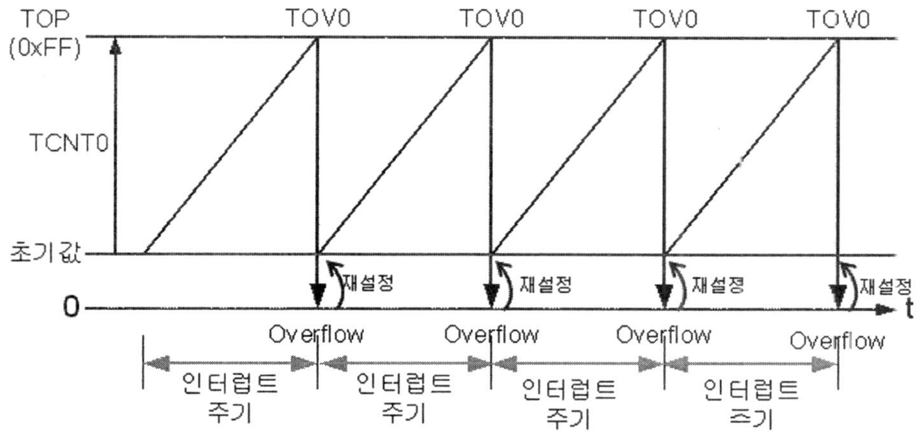

[그림 4-3] 타이머/카운터0 일반모드

일반모드에서는 TCNT0의 상한값이 0xFF(255)로 고정되어 있으며, 인터럽트 주기는 TCNT0의 초기값에 의해 다음 식과 같이 결정된다.

인터럽트 주기 = (1/16)us * 분주비 * (256 - TCNT0 초기값)

따라서, 오버플로우 인터럽트가 발생하면 TCNT0의 값이 0이 되기 때문에 일정시간 간격으로 계속 인터럽트를 발생시키기 위해서는 오버플로우 인터럽트가 발생할 때마다 같은 초기값으로 재설정해 주어야 한다. 예를 들면, 시스템 클럭이 16MHz인 ATmega128 시스템에서 TCCR0=0x02(8분주), TCNT0=156을 설정하면 인터럽트 주기는

(1/16)us * 8분주 * (256 - 156) = 50us

가 되며, 오버플로우 인터럽트가 발생할 때마다 TCNT0에 156을 넣어 주면 50us마다 계속해서 인터럽트를 발생할 수 있게 된다.

(2) CTC 모드(Clear Time on Compare Match Mode)

이 모드에서는 TCNT0의 값이 증가하여 OCR0의 값과 일치하던 다음 클럭에서 0으로 자동 클리어 되며, TCNT0의 값은 0~OCR0의 범위를 갖는다. 따라서, OCR0은 카운터의 최대값(TOP)을 나타내며, [그림 4-4]는 CTC 모드의 동작을 보여준다.

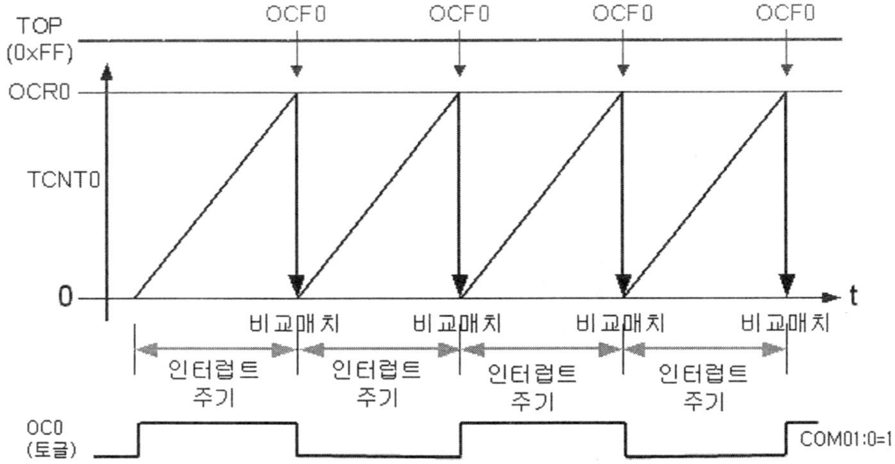

[그림 4-4] 타이머/카운터0 CTC 모드

일반모드는 상한값이 고정이지만, CTC 모드는 하한값이 0으로 고정되어 있다. 출력비교매치 인터럽트는 카운터의 값 TCNT0이 OCR0과 일치한 후 다음 클럭에서 0으로 될 때 OCF0 플래그가 1이 되면서 발생한다. 따라서, CTC 모드에 의한 비교매치 인터럽트 주기는

비교매치 인터럽트 주기 = (1/16)us * 분주비 * (1+OCR0)

이 된다.

CTC 모드에서는 OC0 핀을 통해 파형을 발생시킬 수 있으며, [표 4-3]에서와 같이 토글 모드를 설정하면 구형파를 출력할 수 있다. 이 때 출력되는 파형의 주기는

$$f_{OC_0} = \frac{f_{clk(I/O)}}{2 \cdot N \cdot (1 + OCR0)}$$

가 된다. 여기서, N은 분주비로 1, 8, 32, 64, 128, 256, 1024의 값을 가지며, $f_{clk(I/O)}$는 시스템 클럭과 같은 주파수를 나타낸다. OC0 핀을 통해 파형을 출력할 때는 OC0 핀에 해당하는 PB4의 데이터 방향을 출력이 되도록 설정해야 한다.

(3) Fast PWM Mode (Fast Pulse Width Modulation Mode)

이 모드에서는 높은 주파수의 PWM 파형을 발생하는데 유용하며, [그림 4-5]와 같이

TCNT0 값은 0에서 0xFF까지 증가하다 다시 0부터 카운트하는 동작을 반복한다. 비반전 비교 출력모드에서 TCNT0 값은 계속하여 OCR0과 비교되어 일치하면 OC0 핀을 통해 0이 출력되고, TOP 값에서 1이 출력된다. [그림 4-5]는 이를 보여주며, OCR0의 설정값에 따라 출력되는 PWM 파형의 High(또는 Low) 부분 펄스폭이 다른 것을 알 수 있다.

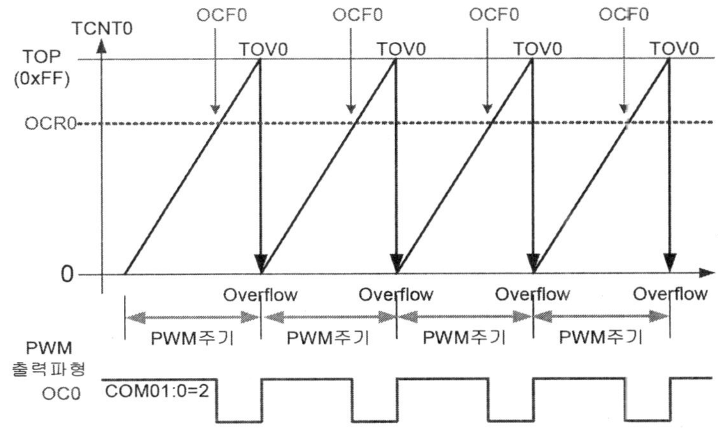

(a) OCR0가 클 때

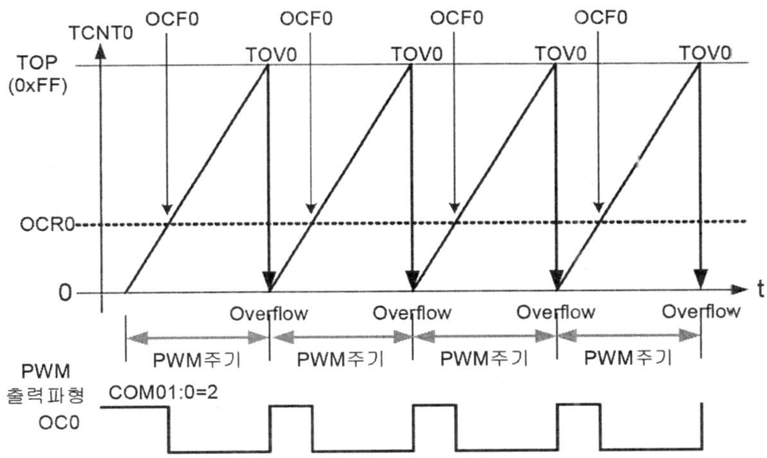

(b) OCR0가 작을 때

[그림 4-5] 타이머/카운터0 Fast PWM 모드

OCR0 값을 가변함에 따라 PWM 파형이 가변되어 출력되며, OC0 핀을 통해 출력되는 파형의 주파수는

$$f_{OC_0} = \frac{f_{clk(I/O)}}{N \cdot 256}$$

가 된다. 여기서, N은 분주비로 1, 8, 32, 64, 128, 256, 1024의 값을 가지며, $f_{clk(I/O)}$는 시스템 클럭과 같은 주파수를 나타낸다.

OC0 핀을 통해 파형을 출력할 때는 OC0에 해당하는 PB4의 데이터 방향을 출력이 되도록 설정해야 한다.

이 모드에서 타이머/카운터0 오버플로우 인터럽트는 TCNT0 값이 0xFF에서 0x00이 될 때마다 발생하며, TCNT0과 OCR0의 값이 일치하면 출력 비교 인터럽트가 발생하게 된다.

만약 극단적으로 OCR0 레지스터의 값을 0x00으로 설정하면 OC0 핀에는 TCNT0의 값이 0xFF에서 0x00으로 되는 1클럭 사이클 동안에만 좁은 스파이크로 파형이 출력된다. 그리고, OCR0 레지스터의 값을 0xFF로 설정하면 OC0 핀에는 계속 High 상태가 출력된다.

(4) PC PWM (Phase Correct PWM) Mode

이 모드에서는 높은 분해능의 PWM 파형을 발생하는데 유용하며, TCNT0 값은 [그림 4-6]과 같이 0에서 255까지 증가하였다가 0으로 감소하는 동작을 반복한다. 비반전 비교출력모드에서 업 카운트 중에 TCNT0 값과 OCR0의 값이 일치하면 OC0 핀을 통해 0이 출력되고, 다운 카운트 중에 TCNT0 값과 OCR0 값이 일치하면 1이 출력된다. [그림 4-6]은 이를 보여준다.

OCR0의 설정값에 따라 출력되는 PWM 파형의 High(또는 Low) 부분 펄스폭이 다른 것을 알 수 있다. 즉, OCR0 값을 가변함에 따라 PWM 파형이 가변되어 출력되며, OC0 핀을 통해 출력되는 파형의 주파수는

$$f_{OC_0} = \frac{f_{clk(I/O)}}{N \cdot 510}$$

가 된다. 여기서, N은 분주비로 1, 8, 32, 64, 128, 256, 1024의 값을 가지며, $f_{clk(I/O)}$는 시스템 클럭과 같은 주파수를 나타낸다. 이처럼 PC PWM 모드에서의 주파수는 고속 PWM 모드에 비해 반으로 줄어든다.

OC0 핀을 통해 파형을 출력할 때는 OC0 핀에 해당하는 PB4의 데이터 방향을 출력이 되도록 설정해야 한다.

이 모드에서 타이머/카운터0 오버플로우 인터럽트는 TCNT0 값이 0x00이 될 때마다 발

생하며, TCNT0과 OCR0 값이 일치하면 그 다음 클럭에서 출력 비교 인터럽트가 발생하게 된다.

비반전 비교 출력모드에서 OCR0의 극단적인 값으로서 OCR0의 값이 0x00이면 0이 계속해서 OC0 핀에 출력되고, OCR0의 값이 0xFF이면 1이 계속해서 OC0 핀에 출력된다.

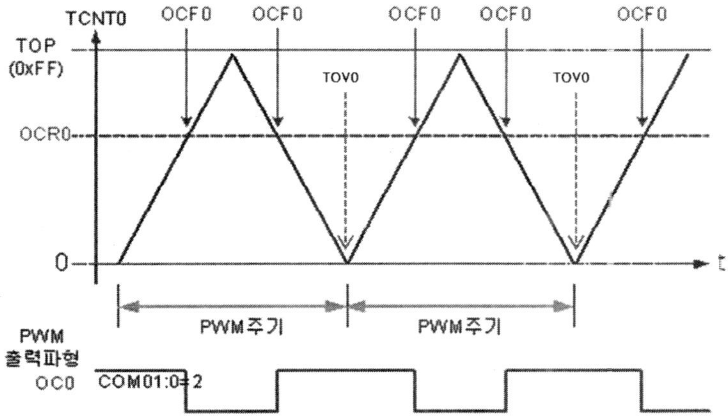

(a) OCR0가 클 때

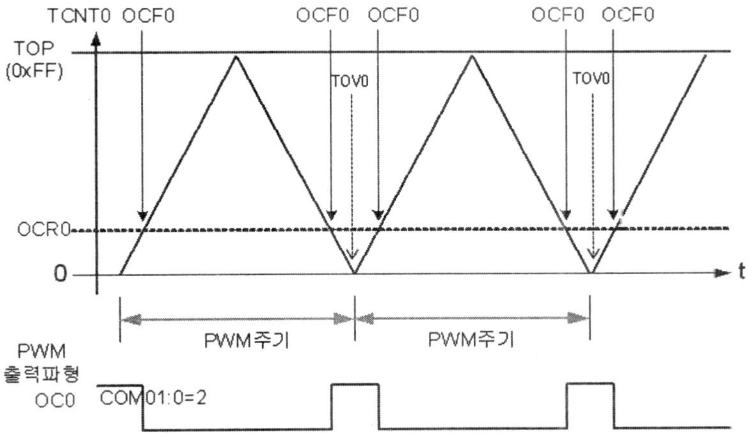

(b) OCR0가 작을 때

[그림 4-6] 타이머/카운터0 Phase Correct PWM 모드

4.1.3 타이머/카운터 0 동작 타이밍

[그림 4-7]은 프리스케일러의 분주비가 1인 경우 PC PWM 모드를 제외한 모든 동작모

드에서, 타이머/카운터0의 값이 MAX(0xFF)까지 증가하다 BOTTOM(0x00)으로 되면서 오버플로우 인터럽트 플래그 TOV0이 1이 되는 타이머/카운터0의 타이밍을 보여준다.

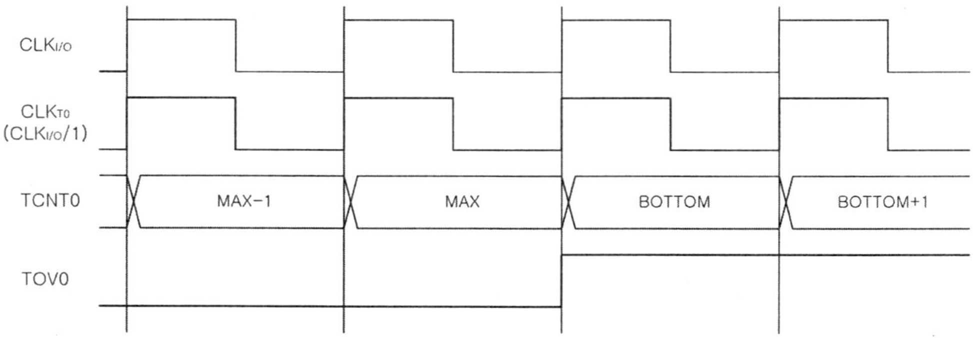

[그림 4-7] 타이머/카운터0 타이밍 (분주비=1)

[그림 4-8]은 프리스케일러의 분주비가 8인 경우의 타이머/카운터0의 타이밍을 보여주며, 클럭 $clk_{I/O}$ 8개마다 카운터의 값이 1씩 증가하는 것을 알 수 있다.

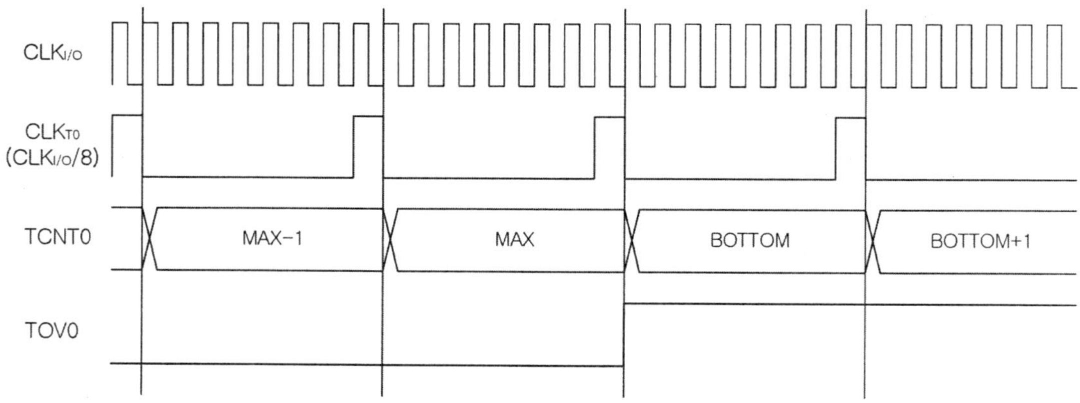

[그림 4-8] 타이머/카운터0 타이밍 (분주비=8)

[그림 4-9]는 TCNT0의 값이 증가하여 OCR0과 일치하고 OCF0이 1이 되는 타이밍을 보여주며, TCNT0이 OCR0과 일치한 후에 계속 증가하는 것을 볼 수 있다. 반면에, [그림 4-10]은 CTC 모드에서의 타이밍을 보여주며, TCNT0이 OCR0과 일치한 후에 0으로 리셋되는 것을 보여준다.

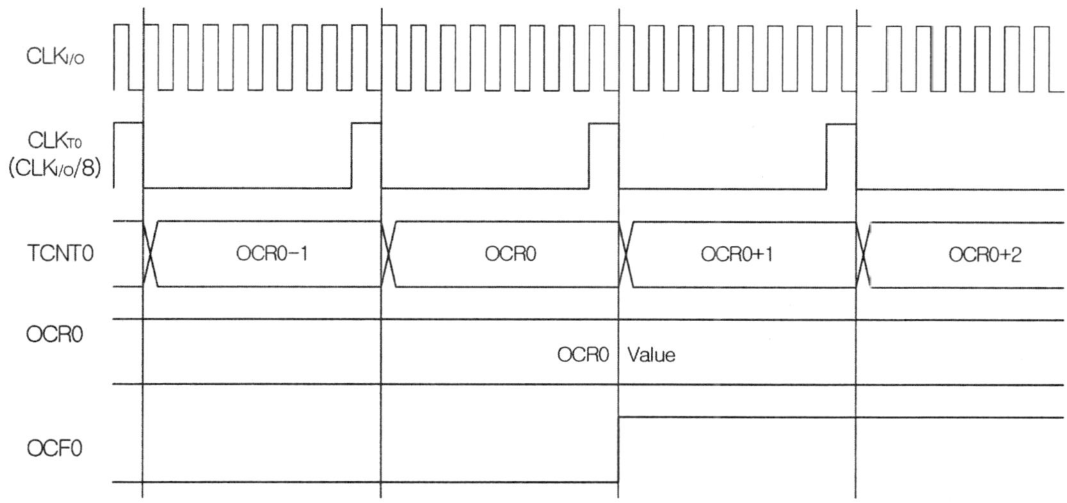

[그림 4-9] CTC를 제외한 동작모드에서의 OCF0 변화 타이밍 (분주비=8)

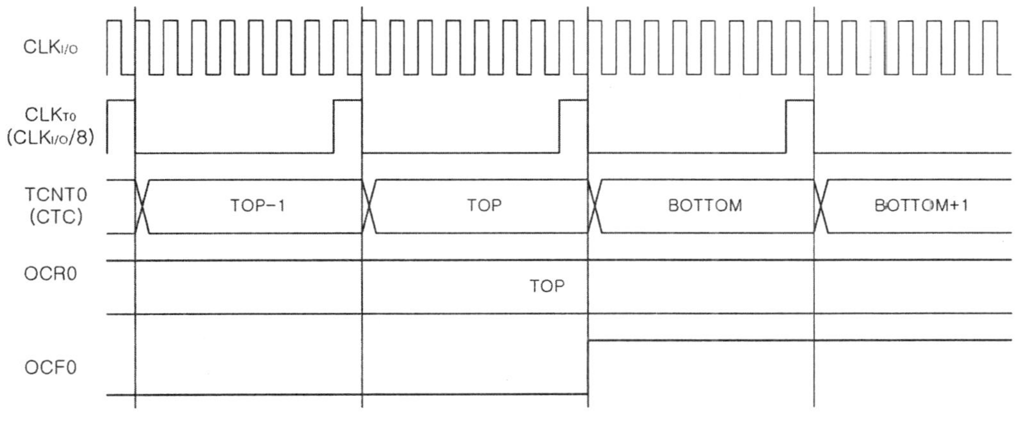

[그림 4-10] CTC 동작모드에서의 OCF0 변화 타이밍 (분주비=8, BOTTOM=0x00, TOP=OCR0)

4.1.4 출력비교 유닛(Output Compare Unit)

[그림 4-11]은 타이머/카운터0의 출력비교 유닛 블록도를 보여주며, 레지스터 TCNT0과 OCR0은 8비트 비교기에 의해 계속 비교된다. TCNT0과 OCR0의 값이 일치하면 OCF0 플래그 비트가 다음 클럭에서 셋 되어 인터럽트를 요청하게 된다. OCF0는 인터럽트처리가 실행되면 자동적으로 클리어 되지만, 소프트웨어적으로 0을 써주어 클리어 시킬 수도 있다. TCNT0과 OCR0의 값이 일치하면 WGM01..00비트에 의해 설정된 파형 출

력모드에 따라 OC0 핀을 통해 파형이 출력된다.

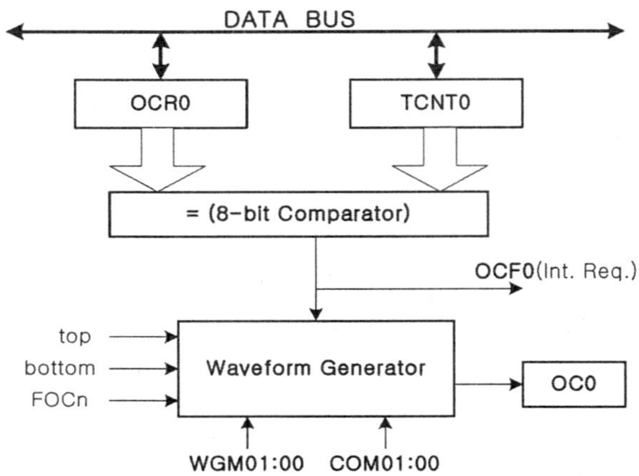

[그림 4-11] 타이머/카운터0 출력비교 유닛 블록도

4.2 타이머/카운터2

타이머/카운터2는 8비트 업/다운 카운터로서 다음과 같은 특징을 갖는다.

- 10비트 프리스케일러 내장
- 비교 매치에서 타이머 클리어(오토 리로드)
- 카운터로 동작할 때 클럭 입력 단자 : T2
- 오버플로우와 출력 비교 매치(Output Compare match)에 의한 2개의 인터럽트 소스 제공

[그림 4-12]는 타이머/카운터2의 블록도를 보여주며, 클럭은 외부 클럭 또는 프리스케일러를 거친 시스템 클럭이 타이머/카운터에 입력된다.

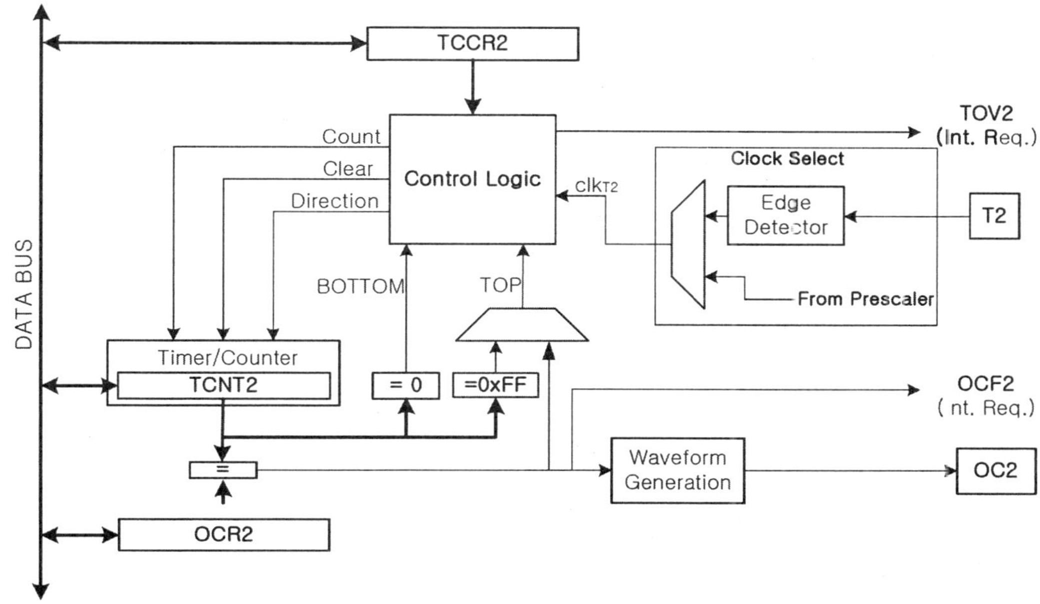

[그림 4-12] 8비트 타이머/카운터2 블록도

4.2.1 타이머/카운터2 관련 레지스터

타이머/카운터2에 관련된 레지스터에는 타이머/카운터2의 값을 저장하는 레지스터 TCNT2와 출력비교 레지스터 OCR2, 타이머/카운터2 제어 레지스터 TCCR2가 있으며, 그 밖에 타이머 인터럽트 플래그 레지스터 TIFR, 타이머 인터럽트 마스크 레지스터 TIMSK, 특수기능 I/O 레지스터 SFIOR이 있다.

타이머/카운터의 클럭 소스가 선택되지 않으면 타이머/카운터는 정지한다. 출력 비교 레지스터 OCR2는 항상 TCNT2와 비교되어 일치하게 되면 비교 결과에 따라 OC2핀을 통해 PWM 출력 또는 주파수가 변하는 출력을 발생시킬 수 있다.

■ TCCR2(Timer/Counter2 Control Register) : 타이머/카운터2 제어 레지스터

비트	7	6	5	4	3	2	1	0	
0x25(0x45)	FOC2	WGM20	COM21	COM20	WGM21	CS22	CS21	CS20	TCCR2
읽기/쓰기	읽기/쓰기	읽기/쓰기	읽기/쓰기	읽기/쓰기	읽기/쓰기	읽기/쓰기	읽기/쓰기	읽기/쓰기	
초기값	0	0	0	0	0	0	0	0	

- Bit 7 – FOC2(Force Output Compare)

  이 비트는 PWM 모드가 아닌 경우에만 유효하며, 이 비트가 1이면 비교 출력 단자 OC2 핀을 통해 COM21:COM20 비트에 의해 설정된 값이 즉시 출력된다. 이 비트는 인터럽트를 발생시키지 않으며, 또한 OCR2 레지스터를 TOP으로 사용하는 CTC 모드에서 타이머를 클리어 시키지 않는다.

- Bit 6, Bit 3 – WGM20, WGM21(Waveform Generation Mode)

  이 비트들은 타이머/카운터2의 동작모드를 설정하며, 이 값에 따라 카운트 순서 및 최대 카운터값(TOP)이 [표 4-8]과 같이 결정된다. 여기서, TOP은 타이머/카운터2가 카운트할 수 있는 최대값을 나타낸다.

[표 4-8] 타이머/카운터2 동작모드

모드	WGM21	WGM20	동작모드	TOP	OCR2 업데이트 시점	TOV2 플래그 셋 시점
0	0	0	Normal	0xFF	설정 즉시	MAX
1	0	1	Phase Correct PWM	0xFF	TOP	BOTTOM
2	1	0	CTC	OCR2	설정 즉시	MAX
3	1	1	Fast PWM	0xFF	TOP	MAX

- Bit 5, Bit 4 – COM21, COM20(Compare Match Output Mode)

  이 비트들은 타이머/카운터2의 출력단자 OC2 핀의 동작을 제어하며, 동작모드에 따라 [표 4-9], [표 4-10], [표 4-11]과 같은 출력기능을 갖는다. 이 때 OC2 핀에 해당하는 데이터 방향 레지스터 DDRB의 7비트째는 출력이 되도록 셋 되어져야 한다.

[표 4-9] Normal 또는 CTC 모드인 경우의 출력기능

COM21	COM20	OC2핀의 출력기능
0	0	일반 I/O 포트 동작(OC2 차단)
0	1	비교 매치에서 OC2 출력값 토글(반전)
1	0	비교 매치에서 OC2 클리어
1	1	비교 매치에서 OC2 셋

[표 4-10] Phase Correct PWM 모드인 경우의 출력기능

COM21	COM20	OC2핀의 출력기능
0	0	일반 I/O 포트 동작(OC2 차단)
0	1	-
1	0	업 카운트 중의 비교 매치에서는 OC2 클리어, 다운 카운트 중의 비교 매치에서는 셋
1	1	업 카운트 중의 비교 매치에서는 OC2 셋, 다운 카운트 중의 비교 매치에서는 클리어

[표 4-11] Fast PWM 모드인 경우의 출력기능

COM21	COM20	OC2핀의 출력기능
0	0	일반 I/O 포트 동작(OC2 차단)
0	1	-
1	0	비교 매치에서 OC2 클리어, TOP에서 셋
1	1	비교 매치에서 OC2 셋, TOP에서 클리어

- Bit 2:0 – CS22:0(클럭 선택)

  이 비트들은 [표 4-12]와 같이 타이머/카운터2의 분주비(프리스케일러)를 결정하며, [그림 4-13]은 타이머/카운터2의 프리스케일러 내부 구조를 보여준다.

[표 4-12] 타이머/카운터2의 클럭 선택

CS22	CS21	CS20	클럭 소스	동작
0	0	0	클럭입력 차단(타이머/카운터 정지)	정지
0	0	1	$clk_{I/O}$ / 1	타이머
0	1	0	$clk_{I/O}$ / 8	
0	1	1	$clk_{I/O}$ / 64	
1	0	0	$clk_{I/O}$ / 256	
1	0	1	$clk_{I/O}$ / 1024	
1	1	0	T2 핀을 통해 입력되는 외부 클럭(하강 에지에서 동작)	카운터
1	1	1	T2 핀을 통해 입력되는 외부 클럭(상승 에지에서 동작)	

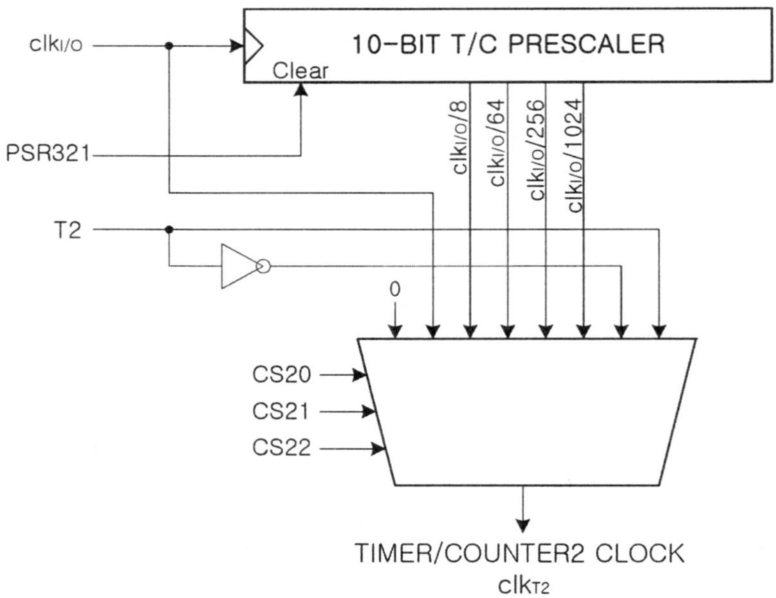

[그림 4-13] 타이머/카운터2 프리스케일러

■ TCNT2(Timer/Counter 2 Register) : 타이머 카운터2 레지스터

비트	7	6	5	4	3	2	1	0	
0x24(0x44)	MSB							LSB	TCNT2
읽기/쓰기	읽기/쓰기	읽기/쓰기	읽기/쓰기	읽기/쓰기	읽기/쓰기	읽기/쓰기	읽기/쓰기	읽기/쓰기	
초기값	0	0	0	0	0	0	0	0	

타이머/카운터2 레지스터는 읽기 및 쓰기가 가능한 업/다운 카운터로 동작하며, 타이머/카운터2가 동작하는 동안 TCNT2 값을 변경하면 OCR2 레지스터와의 비교 매치에 오류를 발생시킬 수도 있기 때문에 주의가 필요하다.

■ OCR2(Output Compare Register 2) : 출력비교 레지스터2

비트	7	6	5	4	3	2	1	0	
0x23(0x43)	MSB							LSB	OCR2
읽기/쓰기	읽기/쓰기	읽기/쓰기	읽기/쓰기	읽기/쓰기	읽기/쓰기	읽기/쓰기	읽기/쓰기	읽기/쓰기	
초기값	0	0	0	0	0	0	0	0	

이 레지스터는 TCNT2와 계속적으로 비교되는 8비트 레지스터로서, 두 레지스터의 값

이 일치했을 때 OC2 핀을 통해 설정된 값이 출력되거나 출력비교 인터럽트를 발생한다.

■ TIMSK(Timer/Counter Interrupt Mask Register) : 타이머/카운터 인터럽트 마스크 레지스터

비트	7	6	5	4	3	2	1	0	
0x37(0x57)	OCIE2	TOIE2	TICIE1	OC1E1A	OC1E1B	TOIE1	OCIE0	TOIE0	TIMSK
읽기/쓰기	읽기/쓰기	읽기/쓰기	읽기/쓰기	읽기/쓰기	읽기/쓰기	읽기/쓰기	읽기/쓰기	읽기/쓰기	
초기값	0	0	0	0	0	0	0	0	

- Bit 7 – OCIE2 : 타이머/카운터2 출력 비교 인터럽트 인에이블 비트

  이 비트가 셋 되고 상태 레지스터 SREG의 I 비트가 셋 되었을 때 타이머/카운터2의 출력 비교 인터럽트는 인에이블 된다. TCNT2와 OCR2의 값이 일치하여 타이머/카운터 인터럽트 플래그 레지스터 TIFR의 OCF2 비트가 셋 되면 대응하는 인터럽트 서비스 루틴이 실행된다.

- Bit 6 – TOIE2 : 타이머/카운터2 오버플로우 인터럽트 인에이블 비트

  이 비트가 셋 되고 상태 레지스터 SREG의 I 비트가 셋 되었을 때 타이머/카운터2의 오버플로우 인터럽트는 인에이블 된다. 타이머/카운터2에서 오버플로우가 발생하여 타이머/카운터 인터럽트 플래그 레지스터 TIFR의 TOV2 비트가 셋 되면 대응하는 인터럽트 서비스 루틴이 실행된다.

■ TIFR(Timer/Counter Interrupt Flag Register) : 타이머/카운터 인터럽트 플래그 레지스터

비트	7	6	5	4	3	2	1	0	
0x36(0x56)	OCF2	TOV2	ICF1	OCF1A	OCF1B	TOV1	OCF0	TOV0	TIFR
읽기/쓰기	읽기/쓰기	읽기/쓰기	읽기/쓰기	읽기/쓰기	읽기/쓰기	읽기/쓰기	읽기/쓰기	읽기/쓰기	
초기값	0	0	0	0	0	0	0	0	

- Bit 7 – OCF2 : 타이머/카운터2 출력 비교 인터럽트 플래그 비트

  이 비트는 타이머/카운터2 레지스터 TCNT2와 출력 비교 레지스터 OCR2의 값이 일치할 경우 셋 되며, 대응되는 인터럽트 처리 루틴이 실행되면 자동적으로 클리어 된다.

• Bit 7 – TOV2 : 타이머/카운터2 오버플로우 인터럽트 플래그 비트

이 비트는 타이머/카운터2에서 오버플로우(0xFF-> 0x00)가 발생하는 경우에 셋 되며, 대응되는 인터럽트 처리 루틴이 실행되면 자동적으로 클리어 된다.

■ SFIOR(Special Function I/O Register) : 특수 기능 I/O 레지스터

비트	7	6	5	4	3	2	1	0	
0x20(0x40)	TSM	–	–	–	ACME	PUD	PSR0	PSR321	SFIOR
읽기/쓰기	읽기/쓰기	읽기	읽기	읽기	읽기/쓰기	읽기/쓰기	읽기/쓰기	읽기/쓰기	
초기값	0	0	0	0	0	0	0	0	

• Bit 7 – TSM(Timer/Counter Synchronization Mode) : 타이머/카운터 동기 모드

이 비트는 모든 타이머/카운터를 동기화시키는 기능을 하며, 1로 설정하면 PSR0 및 PSR321 비트값이 그대로 유지된다. 이것은 PSR0과 PSR321이 모두 1인 경우 대응하는 프리스케일러를 계속해서 리셋 상태를 유지하게 해주어 모든 타이머/카운터를 정지시켜 주는 역할을 하게 된다. 이와 같이 타이머/카운터가 정지된 상태에서 타이머/카운터에 같은 값을 설정할 수 있다. 그리고, 이 비트를 0으로 하면 PSR0와 PSR321 비트는 하드웨어적으로 클리어 되어 타이머/카운터는 동시에 카운팅을 시작하게 되어 동기를 맞출 수 있게 된다.

• Bit 0 – PSR321 : 타이머/카운터 1, 2, 3의 프리스케일러 리셋

이 비트를 1로 설정하면 타이머/카운터 1~3이 공통으로 사용하고 있는 프리스케일러를 리셋시키며, TSM 비트가 0이면 이 비트는 자동적으로 클리어 된다.

6.2.2 타이머/카운터2 동작

타이머/카운터2에 대한 동작모드는 타이머/카운터0과 동일하며, 타이머/카운터0에 대한 설명에서 레지스터와 플래그 비트만 [표 4-13]과 같이 바꾸어 참조하면 된다.

[표 4-13] 타이머/카운터0/2 레지스터 및 인터럽트 플래그 비트 비교표

	타이머/카운터0	타이머/카운터2
타이머/카운터 레지스터	TCNT0	TCNT2
출력비교레지스터	OCR0	OCR2
오버플로우 인터럽트 플래그 비트	TOV0	TOV2
출력비교매치 인터럽트 플래그	OCF0	OCF2
PWM 출력핀	OC0	OC2

4.3 타이머/카운터1, 3

타이머/카운터1과 3은 16비트 업/다운 카운터이며, 다음과 같은 특징을 갖는다.

- 10비트 프리스케일러 내장
- 입력캡쳐 유닛 내장
- 비교 매치에서 타이머 클리어(오토 리로드)
- 가변 PWM 주기파형 출력
- 3개의 출력비교 유닛 내장
- 타이머 또는 카운터로 동작하며 다양한 모드 내장
- 2개의 PWM 출력
- T1, T3핀에 의한 카운터 동작
- 캡쳐 기능
- 10개의 독립적인 인터럽트 소스
  - TOV1, OCF1A, OCF1B, OCF1C, ICF1
  - TOV3, OCF3A, OCF3B, OCF3C, ICF3

[그림 4-14]는 타이머/카운터1과 3의 블록도를 보여주며, 클럭은 프리스케일러를 거친 내부클럭 또는 Tn(n=1,3)핀을 통해 입력된 클럭이 사용된다. 출력파형은 OCr.A, OCnB, OCnC 핀을 통해 출력되며, ICn은 타이머/카운터1의 TCNTn 값을 ICRn에 저장할 때 사용되는 트리거 입력핀이다.

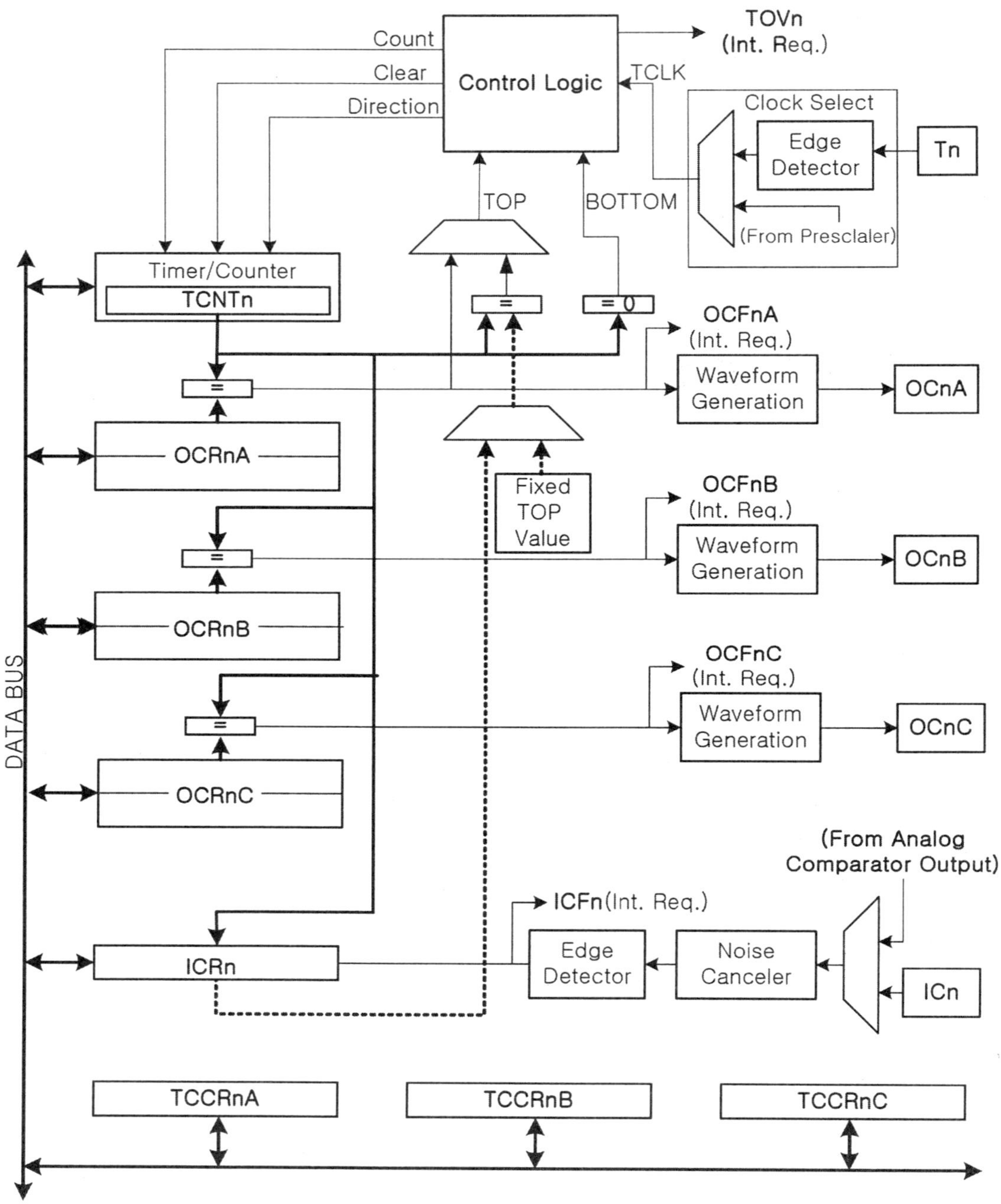

[그림 4-14] 타이머/카운터1 블록도 (n=1, 3)

4.3.1 타이머/카운터1, 3 관련 레지스터

타이머/카운터1과 3에는 [그림 4-14]와 같이 많은 레지스터가 관련되어 있으며 다음과 같다.

- 타이머/카운터 레지스터 TCNT1, TCNT3 - 16비트
- 출력비교 레지스터(16비트)
    - OCR1A, OCR1B, OCR1C
    - OCR3A, OCR3B, OCR3C
- 타이머/카운터 제어 레지스터(8비트)
    - TCCR1A, TCCR1B, TCCR1C
    - TCCR3A, TCCR3B, TCCR3C
- 입력캡쳐 레지스터 ICR1, ICR3 - 16비트
- 타이머/카운터 인터럽트 플래그 레지스터 TIFR, ETIFR - 8비트
- 타이머/카운터 인터럽트 마스크 레지스터 TIMSK, ETIMSK - 8비트
- 특수기능 I/O 레지스터 SFIOR - 8비트

■ TCNT1(Timer/Counter1 Register) : 타이머/카운터1 레지스터
TCNT3(Timer/Counter3 Register) : 타이머/카운터3 레지스터

비트	15	14	13	12	11	10	9	8	
0x2D(0x4D)	MSB								TCNT1H
0x2C(0x4C)								LSB	TCNT1L
	7	6	5	4	3	2	1	0	
읽기/쓰기	읽기/쓰기 읽기/쓰기	읽기/쓰기 읽기/쓰기	읽기/쓰기 읽기/쓰기	읽기/쓰기 읽기/쓰기	읽기/쓰기 읽기/쓰기	읽기/쓰기 읽기/쓰기	읽기/쓰기 읽기/쓰기	읽기/쓰기 읽기/쓰기	
초기값	0 0	0 0	0 0	0 0	0 0	0 0	0 0	0 0	

비트	15	14	13	12	11	10	9	8	
0x89	MSB								TCNT3H
0x88								LSB	TCNT3L
	7	6	5	4	3	2	1	0	
읽기/쓰기	읽기/쓰기 읽기/쓰기	읽기/쓰기 읽기/쓰기	읽기/쓰기 읽기/쓰기	읽기/쓰기 읽기/쓰기	읽기/쓰기 읽기/쓰기	읽기/쓰기 읽기/쓰기	읽기/쓰기 읽기/쓰기	읽기/쓰기 읽기/쓰기	
초기값	0 0	0 0	0 0	0 0	0 0	0 0	0 0	0 0	

TCNT1과 TCNT3은 타이머/카운터1과 3의 16비트 레지스터 값을 저장하며, I/O 영역에 각기 다른 어드레스를 가지고 있는 8비트 레지스터 TCNT1H와 TCNT1L, TCNT3H와 TCNT3L 2개로 각각 구성되어 있다.

TCNT1이나 TCNT3에 값을 쓰거나 읽는 프로그램을 작성할 때는 다음과 같은 주의가 필요하다.

16비트 레지스터 TCNT1은 I/O 레지스터 영역에 있기 때문에 비트, 1바이트, 워드(2바이트) 단위의 읽기/쓰기 조작이 모두 가능하지만, TCNT3 레지스터는 확장 I/O 레지스터 영역에 있기 때문에 1바이트 단위의 읽기/쓰기만이 가능하다. 따라서, C언어로 프로그램을 작성할 때 TCNT1은 2바이트 단위로 값을 설정하거나 읽을 수 있지만, TCNT3은 TCNT3H와 TCNT3L 레지스터를 이용하여 1바이트 단위로 읽기와 쓰기를 수행하여야 한다. 1바이트 단위로 쓰는 경우에는 값이 쉽게 변할 수 있는 하위 바이트를 나중에 써주어야 하며, 반대로 읽는 경우에는 값이 쉽게 변하는 하위 바이트부터 먼저 읽어야 한다. 이와 같은 규칙은 OCRnA, OCRnB, OCRnC, ICRn(n=1, 3)에 대해서도 동일하게 적용된다.

```
// 2바이트(16비트 레지스터) 다루기(읽기/쓰기)
        unsigned int  n;
        unsigned char  nh, nl;

        TCNT1 = 0x1234;                // TCNT1에 값 쓰기
        .....
        n = TCNT1;                     // TCNT1 읽기
        .....
        TCNT3H = 0x12;                 // TCNT3 상위 바이트에 값 쓰기
        TCNT3L = 0x34;                 // TCNT3 하위 바이트에 값 쓰기
        .....
        nl = TCNT3L;                   // TCNT3 하위 바이트 읽기
        nh = TCNT3H;                   // TCNT3 상위 바이트 읽기
        n = (unsigned int) nl + (unsigned int)nh<<8
```

■ OCR1x(Timer/Counter1 Output Compare Register) : 타이머/카운터1 출력 비교 레지스터
OCR3x(Timer/Counter3 Output Compare Register) : 타이머/카운터3 출력 비교 레지스터

타이머/카운터1 출력 비교 레지스터 OCR1A - OCR1AH와 OCR1AL

비트	15	14	13	12	11	10	9	8	
0x2B(0x4B)	MSB								OCR1AH
0x2A(0x4A)								LSB	OCR1AL
	7	6	5	4	3	2	1	0	
읽기/쓰기	읽기/쓰기 읽기/쓰기	읽기/쓰기 읽기/쓰기	읽기/쓰기 읽기/쓰기	읽기/쓰기 읽기/쓰기	읽기/쓰기 읽기/쓰기	읽기/쓰기 읽기/쓰기	읽기/쓰기 읽기/쓰기	읽기/쓰기 읽기/쓰기	
초기값	0 0	0 0	0 0	0 0	0 0	0 0	0 0	0 0	

타이머/카운터1 출력 비교 레지스터 OCR1B - OCR1BH와 OCR1BL

비트	15	14	13	12	11	10	9	8	
0x29(0x49)	MSB								OCR1BH
0x28(0x48)								LSB	OCR1BL
	7	6	5	4	3	2	1	0	
읽기/쓰기	읽기/쓰기 읽기/쓰기	읽기/쓰기 읽기/쓰기	읽기/쓰기 읽기/쓰기	읽기/쓰기 읽기/쓰기	읽기/쓰기 읽기/쓰기	읽기/쓰기 읽기/쓰기	읽기/쓰기 읽기/쓰기	읽기/쓰기 읽기/쓰기	
초기값	0 0	0 0	0 0	0 0	0 0	0 0	0 0	0 0	

타이머/카운터1 출력 비교 레지스터 OCR1C - OCR1CH와 OCR1CL

비트	15	14	13	12	11	10	9	8	
0x79	MSB								OCR1CH
0x78								LSB	OCR1CL
	7	6	5	4	3	2	1	0	
읽기/쓰기	읽기/쓰기 읽기/쓰기	읽기/쓰기 읽기/쓰기	읽기/쓰기 읽기/쓰기	읽기/쓰기 읽기/쓰기	읽기/쓰기 읽기/쓰기	읽기/쓰기 읽기/쓰기	읽기/쓰기 읽기/쓰기	읽기/쓰기 읽기/쓰기	
초기값	0 0	0 0	0 0	0 0	0 0	0 0	0 0	0 0	

타이머/카운터3 출력 비교 레지스터 OCR3A - OCR3AH와 OCR3AL

비트	15	14	13	12	11	10	9	8	
0x87	MSB								OCR3AH
0x86								LSB	OCR3AL
	7	6	5	4	3	2	1	0	
읽기/쓰기	읽기/쓰기 읽기/쓰기	읽기/쓰기 읽기/쓰기	읽기/쓰기 읽기/쓰기	읽기/쓰기 읽기/쓰기	읽기/쓰기 읽기/쓰기	읽기/쓰기 읽기/쓰기	읽기/쓰기 읽기/쓰기	읽기/쓰기 읽기/쓰기	
초기값	0 0	0 0	0 0	0 0	0 0	0 0	0 0	0 0	

타이머/카운터3 출력 비교 레지스터 OCR3B - OCR3BH와 OCR3BL

비트	15	14	13	12	11	10	9	8	
0x85	MSB								OCR3BH
0x84								LSB	OCR3BL
	7	6	5	4	3	2	1	0	
읽기/쓰기	읽기/쓰기 읽기/쓰기	읽기/쓰기 읽기/쓰기	읽기/쓰기 읽기/쓰기	읽기/쓰기 읽기/쓰기	읽기/쓰기 읽기/쓰기	읽기/쓰기 읽기/쓰기	읽기/쓰기 읽기/쓰기	읽기/쓰기 읽기/쓰기	
초기값	0 0	0 0	0 0	0 0	0 0	0 0	0 0	0 0	

타이머/카운터3 출력 비교 레지스터 OCR3C - OCR3CH와 OCR3CL

비트	15	14	13	12	11	10	9	8	
0x83	MSB								OCR3CH
0x82								LSB	OCR3CL
	7	6	5	4	3	2	1	0	
읽기/쓰기	읽기/쓰기 읽기/쓰기	읽기/쓰기 읽기/쓰기	읽기/쓰기 읽기/쓰기	읽기/쓰기 읽기/쓰기	읽기/쓰기 읽기/쓰기	읽기/쓰기 읽기/쓰기	읽기/쓰기 읽기/쓰기	읽기/쓰기 읽기/쓰기	
초기값	0 0	0 0	0 0	0 0	0 0	0 0	0 0	0 0	

출력 비교 레지스터 OCRnA, OCRnB, OCRnC(n=1, 3)는 TCNTn과의 값이 일치할 때 OCnA, OCnB, OCnC 핀을 통해 파형을 출력시키기 위해 비교값을 저장하기 위한 16비트 레지스터이다. 이 레지스터들도 TCNTn과 마찬가지로 I/O 영역에 각기 다른 어드레스를 가지고 있는 8비트 레지스터 OCRnAH와 OCRnAL, OCRnBH와 OCRnBL, OCRnCH와 OCRnCL로 각각 구성되어 있으며, 이 레지스터들에 값을 쓰거나 읽는 프로그램을 작성할 때는 TCNTn의 경우와 같이 주의가 필요하다.

■ ICR1(Timer/Counter1 Input Capture Register) : 타이머/카운터1 입력 캡쳐 레지스터
ICR3(Timer/Counter3 Input Capture Register) : 타이머/카운터3 입력 캡쳐 레지스터

타이머/카운터1 입력 캡쳐 레지스터 ICR1- ICR1H와 ICR1L

비트	15	14	13	12	11	10	9	8	
0x27(0x47)	MSB								ICR1H
0x26(0x46)								LSB	ICR1L
	7	6	5	4	3	2	1	0	
읽기/쓰기	읽기/쓰기 읽기/쓰기	읽기/쓰기 읽기/쓰기	읽기/쓰기 읽기/쓰기	읽기/쓰기 읽기/쓰기	읽기/쓰기 읽기/쓰기	읽기/쓰기 읽기/쓰기	읽기/쓰기 읽기/쓰기	읽기/쓰기 읽기/쓰기	
초기값	0 0	0 0	0 0	0 0	0 0	0 0	0 0	0 0	

타이머/카운터3 입력 캡쳐 레지스터 ICR3- ICR3H와 ICR3L

비트	15	14	13	12	11	10	9	8	
0x81	MSB								ICR3H
0x80								LSB	ICR3L
	7	6	5	4	3	2	1	0	
읽기/쓰기	읽기/쓰기 읽기/쓰기	읽기/쓰기 읽기/쓰기	읽기/쓰기 읽기/쓰기	읽기/쓰기 읽기/쓰기	읽기/쓰기 읽기/쓰기	읽기/쓰기 읽기/쓰기	읽기/쓰기 읽기/쓰기	읽기/쓰기 읽기/쓰기	
초기값	0 0	0 0	0 0	0 0	0 0	0 0	0 0	0 0	

입력 캡쳐 핀 ICn(n=1,3)에 이벤트가 발생할 때마다(또는 선택적으로 아날로그 비교기의 출력에 따라) TCNTn 값으로 갱신되는 16비트 레지스터이며, 타이머/카운터1과 3의 동작모드에 따라 TOP 값을 정의하는데도 이용된다.

이 레지스터들도 TCNTn과 마찬가지로 I/O 영역에 각기 다른 어드레스를 가지고 있는 8비트 레지스터 ICRnH와 ICRnL로 각각 구성되어 있으며, 이 레지스터들에 값을 쓰거나 읽는 프로그램을 작성할 때는 TCNTn의 경우와 같이 주의가 필요하다.

■ TCCR1A(Timer/Counter1 Control Register A) : 타이머/카운터1 제어 레지스터 A
TCCR3A(Timer/Counter3 Control Register A) : 타이머/카운터3 제어 레지스터 A

비트	7	6	5	4	3	2	1	0	
0x2F(0x4F)	COM1A1	COM1A0	COM1B1	CM1B0	COM1C1	COM1C0	WGM11	WGM10	TCCR1A
읽기/쓰기	읽기/쓰기	읽기/쓰기	읽기/쓰기	읽기/쓰기	읽기/쓰기	읽기/쓰기	읽기/쓰기	읽기/쓰기	
초기값	0	0	0	0	0	0	0	0	

비트	7	6	5	4	3	2	1	0	
0x8B	COM3A1	COM3A0	COM3B1	CM3B0	COM3C1	COM3C0	WGM31	WGM30	TCCR3A
읽기/쓰기	읽기/쓰기	읽기/쓰기	읽기/쓰기	읽기/쓰기	읽기/쓰기	읽기/쓰기	읽기/쓰기	읽기/쓰기	
초기값	0	0	0	0	0	0	0	0	

- Bit 1..0 – WGMn1, WGMn0 : 파형 발생 모드(Waveform Generation Mode)

  이 비트들은 TCCRnB 레지스터의 WGMn3, WGMn2비트와 함께 타이머/카운터1과 3의 동작모드를 [표 4-14]와 같이 설정한다.

[표 4-14] 타이머/카운터1과 3의 동작모드(n=1,3, x=A, B, C)

모드	WGM n3	WGM n2	WGM n1	WGM n0	동 작 모 드	TOP값	OCRnx의 업데이트 시점	TOVn 플래그 셋 시점
0	0	0	0	0	일반모드	0xFFFF	설정즉시	0xFFFF
1	0	0	0	1	Phase Correct PWM(8비트)	0x00FF	TOP	0x0000
2	0	0	1	0	Phase Correct PWM(9비트)	0x01FF	TOP	0x0000
3	0	0	1	1	Phase Correct PWM(10비트)	0x03FF	TOP	0x0000
4	0	1	0	0	CTC	OCRnA	설정즉시	0xFFFF
5	0	1	0	1	Fast PWM(8비트)	0x00FF	TOP	TOP
6	0	1	1	0	Fast PWM(9비트)	0x01FF	TOP	TOP
7	0	1	1	1	Fast PWM(10비트)	0x03FF	TOP	TOP
8	1	0	0	0	Phase and Frequency Correct PWM	ICRn	0x00	0x0000
9	1	0	0	1	Phase and Frequency Correct PWM	OCRnA	0x00	0x0000
10	1	0	1	0	Phase Correct PWM	ICRn	TOP	0x0000
11	1	0	1	1	Phase Correct PWM	OCRnA	TOP	0x0000
12	1	1	0	0	CTC	ICRn	설정즉시	0xFFFF
13	1	1	0	1	reserved	–	–	–
14	1	1	1	0	Fast PWM	ICRn	TOP	TOP
15	1	1	1	1	Fast PWM	OCRnA	TOP	TOP

- Bit 7..2 – COMnx1, COMnx0 : OCnx 핀의 출력 모드 선택 비트(n=1,3, x=A, B, C)

  COMnx1과 COMnx0 제어 비트는 타이머/카운터1과 3에서 비교 매치 동작에 따른 출력 핀의 동작을 결정하며, [표 4-15], [표 4-16], [표 4-17]와 같다. 출력 핀의 동작은 출력 비교 x핀 OCnx에 영향을 주며, 이 핀에 대응되는 비트는 출력으로 설정되어야 한다.

[표 4-15] 일반모드와 CTC 동작모드에서 OCnx 핀의 출력 동작 (n=1,3, x=A,B,C)

COMnx1	COMnx0	OCnx 핀의 출력 동작
0	0	일반 I/O 포트로 사용(OCnx 핀 차단)
0	1	비교 매치에서 OCnx 출력 토글(toggle)
1	0	OCnx 출력 클리어
1	1	OCnx 출력 셋

[표 4-16] Fast PWM 동작모드에서 OCnx 핀의 출력동작

COMnx1	COMnx0	OCnx 핀의 출력값
0	0	일반 I/O 포트로 사용(OCnx 핀 차단)
0	1	모드 15인 경우에만 비교 매치에서 OCnA 출력을 토글(toggle)하며, OCnB 핀은 차단된다. 그 밖의 모드에서는 일반 I/O 포트로 사용(OCnA/OCnB 출력 차단)
1	0	비교 매치에서 OCnx 출력 클리어, TOP에서 OCnx 출력 셋
1	1	비교 매치에서 OCnx 출력 셋, TOP에서 OCnx 출력 클리어

[표 4-17] Phase (and Frequency) Correct PWM 동작모드에서 OCnx 핀의 출력동작

COMnx1	COMnx0	OCnx 핀의 출력값
0	0	일반 I/O 포트로 사용(OCnx 핀 차단)
0	1	모드 9, 11인 경우에만 비교 매치에서 OCnA 출력을 트글(toggle)하며, OCnB 핀은 차단된다. 그 밖의 모드에서는 일반 I/O 포트로 사용(OCnx 출력 차단)
1	0	업 카운트 중의 비교 매치에서 OCnx 출력 클리어 다운 카운트 중의 비교 매치에서 OCnx 출력 셋
1	1	업 카운트 중의 비교 매치에서 OCnx 출력 셋 다운 카운트 중의 비교 매치에서 OCnx 출력 클리어

■ TCCR1B(Timer/Counter1 Control Register B) : 타이머/카운터1 제어 레지스터 B
TCCR3B(Timer/Counter3 Control Register B) : 타이머/카운터3 제어 레지스터 B

비트	7	6	5	4	3	2	1	0	
0x2E(0x4E)	ICNC1	ICES1	-	WGM13	WGM12	CS12	CS11	CS10	TCCR1B
읽기/쓰기	읽기/쓰기	읽기/쓰기	읽기	읽기/쓰기	읽기/쓰기	읽기/쓰기	읽기/쓰기	읽기/쓰기	
초기값	0	0	0	0	0	0	0	0	

비트	7	6	5	4	3	2	1	0	
0x8A	ICNC3	ICES3	-	WGM33	WGM32	CS32	CS31	CS30	TCCR3B
읽기/쓰기	읽기/쓰기	읽기/쓰기	읽기	읽기/쓰기	읽기/쓰기	읽기/쓰기	읽기/쓰기	읽기/쓰기	
초기값	0	0	0	0	0	0	0	0	

- Bit 7 – ICNCn : 입력 캡쳐 n 노이즈 제거기(Input Capture Noise Canceler)
  이 비트가 1이면, 입력 캡쳐 노이즈 제거기가 동작하여 ICn(n=1, 3) 핀으

로 입력되는 신호가 필터링 된다. 이 필터에는 출력이 변화하는데 있어 같은 입력 신호값이 4클럭 동안 지속되는 것이 요구되며, 이에 따라 입력캡쳐는 4클럭 만큼 지연되어 동작하게 된다.

- Bit 6 – ICESn : 입력캡쳐 에지 선택(Input Capture Edge Select)

  이 비트가 0이면, 입력캡쳐 핀 ICn에 입력되는 신호의 하강 에지에서 타이머/카운터n의 값이 입력캡쳐 레지스터 ICRn에 전달된다. 반면에 이 비트가 1이면, ICn에 입력되는 신호의 상승 에지에서 타이머/카운터n의 값이 입력캡쳐 레지스터 ICRn에 전달된다.

  ICESn의 설정에 따라 캡쳐 신호가 입력되면 타이머/카운터n의 값이 ICRn에 저장되며, 입력캡쳐 인터럽트 플래그 ICFn이 1이 되어 인터럽트가 발생하게 된다.

  그러나, 레지스터 ICRn이 타이머/카운터1의 최대값(TOP)을 저장하는 레지스터로 사용하는 동작모드에서는 ICn 핀은 차단되고 입력캡쳐 기능은 사용할 수 없게 된다.

- Bit 4, Bit 3 – WGMn3, WGMn2 : 파형 발생 모드

  이 비트들은 TCCRnA 레지스터의 WGMn1, WGMn0 비트와 함께 타이머/카운터n의 동작모드를 [표 4-14]와 같이 설정한다.

- Bit 2, 1, 0 – CSn2, CSn1, CSn0 : 클럭 선택(Clock Select)

  타이머/카운터n의 클럭 소스를 선택하며, [표 4-18]과 같다.

[표 4-18] 타이머/카운터n 클럭 소스 (n=1, 3)

CSn2	CSn1	CSn0	클럭 소스	동작
0	0	0	타이머/카운터n 정지	정지
0	0	1	$clk_{I/O}$ / 1 (clkI/O는 시스템 주파수와 같음)	타이머
0	1	0	$clk_{I/O}$ / 8	
0	1	1	$clk_{I/O}$ / 64	
1	0	0	$clk_{I/O}$ / 256	
1	0	1	$clk_{I/O}$ / 1024	
1	1	0	Tn 핀에 입력되는 외부 클럭(하강 에지에서 동작)	카운터
1	1	1	Tn 핀에 입력되는 외부 클럭(상승 에지에서 동작)	

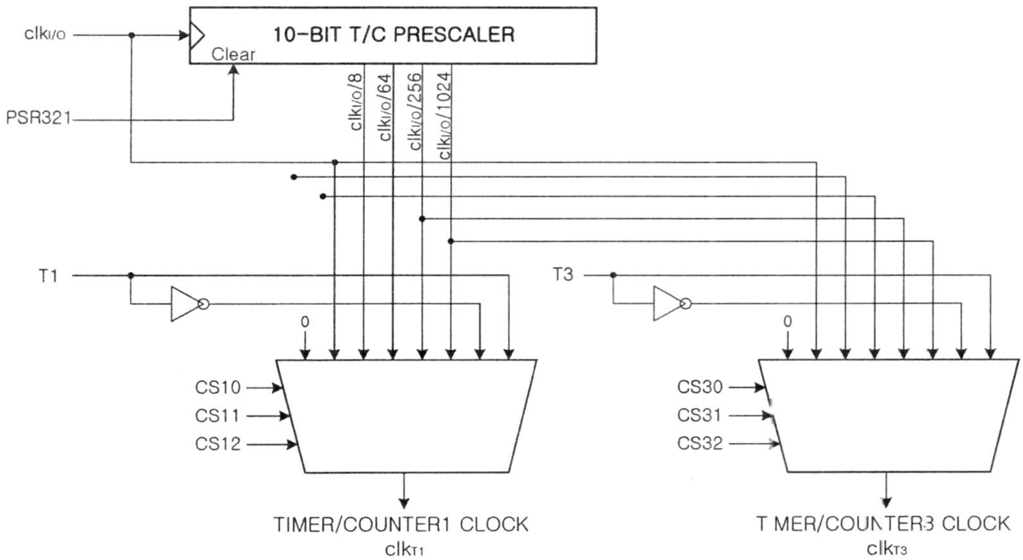

[그림 4-15] 타이머/카운터1과 3의 프리스케일러

■ TCCR1C(Timer/Counter1 Control Register C) : 타이머/카운터1 제어 레지스터 C
TCCR3C(Timer/Counter3 Control Register C) : 타이머/카운터3 제어 레지스터 C

비트	7	6	5	4	3	2	1	0	
7A	FOC1A	FOC1B	FOC1C						TCCR1C
읽기/쓰기	쓰기	쓰기	쓰기	읽기	읽기	읽기	읽기	읽기	
초기값	0	0	0	0	0	0	0	0	

비트	7	6	5	4	3	2	1	0	
8C	FOC3A	FOC3B	FOC3C						TCCR3C
읽기/쓰기	쓰기	쓰기	쓰기	읽기	읽기	읽기	읽기	읽기	
초기값	0	0	0	0	0	0	0	0	

- Bit 7..5 – FOCnx(Force Output Compare) (n=1,3 x=A,B,C)

  이 비트는 PWM 모드가 아닌 경우에만 유효하며, 이 비트가 1이면 비교 출력 단자 OCnx 핀을 통해 COMnx1:COMnx0 비트에 의해 설정된 값이 즉시 출력된다. 이 비트는 인터럽트를 발생시키지 않으며, 또한 OCRnx 레지스터를 TOP으로 사용하는 CTC 모드에서 타이머를 클리어시키지 않는다.

■ TIMSK(Timer/Counter Interrupt Mask Register) : 타이머/카운터 인터럽트 마스크 레지스터

비트	7	6	5	4	3	2	1	0	
0x37(0x57)	OCIE2	TOIE2	TICIE1	OCIE1A	OCIE1B	TOIE1	OCIE0	TOIE0	TIMSK
읽기/쓰기	읽기/쓰기	읽기/쓰기	읽기/쓰기	읽기/쓰기	읽기/쓰기	읽기/쓰기	읽기/쓰기	읽기/쓰기	
초기값	0	0	0	0	0	0	0	0	

- Bit 5 – TICIE1 : 타이머/카운터1 입력캡쳐(Capture) 인터럽트 인에이블 비트

  이 비트가 1이고 상태 레지스터 SREG의 I 비트가 1이면 타이머/카운터1 입력캡쳐 인터럽트가 인에이블된다. 대응되는 인터럽트는 IC1 핀에서 캡쳐 트리거(trigger) 이벤트가 발생했을 경우 즉, 타이머/카운터 인터럽트 플래그 레지스터 TIFR의 ICF1 비트가 셋 되었을 때 인터럽트가 실행된다.

- Bit 4 – OCIE1A : 타이머/카운터1 출력 비교 A 매치 인터럽트 인에이블 비트

  이 비트가 1이고 상태 레지스터 SREG의 I 비트가 1이면 타이머/카운터1의 비교 A 매치 인터럽트가 인에이블 된다. 대응되는 인터럽트는 타이머/카운터1의 비교 A 매치가 발생했을 경우 즉, 타이머/카운터 인터럽트 플래그 레지스터 TIFR의 OCF1A 비트가 셋 되면 인터럽트가 실행된다.

- Bit 3 – OCIE1B : 타이머/카운터1 출력 비교B 매치 인터럽트 인에이블 비트

  이 비트가 1이고 상태 레지스터 SREG의 I 비트가 1이면 타이머/카운터1의 비교 B 매치 인터럽트가 인에이블 된다. 대응되는 인터럽트는 타이머/카운터1의 비교 B 매치가 발생했을 경우 즉, 타이머/카운터 인터럽트 플래그 레지스터 TIFR의 OCF1B 비트가 셋 되었을 때 인터럽트 벡터가 실행된다.

- Bit 2 – TOIE1 : 타이머/카운터1 오버플로우 인터럽트 인에이블 비트

  이 비트가 1이고 상태 레지스터 SREG의 I 비트가 1이면 타이머/카운터1의 오버플로우 인터럽트가 인에이블 된다. 대응되는 인터럽트는 타이머/카운터 오버플로우가 발생했을 경우 즉, 타이머/카운터 인터럽트 플래그 레지스터 TIFR의 TOV1 비트가 셋 되었을 때 인터럽트가 실행된다.

■ ETIMSK(Extended Timer/Counter Interrupt Mask Register) : 확장 타이머/카운터 인터럽트 마스크 레지스터

비트	7	6	5	4	3	2	1	0	
0x7D	–	–	TICIE3	OCIE3A	OCIE3B	TOIE3	OCIE3C	OCIE1C	ETIMSK
읽기/쓰기	읽기	읽기	읽기/쓰기	읽기/쓰기	읽기/쓰기	읽기/쓰기	읽기/쓰기	읽기/쓰기	
초기값	0	0	0	0	0	0	0	0	

- Bit 5 – TICIE3 : 타이머/카운터3 입력캡쳐(Capture) 인터럽트 인에이블 비트

  이 비트가 1이고 상태 레지스터 SREG의 I 비트가 1이면 타이머/카운터3 입력캡쳐 인터럽트가 인에이블된다. 대응되는 인터럽트는 IC3 핀에서 캡쳐 트리거(trigger) 이벤트가 발생했을 경우 즉, 타이머/카운터 인터럽트 플래그 레지스터 TIFR의 ICF3 비트가 셋 되었을 때 인터럽트가 실행된다.

- Bit 4 – OCIE3A : 타이머/카운터3 출력 비교 A 매치 인터럽트 인에이블 비트

  이 비트가 1이고 상태 레지스터 SREG의 I 비트가 1이면 타이머/카운터3의 비교 A 매치 인터럽트가 인에이블 된다. 대응되는 인터럽트는 타이머/카운터3의 비교 A 매치가 발생했을 경우 즉, 타이머/카운터 인터럽트 플래그 레지스터 TIFR의 OCF3A 비트가 셋 되면 인터럽트가 실행된다.

- Bit 3 – OCIE3B : 타이머/카운터3 출력 비교B 매치 인터럽트 인에이블 비트

  이 비트가 1이고 상태 레지스터 SREG의 I 비트가 1이면 타이머/카운터3의 비교 B 매치 인터럽트가 인에이블 된다. 대응되는 인터럽트는 타이머/카운터3의 비교 B 매치가 발생했을 경우 즉, 타이머/카운터 인터럽트 플래그 레지스터 TIFR의 OCF3B 비트가 셋 되었을 때 인터럽트 벡터가 실행된다.

- Bit 2 – TOIE3 : 타이머/카운터3 오버플로우 인터럽트 인에이블 비트

  이 비트가 1이고 상태 레지스터 SREG의 I 비트가 1이면 타이머/카운터3의 오버플로우 인터럽트가 인에이블 된다. 대응되는 인터럽트는 타이머/카운터 오버플로우가 발생했을 경우 즉, 타이머/카운터 인터럽트 플래그 레지스터 TIFR의 TOV3 비트가 셋 되었을 때 인터럽트가 실행된다.

• Bit 1 – OCIE3C : 타이머/카운터3 출력 비교C 매치 인터럽트 인에이블 비트

이 비트가 1이고 상태 레지스터 SREG의 I 비트가 1이면 타이머/카운터3의 비교 C 매치 인터럽트가 인에이블 된다. 대응되는 인터럽트는 타이머/카운터3의 비교 C 매치가 발생했을 경우 즉, 타이머/카운터 인터럽트 플래그 레지스터 TIFR의 OCF3C 비트가 셋 되었을 때 인터럽트 벡터가 실행된다.

•Bit 0 – OCIE1C : 타이머/카운터1 출력 비교C 매치 인터럽트 인에이블 비트

이 비트가 1이고 상태 레지스터 SREG의 I 비트가 1이면 타이머/카운터1의 비교 C 매치 인터럽트가 인에이블 된다. 대응되는 인터럽트는 타이머/카운터1의 비교 C 매치가 발생했을 경우 즉, 타이머/카운터 인터럽트 플래그 레지스터 TIFR의 OCF1C 비트가 셋 되었을 때 인터럽트 벡터가 실행된다.

■ TIFR(Timer/Counter Interrupt Flag Register) : 타이머/카운터 인터럽트 플래그 레지스터

비트	7	6	5	4	3	2	1	0	
0x36(0x56)	OCF2	TOV2	ICF1	OCF1A	OCF1B	TOV1	OCF0	TOV0	TIFR
읽기/쓰기	읽기/쓰기	읽기/쓰기	읽기/쓰기	읽기/쓰기	읽기/쓰기	읽기/쓰기	읽기/쓰기	읽기/쓰기	
초기값	0	0	0	0	0	0	0	0	

• Bit 5 – ICF1 : 타이머/카운터1 입력캡쳐 플래그 비트

이 비트는 IC1 핀에 캡쳐 이벤트가 발생했을 때 셋 되며, 입력캡쳐 인터럽트가 발생한다. 그리고, ICR1 레지스터가 TOP 값으로 사용되는 동작 모드에서는 TCNT1의 값이 TOP 값이 될 때 이 비트가 셋 된다. SREG의 I 비트, TIMSK의 TICIE1 비트와 이 비트가 셋 되었을 때 타이머/카운터1 입력캡쳐 인터럽트가 실행되며, 이 비트는 대응되는 인터럽트 처리 루틴이 실행되면 자동적으로 클리어 된다.

• Bit 4 – OCF1A : 출력 비교 플래그 비트 1A

이 비트는 TCNT1과 출력 비교 레지스터 OCR1A가 일치했을 경우에 셋 된다. OCF1A는 대응되는 인터럽트 처리 루틴을 실행할 경우에 하드웨어적으로 자동 클리어 되거나 플래그에 1을 쓸 경우에 클리어 된다. SREG

의 I 비트, TIMSK의 OCIE1A 비트와 이 비트가 셋 되었을 때 타이머/카운터1 비교 A 매치 인터럽트가 실행된다.

- Bit 3 – OCF1B : 출력 비교 플래그 비트 1B

  이 비트는 TCNT1과 출력 비교 레지스터 OCR1B가 일치했을 경우에 셋 된다. OCF1B는 대응되는 인터럽트 처리 루틴을 실행할 경우에 하드웨어적으로 자동 클리어 되거나 플래그에 1을 쓸 경우에 클리어 된다. SREG의 I 비트, TIMSK의 OCIE1B 비트와 이 비트가 셋 되었을 때 타이머/카운터1 비교 B 매치 인터럽트가 실행된다.

- Bit 2 – TOV1 : 타이머/카운터1 오버플로우 플래그 비트

  이 비트는 타이머/카운터1에서 오버플로우가 발생했을 경우에 셋 된다. TOV1은 대응되는 인터럽트 처리 루틴을 실행할 경우에 하드웨어적으로 자동 클리어 되거나, TOV1에 1을 쓰면 클리어 된다. SREG의 I 비트, TIMSK의 TOIE1 비트와 이 비트가 셋 되었을 때 타이머/카운터1 오버플로우 인터럽트가 실행된다. Phase Correct PWM 모드에서 이 비트는 타이머/카운터1의 카운터 값이 0x0000에서 카운터 방향이 바뀔 때 셋 된다.

■ ETIFR(Extended Timer/Counter Interrupt Flag Register) : 확장 타이머/카운터 인터럽트 플래그 레지스터

비트	7	6	5	4	3	2	1	0	
0x7C	–	–	ICF3	OCF3A	OCF3B	TOV3	OCF3C	OCF1C	TIFR
읽기/쓰기	읽기	읽기	읽기/쓰기	읽기/쓰기	읽기/쓰기	읽기/쓰기	읽기/쓰기	읽기/쓰기	
초기값	0	0	0	0	0	0	0	0	

- Bit 5 – ICF3 : 타이머/카운터3 입력 캡쳐 플래그 비트

  이 비트는 IC3 핀에 캡쳐 이벤트가 발생했을 때 셋 되며, 입력 캡쳐 인터럽트가 발생한다. 그리고, ICR3 레지스터가 TOP 값으로 사용되는 동작 모드에서는 TCNT3의 값이 TOP값이 될 때 이 비트가 셋 된다. SREG의 I 비트, ETIMSK의 TICIE3 비트와 이 비트가 셋 되었을 때 타이머/카운터3 입력캡쳐 인터럽트가 실행되며, 이 비트는 대응되는 인터럽트 처리 루틴이 실행되면 자동적으로 클리어 된다.

- Bit 4 – OCF3A : 출력 비교 플래그 비트 3A

  이 비트는 TCNT3과 출력 비교 레지스터 OCR3A가 일치했을 경우에 셋 된다. OCF3A는 대응되는 인터럽트 처리 루틴을 실행할 경우에 하드웨어적으로 자동 클리어 되거나 플래그에 1을 쓸 경우에 클리어 된다. SREG의 I 비트, ETIMSK의 OCIE3A 비트와 이 비트가 셋 되었을 때 타이머/카운터3 비교 A 매치 인터럽트가 실행된다.

- Bit 3 – OCF3B : 출력 비교 플래그 비트 3B

  이 비트는 TCNT3과 출력 비교 레지스터 OCR3B가 일치했을 경우에 셋 된다. OCF3B는 대응되는 인터럽트 처리 루틴을 실행할 경우에 하드웨어적으로 자동 클리어 되거나 플래그에 1을 쓸 경우에 클리어 된다. SREG의 I 비트, ETIMSK의 OCIE3B 비트와 이 비트가 셋 되었을 때 타이머/카운터3 비교 B 매치 인터럽트가 실행된다.

- Bit 2 – TOV3 : 타이머/카운터3 오버플로우 플래그 비트

  이 비트는 타이머/카운터3에서 오버플로우가 발생했을 경우에 셋 된다. TOV3은 대응되는 인터럽트 처리 루틴을 실행할 경우에 하드웨어적으로 자동 클리어 되거나, TOV3에 1을 쓰면 클리어 된다. SREG의 I 비트와 ETIMSK의 TOIE3 비트와 이 비트가 셋 되었을 때 타이머/카운터3 오버플로우 인터럽트가 실행된다. Phase Correct PWM 모드에서 이 비트는 타이머/카운터3의 카운터 값이 0x0000에서 카운터 방향이 바뀔 때 셋 된다.

- Bit 1 – OCF3C : 출력 비교 플래그 3C 비트

  이 비트는 TCNT3과 출력 비교 레지스터 OCR3C가 일치했을 경우에 셋 된다. OCF3C는 대응되는 인터럽트 처리 루틴을 실행할 경우에 하드웨어적으로 자동 클리어 되거나 플래그에 1을 쓸 경우에 클리어 된다. SREG의 I 비트, ETIMSK의 OCIE3C 비트와 이 비트가 셋 되었을 때 타이머/카운터3 비교 C 매치 인터럽트가 실행된다.

- Bit 0 – OCF1C : 출력 비교 플래그 1C 비트

  이 비트는 TCNT1과 출력 비교 레지스터 OCR1C가 일치했을 경우에 셋 된다. OCF1C는 대응되는 인터럽트 처리 루틴을 실행할 경우에 하드웨어적으로 자동 클리어 되거나 플래그에 1을 쓸 경우에 클리어 된다. SREG

의 I 비트, ETIMSK의 OCIE1C 비트와 이 비트가 셋 되었을 때 타이머/카운터1 비교 C 매치 인터럽트가 실행된다.

■ **SFIOR(Special Function I/O Register) : 특수 기능 I/O 레지스터**

비트	7	6	5	4	3	2	1	0	
0x20(0x40)	TSM	-	-	-	ACME	PUD	PSR0	PSR321	SFIOR
읽기/쓰기	읽기/쓰기	읽기	읽기	읽기	읽기/쓰기	읽기/쓰기	읽기/쓰기	읽기/쓰기	
초기값	0	0	0	0	0	0	0	0	

- Bit 7 – TSM(Timer/Counter Synchronization Mode) : 타이머/카운터 동기 모드

  이 비트는 모든 타이머/카운터를 동기화시키는 기능을 하며, 1로 설정하면 PSR0 및 PSR321 비트값이 그대로 유지된다. 이것은 PSR0과 PSR321이 모두 1인 경우 대응하는 프리스케일러를 계속해서 리셋 상태를 유지하게 해주어 모든 타이머/카운터를 정지시켜 주는 역할을 하게 된다. 이와 같이 타이머/카운터가 정지된 상태에서 타이머/카운터에 같은 값을 설정할 수 있다. 그리고, 이 비트를 0으로 하면 PSR0와 PSR321 비트는 하드웨어적으로 클리어 되어 타이머/카운터는 동시에 카운팅을 시작하게 되어 동기를 맞출 수 있게 된다.

- Bit 0 – PSR321 : 타이머/카운터 1, 2, 3의 프리스케일러 리셋

  이 비트를 1로 설정하면 타이머/카운터 1~3이 공통으로 사용하고 있는 프리스케일러를 리셋시키며, TSM 비트가 0이면 이 비트는 자동적으로 클리어 된다.

4.3.2 타이머/카운터n의 동작 (n=1, 3)

타이머/카운터n의 동작은 앞절에서 설명했듯이 레지스터 TCCRnA와 TCCRnB의 WGMn3..n0 4비트값에 의해 결정되며, [표 4-14]에서처럼 일반 모드, CTC 모드, Fast PWM 모드, Phase Correct PWM 모드, Phase and Frequency Correct PWM 모드가 있다. 이 절에서는 각각의 모드에 대해 설명한다.

(1) 일반 모드(Normal Mode)

타이머/카운터n의 가장 간단하면서도 가장 많이 사용하는 동작모드로서, 정해진 작업을 일정시간 간격으로 계속 수행할 때 사용한다. [그림 4-16]과 같이 이 모드에서는 항상 업 카운터로서만 동작한다. 타이머/카운터값이 16비트 최대값 0xFFFF(TOP=0xFFFF)가 되면 0x0000부터 다시 시작한다. 타이머/카운터n의 오버플로우 인터럽트 플래그 TOVn은 TCNTn값이 0xFFFF에서 0x0000으로 될 때 1이 되어 인터럽트를 발생시킨다.

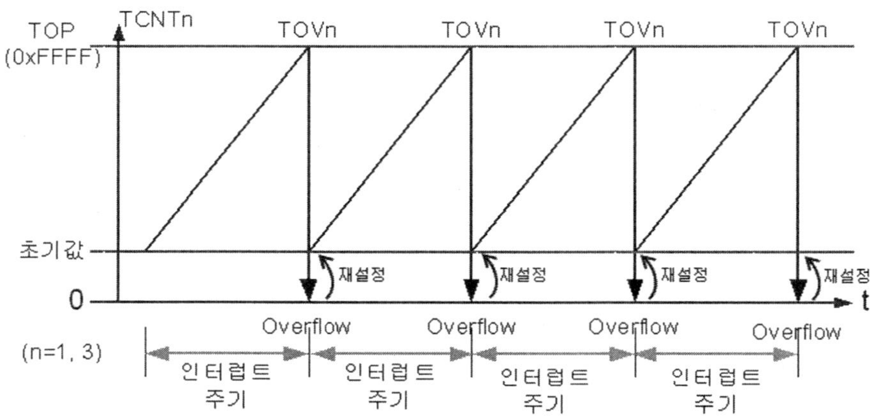

[그림 4-16] 일반모드

일반모드에서는 TCNTn의 상한값이 0xFFFF(65535)로 고정되어 있으며, 인터럽트 주기는 TCNTn의 초기값에 의해 다음 식과 같이 결정된다.

인터럽트 주기 = (1/16)us * 분주비 * (65536 - TCNTn 초기값)

따라서, 오버플로우 인터럽트가 발생하면 TCNTn의 값이 0이 되기 때문에 계속적으로 일정시간 간격으로 인터럽트를 발생시키기 위해서는 오버플로우 인터럽트가 발생할 때마다 같은 초기값으로 재설정해 주어야 한다. 예를 들면, 시스템 클럭이 16MHz인 ATmega128 시스템에서 TCCRnA=0x00, TCCRnB=0x02(8분주), TCNTn=55536을 설정하면, 인터럽트 주기는

(1/16)us * 8분주 * (65536 - 55536) = 5000us = 5ms

가 된다. 즉, 오버플로우 인터럽트가 발생할 때마다 TCNTn에 55536을 넣어 주면 5ms마

다 계속해서 인터럽트를 발생할 수 있게 된다.

(2) CTC 모드(Clear Time on Compare Match Mode)

타이머/카운터n에서의 CTC 모드는 모드 4와 모드 12가 있다. CTC 모드에서 TCNTn 값은 OCRnA와 일치하거나(모드 4) 또는 ICRn과 일치할 때(모드 12)까지 증가하며, 일치한 후에 다음 클럭에서 TCNTn은 0x0000로 클리어 된다. [그림 4-17]은 CTC 모드에 대한 동작을 보여주며, OCRnA 또는 ICRn은 TCNTn에 대한 TOP값을 정의한다.

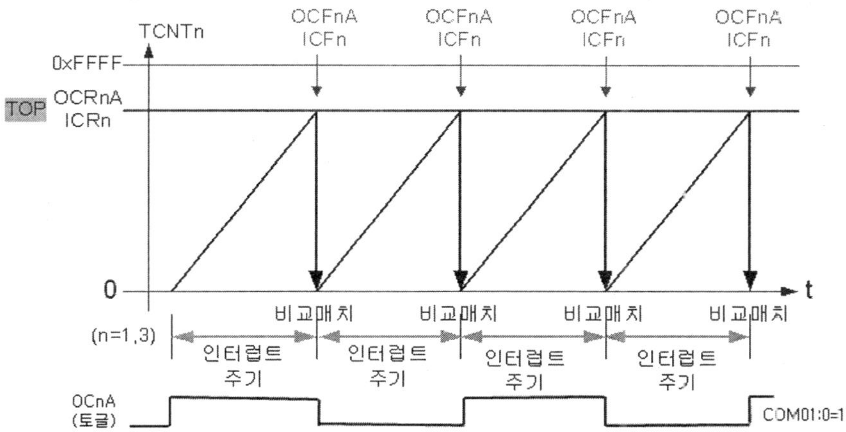

[그림 4-17] 타이머/카운터n CTC 모드

일반모드는 상한값이 고정이지만, CTC 모드는 하한값이 0으로 고정되어 있다. OCRnA를 TOP 값으로 사용하는 모드 4에서는 TCNTn이 OCRnA와 일치할 때마다 OCFnA가 셋 되어 출력비교 인터럽트가 발생하며, ICRn을 TOP 값으로 사용하는 모드 12에서는 TCNTn이 ICRn과 일치할 때마다 ICFn이 셋 되어 입력 캡쳐 인터럽트가 발생한다.

비교매치 인터럽트 주기 = (1/16)us * 분주비 * (1+OCRnA) : 모드 4
비교매치 인터럽트 주기 = (1/16)us * 분주비 * (1+ICRn) : 모드 12

CTC 모드에서 파형 출력모드를 토글 모드로 하면, TCNTn이 TOP과 같을 때마다 OCnA 핀을 통해 토글된 값이 계속해서 출력된다. 이때 출력되는 파형의 주파수는

$$f_{OC_nA} = \frac{f_{clk(I/O)}}{2 \cdot N \cdot (1 + TOP)}$$

(N : 분주비 1, 8, 64. 256, 1024, $f_{clk(I/O)}$: 시스템 클럭의 주파수)
(모드 4에서 TOP = OCRnA, 모드 12에서 TOP = ICRn)

이 되며, TOP이 0일 때 $f_{OC_nA} = \frac{f_{clk(I/O)}}{2}$ 의 최대 주파수를 갖게 된다. 이때 OCnA 핀을 통해 파형을 출력하기 위해서는 OCnA 핀에 대응하는 비트의 입출력방향을 출력으로 설정하여야 한다.

(3) 고속 PWM 모드 (Fast Pulse Width Modulation Mode)

이 모드에서는 높은 주파수의 PWM 파형을 발생하는데 유용하며, [표 4-14]에서와 같이 모드 5, 6, 7, 14, 15의 동작모드를 갖는다. 이 모드에서는 TCNTn 값이 0에서 TOP까지 증가하다 다시 0부터 카운트하는 동작을 반복하며, TOP 값은 [표 4-14]에서와 같이 0x00FF(8비트), 0x01FF(9비트), 0x03FF(10비트), ICRn, OCRnA로 지정된다.

비반전 비교 출력모드에서 TCNTn 값은 계속하여 증가하다 OCRnx와 일치하면 OCnx 핀을 통해 0이 출력되고, TCNTn이 TOP -> 0x0000로 되면서 1이 출력된다. [그림 4-18]은 이를 보여주며, 설정된 TOP 값에 따라 OCnx 핀에 출력되는 펄스의 주기가 결정되며, OCRnx 레지스터의 값에 따라 High(또는 Low) 부분의 펄스폭이 결정되어 PWM의 파형을 출력하게 된다.

이 모드에서 OCnx 핀을 통해 출력되는 파형의 주파수는

$$f_{OC_{nx}PWM} = \frac{f_{clk(I/O)}}{N \cdot (1 + TOP)}$$

가 된다. 여기서, N은 분주비로 1, 8, 64, 256, 1024의 값을 가지며, $f_{clk(I/O)}$는 시스템 클럭과 같은 주파수를 나타낸다.

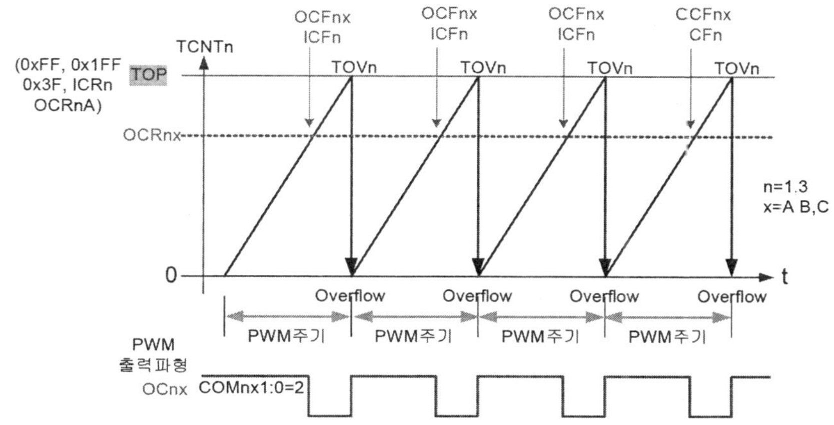

(a) OCRnx 값이 클 때

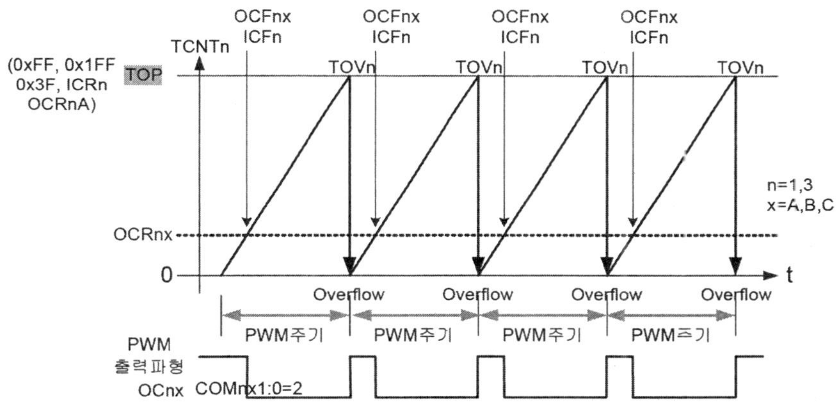

(b) OCRnx 값이 작을 때

[그림 4-18] 타이머/카운터n의 Fast PWM 모드(n=1,3, x=A,B,C)

OCnx 핀을 통해 파형을 출력할 때 이 핀에 해당하는 데이터 방향 레지스터의 비트를 출력이 되도록 설정해야 한다.

이 모드에서는 TCNTn의 값이 TOP과 일치할 때 타이머/카운터n의 오버플로우 인터럽트 플래그 TOVn이 셋 되면서 오버플로우 인터럽트가 요청되며, 또한 TOP으로 사용하는 레지스터에 따라 OCFnx 및 ICFn 플래그도 TOVn과 같은 클럭 사이클에서 셋 되어 해당 인터럽트가 요청된다. OCRnA를 TOP으로 이용하는 모드 15에서 파형 출력을 토글 모드로 설정하면, 듀티비 50%를 갖는 구형파를 출력할 수 있다.

(4) PC PWM (Phase Correct PWM) Mode

이 모드는 높은 분해능의 PWM 파형을 발생하는데 유용하며, [표 4-14]에서와 같이 모드 1, 2, 3, 10, 11의 동작모드를 갖는다. 이 모드에서는 TCNTn 값이 0에서 TOP까지 증가하다 0으로 감소하는 카운트 동작을 반복하며, TOP 값은 [표 4-14]에서와 같이 0x00FF(8비트), 0x01FF(9비트), 0x03FF(10비트), ICRn, OCRnA로 지정된다.

비반전 비교 출력모드에서 업 카운트 중에 TCNTn과 출력 비교 레지스터 OCRnx의 값이 일치하면 OCnx 핀을 통해 0이 출력되고, 다운 카운트 중에 일치하면 1이 출력된다. [그림 4-19]는 이를 보여주며, 반전 비교 출력모드에서는 반대의 값이 OCnx 핀을 통해 출력된다.

그림으로부터 알 수 있듯이, TOP으로 설정되는 값에 따라 OCnx 핀에 출력되는 펄스의 주기가 결정되며, OCRnx 레지스터의 값에 따라 High(또는 Low) 부분의 펄스폭이 결정되어 PWM의 파형을 출력하게 된다.

이 모드에서 OCnx 핀을 통해 출력되는 파형의 주파수는

$$f_{OC_{nx}PWM} = \frac{f_{clk(I/O)}}{2 \cdot N \cdot TOP}$$

가 된다. 여기서, N은 분주비로 1, 8, 64, 256, 1024의 값을 가지며, $f_{clk(I/O)}$ 는 시스템 클럭과 같은 주파수를 나타낸다. 이처럼 PC PWM 모드에서의 주파수는 고속 PWM 모드에 비해 반으로 줄어든다.

OCnx 핀을 통해 파형을 출력할 때는 이 핀에 해당하는 데이터 방향 레지스터의 비트를 출력이 되도록 설정해야 한다.

이 모드에서는 TOP으로 사용하는 레지스터에 따라 TCNTn의 값이 TOP과 일치할 때 OCFnx 또는 ICFn 플래그 비트가 셋 되면서 해당 인터럽트가 요청되며, 또한 TCNTn 값이 0x0000으로 될 때마다 TOVn이 셋 되면서 오버플로우 인터럽트가 요청된다.

OCRnA를 TOP으로 이용하는 모드 11에서 파형 출력을 토글 모드로 설정하면 듀티비 50%를 갖는 구형파를 출력할 수 있다.

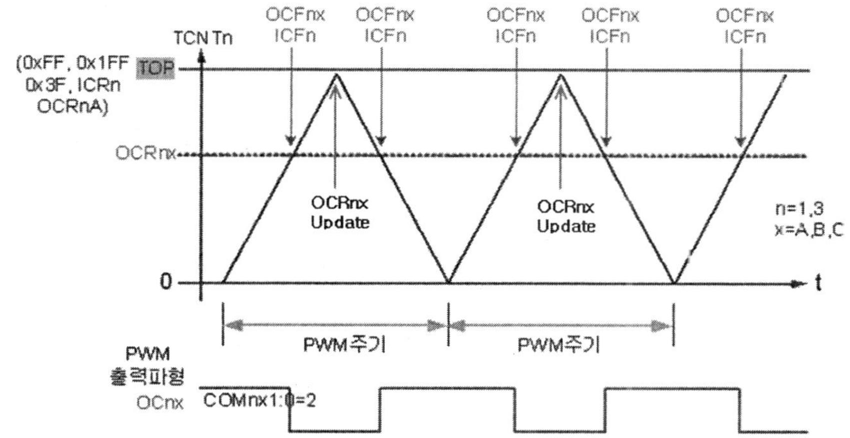

(a) OCRnx 값이 클 때

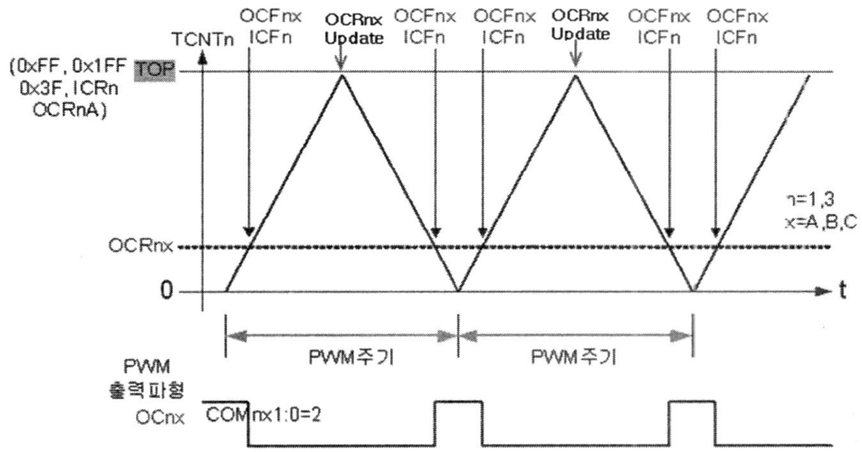

(a) OCRnx 값이 작을 때

[그림 4-19] 타이머/카운터n의 Phase Correct PWM 모드(n=1,3, x=A,B,C)

(5) PFC PWM (Phase and Frequency Correct PWM) Mode

이 모드도 PC PWM 모드와 같이 높은 분해능의 PWM 파형을 발생하는데 유용하며, [표 4-14]에서와 같이 모드 8, 9의 동작 모드를 갖는다. 이 모드는 PC PWM 동작 모드와 거의 같지만, 다른 점은 TOP으로 설정되는 레지스터의 값이 갱신되는 시점이 [표 4-19]와 같이 PC PWM 모드에서는 TCNTn이 TOP일 때 갱신되고, PFC PWM 모드에서는 0x0000에서 갱신된다. 이 모드에서는 TCNTn 값이 0에서 TOP까지 증가하다 0으로 감소하는 카운트 동작을 반복하며, TOP 값은 ICRn, OCRnA로 지정된다.

[표 4-19] PC PWM 모드와 PFC PWM 모드와의 비교

모드	WGM n3	WGM n2	WGM n1	WGM n0	동 작 모 드	TOP값	OCRnx의 업데이트 시점	TOVn 플래그 셋 시점
1	0	0	0	1	Phase Correct PWM(8비트)	0x00FF	TOP	0x0000
2	0	0	1	0	Phase Correct PWM(9비트)	0x01FF	TOP	0x0000
3	0	0	1	1	Phase Correct PWM(10비트)	0x03FF	TOP	0x0000
10	1	0	1	0	Phase Correct PWM	ICRn	TOP	0x0000
11	1	0	1	1	Phase Correct PWM	OCRnA	TOP	0x0000
8	1	0	0	0	Phase and Frequency Correct PWM	ICRn	0x00	0x0000
9	1	0	0	1	Phase and Frequency Correct PWM	OCRnA	0x00	0x0000

비반전 비교 출력모드에서 업 카운트 중에 TCNTn과 출력 비교 레지스터 OCRnx의 값이 일치하면 OCnx 핀을 통해 0이 출력되고, 다운 카운트 중에 일치하면 1이 출력된다. [그림 4-20]은 이를 보여주며, 반전 비교 출력모드에서는 반대의 값이 OCnx 핀을 통해 출력된다. 그림으로부터 알 수 있듯이, TOP으로 설정되는 값에 따라 High(또는 Low)인 부분의 펄스폭이 가변되어 PWM의 파형을 출력하게 된다.

이 모드에서 OCnx 핀을 통해 출력되는 파형의 주파수는

$$f_{OC_{nx}PWM} = \frac{f_{clk(I/O)}}{2 \cdot N \cdot TOP}$$

가 된다. 여기서, N은 분주비로 1, 8, 64, 256, 1024의 값을 가지며, $f_{clk(I/O)}$는 시스템 클럭과 같은 주파수를 나타낸다

OCnx 핀을 통해 파형을 출력할 때는 이 핀에 해당하는 데이터 방향 레지스터의 비트를 출력이 되도록 설정해야 한다.

이 모드에서는 TOP으로 사용하는 레지스터에 따라 TCNTn의 값이 TOP과 일치할 때 OCFnx 또는 ICFn 플래그 비트가 셋 되면서 해당 인터럽트가 요청되며, 또한 TCNTn 값이 0x0000이 될 때마다 TOVn이 셋 되면서 오버플로우 인터럽트가 요청된다.

OCRnA를 TOP으로 이용하는 모드 9에서 파형 출력을 토글 모드로 설정하면, 듀티비 50%를 갖는 구형파를 출력할 수 있다.

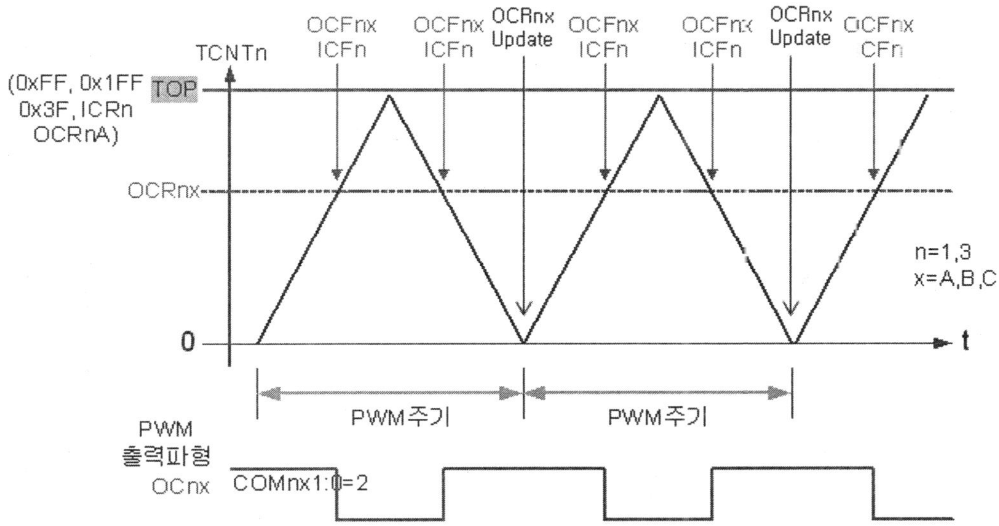

(a) OCRnx 값이 클 때

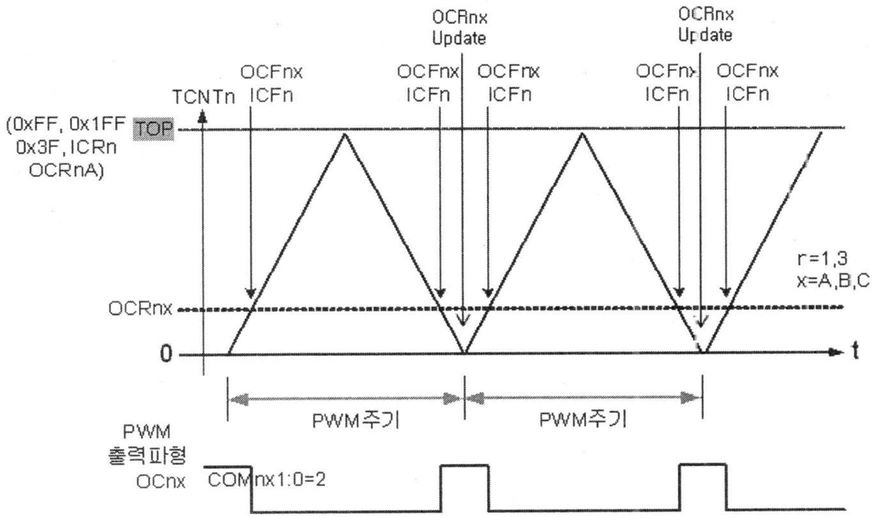

(b) OCRnx 값이 작을 때

[그림 4-20] 타이머/카운터n의 Phase and Frequency Correct PWM 모드(n=1,3, x=A,B,C)

4.3.3 입력캡쳐 유닛(Input Capture Unit)

ATmega128에는 타이머/카운터n의 값을 캡쳐하여 레지스터 ICRn(n=1,3)에 저장하는 기능을 가지고 있으며, [그림 4-21]은 이러한 입력캡쳐 유닛의 블록도를 보여준다.

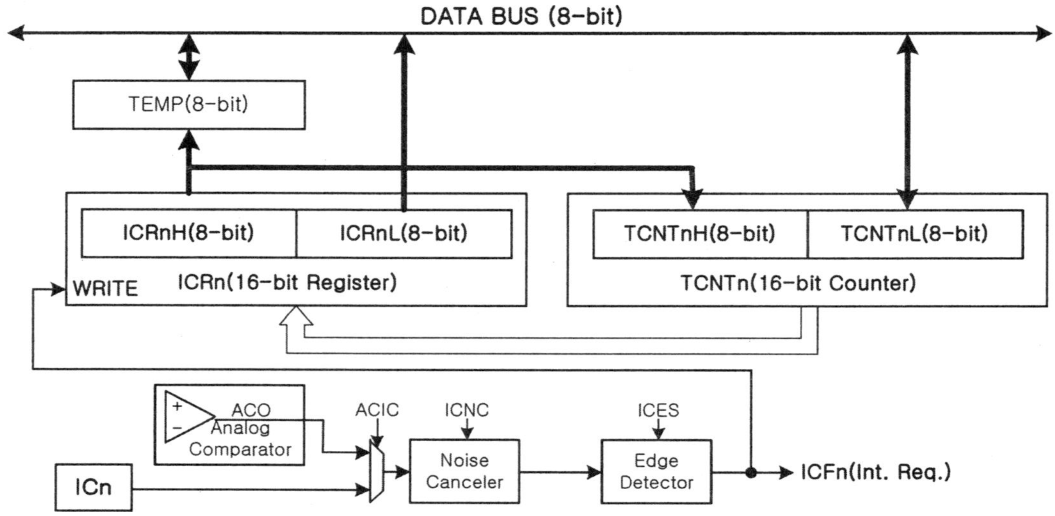

[그림 4-21] 입력캡쳐 유닛 블록도(n=1, 3)

입력캡쳐 유닛의 주 트리거 신호는 ICn 핀으로 입력되는 신호이지만, 아날로그 비교기 제어 및 상태 레지스터 ACSR의 ACIC(Analog Compare Input Capture) 비트를 셋 하면 아날로그 비교기의 출력을 트리거 신호로 사용할 수도 있다.

입력캡쳐 기능에 관련하여 타이머/카운터n 제어 레지스터 TCCRnB의 ICNCn 비트와 ICESn 비트가 각각 노이즈 제거 기능과 캡처 타이밍의 설정을 위해 사용되며, 이 부분은 타이머/카운터n 관련 레지스터에서 TCCRnB를 참조하기 바란다.

입력캡쳐 유닛에 캡쳐 신호가 입력되면 타이머/카운터n의 TCNTn 값이 ICRn에 복사되고 동시에 입력캡쳐 플래그 ICFn이 셋 되어 입력캡쳐 인터럽트가 요청된다.

4.3.4 출력비교 유닛(Output Compare Unit)

[그림 4-22]는 타이머/카운터n(n=1, 3)의 출력비교 유닛 블록도를 보여주며, 레지스터 TCNTn과 출력비교 레지스터 OCRnx(x : A, B, C)는 16비트 비교기에 의해 계속 비교된다. TCNTn과 OCRnx의 값이 일치하면 OCFnx 플래그 비트가 다음 클럭에서 셋 되어 인

터럽트를 요청하게 된다. OCFnx는 인터럽트처리가 실행되면 자동적으로 클리어 되지만, 소프트웨어적으로 0을 써주어 클리어 시킬 수도 있다. TCNTn과 OCRnx이 값이 일치하면 WGMn3..0비트에 의해 설정된 파형 출력모드에 따라 OCnx 핀을 통해 파형이 출력된다.

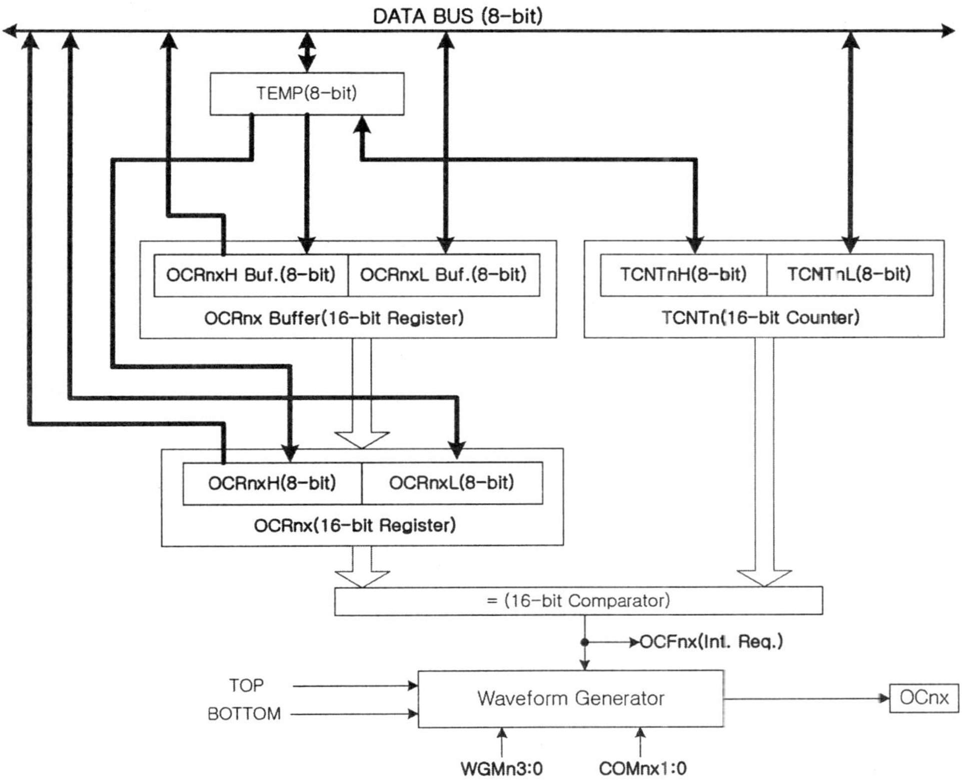

[그림 4-22] 출력비교 유닛 블록도(n=1,3, x=A, B)

■ 출력비교 변조기(Output Compare Modulator)

OCM은 반송 주파수(Carrier frequency)에 변조된 파형을 발생하는 기능을 갖는다. 이 변조기는 16비트 타이머/카운터1의 출력비교 유닛 C와 8비트 타이머/카운터2의 출력비교 유닛의 출력을 이용한다. [그림 4-23]은 출력비교 변조기를 보여주며, 변조기가 인에이블 되어 있으면 두개의 출력비교 채널은 그림에 나타낸 것과 같이 변조된다.

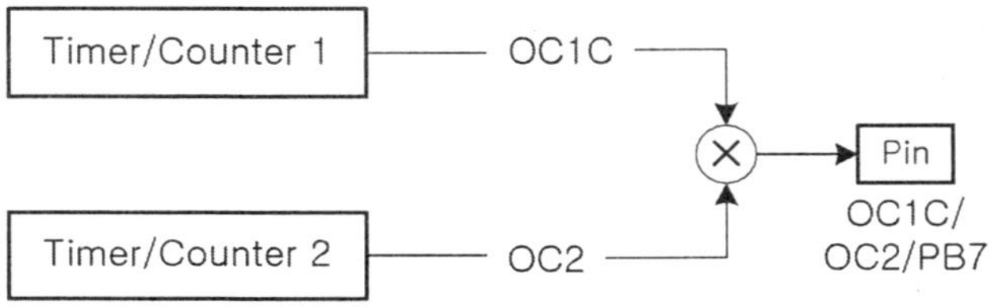

[그림 4-23] 출력비교 변조기

출력비교 유닛 1C와 출력비교 유닛 2는 PB7 포트핀과 겸용으로 사용되며, 출력비교 OC1C 또는 OC2 중에 하나가 인에이블 되어 있으면 이 핀을 통해 출력비교값이 출력된다. 그러나, OC1C와 OC2가 동시에 인에이블 되어 있으면 변조기는 자동적으로 인에이블 되어 PORTB7의 값에 따라 OC1C와 OC2의 값이 합성되어 출력된다.

변조기의 기능 등가 구조는 [그림 4-24]와 같으며, PORTB7 핀의 출력 구동회로와 타이머/카운터 유닛의 일부를 포함한다. OC1C 또는 OC2를 인에이블 시키는 경우에는 PORTB7을 출력으로 설정해야 한다.

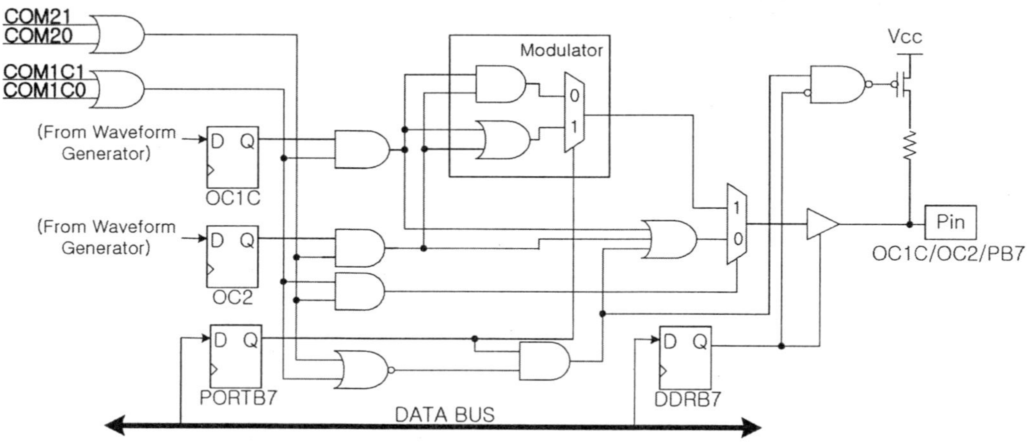

[그림 4-24] 출력비교 변조기 구조

변조기가 인에이블 되면, 변조기의 출력은 OC1C와 OC2의 값을 PORTB7의 값에 따라 AND 또는 OR시켜 출력하게 된다. [그림 4-25]는 타이머/카운터1이 고속 PWM 모드(비반전 출력)로 설정되어 있고 타이머/카운터2가 CTC 모드(토글 비교출력모드)로 설정되었을 때 PORTB7의 값에 따른 변조기의 출력파형을 보여준다,

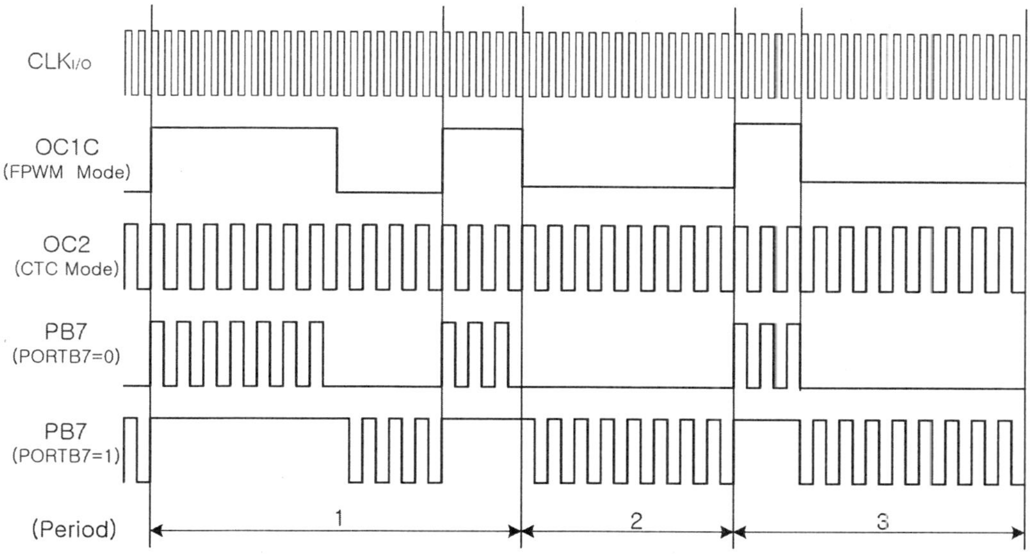

[그림 4-25] 출력비교 변조기 출력 파형

4.4 타이머/카운터 실험

타이머/카운터도 I/O 포트나 외부 인터럽트와 마찬가지로 사용하기 전에 사용 목적에 맞춰 관련 레지스터에 대한 설정을 제대로 해 주어야 정상적으로 동작한다. 타이머/카운터는 2가지 목적을 가지고 사용하는데, 첫 번째는 어떤 정해진 일을 주기적으로 실행하기 위해 시간적인 인터럽트를 사용하는 것이고, 두 번째는 비교출력단자를 통해 PWM 파형을 자동으로 출력하는 것이다. 그러나, 일반적으로 주기적인 인터럽트 기능을 사용하는 것이 대부분이라 할 수 있으며, 일정시간 간격으로 어떤 정해진 일을 반복하여 실행하는 경우에 사용하게 된다.

*CodeVisionAVR*에서 인터럽트를 사용하기 위해서는 외부 인터럽트에서 설명했듯이 다음과 같은 형식을 갖추어야 한다.

```
interrupt [인터럽트 소스명] void 함수명(void)
{
        인터럽트 서브루틴
}
```

[예] 타이머/카운터0 비교 매치

```
interrupt [TIM0_COMP] void tim0_comp(void)
{
        .....

}
```

[예] 타이머/카운터1 오버플로우 인터럽트

```
interrupt [TIM1_OVF] void tim1_ovf(void)
{
        .....

}
```

여기서, 인터럽트 소스명은 *CodeVisionAVR*에서 제공하는 헤더 파일 <mega128.h>에 정의된 소스명을 사용하며, 함수명은 사용자가 임의로 정해주면 된다. [표 4-20]은 <mega128.h>에서 인터럽트 소스명 정의부분만 표시한 것이다.

[표 4-20] <mega128.h>에서 정의된 인터럽트 소스명

```
// Interrupt vectors definitions

#define EXT_INT0 2
#define EXT_INT1 3
#define EXT_INT2 4
#define EXT_INT3 5
#define EXT_INT4 6
#define EXT_INT5 7
#define EXT_INT6 8
#define EXT_INT7 9
#define TIM2_COMP 10
#define TIM2_OVF 11
#define TIM1_CAPT 12
#define TIM1_COMPA 13
#define TIM1_COMPB 14
#define TIM1_OVF 15
#define TIM0_COMP 16
#define TIM0_OVF 17
#define SPI_STC 18
#define USART0_RXC 19
#define USART0_DRE 20
#define USART0_TXC 21
#define ADC_INT 22
#define EE_RDY 23
#define ANA_COMP 24
#define TIM1_COMPC 25
#define TIM3_CAPT 26
#define TIM3_COMPA 27
#define TIM3_COMPB 28
#define TIM3_COMPC 29
#define TIM3_OVF 30
#define USART1_RXC 31
#define USART1_DRE 32
#define USART1_TXC 33
#define TWI 34
#define SPM_RDY 35

#endif
```

타이머/카운터에 대한 사용법을 간단히 요약하면 다음과 같으며, 반드시 요약된 내용에 따라 프로그램을 작성해야 한다.

☞ 타이머/카운터 사용법 요약

<인터럽트 기능>

① 타이머/카운터 인터럽트 마스크 레지스터 셋
사용 레지스터 : TIMSK(타/카0, 타/카2, 타/카1), ETIMSK(타/카1, 타/카3)

② 타이머/카운터 동작모드 및 분주비 설정
사용 레지스터 : TCCR0, ASSR(타/카0), TCCR2(타/카2)
TCCR1A/B/C(타/카1), TCCR3A/B/C(타/카3)

③ 타이머/카운터 레지스터, 출력비교레지스터 초기값 설정
사용 레지스터 : TCNT0, TCNT1, TCNT2, TCNT3
OCR0, OCR1A/B/C, OCR2, OCR3A/B/C, ICR1, ICR3
-> 동작모드에 따라 설정하는 레지스터가 다르므로 동작모드표 참조

④ 전역 인터럽트 인에이블 비트 I 셋
사용 레지스터 : SREG(최상위 비트)
-> 가능하면 모든 초기 설정이 끝난 후 제일 마지막에 I 비트를 셋 한다.

⑤ 인터럽트 함수 작성

<PWM 파형 출력 기능>

① PWM 출력 핀의 포트를 출력으로 설정한다.

② 타이머/카운터 동작모드 및 분주비 설정
사용 레지스터 : TCCR0, ASSR(타/카0), TCCR2(타/카2)
TCCR1A/B/C(타/카1), TCCR3A/B/C(타/카3)

③ 타이머/카운터 레지스터, 출력비교레지스터 초기값 설정
사용 레지스터 : TCNT0, TCNT1, TCNT2, TCNT3
OCR0, OCR1A/B/C, OCR2, OCR3A/B/C, ICR1, ICR3
-> 동작모드에 따라 설정하는 레지스터가 다르므로 동작모드표 참조

<경우에 따라 타이머/카운터의 값을 리셋하기 위해 인터럽트 기능을 사용할 때도 있음>

[예제 4-1] 타이머/카운터0을 이용한 LED 제어 실험 (일반 모드)

타이머/카운터0의 일반 모드를 사용하여 오버플로우 인터럽트가 발생할 때마다 LED를 1비트씩 쉬프트하면서 ON시키는 프로그램을 작성하라. 타이머/카운터의 인터럽트 주기는 최대가 되도록 TCNT0를 0으로 하고 프리스케일러는 1024분주로 한다.

[예제 4-1] 타이머/카운터0을 이용한 LED 제어 실험(일반 모드)

```
// eex4-1.c
// 타이머/카운터0에 의한 LED 순차 점멸

#include <mega128.h>

unsigned char led = 0xFE;

void main(void)
{
    // 포트 초기화
    DDRC = 0xFF;                    // 포트 C 출력으로 설정
    PORTC = led;                    // 포트 C에 초기값 출력

    // 타이머/카운터0 초기화
    TIMSK = 0x01;                   // TOIE0 = 1(오버플로우 인터럽트 인에이블)
    TCCR0 = 0x07;                   // 일반모드, 1024분주
    TCNT0 = 0x00;                   // 타이머/카운터0 레지스터 초기값
    SREG = 0x80;                    // 전역 인터럽트 인에이블 비트 I 셋

    while(1);                       // 대기
}

// 타이머/카운터0 오버플로우 서비스 루틴
// 인터럽트 발생 주기 1/16us * 1024분주 * (256 - 0) = 16,384us
interrupt [TIM0_OVF] void timer_int0(void)
{
    // LED 순차 점멸
    TCNT0 = 0x0;                    // 초기값 재설정(0인 경우 생략가능)
    led = led << 1;                 // 1비트 쉬프트
    led = led | 0x01;               // 최하위 비트 셋
    if(led == 0xFF) led = 0xFE;     // 모두 off이면 초기값 재설정
    PORTC = led;                    // 포트 출력
}
```

[예제 4-2] 타이머/카운터0을 이용한 LED 제어 실험 (비교매치 인터럽트)

[예제 4-1]에 대해 타이머/카운터0의 일반모드를 이용하여 10ms마다 출력비교 인터럽트가 발생할 때마다 LED를 1비트씩 쉬프트하면서 ON시키는 프로그램을 작성하라.

[예제 4-2] 타이머/카운터0을 이용한 LED 제어 실험

```
// eex4-2.c
// 타이머/카운터0 실험(일반모드)
// 타이머/카운터0에 의한 LED 순차 점멸

#include <mega128.h>

unsigned char led = 0xFE;

void main(void)
{
    // 포트 초기화
    DDRC = 0xFF;            // 포트 C 출력으로 설정
    PORTC = led;            // 포트 C에 초기값 출력

    // 타이머/카운터0 초기화
    TIMSK = 0x02;           // OCIE0 = 1(출력 비교 인터럽트 인에이블)
    TCCR0 = 0x07;           // 일반모드, 1024분주
    OCR0 = 155;             // 출력 비교 레지스터값(9.98ms 주기)
    TCNT0 = 0x0;            // 타이머/카운터0 레지스터 초기값
    SREG = 0x80;            // 전역 인터럽트 인에이블 비트 I 셋

    while(1);               // 대기
}

// 타이머/카운터0 출력비교(TCNT0 = OCRO 일때) 인터럽트 서비스 루틴
// 인터럽트 발생 주기 1/16us * 1024분주 * (1 + 155) = 9.98ms
interrupt [TIM0_COMP] void timer_comp0(void)
{
    // LED 순차 점멸
    TCNT0 = 0x0;                        // 초기값 재설정
    led = led << 1;                     // 1비트 쉬프트
    led = led | 0x01;                   // 최하위 비트 셋
    if(led == 0xFF) led = 0xFE;         // 모두 off이면 초기값 재설정
    PORTC = led;                        // 포트 출력
}
```

[예제 4-3] 타이머/카운터0을 이용한 LED 제어 실험 (일반모드 0.5초 간격)

타이머/카운터0의 오버플로우 인터럽트를 이용하여 0.5초 마다 모든 LED를 ON/OFF (토글 출력) 시키는 프로그램을 작성하라. X-TAL 클럭의 1024 분주한 클럭을 타이머/카운터의 클럭으로 이용한다.(힌트 : 16MHz의 클럭을 사용하는 KUT-128보드에서 타이머/카운터0가 갖는 가장 긴 오버플로우 인터럽트 주기는 1/16us*256카운터주기*1024분주 =16.384ms가 된다. 따라서, 이 인터럽트가 31회 걸리면 508ms되어 약 0.5초의 시간 주기를 얻을 수 있게 된다.)

[예제 4-3] 타이머/카운터0을 이용한 LED 제어 실험(일반모드 0.5초 간격)

```
// eex4-3.c
// 타이머/카운터0에 의한 LED 순차 점멸(0.5초 마다)

#include <mega128.h>

unsigned char led = 0xFF;                   // LED 출력 초기값
unsigned char cnt = 0;                      // 타이머/카운터0 인터럽트 발생 횟수

void main(void)
{
    // 포트 초기화
    DDRC = 0xFF;                            // 포트 C 출력으로 설정
    PORTC = led;                            // 포트 C에 초기값 출력

    // 타이머/카운터0 초기화
    TIMSK = 0x01;                           // TOIE0 = 1
    TCCR0 = 0x07;                           // 프리스케일 = CK/1024
    TCNT0 = 0x00;                           // 타이머/카운터0 레지스터 초기값
    SREG = 0x80;                            // 전역 인터럽트 인에이블 비트 I 셋

    while(1);                               // 대기
}

// 타이머/카운터0 오버플로우 서비스 루틴
// 1/16us x 1024 x (256 - 0) = 16.384ms
interrupt [TIM0_OVF] void timer_int0(void)
{
    TCNT0 = 0x0;                            // 초기값 재설정(생략가능)
    cnt++;                                  // 인터럽트 횟수 +1

    if(cnt == 31){                          // 16.384ms x 31 = 0.5sec
        led = led ^ 0xFF;                   // led값 반전
        PORTC = led;                        // 포트 출력
        cnt = 0;                            // 인터럽트 카운터 리셋
    }
}
```

[예제 4-4] 타이머/카운터1을 이용한 LED 제어 실험 (모드 0 : 일반 모드)

타이머/카운터1 레지스터의 값을 0x8000(32768)으로 초기 설정하고, 256분주 된 클럭을 타이머/카운터의1의 클럭으로 이용하여 오버플로우 인터럽트가 발생할 때 마다 LED를 쉬프트하면서 ON시키는 프로그램을 작성하라.

[예제 4-4] 타이머/카운터1을 이용한 LED 제어 실험(모드 0 : 일반 모드)

```
// eex4-4.c
// 타이머/카운터1을 이용한 LED 제어 실험(일반 모드)

#include <mega128.h>
unsigned char led = 0xFE;
unsigned int time = 0x8000;          // 32768

void main(void)
{
    // 포트 초기화
    DDRC = 0xFF;                     // 포트 C 출력으로 설정
    PORTC = led;                     // 포트 C에 초기값 출력

    // 타이머/카운터1 초기화
    TIMSK = 0x04;                    // TOIE1 = 1, 오버플로우 인터럽트 인에이블
    TCCR1A = 0x00;                   // 모드 0(일반모드)
    TCCR1B = 0x04;                   // 프리스케일 = CK/256
    TCCR1C = 0x0;
    TCNT1 = time;                    // 타이머/카운터1 레지스터 초기값 : 16 비트
    SREG = 0x80;                     // 전역 인터럽트 인에이블 비트 I 셋

    while(1);                        // 대기
}

// 타이머/카운터1 오버플로우 서비스 루틴
// (1/16)us * 256분주 * (65536 - 32768)= 524ms
interrupt [TIM1_OVF] void timer_int1(void)
{
    // LED 순차 점멸
    TCNT1 = time;                    // 초기값 재설정
    led = led << 1;                  // 1비트 쉬프트
    led = led | 0x01;                // 최하위 비트 셋
    if(led == 0xFF) led = 0xFE;      // 모두 off이면 초기값 재설정
    PORTC = led;                     // 포트 출력
}
```

[예제 4-5] 타이머/카운터1을 이용한 LED 제어 실험(출력비교 레지스터 이용)

타이머/카운터1의 출력비교 A 레지스터 OCR1A에 비교값 0x8000을 설정하고, 타이머/카운터1의 값과 일치하면 비교 매치 인터럽트를 발생시켜 LED를 쉬프트 시키며 순차 점멸시키는 프로그램을 작성하라. (분주비 256분주)

[예제 4-5] 타이머/카운터1을 이용한 LED 제어 실험(출력 비교 레지스터 이용)

```
// eex4-5.c
// 타이머/카운터1의 비교 매치 동작 실험
// TCNT1과 OCR1A의 값이 같으면 인터럽트 발생.

#include <mega128.h>

unsigned char led = 0xFE;              // LED 출력 초기값

void main(void)
{
    // 포트 초기화
    DDRC = 0xFF;                       // 포트 C 출력으로 설정
    PORTC = led;                       // 포트 C에 초기값 출력

    // 타이머/카운터1 초기화
    TIMSK = 0x10;                      // OCIE1A = 1(출력비교 A 인터럽트 인에이블)
    TCCR1A = 0x0;                      // 일반 모드
    TCCR1B = 0x04;                     // 256분주
    TCCR1C = 0x0;
    TCNT1 = 0x0;                       // 타이머/카운터1 레지스터 초기값 : 16 비트
    OCR1A = 0x8000;                    // 타이머/카운터1 비교 매치 A 레지스터 : 16 비트

    SREG = 0x80;                       // 전역 인터럽트 인에이블 비트 I 셋

    while(1);                          // 대기
}

// 타이머/카운터1 비교 A 매치 인터럽트 서비스 루틴
// (1/16)us * 256분주 * (1 + OCR1A) = 524ms
interrupt [TIM1_COMPA] void timer1_compa(void)
{
    // LED 순차 점멸
    TCNT1 = 0x0;                       // 0으로 재설정하지 않으면 0xFFFF까지 증가
    led = led << 1;                    // 1비트 쉬프트
    led = led | 0x01;                  // 최하위 비트 셋
    if(led == 0xFF) led = 0xFE;        // 모두 off이면 초기값 재설정
    PORTC = led;                       // 포트 출력
}
```

[예제 4-6] 타이머/카운터3을 이용한 카운터 모드 실험 (T3핀 클럭 입력)

T3에 연결된 스위치 SW3을 누를 때마다 LED를 한 비트씩 쉬프트하면서 ON시키는 프로그램을 작성하라. 즉, 타이머/카운터3을 카운터로 이용하여 SW3이 눌려질 때마다 타이머/카운터3에 오버플로우 인터럽트가 발생시키도록 하라.

[예제 4-6] 타이머/카운터3을 이용한 카운터 모드 실험(T3핀 클럭 입력)

```
// eex4-6.c
// 타이머/카운터3의 카운터 모드 실험
// 클럭 소스를 외부 신호 T3(SW3) 이용
// SW3을 누를 때마다 LED 순차 점멸

#include <mega128.h>

unsigned char led = 0xFE;              // LED 출력 초기값

void main(void)
{
    // 포트 초기화
    DDRC = 0xFF;                       // 포트 C 출력으로 설정
    PORTC = led;                       // 포트 C에 초기값 출력

    // 타이머/카운터3 초기화
    ETIMSK = 0b00000100;               // TOIE3 = 1
    TCCR3A = 0x0;                      // 외부 T0핀의 하강 에지 선택
    TCCR3B = 0x06;                     // T3 하강 에지에서 카운팅
    TCCR3C = 0x0;
    TCNT3H = 0xFF;                     // TCNT3 초기값 설정 : 외부에서 클럭 1개가
    TCNT3L = 0xFF;                     // 입력되어 0이 되면서 인터럽트 발생
    SREG = 0x80;                       // 전역 인터럽트 인에이블 비트 I 셋

    while(1);                          // 대기
}

// 타이머/카운터3 오버플로우 서비스 루틴
interrupt [TIM3_OVF] void timer_int3(void)
{
    TCNT3H = 0xFF;                     // 초기값 재설정
    TCNT3L = 0xFF;

    // LED 순차 점멸
    led = led << 1;                    // 1비트 쉬프트
    led = led | 0x01;                  // 최하위 비트 셋
    if(led == 0xFF) led = 0xFE;        // 모두 off이면 초기값 재설정
    PORTC = led;                       // 포트 출력
}
```

[예제 4-7] 타이머/카운터2을 이용한 PWM 출력(CTC 모드)

타이머/카운터2를 CTC 모드로 동작시키고, 비교매치에서 PWM파형이 출력되는 OC2 핀을 통해 토글된 값이 자동으로 출력되도록 프로그램을 작성하라. OCR2 값은 최대값 255를 설정한다.

비교매치 주기 = 1/16us x 1024분주 x (1 + OCR2)
= 1/16us x 1024분주 x (1 + 255) = 16.384ms
출력파형 주기 = 비교매치 주기 x 2 = 32.768ms

<PWM 파형 출력회로>

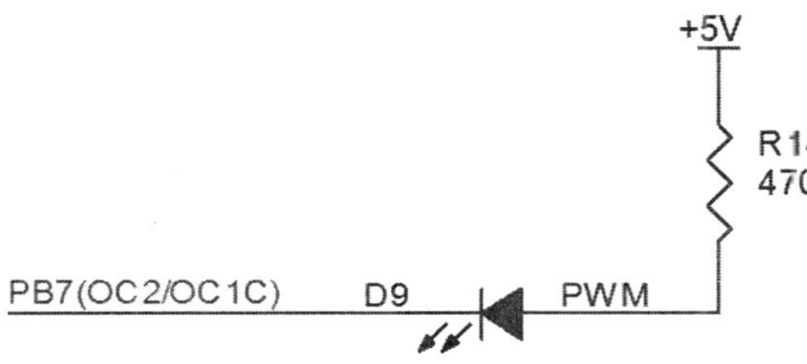

[그림 4-26] PWM 파형 출력회로

[예제 4-7] 타이머/카운터2을 이용한 출력비교 매치 실험(CTC 모드)

```
// eex4-7.c
// 타이머/카운터2을 이용한 PWM 출력 실험(CTC 모드)
// TCNT2와 OCR2 값이 같으면 OC2 핀에 매치 신호 출력
// 16.384ms마다 PWM LED가 깜박 거린다. -> 32.768ms 주기

#include <mega128.h>

void main(void)
{
    DDRB = 0xFF;                    // OC2(PB7) 핀 출력방향설정

    // 타이머/카운터2 초기화
    TCCR2 = 0b00011101;             // CTC모드, 1024분주, COM21:COM20 = 10
                                    // 비교매치 OC2 토글 구형파 출력
    TCNT2 = 0x0;                    // 타이머/카운터2 레지스터 초기화
    OCR2 = 255;                     // 타이머/카운터2 비교 매치 레지스터

    while(1);                       // 대기
}
```

☞ 파형이 PB7에 직접 출력하는 것 없이 자동적으로 출력되는 것 확인

[예제 4-8] 타이머/카운터1을 이용한 출력비교 매치 실험(일반모드)

타이머/카운터1의 출력비교 C 레지스터 OCR1C에 0.5초마다 출력비교 C 인터럽트를 발생시키도록 값을 설정하고, 인터럽트가 발생할 때마다 OC1C핀([그림 4-26])의 출력을 반전(토글)시켜가는 프로그램을 작성하라. 이렇게 하면, OC1C 핀의 출력은 0.5초마다 토글되지만, 결국엔 1초 주기의 펄스를 발생하게 된다. 1024 분주비를 사용하는 경우 0.5초마다 출력비교 인터럽트가 발생하기 위해 레지스터 OCR1C에 설정해야 할 값은 다음과 같이 계산된다. 정확한 시간은 아니지만 거의 0.5초에 가까운 신호가 출력된다.

인터럽트 주기 = 1/16us x 1024분주 x (1 + OCR1C)
500000us = 1/16us x 1024 x (1 + OCR1C) => OCR1C = 7812

[예제 4-8] 타이머/카운터1을 이용한 출력비교 매치 실험(일반 모드)

```
// eex4-8.c
// 타이머/카운터1을 이용한 PWM 출력 실험(일반모드)
// 타이머/카운터1의 비교 매치 동작 실험
// TCNT1과 OCR1C의 값이 같으면 인터럽트 발생.
// OC1C 핀에 매치 신호 출력
// 0.5초마다 PWM LED가 깜박 거린다. -> 1초 주기 신호 발생

#include <mega128.h>

void main(void)
{
    DDRB = 0xFF;                    // OC1C(PB7) 핀 출력방향설정

    // 타이머/카운터1 초기화
    ETIMSK = 0x01;                  // OCIE1C=1(출력비교매치C 인터럽트)
    TCCR1A = 0b00000100;            // COM1C1:0 = 01 : OC1C 토글
    TCCR1B = 0x05;                  // 일반모드, 1024분주
    TCCR1C = 0x0;
    TCNT1 = 0x0;                    // 타이머/카운터1 레지스터 초기값

    // 출력비교레지스터 OCR1C 설정
    // 1/16us x 1024분주 x (1+7812)=500ms
    OCR1CH = (7812 & 0xFF00) >> 8;// 7812의 상위 8비트값 설정
    OCR1CL = 7812 & 0x0FF;          // 7812의 하위 8비트값 설정
    SREG = 0x80;                    // 전역 인터럽트 인에이블 비트 I 셋

    while(1);                       // 대기
}
// 타이머/카운터1 비교 C 매치 인터럽트 서비스 루틴
// 인터럽트 주기 = 1/16us x 1024 x (1 + OCR1C) = 500ms
interrupt [TIM1_COMPC] void timer1_compc(void)
{
      // 타이머/카운터1 레지스터 클리어=> 0으로 초기화하지 않으면 0xFFFF까지 증가
      // 0부터 OCR1C까지의 값을 가져야 원하는 주기 유지
      TCNT1 = 0x0000;
}
```

[예제 4-9] 타이머/카운터1를 이용한 PWM 제어 실험 (PC PWM : 모드 3)

타이머/카운터1의 PWM 모드에 대한 실험으로서, 모드 3의 PC PWM 모드를 이용하여 SW1이 눌려지면 KUT-128 보드의 OC1C에 연결되어 있는 LED의 ON 시간이 길어지게 하고, SW2가 눌려지면 LED의 ON 시간이 짧아지도록 프로그램을 작성하라.

힌트

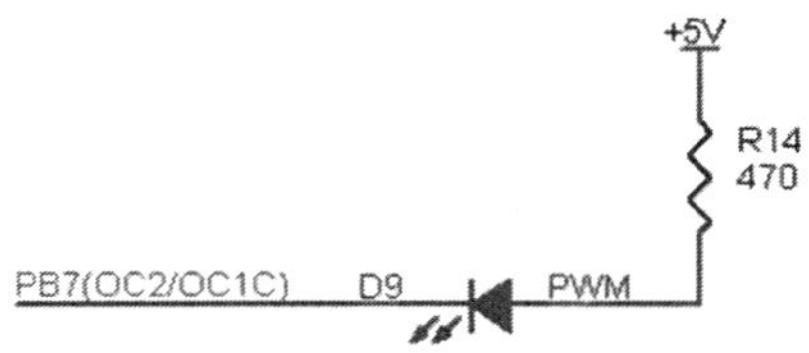

[그림 4-27] OC1C PWM 출력회로

타이머/카운터1의 모드 3에서 TOP값은 0x03FF이며, OC1C핀을 통해 출력되는 파형의 1 또는 0이 되는 시간 폭은 출력비교 레지스터 OCR1C에 의해 결정된다. 따라서, 출력파형의 주기는 일정하며, OCR1C의 값을 가변시키면 듀티비가 다른 PWM의 파형을 얻을 수 있게 된다. 그리고, OC1C핀에 출력되는 파형은 레지스터 TCCR1A의 COM1C1:COM1C0 비트에 의해 설정되므로, 이 레지스터에 원하는 출력의 파형을 얻을 수 있도록 값을 설정하면 된다. COM1C1:COM1C0를 1:0로 설정하면 OC1C는 업 카운트의 비교매치에서 0, 다운 카운트의 비교매치에서는 1이 출력된다. 이 때 출력비교 C 레지스터 OCR1C의 값을 증가시키면 0 출력부분이 짧아지게 되며, OCR1C의 값을 감소시키면 0 출력부분이 길어지게 된다.([그림 4-28] 참조)

KUT-128보드에서 LED는 0을 출력할 때 ON이 되도록 설계되어 있으므로, SW1이 눌려지면 OCR1C의 값을 감소시켜 0 출력부분이 길어지도록 하고, SW2가 눌려지면 OCR1C의 값을 증가시켜 0 출력부분이 짧아지도록 프로그램을 작성하면 된다. 이때 출력되는 파형의 주기는

(1/16)us x 1024(TOP) x 1024분주 x 2 = 131ms

가 된다.

힌트

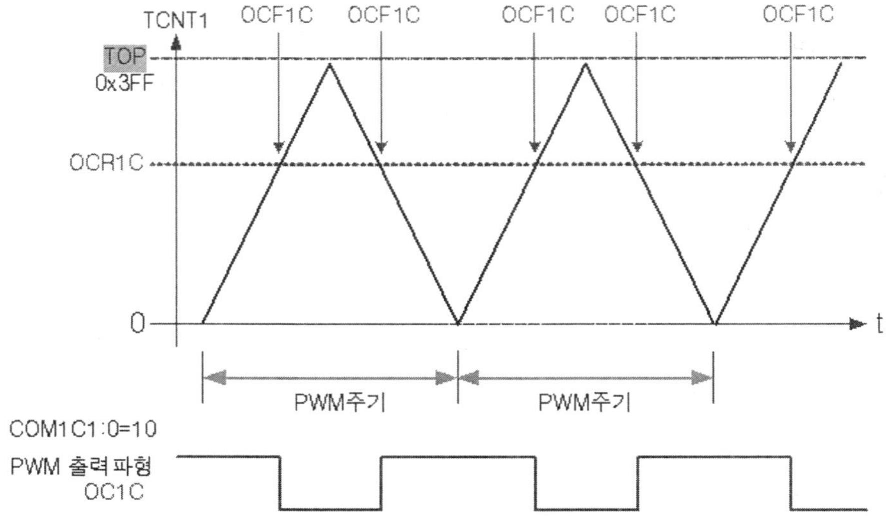

(a) OCR1C가 클 때

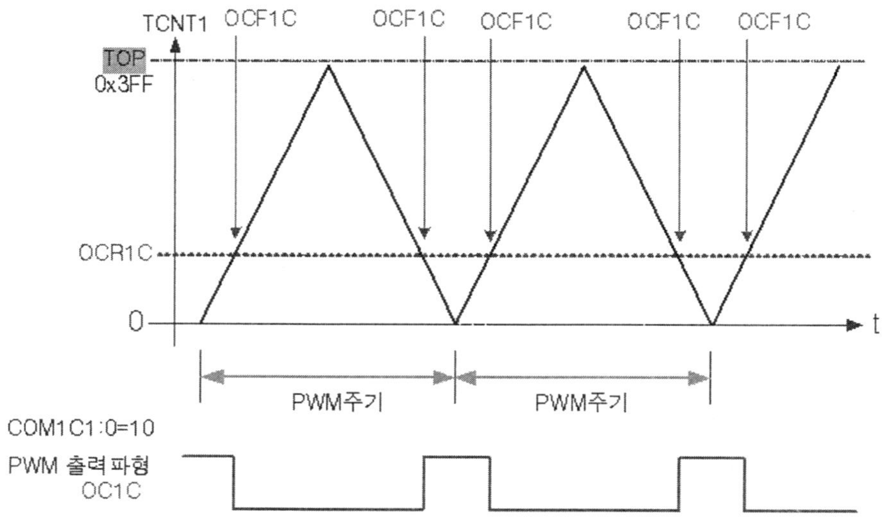

(b) OCR1C가 작을 때

[그림 4-28] OCR1C 값에 따른 PWM 파형

[예제 4-9] 타이머/카운터1을 이용한 PWM 제어 실험(PC PWM 모드)

```
// eex4-9.c
// 타이머/카운터1의 PWM 모드 실험
//  - OC1C 핀에 PWM 신호 출력 : 모드 3(10 비트 PWM)
//  - SW1을 누르면 PWM LED ON 시간 길어짐
//    SW2를 누르면 PWM LED ON 시간 짧아짐

#include <mega128.h>

unsigned int pwm = 0x0200;              // 현재의 출력비교 레지스터 값 저장

void main(void)
{
    // I/O 포트 설정
    DDRB = 0xFF;                        // OC1C(PB7) 출력 설정

    // 외부 인터럽트 초기화
    EIMSK = 0b00110000;                 // 외부INT4 = 1, INT5 = 1
    EICRB = 0b00001010;                 // 외부 인터럽트 하강 에지

    // 타이머/카운터1 초기화
    TCCR1A = 0b00001011;                // 모드 3, 10 비트 PC PWM.
                                        // OC1C 출력 : 업 카운트에서  클리어, 다운에서 셋
    TCCR1B = 0x05;                      // 타이머/카운터1 프리스케일러 = CK/1024
    TCCR1C = 0x0;
    TCNT1 = 0x0;                                // 타이머/카운터1 레지스터 초기값 설정
    OCR1CH = (pwm & 0xFF00) >> 8;               // OCR1C 초기값 설정
    OCR1CL = pwm & 0x0FF;
    SREG = 0x80;                        // 전역 인터럽트 인에이블 비트 I 셋

    while(1);                           // 대기
}

// 외부 인터럽트 요구 4 서비스 루틴(SW1 처리)
interrupt [EXT_INT4] void external_int4(void)
{
    if(pwm > 0x0050) pwm -= 0x0040;             // 0x0050보다 크면 감소
    OCR1CH = (pwm & 0xFF00) >> 8;               // OCR1C 값 갱신
    OCR1CL = pwm & 0x0FF;
}

// 외부 인터럽트 요구 5 서비스 루틴(SW2 처리)
interrupt [EXT_INT5] void external_int5(void)
{
    if(pwm < 0x03B0) pwm += 0x0040;             // 0x03B0)보다 작으면 증가
    OCR1CH = (pwm & 0xFF00) >> 8;               // OCR1C 값 갱신
    OCR1CL = pwm & 0x0FF;
}
```

[예제 4-10] 타이머/카운터0을 이용한 시계 제작

타이머/카운터0의 일반모드를 이용하여 시계를 제작하는 프로그램을 작성하라. 시간 조정은 SW1(INT4)과 SW2(INT5)의 외부 인터럽트를 이용하여 INT5는 입력할 자리 선택, INT4는 선택된 자리의 값을 +1 하도록 한다.

- 초기값 0, 분주비 1024일때 인터럽트 주기
  (256 - 0) x 1024분주 x 1/16 us = 16.384ms
- 1sec가 되기 위해서 16.384ms 인터럽트가 요구될 횟수
  1s / 16.384ms ==> 61회

[예제 4-10] 타이머/카운터0을 이용한 시계 제작

```
// eex4-10.c
// 타이머/카운터0 이용 시계 제작

#include <mega128.h>
#include <delay.h>

typedef unsigned char u_char;

flash u_char seg_pat[10]= {0x3f, 0x06, 0x5b, 0x4f, 0x66, 0x6d, 0x7d, 0x07, 0x7f, 0x6f};

u_char  N1 = 0, N10 = 0, N100 = 0, N1000 = 0;
u_char  pos = 0;            // 0 : 1자리, 1 : 10자리 , 2 : 100자리 , 3 : 1000자리
u_char  hour = 12, min = 0, sec = 0;
u_char  cnt = 0;

void Time_out(void);                    // 시간 출력 함수

void main(void)
{
    // I/O 포트 초기화
    DDRB = 0xFF;                        // 포트 B 출력설정
    DDRF = 0b11110000;                  // PF4-PF7 출력

    // 외부 인터럽트 초기화
    EIMSK = 0b00110000;                 // 외부 인터럽트 4,5 인에이블
    EICRB = 0b00001010;                 // 외부 인터럽트 4,5 : 하강 에지

    // 타이머/카운터0 초기화
    TIMSK = 0x01;                       // TOIE0 = 1(타/카0 오버플로우 인터럽트 인에이블0
    TCCR0 = 0x07;                       // 일반모드, 1024분주
    TCNT0 = 0x00;                       // 타이머/카운터0 레지스터 초기값
    SREG = 0x80;                        // 전역 인터럽트 인에이블 비트 I 셋

    while(1) {
        Time_out();                     // 시간 출력
```

[예제 4-10] 타이머/카운터0을 이용한 시계 제작(계속)

```
            if(cnt >= 61){                          // 시간값 갱신
                cnt = 0;

                sec = sec + 1;
                if(sec == 60) {
                    sec = 0;
                    min = min + 1;
                    if(min == 60) {
                        min = 0;
                        hour = (hour + 1) % 24;
                    }
                }
            }
        }
}

// 시간 출력 함수
void Time_out(void)
{
    PORTF = 0b11100000;                         // SEG 1(분 1단위)
    PORTB = seg_pat[min % 10];
    delay_ms(5);

    PORTF = 0b11010000;                         // SEG 2(분 10단위)
    PORTB = seg_pat[min / 10];
    delay_ms(5);

    PORTF = 0b10110000;                         // SEG 3(시간 1단위)
    PORTB = seg_pat[hour % 10];
    delay_ms(5);

    PORTF = 0b01110000;                         // SEG 4(시간 10단위)
    PORTB = seg_pat[hour / 10];
    delay_ms(5);
}

// 외부 인터럽트4 서비스 루틴(SW1 처리)
interrupt [EXT_INT4] void external_int4(void)
{
    N1 = min % 10;                              // 현재 분 1자리 추출
    N10 = min / 10;                             // 현재 분 10자리 추출
    N100 = hour % 10;                           // 현재 시간 1자리 추출
    N1000 = hour / 10;                          // 현재 시간 10자리 추출

    if(pos == 0) N1 = (N1 + 1) % 10;            // 분 1단위 +1
    else if(pos == 1) N10 = (N10 + 1) % 6;      // 분 10단위 +1
    else if(pos == 2) {                         // 시간 1단위 +1
```

[예제 4-10] 타이머/카운터0을 이용한 시계 제작 (계속)

```
            if(N1000 == 2) N100 = (N100 + 1) % 4;
            else N100 = (N100 + 1) % 10;
        }
        else {                                  // 시간 10단위 +1
            if(N100 >= 4) N1000 = (N1000 + 1) % 2;
            else N1000 = (N1000 + 1) % 3;
        }

        hour = N1000 * 10 + N100;               // 시간 계산
        min = N10 * 10 + N1;                    // 분 계산
}

// 외부 인터럽트5 서비스 루틴(SW2 처리)
interrupt [EXT_INT5] void external_int5(void)
{
    pos = (pos + 1) % 4;                        // 입력 자리 이동
}

// 타이머/카운터0 오버플로우 인터럽트 처리, 주기 = 1/16 * 1024 * 256 = 16.384ms
interrupt [TIM0_OVF] void timer0_int(void)
{
    TCNT0 = 0x0;                        // 타이머/카운터0 초기값 재설정(생략가능)
    cnt++;                              // 인터럽트 회수 +1
}
```

[예제 4-11] 타이머/카운터1을 이용한 시계 제작

타이머/카운터1의 일반모드를 이용하여 시계를 제작하는 프로그램을 작성하라. 시간 조정은 SW1(INT4)과 SW2(INT5)의 외부 인터럽트를 이용하여 INT5는 입력할 자리 선택, INT4는 선택된 자리의 값을 +1 하도록 한다. 그리고, 포트 C에 연결된 LED를 1초마다 점멸시켜라. 1초 주기를 갖기 위한 초기값은 다음과 같이 계산된다.

(65536 - 초기값) x 1024분주 x 1/16 us = 1s
---> 초기값 = 49911

[예제 4-11] 타이머/카운터1을 이용한 시계 제작

```
// eex4-11.c
// 타이머/카운터1 이용 시계 제작

#include <mega128.h>
#include <delay.h>

typedef unsigned char u_char;

flash u_char seg_pat[10]= {0x3f, 0x06, 0x5b, 0x4f, 0x66, 0x6d, 0x7d, 0x07, 0x7f, 0x6f};

u_char  N1 = 0, N10 = 0, N100 = 2, N1000 = 1;
u_char  pos = 0;                       // 0 : 1자리, 1 : 10자리 , 2 : 100자리 , 3 : 1000자리
u_char  hour, min, sec = 0;

void Time_out(void);                   // 시간 출력 함수

void main(void)
{
    // I/O 포트 초기화
    DDRB = 0xFF;                       // 포트 B 출력 설정
    DDRF = 0b11110000;                 // PF4-PF7 출력 설정
    DDRC = 0xFF;                       // 포트 C 출력 설정

    PORTC = 0;                         // LED 모두 ON

    // 외부 인터럽트 초기화
    EIMSK = 0b00110000;                // 외부 인터럽트 4,5 인에이블
    EICRB = 0b00001010;                // 외부 인터럽트 4,5 : 하강 에지
    // 타이머 카운터 1    1/16us * 1024 * (65536 - 49911) = 1 sec
    TIMSK = 0x04;                      // TOIE1 = 1(타/카1 오버플로우 인터럽트 인에이블)
    TCCR1A = 0x0;
    TCCR1B = 0x05;                     // 일반모드, 1024분주
    TCNT1 = 49911;                     // 타이머/카운터1 레지스터 초기값
    SREG = 0x80;                       // 전역 인터럽트 인에이블 비트 I 셋

    hour = N1000 * 10 + N100;
    min = N10 * 10 + N1;
```

[예제 4-11] 타이머/카운터1을 이용한 시계 제작

```
	while(1) {
		Time_out();				// 시간 출력

		if(sec >= 60){
				sec = 0;
			min = min + 1;

			if(min == 60){
				min = 0;
				hour = (hour + 1) % 24;
			}
		}
	}
}

// 시간 출력 함수
void Time_out(void)
{
	PORTF = 0b11100000;			// SEG 1(분 1단위)
	PORTB = seg_pat[min % 10];
	delay_ms(5);

	PORTF = 0b11010000;			// SEG 2(분 10단위)
	PORTB = seg_pat[min / 10];
	delay_ms(5);

	PORTF = 0b10110000;			// SEG 3(시간 1단위)
	PORTB = seg_pat[hour % 10];
	delay_ms(5);

	PORTF = 0b01110000;			// SEG 4(시간 10단위)
	PORTB = seg_pat[hour / 10];
	delay_ms(5);
}
// 외부 인터럽트4 서비스 루틴(SW1 처리)
interrupt [EXT_INT4] void external_int4(void)
{
	N1 = min % 10;				// 현재 분 1자리 추출
	N10 = min / 10;				// 현재 분 10자리 추출
	N100 = hour % 10;			// 현재 시간 1자리 추출
	N1000 = hour / 10;			// 현재 시간 10자리 추출

	if(pos == 0) N1 = (N1 + 1) % 10;		// 분 1단위 +1
	else if(pos == 1) N10 = (N10 + 1) % 6;	// 분 10단위 +1
	else if(pos == 2){			// 시간 1단위 +1
		if(N1000 == 2) N100 = (N100 + 1) % 4;
		else N100 = (N100 + 1) % 10;
	}
	else {					// 시간 10단위 +1
		if(N100 >= 4) N1000 = (N1000 + 1) % 2;
		else N1000 = (N1000 + 1) % 3;
```

[예제 4-11] 타이머/카운터1을 이용한 시계 제작 (계속)

```
    }

    hour = N1000 * 10 + N100;                   // 시간 계산
    min = N10 * 10 + N1;                        // 분 계산
}

// 외부 인터럽트5 서비스 루틴(SW2 처리)
interrupt [EXT_INT5] void external_int5(void)
{
    pos = (pos + 1) % 4;                        // 입력 자리 이동
}

// 타이머/카운터1 오버플로우 인터럽트 처리
// 주기 = 1/16us * 1024 * (65536 - 49911) = 1 sec
interrupt [TIM1_OVF] void timer1_int(void)
{
    TCNT1 = 49911;                  // 타이머/카운터1 초기값 재설정
    sec = sec + 1;                  // 초값 +1
    PORTC = PORTC ^ 0xFF;           // LED 반전 표시
}
```

[예제 4-12] 타이머/카운터1을 이용한 시계 제작

[예제 4-11]에서 작성한 시계에서 7-세그먼트 표시부분을 타이머/카운터2를 이용하여 동적 구동법에 의해 표시해보자. 동적 구동법(Dynamic Programming)이란 4개의 7-세그먼트를 한 번에 모두 표시하는 것이 아니라 타이머/카운터의 인터럽트 기능을 이용하여 일정시간 간격으로 7-세그먼트 한 개씩 순차적으로 표시하는 방법을 말한다. 이것은 인간의 착시현상을 이용한 방법으로 4개의 7-세그먼트를 동시에 구동하는 것은 아니지만, 인간이 보기에는 4개를 동시에 구동하는 것처럼 보이게 하는 방법이기도 한다. 이러한 방법은 여러 개의 7-세그먼트나 도트매트릭스와 같이 제어하는데 많은 포트가 필요한 경우 제어 포트수를 줄이기 위한 방법으로 사용된다. KUT-128 보드에 장착된 7-세그먼트를 동적구동법인 경우에는 4개의 7-세그먼트를 선택하는데 4비트, 7-세그먼트의 a,b,c,d,e,f,g를 구동하기 위해 7비트해서 모두 11비트가 필요하다. 만일 동적구동법이 아닌 방법으로 구동하는 경우에는 7-세그먼트의 a,b,c,d,e,f,g에 각각 독립적으로 제어 포트를 연결하여야 하므로 모두 28(4x7)비트가 필요하게 된다. 따라서, 동적구동법을 이용하는 경우에 17개의 제어포트가 절약되는 것을 알 수 있다.

[예제 4-12] 타이머/카운터1을 이용한 시계 제작(동적구동법)

```
// eex4-12.c
// 타이머/카운터1 이용 시계 제작(동적구동법)

#include <mega128.h>
#include <delay.h>

typedef unsigned char u_char;

flash u_char seg_pat[10]= {0x3f, 0x06, 0x5b, 0x4f, 0x66, 0x6d, 0x7d, 0x07, 0x7f, 0x6f};
flash u_char seg_on[4] = {0b11100000, 0b11010000, 0b10110000, 0b01110000};

u_char  N1 = 0, N10 = 0, N100 = 2, N1000 = 1;
u_char  pos = 0;          // 0 : 1자리, 1 : 10자리 , 2 : 100자리 , 3 : 1000자리
u_char  hour, min, sec = 0;
u_char  dsp_no = 0;       // 표시할 세그먼트 번호
                          // 0 : 분 1자리, 1 : 분 10자리, 2 : 시간 1자리 , 3 : 시간 10자리
void main(void)
{
    // I/O 포트 초기화
    DDRB = 0xFF;                    // 포트 B 출력 설정
    DDRF = 0b11110000;              // PF4-PF7 출력 설정
    DDRC = 0xFF;                    // 포트 C 출력 설정

    PORTC = 0;                      // 포트C 연결 LED 모두 ON

    // 외부 인터럽트 초기화
```

[예제 4-12] 타이머/카운터1을 이용한 시계 제작

```
    EIMSK = 0b00110000;              // 외부 인터럽트 4,5 인에이블
    EICRB = 0b00001010;              // 외부 인터럽트 4,5 : 하강 에지
    // 타이머 카운터 1 : 시계 1초 측정
    // 1/16us * 1024 * (65536 - 49911) = 1 sec
    TIMSK = 0b01000100;              // TOIE1=1, TOIE2=1
                                     // (타/카1, 타/카2 오버플로우 인터럽트 인에이블)
    TCCR1A = 0x0;
    TCCR1B = 0x05;                   // 일반모드, 1024분주
    TCNT1 = 49911;                   // 타이머/카운터1 레지스터 초기값

    // 타이머/카운터2  7-세그먼트 동적구동을 위한 주기 설정
    // 1/16us * 1024 * (256 - 178) = 4.99ms
    TCCR2 = 0x05;                    // 일반모드, 1024분주
    TCNT2 = 178;                     // 초기값 설정

    SREG = 0x80;                     // 전역 인터럽트 인에이블 비트 I 셋.
    hour = N1000 * 10 + N100;
    min = N10 * 10 + N1;

    while(1){
        if(sec >= 60){
            sec = 0;
            min = min + 1;

            if(min == 60){
                min = 0;
                hour = (hour + 1) % 24;
            }
        }
    }
}
// 외부 인터럽트 요구 4 서비스 루틴(SW1 처리)
interrupt [EXT_INT4] void external_int4(void)
{
    N1 = min % 10;                          // 현재 분 1자리 추출
    N10 = min / 10;                         // 현재 분 10자리 추출
    N100 = hour % 10;                       // 현재 시간 1자리 추출
    N1000 = hour / 10;                      // 현재 시간 10자리 추출

    if(pos == 0) N1 = (N1 + 1) % 10;        // 분 1단위 +1
    else if(pos == 1) N10 = (N10 + 1) % 6;  // 분 10단위 +1
    else if(pos == 2){                      // 시간 1단위 +1
        if(N1000 == 2) N100 = (N100 + 1) % 4;
        else N100 = (N100 + 1) % 10;
    }
    else {                                  // 시간 10단위 +1
        if(N100 >= 4) N1000 = (N1000 + 1) % 2;
        else N1000 = (N1000 + 1) % 3;
    }

    hour = N1000 * 10 + N100;               // 시간 계산
```

[예제 4-12] 타이머/카운터1을 이용한 시계 제작 (계속)

```
    min = N10 * 10 + N1;                          // 분 계산
}

// 외부 인터럽트 요구 5 서비스 루틴(SW2 처리)
interrupt [EXT_INT5] void external_int5(void)
{
    pos = (pos + 1) % 4;                          // 입력 자리 이동
}

// 타이머/카운터1 오버플로우 인터럽트 처리
// 주기 = 1/16us * 1024 * (65536 - 49911) = 1 sec
interrupt [TIM1_OVF] void timer1_int(void)
{
    TCNT1 = 49911;                                // 타이머/카운터1 초기값 재설정
    sec = sec + 1;                                // 초값 +1
    PORTC = PORTC ^ 0xFF;                         // LED 반전 표시
}

// 타이머/카운터2 오버플로우 인터럽트 처리(7-세그먼트 구동)
// 주기 = 1/16us * 1024 * (256 - 178) = 4.99ms
interrupt [TIM2_OVF] void timer2_int(void)
{
    u_char  dsp_val;

    TCNT2 = 178;                                  // 초기값 재설정
    PORTF = seg_on[dsp_no];                       // 표시할 위치 세그먼트 ON

    // 표시할 값 계산
    if(dsp_no == 0) dsp_val = min % 10;
    else if(dsp_no == 1) dsp_val = min / 10;
    else if(dsp_no == 2) dsp_val = hour % 10;
    else dsp_val = hour / 10;

    PORTB = seg_pat[dsp_val];                     // 표시할 세그먼트 표시

    dsp_no = (dsp_no + 1) % 4;                    // 다음 표시할 번호
}
```

[과제] 스톱워치 제작 : 7-Segment에 1/100초 단위로 표시

(외부 인터럽트, 타이머/카운터 기능 모두 사용)

초 (10단위)	초 (1단위)	1/10초	1/100초

SW1(PE4) : 시작/정지 토글 동작

SW2(PE5) : 리셋(클리어)

Chapter 05

USART (Universal Synchronous and Asynchronous Receiver and Transmitter)

기기간의 통신이나 컴퓨터와 기기와의 통신에서 시리얼 방식을 이용하면 적은 수의 선으로 장거리의 통신이 가능하게 된다. 시리얼 통신 방식은 크게 동기식 통신과 비동기식 통신으로 나누어지며, 고속의 데이터 전송을 위해서 동기식 통신을 이용하지만 송·수신 기기간의 동기를 맞춰야 하기 때문에 비동기식에 비해 제어가 어렵다.

USART는 [그림 5-1]과 같이 기본적으로 두 개의 선을 이용하여 시리얼 통신을 하는 기능이며, 이때 하나의 선은 송신선이 되고 나머지 하나의 선은 수신선이 된다. 그리고, 이 두 개의 선에 동기용 클럭이 추가되면 동기식 통신이 되고, USART에 무선모듈을 연결하면 무선 통신이 가능하게 된다. 무선 통신은 선들이 필요 없기 때문에 최근 컴퓨터 주변기기(키보드, 프린터 등)에 많이 이용되며, 또한 가전제품의 제어장치나 로봇의 조종을 위한 제어장치로 활용되고 있다.

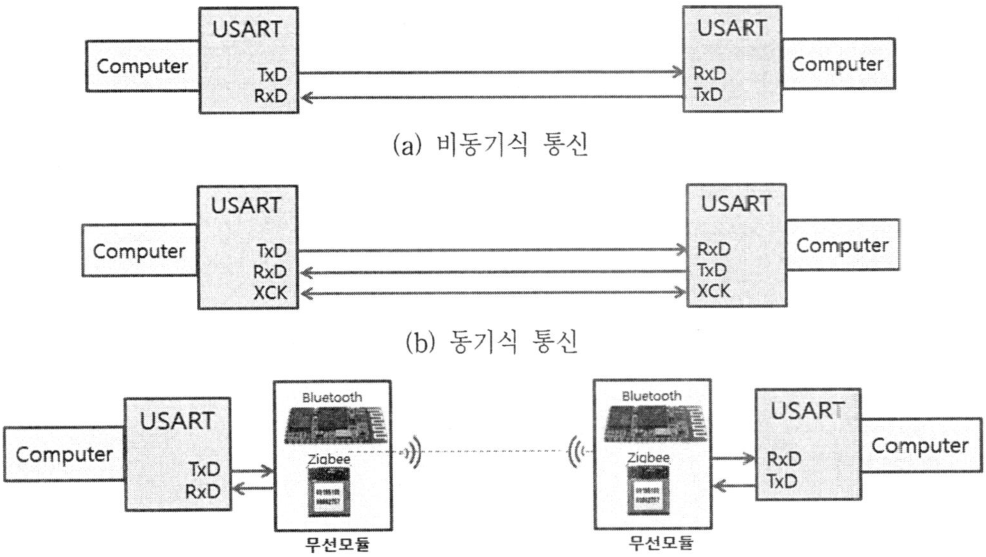

(a) 비동기식 통신

(b) 동기식 통신

(c) 무선 모듈을 이용한 무선 통신 응용

[그림 5-1] USART 개념도

ATmega128은 동기 및 비동기 전송모드에서 전이중 통신(송수신 동시 가능)이 가능한 USART를 2개 내장하고 있으며, 다음과 같은 특징을 갖는다.

① 전이중 통신방식(별도의 송수신 레지스터 내장)
② 높은 정밀도의 보레이트 발생기(Baud Rate Generator) 내장
③ 5~9 비트의 데이터 비트와 1~2 비트의 스톱 비트 설정
④ 노이즈 필터링(Noise filtering) 내장
⑤ 짝수 또는 홀수 패리티 설정
⑥ 데이터 오버런(Overrun), 프레임 오류 검출
⑦ 3개의 인터럽트 소스 : 송신 완료, 송신 데이터 레지스터 빔(empty), 수신 완료

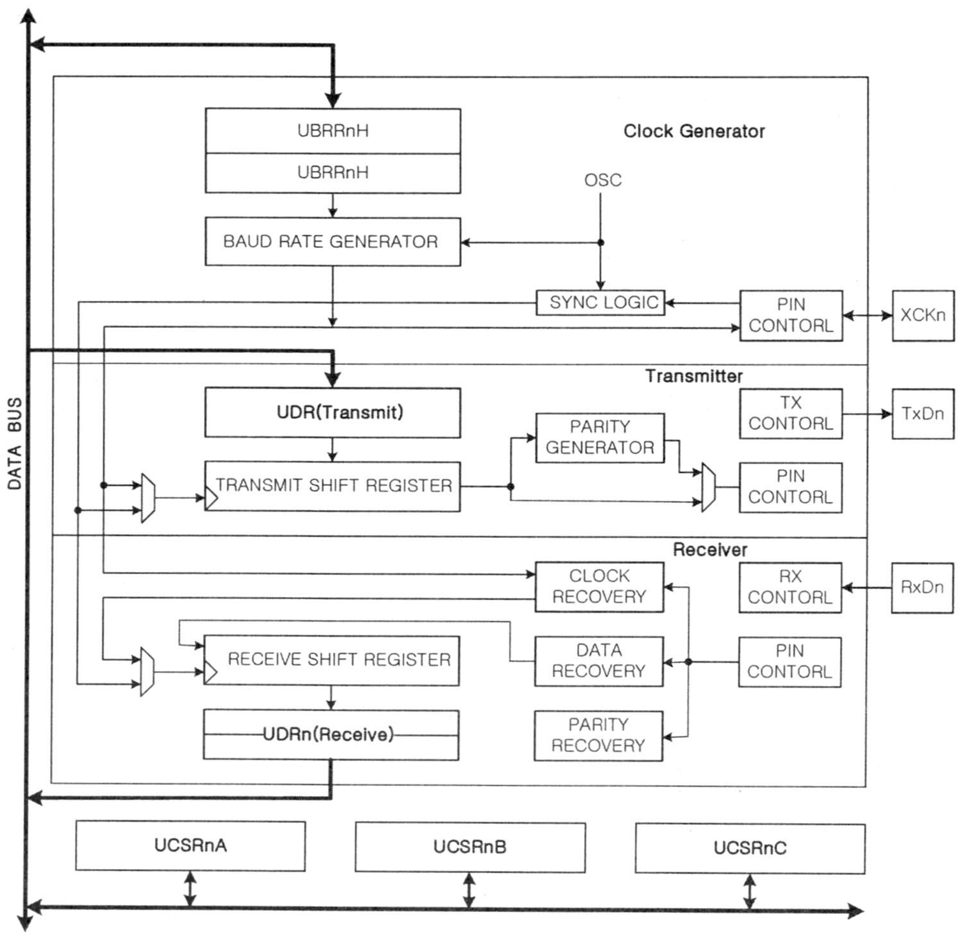

[그림 5-2] USART 구성 블록도 (n=0, 1)

[그림 5-2]는 USART의 블록도를 보여주며, 클럭 발생부, 송신부, 수신부로 구성된다. 클럭 발생부는 동기모드에서 마스터로부터 공급되는 클럭과의 동기를 취하는 부분과 보레이트 발생기로 구성되며, XCK핀은 동기모드에서만 사용된다. 송신부는 쉬프트 레지스터, 패리티 발생기 등으로 구성되며, 수신부는 2개의 수신 버퍼, 쉬프트 레지스터, 패리티 검사기 등으로 구성된다.

5.1 USART 관련 레지스터

USART는 송수신 겸용의 데이터 레지스터 UDR과 3개의 제어 레지스터 UCSRA, UCSRB, UCSRC 그리고 보레이트 레지스터 UBRRH, UBRRL에 의해 제어된다.

■ UDR0(USART0 I/O Data Register) : USART0 I/O 데이터 레지스터 UDR1(USART1 I/O Data Register) : USART1 I/O 데이터 레지스터

비트	7	6	5	4	3	2	1	0	
0x0C(0x2C)	RXB0[7:0]								**UDR0(Read)**
0x0C(0x2C)	TXB0[7:0]								**UDR0(Write)**
읽기/쓰기	읽기/쓰기	읽기/쓰기	읽기/쓰기	읽기/쓰기	읽기/쓰기	읽기/쓰기	읽기/쓰기	읽기/쓰기	
초기값	0	0	0	0	0	0	0	0	

비트	7	6	5	4	3	2	1	0	
0x9C	RXB1[7:0]								**UDR1(Read)**
0x9C	TXB1[7:0]								**UDR1(Write)**
읽기/쓰기	읽기/쓰기	읽기/쓰기	읽기/쓰기	읽기/쓰기	읽기/쓰기	읽기/쓰기	읽기/쓰기	읽기/쓰기	
초기값	0	0	0	0	0	0	0	0	

USART 송신 데이터 버퍼 레지스터와 수신 데이터 버퍼 레지스터는 UDRn (n=0,1)이라고 하는 같은 이름의 USART 데이터 레지스터를 공유한다. UDRn 레지스터는 동일한 I/O 번지를 갖지만, 내부적으로는 서로 분리되어 있다. UDRn 레지스터에 데이터를 쓰면 송신 데이터 버퍼 TXBn에 값이 써지고, UDRn 레지스터를 읽으면 데이터 버퍼 RXBn에 들어 있는 내용이 읽혀진다.

5~7비트 통신모드의 경우 사용하지 않는 상위 비트에 대해 송신부에서는 무시되며,

수신부에서는 0으로 채워 처리된다.

송신 버퍼에는 UCSRA 레지스터의 UDRE(Data Register Empty) 플래그 비트가 1일 때만 값을 쓸 수 있으며, 0일 때 데이터를 쓰면 무시된다. 송신이 가능하고 또한 송신 쉬프트 레지스터가 비어 있으면 송신버퍼에 쓰여진 데이터는 송신 쉬프트 레지스터에 옮겨져서 TxD 핀을 통해 1비트씩 전송된다

수신 버퍼는 FIFO로 구성되어 있으며, 수신 버퍼가 읽혀질 때마다 상태가 변하기 때문에 수신버퍼에 대한 명령어 SBI, CBI, SBIC, SBIS는 사용하지 말아야 한다.

■ UCSR0A(USART0 Control and Status Register A) : USART0 제어 및 상태 레지스터 A
UCSR1A(USART1 Control and Status Register A) : USART1 제어 및 상태 레지스터 A

이 레지스터는 USART의 송수신 동작을 제어하거나 상태를 저장하는 레지스터이다.

비트	7	6	5	4	3	2	1	0	
0x0B(0x2B)	RXC0	TXC0	UDRE0	FE0	DOR0	PE0	U2X0	MPCM0	UCSR0A
읽기/쓰기	읽기	읽기/쓰기	읽기	읽기	읽기	읽기	읽기/쓰기	읽기/쓰기	
초기값	0	0	1	0	0	0	0	0	

비트	7	6	5	4	3	2	1	0	
0x9B	RXC1	TXC1	UDRE1	FE1	DOR1	PE1	U2X1	MPCM1	UCSR1A
읽기/쓰기	읽기	읽기/쓰기	읽기	읽기	읽기	읽기	읽기/쓰기	읽기/쓰기	
초기값	0	0	1	0	0	0	0	0	

- Bit 7 – RXCn(USART Receive Complete) : USART 수신 완료 플래그 비트
  이 비트는 수신 버퍼(UDRn)에 읽혀지지 않은 데이터가 있을 때 셋 되며, 수신 버퍼가 비어 있는(새로운 데이터가 없는) 경우에는 클리어 된다. 이 비트는 수신이 금지되면 클리어 되며, 또한 이 비트는 수신 완료 인터럽트를 발생하는데 플래그 비트로 사용된다.

- Bit 6 – TXCn(USART Transmit Complete) : USART 송신 완료 플래그 비트
  이 비트는 정지 비트를 포함한 모든 문자가 송신 쉬프트 레지스터에서 쉬프트 출력되고 UDRn에 새로운 데이터가 준비되지 않았을 때 셋 된다. 이 플래그 비트는 송신 완료 인터럽트를 발생시키며, 송신 완료 인터럽트가 실행되면 이 비트는 하드웨어적으로 자동 클리어 된다.

- Bit 5 – UDREn(USART Data Register Empty) :
  USART 송신 데이터 레지스터 준비완료 플래그 비트
  이 플래그 비트는 송신 버퍼 UDRn이 비어 있어 새로운 데이터를 받을 준비가 되어 있을 때 셋 된다. 이 플래그 비트는 송신 데이터 레지스터 준비완료 인터럽트를 발생시킨다.

- Bit 4 – FEn(Frame Error) : 프레임 에러
  이 비트는 수신되고 있는 문자의 첫 번째 정지(Stop) 비트가 0일 때 셋 되며, 수신 버퍼 UDRn이 읽혀질 때까지 유효하다. 그리고, 이 비트는 UCSRnA 레지스터에 값을 쓰게 되면 항상 클리어 된다.

- Bit 3 – DORn(Data OverRun) : 데이터 오버런 에러
  이 비트는 수신 버퍼가 꽉 차 있을 때(읽지 않은 2개의 데이터가 들어 있을 때) 새로운 데이터의 시작(Start) 비트가 수신 쉬프트 레지스터에 입력되면 셋 된다. 이 비트는 수신 버퍼 UDRn이 읽혀질 때까지 유효하며, UCSRnA 레지스터에 값을 쓰게 되면 항상 클리어 된다.

- Bit 2 – PEn(Parity Error) : 패리티 에러
  이 비트는 패리티 검사가 허용된 상태에서 수신 버퍼에 있는 데이터에 대해 패리티 에러가 발생하면 셋 되어진다. 이 비트는 수신 버퍼 UDRn이 읽혀질 때까지 유효하며, UCSRnA 레지스터에 값을 쓰게 되면 항상 클리어 된다.

- Bit 1 – U2Xn(Double the USART Transmission Speed) : 송신 속도 2배 설정
  이 비트는 비동기 방식에서만 유효하며, 이 비트를 1로 하면 클럭의 분주비가 16에서 8로 되어 전송속도가 2배가 된다.

- Bit 0 – MPCMn(Multi-processor Communication Mode) :
  멀티프로세서 통신 모드
  이 비트는 멀티프로세서 통신모드를 설정한다. 멀티프로세서 통신모드에서 어드레스 정보가 포함되지 않는 모든 수신 데이터는 수신부에 의해 무시되지만, 이 비트는 송신부에 아무런 아무런 영향도 주지 않는다.

■ UCSR0B(USART0 Control and Status Register B) : USART0 제어 및 상태 레지스터 B
UCSR1B(USART1 Control and Status Register B) : USART1 제어 및 상태 레지스터 B

비트	7	6	5	4	3	2	1	0	
0x0A(0x2A)	RXCIE0	TXCIE0	UDRIE0	RXEN0	TXEN0	UCSZ20	RXB80	TXB80	**UCSR0B**
읽기/쓰기	읽기/쓰기	읽기/쓰기	읽기/쓰기	읽기/쓰기	읽기/쓰기	읽기/쓰기	읽기	읽기/쓰기	
초기값	0	0	0	0	0	0	0	0	

비트	7	6	5	4	3	2	1	0	
0x9A	RXCIE1	TXCIE1	UDRIE1	RXEN1	TXEN1	UCSZ21	RXB81	TXB81	**UCSR1B**
읽기/쓰기	읽기/쓰기	읽기/쓰기	읽기/쓰기	읽기/쓰기	읽기/쓰기	읽기/쓰기	읽기	읽기/쓰기	
초기값	0	0	0	0	0	0	0	0	

- Bit 7 – RXCIEn(RX Complete Interrupt Enable) :
  수신 완료 인터럽트 인에이블 비트
  이 비트는 수신 완료 인터럽트 개별 인에이블 비트이며, SREG 레지스터의 I 비트와 이 비트가 1인 상태에서 수신이 완료되어 UCSRnA레지스터의 RXCn 플래그 비트가 1이 되면 수신 완료 인터럽트가 발생한다.

- Bit 6 – TXCIEn(TX Complete Interrupt Enable) :
  송신 완료 인터럽트 인에이블 비트
  이 비트는 송신 완료 인터럽트 개별 인에이블 비트이며, SREG 레지스터의 I 비트와 이 비트가 1인 상태에서 송신 쉬프트 레지스터가 비어 UCSRnA레지스터의 TXCn 플래그 비트가 1이 되면 송신 완료 인터럽트가 발생한다.

- Bit 5 – UDRIEn(USART Data Register Empty Interrupt Enable) :
  USART 송신 데이터 레지스터 준비완료 인터럽트 인에이블 비트
  이 비트는 송신 데이터 레지스터(버퍼) 준비완료 인터럽트 개별 인에이블 비트이며, SREG 레지스터의 I 비트와 이 비트가 1인 상태에서 송신 데이터 레지스터가 비어 UCSRnA레지스터의 UDREn 플래그 비트가 1이 되면 송신 데이터 레지스터 준비완료 인터럽트가 발생한다.

- Bit 4 – RXENn(Receiver Enable) : 수신기 인에이블
  이 비트가 1이면 수신기가 인에이블 되어 수신 가능 상태가 되며, RxDn

핀이 범용 I/O 포트가 아니라 수신 단자로 동작하게 된다.

- Bit 3 – TXENn(Transmitter Enable) : 송신기 인에이블

  이 비트가 1이면 송신기가 인에이블 되어 송신 가능 상태가 되며, TxDn 핀이 범용 I/O 포트가 아니라 송신 단자로 동작하게 된다.

- Bit 2 – UCSZ2n(Character Size) : 전송 데이터 길이 선택 비트

  이 비트는 UCSRnC 레지스터의 UCSZn1, UCSZn0와 함께 전송 데이터의 길이를 선택하는 비트이다.

- Bit 1 – RXB8n(Receive Data Bit 8) : 수신 데이터 비트 8

  9비트 전송모드에서 수신된 문자의 9번째 비트를 저장하는 비트이며, 수신 버퍼 UDRn으로부터 하위 8비트를 읽기 전에 먼저 읽혀져야 한다.

- Bit 0 – TXB8n : 송신 데이터 비트 8

  9비트 전송모드에서 송신할 문자의 9번째 비트를 저장하는 비트이며, 송신 버퍼 UDRn에 하위 8비트를 쓰기 전에 먼저 써야 한다.

■ UCSR0C(USART0 Control and Status Register C) : USART0 제어 및 상태 레지스터 C
UCSR1C(USART1 Control and Status Register C) : USART1 제어 및 상태 레지스터 C

비트	7	6	5	4	3	2	1	0	
0x95	-	UMSEL0	UPM01	UPM00	USBS0	UCSZ01	UCSZ00	UCPOL0	UCSR0C
읽기/쓰기	읽기/쓰기	읽기/쓰기	읽기/쓰기	읽기/쓰기	읽기/쓰기	읽기/쓰기	읽기/쓰기	읽기/쓰기	
초기값	1	0	0	0	0	1	1	0	

비트	7	6	5	4	3	2	1	0	
0x9D	-	UMSEL1	UPM11	UPM10	USBS1	UCSZ11	UCSZ10	UCPCL1	UCSR1C
읽기/쓰기	읽기/쓰기	읽기/쓰기	읽기/쓰기	읽기/쓰기	읽기/쓰기	읽기/쓰기	읽기/쓰기	읽기/쓰기	
초기값	1	0	0	0	0	1	1	0	

이 레지스터는 USART의 송수신 동작을 제어하는 기능을 수행한다.

- Bit 6 – UMSELn(USART Mode Select) : USART 모드 설정 비트

  이 비트는 통신 모드에 대한 설정 비트로서 0이면 비동기 모드, 1이면 동기 모드가 설정된다.

- Bit 5, Bit 4 – UPMn(USART Parity Mode) : 패리티 모드 설정 비트

  이 두 비트는 [표 5-1]과 같이 패리티 모드를 설정한다.

[표 5-1] UPM 비트값에 의한 패리티 모드

UPMn1	UPMn0	패리티 모드
0	0	패리티 모드 사용 안함
0	1	–
1	0	짝수 패리티
1	1	홀수 패리티

- Bit 3 – USBSn(Stop Bit Select) : 정지 비트 선택

  이 비트는 정지 비트의 길이를 설정하며, 0이면 1비트, 1이면 2비트가 설정된다.

- Bit 2, Bit 1 – UCSZn1, UCSZn0(Character Size) : 전송 데이터 비트수 설정

  이 두 비트는 UCSRnB 레지스터의 UCSZn2와 함께 [표 5-2]와 같이 전송 데이터의 비트수를 설정한다.

[표 5-2] UCSZ에 의한 전송 데이터 비트수

UCSZn2	UCSZn1	UCSZn0	데이터 비트수
0	0	0	5비트
0	0	1	6비트
0	1	0	7비트
0	1	1	8비트
1	0	0	(예약)
1	0	1	(예약)
1	1	0	(예약)
1	1	1	9비트

- Bit 0 – UCPOLn(Clock Polarity) : 클럭 극성 선택

  이 비트는 동기모드에서만 사용되며, 송신 데이터의 출력 시점과 수신 데이터의 입력 시점을 설정한다. [표 5-3]은 이를 보여준다.

[표 5-3] UCPOL에 의한 송수신 데이터의 입출력 시점

UCPOL	송신 데이터의 출력시점 (TxD 핀의 출력)	수신 데이터의 샘플링 시점 (RxD핀 입력)
0	XCKn 상승 에지	XCKn 하강 에지
1	XCKn 하강 에지	XCKn 상승 에지

■ UBRR0H, UBRR0L(USART0 Baud Rate Register) : USART0 보레이트 레지스터
UBRR1H, UBRR1L(USART1 Baud Rate Register) : USART1 보레이트 레지스터

비트	15	14	13	12	11	10	9	8	
0x90	–	–	–	–	UBRR0[11:8]				UBRR0H
0x09(0x29)	UBRR0[7:0]								UBRR0L
비트	7	6	5	4	3	2	1	0	
읽기/쓰기	읽기/쓰기	읽기/쓰기	읽기/쓰기	읽기/쓰기	읽기/쓰기	읽기/쓰기	읽기/쓰기	읽기/쓰기	
초기값	0	0	0	0	0	0	0	0	

비트	15	14	13	12	11	10	9	8	
0x98	–	–	–	–	UBRR1[11:8]				UBRR1H
0x99	UBRR1[7:0]								UBRR1L
비트	7	6	5	4	3	2	1	0	
읽기/쓰기	읽기/쓰기	읽기/쓰기	읽기/쓰기	읽기/쓰기	읽기/쓰기	읽기/쓰기	읽기/쓰기	읽기/쓰기	
초기값	0	0	0	0	0	0	0	0	

USART의 전송속도(Baud Rate)는 레지스터 UBRRn(UBRRnH:UBRRnL)의 16비트 중에서 12비트에 의해 설정되며, 전송속도를 설정할 때는 상위바이트 값을 저장하는 UBRRnH에 우선 값을 쓰고 난 후에 UBRRnL에 값을 써 주어야 한다. [표 5-4]는 전송속도 및 UBRRn 레지스터의 설정값을 구하는 공식을 보여주며, [표 5-5]는 16MHz 시스템 클럭을 갖는 경우의 전송속도에 따른 UBRRn 레지스터의 설정값을 보여준다. 비동기 통신 모드에서 전송속도에 대한 오차범위는 8비트 일반 모드의 경우 ±2.0%이며, 2배속 모드의 경우에는 ±1.5%이다.

[표 5-4] 전송속도 및 설정해야 할 UBRRn 레지스터값 계산식

동작 모드	전송속도 계산식(bps)	UBRR 계산식
비동기 정상 모드 (U2Xn=0)	$BAUD=\frac{f_{OSC}}{16(UBRRn+1)}$	$UBRRn=\frac{f_{OSC}}{16 \cdot BAUD}-1$
비동기 2배속 모드 (U2Xn=1)	$BAUD=\frac{f_{OSC}}{8(UBRRn+1)}$	$UBRRn=\frac{f_{OSC}}{8 \cdot BAUD}-1$
동기 마스터 모드	$BAUD=\frac{f_{OSC}}{2(UBRRn+1)}$	$UBRRn=\frac{f_{OSC}}{2 \cdot BAUD}-1$

[표 5-5] 16MHz 시스템 클럭에서 전송속도에 따른 UBRRn 레지스터의 설정값

전송속도 (Baud Rate : bps)	비동기 일반 모드		비동기 2배속 모드	
	UBRR	에러	UBRR	에러
2400	416	-0.1%	832	+0.0%
4800	207	+0.2%	416	-0.1%
9,600	103	+0.2%	207	+0.2%
14.4K	68	+0.6%	138	-0.1%
19.2K	51	+0.2%	103	+0.2%
28.8K	34	-0.8%	68	+0.6%
38.4K	25	+0.2%	51	+0.2%
57.6K	16	+2.1%	34	-0.8%
76.8K	12	+0.2%	25	+0.2%
115.2K	8	-3.5%	16	+2.1%
230.4K	3	+8.5%	8	-3.5%
250K	3	+0.0%	7	+0.0%
0.5M	1	+0.0%	3	+0.0%
1M	0	+0.0%	1	+0.0%

ATmega128의 USART 클럭 발생부는 데이터의 송신과 수신을 위해 기본 클럭을 발생하며, 비동기 일반 모드, 비동기 2배속 모드, 동기 마스터 모드, 동기 슬레이브 모드를 지원한다. USART 제어 및 상태 레지스터 UCSRnC의 UMSEL 비트는 동기모드와 비동기 모드를 선택하며, 2배속 모드는 UCSRnA 레지스터의 U2X 비트에 의해 제어된다. 동기모드에서(UMSEL=1) XCKn 핀에 대한 데이터 방향 레지스터의 값은 클럭 소스가 내부(마스터 모드)에 있는지 아니면 외부에 있는지(슬레이브 모드)에 따라 제어된다. XCKn 핀은 동기모드인 경우에만 동작한다.

5.2 USART 송신 및 수신

이 절에서는 USART 시리얼 통신에 관련된 전송 데이터의 포멧과 송수신 처리과정에 대해 설명한다.

5.2.1 전송 데이터 형식

USART에 의한 시리얼 통신에서의 데이터는 다음과 같은 값들로 구성된다.

- 1 비트의 시작(Start) 비트
- 5~9 데이터 비트
- 0~1 비트의 패리티 비트
- 1~2 비트의 정지(Stop) 비트

[그림 5-3]은 이들 비트들로 구성된 데이터의 전송 포맷을 보여주며, 그림에서와 같이 맨 처음에 0값을 갖는 1비트의 시작 비트가 전송되고 다음에 데이터가 설정된 비트수 만큼 전송된다. 그리고, 1비트의 패리티 비트가 전송되는데 패리티 비트가 설정되지 않은 경우에 이 비트는 생략된다. 패리티 비트를 설정하는 경우에는 홀수 또는 짝수 패리티를 지정할 수 있으며, 패리티 비트값은 다음식에 의해 구해진다.

$$P_{even} = d_{n-1} \oplus \cdot\cdot\cdot \oplus d_3 \oplus d_2 \oplus d_1 \oplus d_0 \oplus 0 \text{ (짝수 패리티 비트 값)}$$

$$P_{odd} = d_{n-1} \oplus \cdot\cdot\cdot \oplus d_3 \oplus d_2 \oplus d_1 \oplus d_0 \oplus 1 \text{ (홀수 패리티 비트 값)}$$

그리고, 마지막으로 1의 값을 갖는 정지 비트가 설정된 길이만큼 전송되면서 전송이 완료된다.

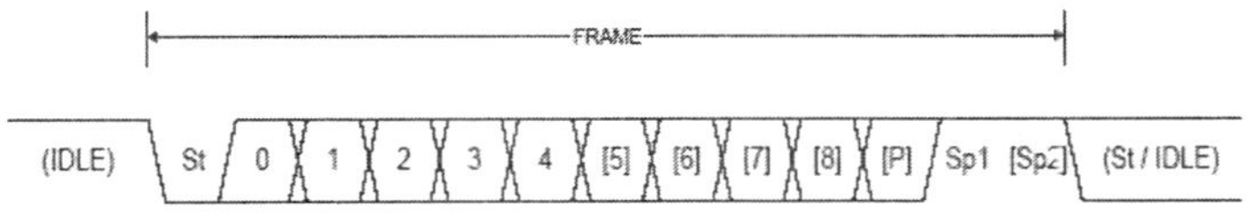

St	Start bit, always low
(n)	Data bits (0 to 8)
P	Parity bit. Can be odd or even
Sp	Stop bit, always high
IDLE	No transfers on the communication line (RxD or TxD). An IDLE line must be high.

[그림 5-3] 시리얼 통신 데이터 포맷

USART 에서의 송신은 다음과 같은 순서에 의해 이루어진다.

① 우선 제어 레지스터에 대해 필요한 통신모드를 설정한다. (동기/비동기 모드 선택, 데이터 비트수 및 정지 비트수 등)
② 보레이트 레지스터에 사용자 전송속도에 맞는 값을 설정한다.
③ UCSRB 레지스터의 TXEN 비트를 셋하여 TxD 핀이 USART의 송신단자로 사용될 수 있도록 한다.
④ 전송할 데이터를 송신 버퍼 UDR에 써준다. 그러나, 이때 UCSRA 레지스터의 UDRE 또는 TXC 플래그 비트를 체크하여 송신 버퍼에 데이터를 쓸 수 있는지 검사해야 한다. 여기서, UDRE 플래그 비트는 송신 버퍼가 비어 있는 것을 나타내지만, TXC 플래그 비트는 송신 버퍼 뿐 아니라 송신 쉬프트 레지스터까지 비어 있는 것을 나타낸다. 따라서, TXC 비트를 체크하는 경우에는 데이터의 전송이 모두 완료해야 되기 때문에 UDRE 플래그 비트를 이용하여 송신하는 것이 전송속도 면에서 유리하다고 말할 수 있다.
UDRE 및 TXC 플래그 비트를 검사하는 방법은 직접 UCSRA 레지스터를 읽어 이 비트를 검사하는 방법과 인터럽트를 이용하는 방법이 있다. 인터럽트를 이용하는 경우에는 UCSRB 레지스터의 대응하는 인터럽트 인에이블 비트와 SREG 레지스터의 I 비트를 함께 셋 하여야 한다.
⑤ 새로운 데이터를 송신하려면 ④의 과정을 반복한다.

5.2.2 USART 수신

USART에서의 수신은 다음과 같은 순서에 의해 이루어진다.

① 우선 제어 레지스터에 대해 필요한 통신모드를 설정한다. (동기/비동기 모드 선택, 데이터 비트수 및 정지 비트수 등)
② 보레이트 레지스터에 사용자 전송속도에 맞는 값을 설정한다.
③ UCSRB 레지스터의 RXEN 비트를 셋하여 RxD 핀이 USART의 수신단자로 사용될 수 있도록 한다.
④ 수신 버퍼 UDR 레지스터의 값을 읽기 전에 수신 데이터가 전송되어 수신 버퍼 UDR에 저장되어 있는지 UCSRA 레지스터의 RXC 플래그 비트를 검사한다. RXC 플래그 비트가 셋 되어 있으면 아직 읽지 않은 수신 데이터가 수신 버퍼에 있는 것을 의미하므로 이 때 수신 버퍼 UDR 레지스터를 읽으면 된다.

RXC 플래그 비트를 검사하는 방법은 직접 UCSRA 레지스터를 읽어 검사하는 방법과 인터럽트를 이용하는 방법이 있다. 인터럽트를 이용하는 경우에는 UCSRB 레지스터의 대응하는 인터럽트 인에이블 비트와 SREG 레지스터의 I 비트를 함께 셋 하여야만 한다. RXC 플래그 비트는 수신 버퍼 UDR을 읽으면 자동 클리어 된다.

⑤ 새로운 데이터를 수신하려면 ④의 과정을 반복한다.

USART의 비동기 통신 방식에서는 클럭을 데이터와 같이 전송하지 않기 때문에, 데이터를 정확히 수신하기 위해 전송속도의 16배 또는 8배(2배속 모드)에 해당하는 주파수로 RxD에 입력되는 신호를 샘플링한다.

[그림 5-4]는 시작 비트를 검출하기 위한 샘플링을 보여준다. RxD 핀이 아이들(idle) 상태(수신 데이터가 없는 상태)에 있을 때 논리 0에 대한 하나의 샘플은 시작 비트의 하강 에지로 해석되어 시작 비트 검출 과정이 초기화된다. 샘플 1이 첫 번째 0 샘플이라고 할 때 1에서 0으로의 신호 천이에 따라 수신기는 8, 9, 10번째(2배속 모드에서는 4, 5, 6번째) 샘플에서 RxD핀의 입력신호를 샘플링 한다. 만일 3개의 샘플에서 2개 이상의 0이 검출되면, 이 신호 부분을 시작 비트로 간주한다. 그러나, 3개의 샘플에서 2개 이상의 1이 검출되면 시작 비트는 노이즈 스파크로서 인식 거부되고 수신기는 다음 1에서 0으로의 신호 천이를 찾기 시작한다.

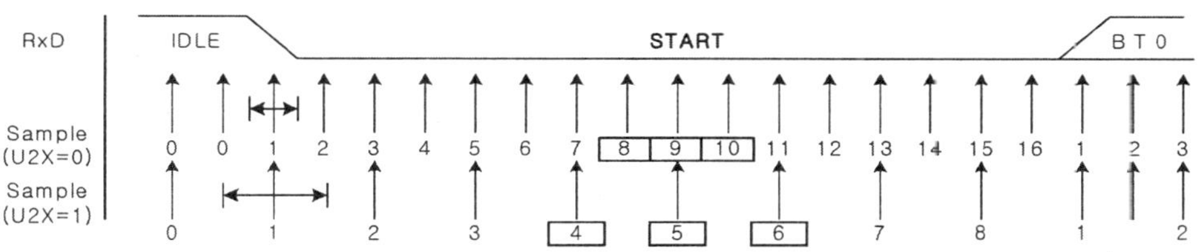

[그림 5-4] 시작 비트 검출을 위한 샘플링

유효한 시작 비트가 검출되면 시작 비트 다음의 데이터에 대한 샘플링이 수행된다. [그림 5-5]는 데이터 비트 검출을 위한 샘플링을 보여주며, 각 비트들에 대해 8, 9, 10 번째 샘플에서 샘플링 된다. 시작 비트 검출과 마찬가지로, 3개의 샘플 중에서 2개 이상 검출된 논리값을 검출결과로 처리하며, 검출된 비트는 수신 쉬프트 레지스터로 입력된다.

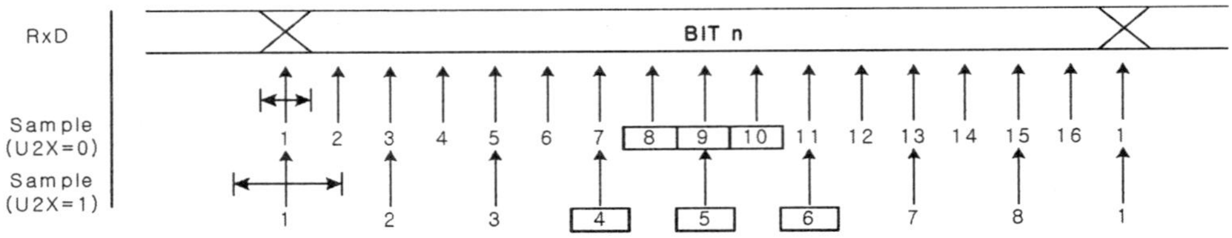

[그림 5-5] 데이터 비트 검출을 위한 샘플링

마지막으로 정지 비트에 대한 검출은 시작 비트나 데이터 비트 검출에서와 같이 8, 9, 10번째에서 샘플링하여 2번 이상 1이 검출되면 정지 비트로 간주한다. 이와 같이 정지 비트가 올바르게 검출되면 수신기는 하나의 데이터에 대한 수신 처리 과정을 마치고, 다시 시작 비트 검출 모드로 들어간다. 만일 3개의 샘플 중에서 2개 이상의 샘플이 0이면 USART 상태 레지스터 UCSRA 레지스터의 프레임 에러 FE 플래그 비트가 셋 된다.

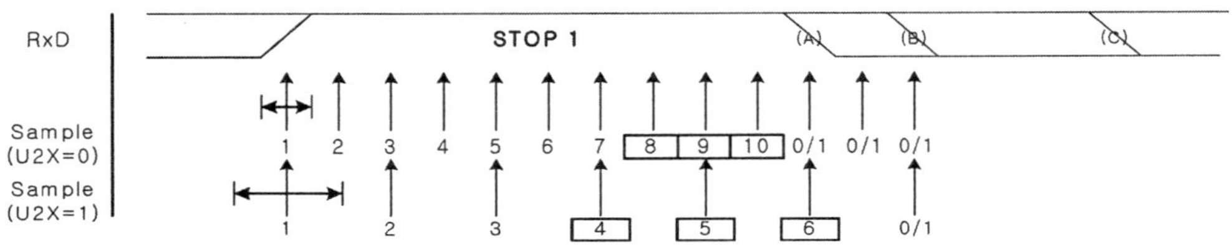

[그림 5-6] 정지 비트 검출을 위한 샘플링

5.3 USART 실험

USART도 사용하기 전에 사용 목적에 맞춰 관련 레지스터에 대한 설정을 제대로 해주어야 정상적으로 동작한다. USART에 대한 사용법을 간단히 요약하면 다음과 같으며, 반드시 요약된 내용에 따라 프로그램을 작성해야 한다.

☞ **USART 사용법 요약**

① 통신 모드 설정

-> 동기/비동기, 송신 인에이블, 수신 인에이블, 패리티 비트, 스톱 비트 데이터 비트수, 인터럽트 인에이블 비트

사용 레지스터 : UCSRnA, UCSRnB, UCSRnC [n = 0, 1]

② 보레이트(전송 송도) 설정

사용 레지스터 : UBRRnL, UBRRnH [n = 0, 1]

③ 전역 인터럽트 인에이블 비트 I 셋(인터럽트 사용 시에만 설정)

사용 레지스터 : SREG(최상위 비트)

여기까지가 초기화

<송신 동작>

- UCSRnA 레지스터의 TXCn 또는 UDREn 비트가 셋 될 때까지 대기
- 전송할 데이터를 UDRn 레지스터에 설정(송신 동작)

※ 송신은 인터럽트 방식보다는 폴링 방식을 이용하는 것이 편리하다.

<수신 동작>

- UCSRnA 레지스터의 RXCn 비트가 셋 될 때까지 대기
- 전송된 데이터를 UDRn 레지스터로부터 읽음(수신 동작)

※ 수신은 언제 데이터가 전송되어 올지 모르기 때문에 폴링 방식보다는 인터럽트 방식을 이용하는 것이 편리하다.

컴퓨터와 KUT-128 보드를 RS-232 케이블로 연결하여 CodeVisionAVR에서 USART 실험을 행하려면 우선 [그림 5-6]과 같이 <Settings -> Teminal>을 클릭하여 통신 환경에 대한 설정을 해 주어야 한다. 그리고 툴바 아이콘을 클릭하면 [그림 5-7]과 같이 터미널 창이 열리며, KUT-128 보드로부터 전송되어오는 데이터는 이 창에 표시된다. 그리고, 컴퓨터의 키보드를 누르면 눌려진 키보드의 ASCII 코드가 KUT-128 보드로 전송된다.

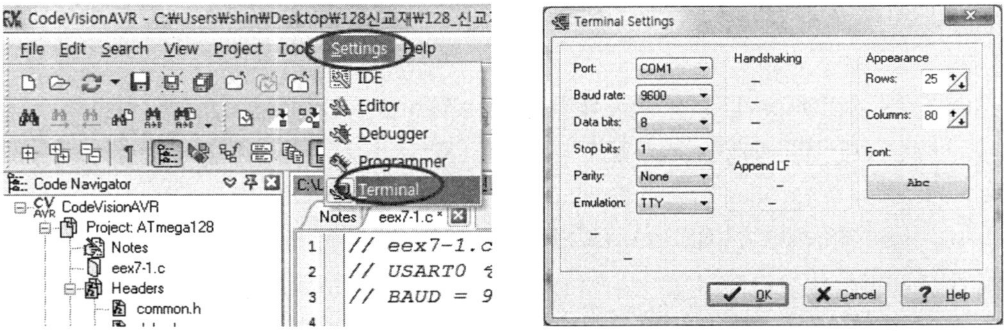

[그림 5-6] 터미널 사용 환경 설정

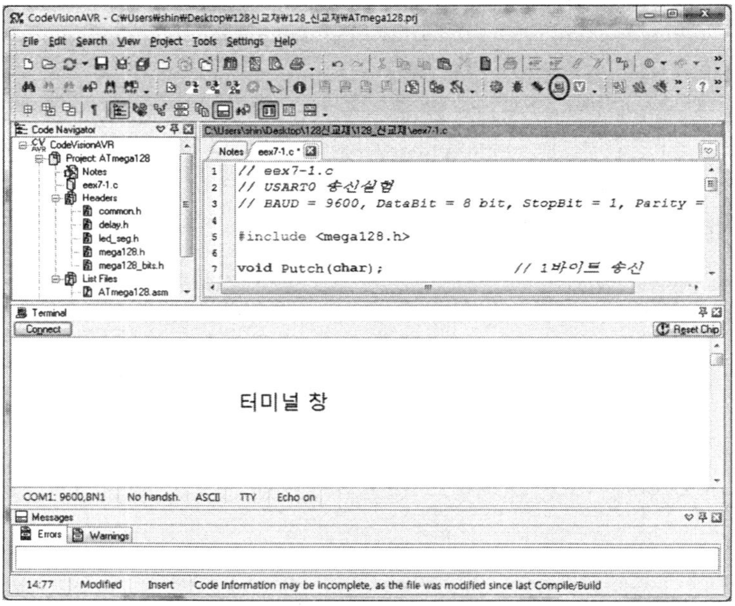

[그림 5-7] 터미널 창 오픈

[예제 5-1] USART0 송신 실험

KUT-128 보드의 RS-232 포트0을 통해서 문자열 "This is USART control program"을 PC에 전송하는 프로그램을 작성하라. 전송속도는 9600bps로 하고, 정지비트는 1비트로 한다. 전송된 문자열은 *CodeVisionAVR*에 내장된 터미널 창을 통해서 확인할 수 있으며, 툴바의 아이콘을 클릭하면 터미널 창이 열린다. 한 번만 실행되므로 , MCU 보드의 리셋 스위치를 눌러가며 동작을 확인한다.

[예제 5-1] USART0 송신 실험

```
// eex5-1.c
// USART0 송신실험
// BAUD = 9600, DataBit = 8 bit, StopBit = 1, Parity = None;

#include <mega128.h>

void Putch(char);                          // 1바이트 송신

void main(void)
{
    // 전송 문자열
    char string[] = "This is USART0 control program";
    char *pStr;                            // 문자열 포인터

    // USART 초기화
    UCSR0A = 0x0;
    UCSR0B = 0b00001000;                   // 송신 인에이블 TXEN = 1
    UCSR0C = 0b00000110;                   // 비동기, 데이터 8비트 모드
    UBRR0H = 0;                            // X-TAL = 16MHz 일때, BAUD = 9600
    UBRR0L = 103;

    pStr = string;
    while(*pStr) Putch(*pStr++);           // 문자열 전송

    while(1);                              // 대기
}

// 한 바이트 송신
void Putch(char data)
{
    while((UCSR0A & 0x20) == 0x0);         // UDRE0 = 1이 될 때까지 대기
    UDR0 = data;                           // 데이터 전송
}
```

[예제 5-2] USART0 수신 실험

*CodeVisionAVR*에서 터미널 창을 오픈한 후 컴퓨터에서 key 입력된 16진 문자('0'~'9', 'A'~'F' 또는 'a'~'f')를 KUT-128 보드에서 수신하여 맨 우측의 7-세그먼트에 출력 표시하는 프로그램을 작성하라. 실험할 때는 <Terminal Settings> 창에서 "Echo Transmitted Characters"의 선택을 해제하고 실행한다.

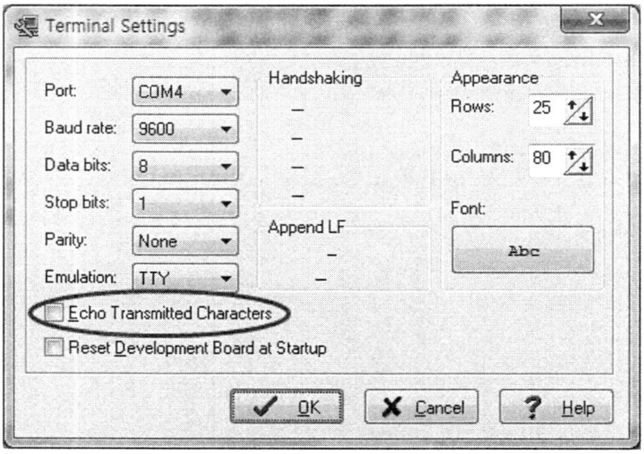

[예제 5-2] USART0 송수신 실험

```
// eex5-2.c
// USART0 수신 실험
// BAUD = 9600, DataBit = 8 bit, StopBit = 1, Parity = None;

#include <mega128.h>

flash unsigned char seg_pat[16]= {0x3f, 0x06, 0x5b, 0x4f, 0x66, 0x6d, 0x7d, 0x07,
                    0x7f, 0x6f, 0x77, 0x7c, 0x39, 0x5e, 0x79, 0x71};

void main(void)
{
    unsigned char  rd, dd = 0;

    // I/O 포트 초기화
    DDRB = 0xFF;                    // 포트B 출력 설정
    DDRF = 0xF0;                    // 포트F 상위4비트 출력 설정

    PORTF = 0b11100000;             // 맨 우측 세그먼트 on
    PORTB = seg_pat[dd];            // 초기상태 '0' 표시
    // USART 초기화
    UCSR0A = 0x0;
    UCSR0B = 0b00010000;            // 송수신 인에이블 RXEN0=1
    UCSR0C = 0b00000110;            // 비동기 데이터 8비트 모드
```

[예제 5-2] USART0 송수신 실험 (계속)

```
    UBRR0H = 0;                        // X-TAL = 16MHz 일때, BAUD = 9600
    UBRR0L = 103;

    while(1){
        while((UCSR0A & 0x80) == 0x0){         // RXC0 = 1이 될 때까지 대기
            PORTB = seg_pat[dd];               // 이전에 수신한 16진 표시
        }
        rd = UDR0;                             // 수신

        // 전송된 데이터 체크
        // ASCII 문자 -> 16진값(0~9, a~f)으로 변환
        // '0'~'9' -> 0~9값으로, 'a'~'f' 또는 'A'~'F' -> 10~15의 값으로 변환
        if(rd >= '0' && rd <= '9') dd = rd - '0';
        else if(rd >= 'a' && rd <= 'f') dd= rd - 'a' + 10;
        else if(rd >= 'A' && rd <= 'F') dd = rd - 'A' + 10;
    }
}
```

[예제 5-3] USART0 송수신 실험(폴링 방식)

*CodeVisionAVR*에서 터미널 창을 오픈한 후 컴퓨터에서 key 입력된 문자를 수신하고, 수신한 문자가 알파벳 대문자이면 소문자로 소문자이면 대문자로 변환하여 컴퓨터로 전송하는 프로그램을 작성하라.

힌트

<대문자 -> 소문자 변환>

ch = ch - 'A' + 'a';

-> ch='A' 이면 ch = 'A' - 'A' + 'a' = 'a'

-> ch='B' 이면 ch = 'B' - 'A' + 'a'= 1 + 'a' = 'b'

<소문자 -> 대문자 변환>

ch = ch - 'a' + 'A';

-> ch='a' 이면 ch = 'a' - 'a' + 'A' = 'A'

-> ch='b' 이면 ch = 'b' - 'a' + 'A'= 1 + 'A' = 'B'

[예제 5-3] USART0 송·수신 실험(폴링 방식)

```
// eex5-3.c
// USART0 송수신 실험(폴링 방식)
// BAUD = 9600, DataBit = 8 bit, StopBit = 1, Parity = None;

#include <mega128.h>

void main(void)
{
    unsigned char  ch;

    // USART 초기화
    UCSR0A = 0x0;
    UCSR0B = 0b00011000;          // 송수신 인에이블 TXEN0 = 1, RXEN0=1
    UCSR0C = 0b00000110;          // 비동기 데이터 8비트 모드
    UBRR0H = 0;                   // X-TAL = 16MHz 일때, BAUD = 9600
    UBRR0L = 103;

    while(1){
        while((UCSR0A & 0x80) == 0x0);        // RXC0=1 될 때까지 대기
        ch = UDR0;                            // 수신

        // 수신 문자 알파벳 대문자이면 소문자로 변환 후 전송
        // 수신 문자 알파벳 소문자이면 대문자로 변환 후 전송
        // 알파벳이 아니면 그대로 전송
        if(ch >= 'a' && ch <= 'z') ch = ch - 'a' + 'A';              // 소문자 -> 대문자
        else if(ch >= 'A' && ch <= 'Z') ch = ch - 'A' + 'a';         // 대문자 -> 소문자

        while((UCSR0A & 0x20) == 0x0);        // UDRE0=1 될 때까지 대기
        UDR0 = ch;                            // 송신
    }
}
```

[예제 5-4] USART0 송수신 실험(수신 인터럽트 방식)

[예제 5-3]에 대해 송신은 그대로 폴링방식을 이용하고 수신은 수신완료 인터럽트를 이용하여 프로그램을 작성하라.

[예제 5-4] USART0 송·수신 실험(수신 인터럽트 방식)

```
// eex5-4.c
// USART0 송수신 실험(수신 인터럽트 방식)
// BAUD = 9600, DataBit = 8 bit, StopBit = 1, Parity = None;

#include <mega128.h>

void main(void)
{
    // USART 초기화
    UCSR0A = 0x0;
    UCSR0B = 0b10011000;        // RXCIE0 : 수신 완료 인터럽트 인에이블
                                // 송수신 인에이블 TXEN0 = 1, RXEN0=1
    UCSR0C = 0b00000110;        // 비동기 데이터 8비트 모드
    UBRR0H = 0;                 // X-TAL = 16MHz 일때, BAUD = 9600
    UBRR0L = 103;

    SREG = 0x80;                // 전역 인터럽트 인에이블 I 비트 셋

    while(1);                   // 문자 수신할 때까지 대기
}

// 수신 완료 인터럽트 처리함수
interrupt [USART0_RXC] void usart0_rx(void)
{
    unsigned char ch;

    ch = UDR0;                      // 수신

    // 수신 문자 알파벳 대문자이면 소문자로 변환 후 전송
    // 수신 문자 알파벳 소문자이면 대문자로 변환 후 전송
    // 알파벳이 아니면 그대로 전송
    if(ch >= 'a' && ch <= 'z') ch = ch - 'a' + 'A';         // 소문자 -> 대문자
    else if(ch >= 'A' && ch <= 'Z') ch = ch - 'A' + 'a';    // 대문자 -> 소문자

    while((UCSR0A & 0x20) == 0x0);          // UDRE0=1 될 때까지 대기
    UDR0 = ch;                              // 송신
}
```

Memo

Chapter 06

A/D 변환기

A/D 변환기는 [그림 6-1]과 같이 센서 등에서 출력되는 아날로그 값을 컴퓨터와 같은 디지털 시스템에서 사용 가능한 디지털 값으로 변환해 주는 기능을 갖는 장치이다. 즉, 컴퓨터에서는 두 가지 상태를 나타내는 0과 1로 구성된 디지털 값간 취급할 수 있으므로, 0과 1이외의 연속적인 값을 출력하는 센서와 직접 연결하여 사용할 수 없다. 따라서, 디지털 값만 취급할 수 있는 컴퓨터와 아날로그 값을 출력하는 센서를 연결하기 위해서는 A/D 변환기가 필요하게 된다.

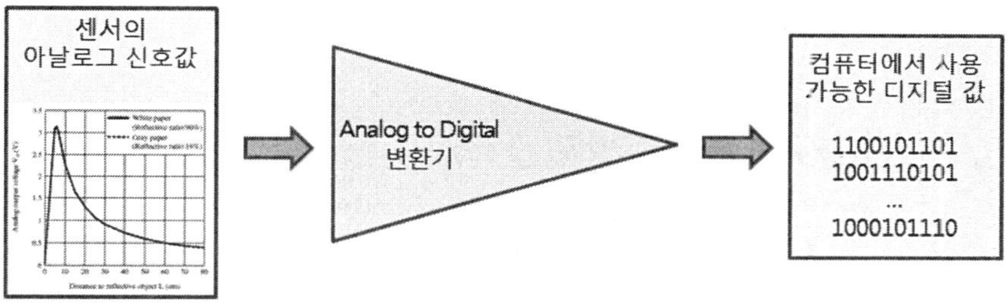

[그림 6-1] A/D 변환기 개념도

ATmega128은 10비트 분해능의 A/D 변환기를 8채널 내장하고 있으며, 다음과 같은 특징을 갖는다.

- 10비트 분해능
- 13~260us 변환시간
- 8개의 단극성 입력 채널
- 22종류의 차동 입력
- 아날로그 입력신호 10배 또는 200배 증폭기능을 갖는 2개의 차동 입력 채널
- 선택 가능한 2.56V 내부 기준전압

A/D 변환기의 8채널 아날로그 입력은 포트 F를 통해 입력되며, 멀티플렉서에 의해 A/D 변환기에 연결된다.

MCU는 16가지의 다른 전압입력 조합을 가지며, 2개의 차동 입력(ADC1, ADC0 그리고 ADC3, ADC2) 전압이 A/D 변환되기 전에 10배 또는 200배로 증폭되어질 수 있다. 7개의 아날로그 입력 채널이 공통 음극성 채널 ADC1을 공유하며, 나머지 입력채널은 양극성 입력단자로 사용되어진다.

A/D 변환기는 변환기간 동안 아날로그 입력전압을 일정하게 하는 샘플/홀드 회로를 내장하고 있으며, [그림 6-2]는 A/D 변환기의 구성도를 보여준다.

A/D 변환기에 대한 기준전압 VREF는 A/D 변환되는 전압의 범위를 나타내며, 단극성 모드에서 VREF는 0x3FF로 변환된다. VREF는 AVCC, 내부 2.56V, 외부 AREF 단자에 공급되는 전압 중에서 선택된다.

A/D 변환기 입력이 단극성인 경우에는 0~VREF의 입력전압이 공급되어 0x000~0x3FF(0~1023)의 디지털 값으로 변환되며, 차동 입력의 경우에는 -VREF~VREF의 입력전압이 공급되어 2의 보수 0x200~0x1FF(-512~511)의 디지털 값으로 변환된다.

A/D 변환결과는 16비트 A/D 변환기 데이터 레지스터에 좌측 또는 우측으로 정렬되어 저장되어진다.

6.1 A/D 변환기 관련 레지스터

■ ADMUX(ADC Multiplexer Selection Register) : A/D 변환기 멀티플렉서 선택 레지스터

이 레지스터는 A/D 변환기의 아날로그 입력채널 선택, A/D 변환의 기준전압 소스 선택, 변환결과의 저장형식을 지정한다.

비트	7	6	5	4	3	2	1	0	
0x07(0x27)	REFS1	REFS0	ADLAR	MUX4	MUX3	MUX2	MUX1	MUX0	ADMUX
읽기/쓰기	읽기/쓰기	읽기/쓰기	읽기/쓰기	읽기/쓰기	읽기/쓰기	읽기/쓰기	읽기/쓰기	읽기/쓰기	
초기값	0	0	0	0	0	0	0	0	

- Bit 7, 6 – RFS1, RFS0 (Reference Selection Bits)

  A/D 변환기의 기준전압을 선택하며, [표 6-1]과 같다.

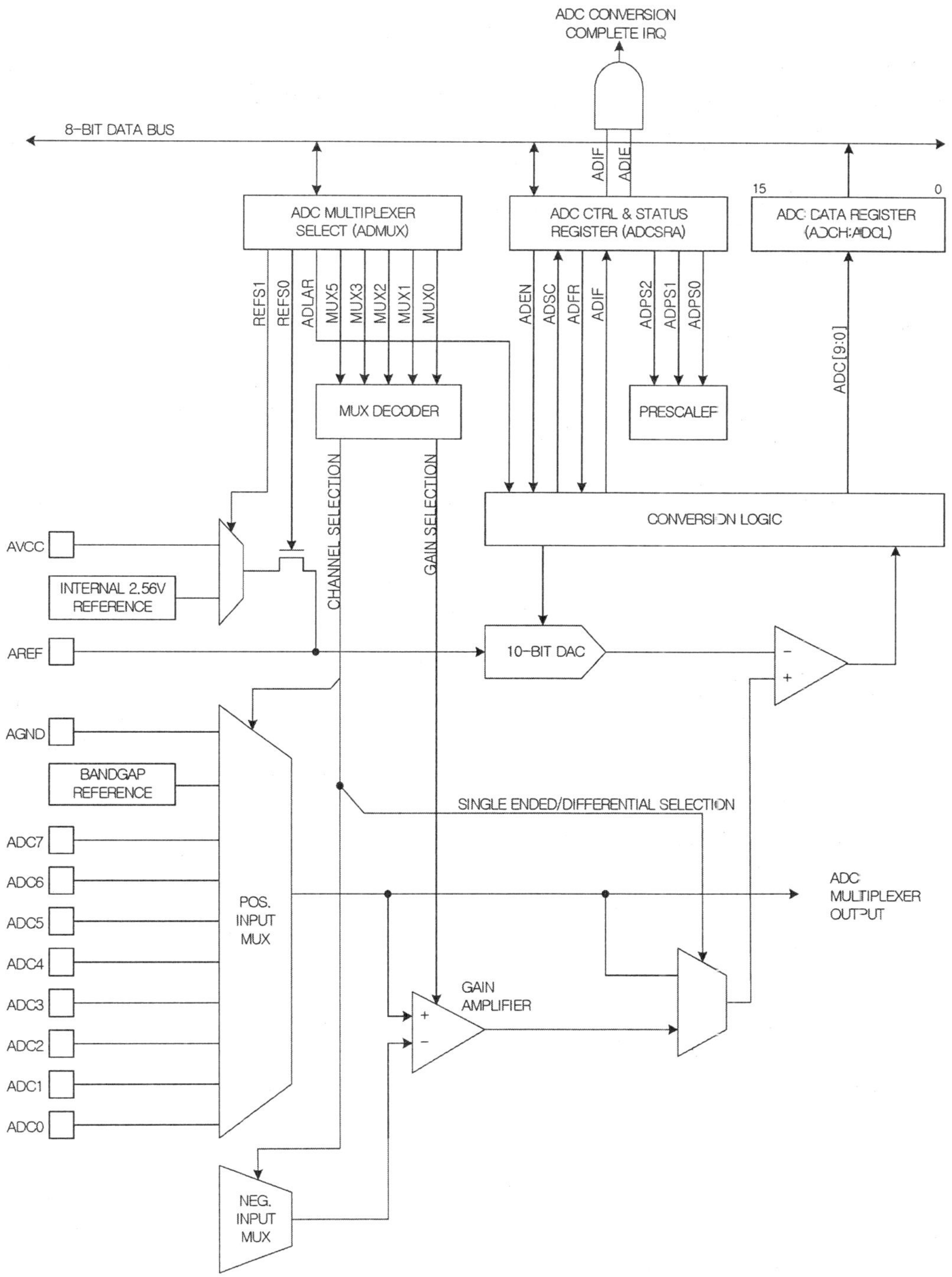

[그림 6-2] A/D 변환기 구성도

[표 6-1] A/D 변환기의 기준전압

RFS1	RFS0	기준전압
0	0	AREF 단자에 공급되는 전압 이용
0	1	AVCC 단자전압이 이용되며, AREF 단자와 GND 사이를 콘덴서(0.1uF)로 접속
1	0	-
1	1	내부 2.56V를 이용하며, AREF 단자와 GND 사이를 콘덴서로 접속

- Bit 5 – ADLAR (ADC Left Adjust Result)

  A/D 변환된 결과를 ADCH:ADCL에 저장하는 형식을 지정하며, 0이면 하위부터 10비트를 저장하고, 1이면 상위부터 10비트를 저장한다.

- Bit 4~0 – MUX4~0 (Analog Channel and Gain Selection Bits)

  A/D 변환기에 연결되는 아날로그 입력채널과 차동 입력 채널에 대한 이득을 선택하며, [표 6-2]와 같다.

■ ADCSRA(ADC Control and Status Register A) : A/D 변환기 제어 및 상태 레지스터 A

이 레지스터는 A/D 변환기의 동작을 제어하거나 상태를 표시하는 기능을 갖는다.

비트	7	6	5	4	3	2	1	0	
0x06(0x26)	ADEN	ADSC	ADFR	ADIF	ADIE	ADPS2	ADPS1	ADPS0	ADCSRA
읽기/쓰기	읽기/쓰기	읽기/쓰기	읽기/쓰기	읽기/쓰기	읽기/쓰기	읽기/쓰기	읽기/쓰기	읽기/쓰기	
초기값	0	0	0	0	0	0	0	0	

- Bit 7 – ADEN (ADC Enable)

  이 비트가 1이면 A/D 변환기의 동작이 허용되고, 0이면 A/D 변환기는 동작이 정지된다.

- Bit 6 – ADSC (ADC Start Conversion)

  단일 변환 모드에서 이 비트를 1로 하면 A/D 변환이 시작된다. 프리 러닝(Free Running)모드에서 이 비트를 1로 하면 첫 번째 A/D 변환이 시작되고, 그 다음 부터는 자동적으로 변환이 반복된다. A/D 변환기가 인에이블되고 이 비트를 1로 하면 첫 번째 변환에서는 25개의 클럭이 필요하며, 그 다음부터는 13개의 클럭이 소요된다. 이 비트는 A/D 변환 중에는 1로 읽혀지며, 변환이 종료하면 0으로 읽혀진다.

[표 6-2] A/D 변환기 입력채널의 선택

MUX4~0	단극성 입력	+ 차동 입력	- 차동 입력	이득
00000	ADC0			
00001	ADC1			
00010	ADC2			
00011	ADC3			
00100	ADC4			
00101	ADC5			
00110	ADC6			
00111	ADC7			
01000		ADC0	ADC0	10x
01001		ADC1	ADC0	10x
01010		ADC0	ADC0	200x
01011		ADC1	ADC0	200x
01100		ADC2	ADC2	10x
01101		ADC3	ADC2	10x
01110		ADC2	ADC2	200x
01111		ADC3	ADC2	200x
10000		ADC0	ADC1	1x
10001		ADC1	ADC1	1x
10010		ADC2	ADC1	1x
10011		ADC3	ADC1	1x
10100		ADC4	ADC1	1x
10101		ADC5	ADC1	1x
10110		ADC6	ADC1	1x
10111		ADC7	ADC1	1x
11000		ADC0	ADC2	1x
11001		ADC1	ADC2	1x
11010		ADC2	ADC2	1x
11011		ADC3	ADC2	1x
11100		ADC4	ADC2	1x
11101		ADC5	ADC2	1x
11110	1.23V			
11111	0V(GND)			

- Bit 5 – ADFR (ADC Free Running Select)

  이 비트를 1로 하면 A/D 변환기는 프리 러닝 모드로 동작하며, 이 모드에서 A/D 변환기는 반복적으로 A/D 변환을 수행한다.

- Bit 4 – ADIF (ADC Interrupt Flag)

  A/D 변환이 완료되어 A/D 변환기 데이터 레지스터의 값이 갱신되면 셋된다. ADCE 비트와 SREG 레지스터의 I 비트가 1이면 A/D 변환 완료 인터럽트가 요구된다. 이 플래그 비트는 대응하는 인터럽트 서브루틴이 실행되면 자동 클리어 되며, 이 비트에 1을 써주어도 클리어 된다.

- Bit 3 – ADIE (ADC Interrupt Enable)

  이 비트는 A/D 변환기의 개별 인터럽트 인에이블 비트로서, SREG 레지스터의 I 비트와 함께 1이면 인터럽트가 인에이블 된다.

- Bit 2~0 – ADPS2~0 (ADC Prescaler Select Bits)

  이 비트들은 A/D 변환기에 입력되는 시스템 클럭에 대한 분주비를 선택한다.

[표 6-3] A/D 변환기 분주비 선택

ADPS2	ADPS1	ADPS0	분주비
0	0	0	2
0	0	1	2
0	1	0	4
0	1	1	8
1	0	0	16
1	0	1	32
1	1	0	64
1	1	1	128

■ ADCH, ADCL(ADC Data Register) – A/D 변환기 데이터 레지스터

A/D 변환된 결과를 저장하는 레지스터로서 ADMUX 레지스터의 ADLAR 비트값에 따라 다음과 같은 저장형식을 갖는다.

ADLAR = 0

비트	15	14	13	12	11	10	9	8	
0x05(0x25)	-	-	-	-	-	-	ADC9	ADC8	**ADCH**
0x04(0x24)	ADC7	ADC6	ADC5	ADC4	ADC3	ADC2	ADC1	ADC0	**ADCL**
	7	6	5	4	3	2	1	0	
읽기/쓰기	읽기 읽기	읽기 읽기	읽기 읽기	읽기 읽기	읽기 읽기	읽기 읽기	읽기 읽기	읽기 읽기	
초기값	0 0	0 0	0 0	0 0	0 0	0 0	0 0	0 0	

ADLAR = 1

비트	15	14	13	12	11	10	9	8	
0x05(0x25)	ADC9	ADC8	ADC7	ADC6	ADC5	ADC4	ADC3	ADC2	**ADCH**
0x04(0x24)	ADC1	ADC0	-	-	-	-	-	-	**ADCL**
	7	6	5	4	3	2	1	0	
읽기/쓰기	읽기 읽기	읽기 읽기	읽기 읽기	읽기 읽기	읽기 읽기	읽기 읽기	읽기 읽기	읽기 읽기	
초기값	0 0	0 0	0 0	0 0	0 0	0 0	0 0	0 0	

단극성 채널을 사용하는 경우에는 10비트 양의 정수 0x000~0x3FF(0~511)로 저장되고, 차동 채널을 사용하는 경우에는 2의 보수형식 0x200~0x1FF로 나타내어 -512~511의 값을 갖는다.

A/D 변환결과는 ADCL, ADCH 순으로 읽어도 되지만, <mega128.h>에 16비트 레지스터명 ADCW로 선언되어 있으므로 이를 이용해도 된다.

6.2 A/D 변환 프리스케일러와 변환 타이밍

ATmega128의 A/D 변환기는 프리스케일러를 내장하고 있으며, 프리스케일러는 ADCSRA 레지스터의 ADEN 비트가 1인 경우에만 계속해서 동작한다. [그림 6-3]은 A/D 변환기의 프리스케일러를 보여주며, 분주비는 ADCSRA 레지스터의 ADPS2 ~ADPS0에 의해 2, 4, 8, 16, 32, 64, 128 중의 하나로 선택되어진다.

단일변환 모드에서 ADCSRA 레지스터의 ADSC 비트를 1로 하면 [그림 6-4]에서와 같이 1로 한 이후 첫 번째 A/D 변환기 클럭의 상승에지에서 변환이 시작된다. 일반적으로 ADEN=1로 설정하고 나서 첫 번째 변환에는 25개의 A/D 변환기 클럭이 요구되지만, 그 이후의 변환에서는 13개의 클럭이 요구된다. 그리고, 첫 번째 변환에서 샘플/홀드는 변환이 시작되고 나서 13.5번째 클럭에서 이루어지며, 두 번째 이후의 변환에서는 1.5번째 클럭에서 이루어진다.([그림 6-5], [그림 6-6])

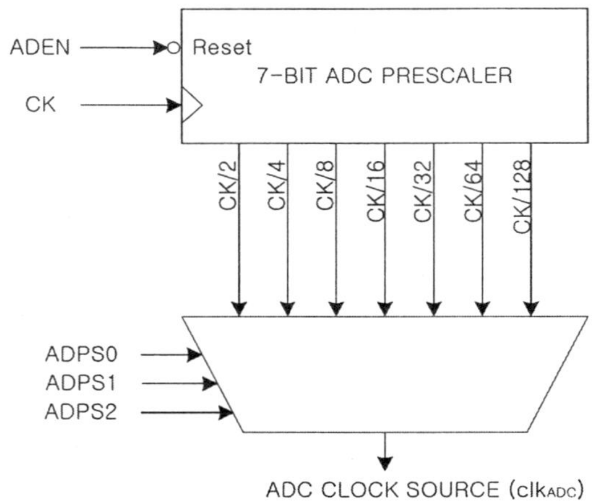

[그림 6-3] A/D 변환기 프리스케일러

A/D 변환이 완료되면 그 결과가 A/D 변환기 데이터 레지스터에 쓰여지게 되며, ADIF 비트가 셋 된다. 또한 단일변환 모드에서는 ADSC 비트가 자동 클리어 되어 다시 소프트웨어적으로 셋 할 수 있게 된다.

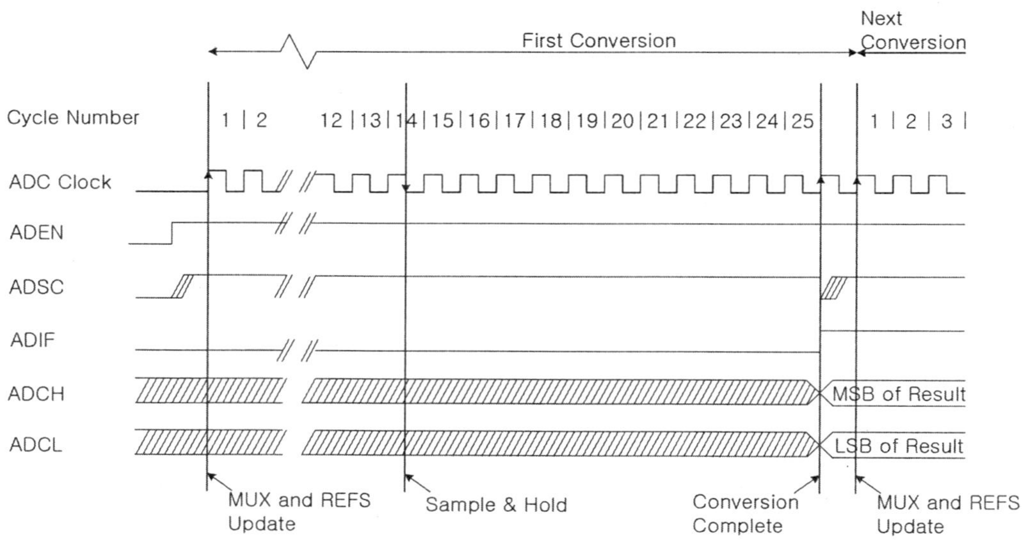

[그림 6-4] 단일 변환 모드에서 ADEN=1 설정 후 첫 번째 변환 동작 타이밍

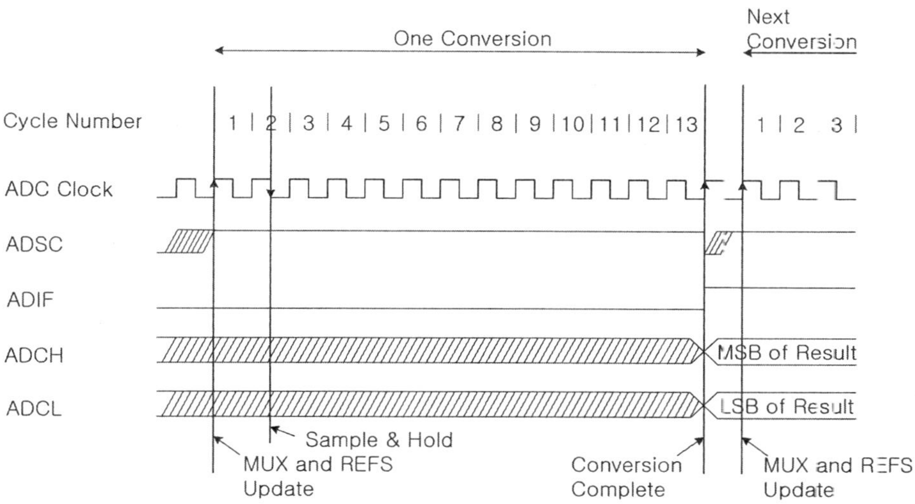

[그림 6-5] 단일 변환 모드에서 첫 번째 변환 이후의 동작 타이밍

프리 러닝(Free running) 모드에서는 변환이 완료되면 자동적으로 즉시 새로운 A/D변환이 시작되지만, ADSC 비트는 High 상태를 유지하게 된다.

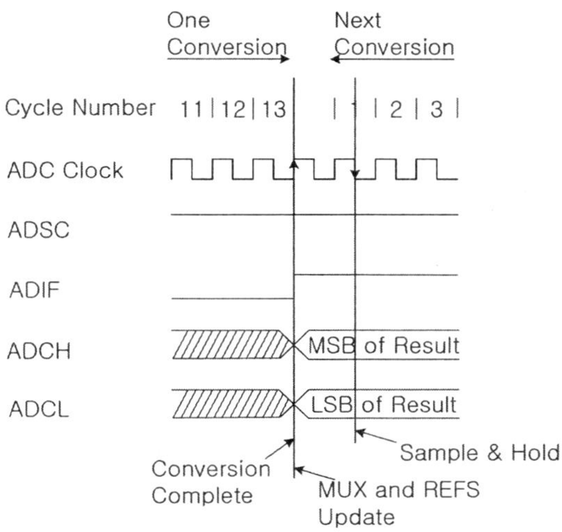

[그림 6-6] 프리 러닝 모드에서의 변환 동작 타이밍

[표 6-4]는 A/D 변환기의 각 모드에서의 변환시간을 보여준다.

[표 6-4] A/D 변환 시간(사이클 : A/D 클럭 사이클)

조건	샘플/홀드 (변환시작후의 클럭 사이클)	변환시간 (사이클)
첫 번째 변환	13.5	25
그 이후의 단극성 입력 변환	1.5	13
그 이후의 차동 입력 변환	1.5~2.5	13~14

6.3 A/D 변환 결과

A/D 변환이 완료되면 그 변환 결과는 A/D 변환기의 데이터 레지스터 ADCH:ADCL (16비트 레지스터명 ADCW)에 저장된다.

단극성 변환의 경우에는

$$ADCH:ADCL = \frac{V_{IN} \times 1024}{V_{REF}}$$

으로 변환되며, V_{IN}은 선택된 입력핀의 아날로그 전압이고 V_{REF}는 선택된 기준전압을 나타낸다. 변환값 0x000은 접지와 같은 전압을 나타내고, 1023(0x3FF)은 기준전압보다 1 LSB 만큼 낮은 전압값을 나타낸다.

차동 채널이 선택된 경우에는

$$ADCH:ADCL = \frac{(V_{POS} - V_{NEG}) \times GAIN \times 512}{V_{REF}}$$

으로 변환되며, V_{POS}는 양의 입력핀에 입력되는 전압이고 V_{NEG}는 음의 입력핀에 입력되는 전압이다. GAIN은 이득값을 나타내고, V_{REF}는 선택된 기준전압을 나타낸다. 변환값은 10비트 2의 보수로 표현되어 0x200(-512) ~ 0x1FF(511)의 값을 갖는다.

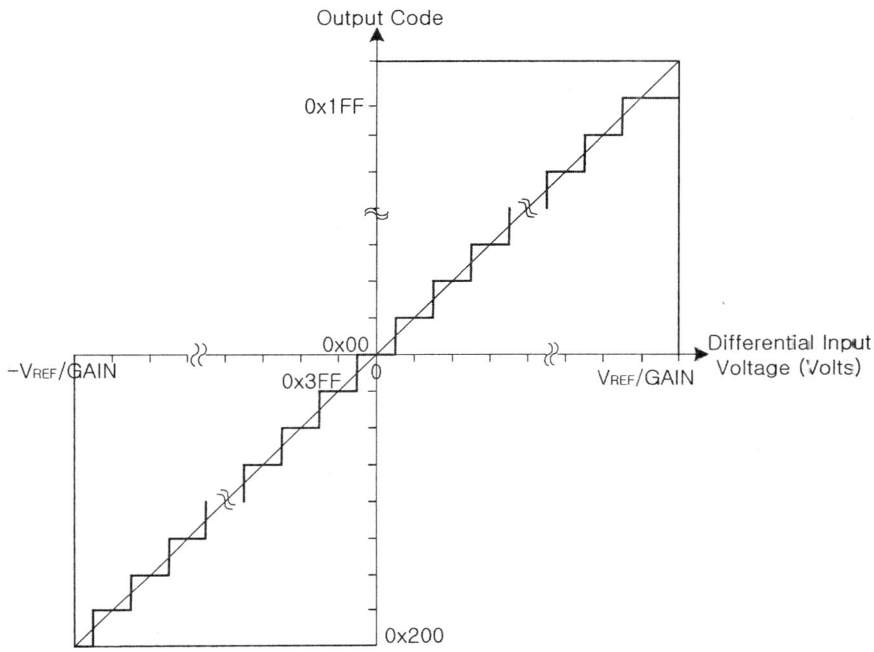

[그림 6-7] 차동 입력에 대한 입력전압과 변환결과

6.4 A/D 변환기 실험

A/D 변환기도 사용하기 전에 사용 목적에 맞춰 관련 레지스터에 대한 설정을 제대로 해 주어야 정상적으로 동작한다. A/D 변환기에 대한 사용법을 간단히 요약하면 다음과 같으며, 반드시 요약된 내용에 따라 프로그램을 작성해야 한다.

☞ **A/D 변환기 사용법 요약**

① AREF 전압 선택, A/D 변환 결과 저장 형식 선택,
A/D 변환 입력채널 설정(단극성 입력, 차동입력)

사용 레지스터 : ADMUX

② 사용 모드 설정
-> A/D 변환 인에이블, 분주비 설정, 변환 모드 설정(단일변환/프리러닝)
A/D 변환 인터럽트 인에이블, A/D변환기 입력 클럭 분주비 설정

사용 레지스터 : ADCSRA

③ 전역 인터럽트 인에이블 비트 I 셋(인터럽트 사용 시에만 설정)
사용 레지스터 : SREG(최상위 비트)

—————— **여기까지가 초기화** ——————

<단일변환 모드 A/D 변환 동작>

- ADCSRA 레지스터의 ADSC 비트를 1로 셋 하여 A/D 변환 시작
- ADIF=1(또는 ADSC=0)이 되어 A/D 변환이 완료될 때까지 대기
- A/D 변환 결과 읽기(ADCW 또는 ADCH:ADCL)

<프리러닝 모드 A/D 변환 동작>

- 사용모드 설정하면서 ADCSRA 레지스터의 ADSC 비트를 1로 셋 하여 A/D 변환 시작
- A/D 변환 결과(ADCW 또는 ADCH:ADCL)를 읽고 싶을 때 언제든지 읽기 가능

[예제 6-1] ADC0에 입력되는 전압 7-Segment 표시(단극성 입력)

ADC0에는 가변저항 10kΩ이 연결되어 있으며, 이 단자를 통해 입력되는 전압을 3개의 7-Segment에 소수 2자리까지 전압값으로 표시하는 프로그램을 작성하라. ADC0에 연결된 가변저항을 가변시키며 표시되는 전압값을 확인하라.

☞ **소수 자리값 추출**

예를 들어 12.3456를 소수 두 자리까지 7-세그먼트에 표시한다고 가정하자. 그러기 위해서는 정수 10자리 1, 정수 1자리 2, 소수 첫 자리 3, 소수 두 자리 4를 각각 추출해야 한다. 정수값에 대한 자리값 추출은 나눗셈 연산자('/')와 나머지 연산자 ('%')를 이용하면 되지만, 소수 부분에 대한 자리 추출은 원래값을 그대로 이용해서는 구할 수 없다. 여기서 12.3456에 10^2를 곱해보자. 그러면 1234.56이 얻어지고, 정수부분 1234에 대해서 생각하면 나눗셈 연산자와 나머지 연산자로 쉽게 자리값을 추출할 수 있음을 알 수 있다.

① 10^2을 곱한 후 정수화 : (int)(12.3456 * 100) => 1234
② 1234을 1000으로 나눈 몫과 나머지를 구한다.
=> 몫 : 1(정수 10자리), 나머지 234
③ 나머지 234를 100으로 나눈 몫과 나머지를 구한다.
=> 몫 : 2(정수 1자리), 나머지 34
④ 나머지 34를 10으로 나눈 몫과 나머지를 구한다.
=> 몫 : 3(소수 첫째 자리), 나머지 4(소수 둘째 자리)

※ 정수화 할 때 0.5를 더하면서 수행하면
(int)(12.3456 * 100 + 0.5) = 1235
가 되어 소수 3째 자리에서 반올림한 값이 얻어진다.

[예제 6-1] ADC0에 입력되는 전압 7-Segment 에 표시

```
// eex6-1.c
// ADC0 전압 소수 두 자리까지 표시

#include <mega128.h>
#include <delay.h>

typedef unsigned char u_char;

flash u_char seg_pat[10]= {0x3f, 0x06, 0x5b, 0x4f, 0x66, 0x6d, 0x7d, 0x07, 0x7f, 0x6f};

void  AD_disp(int);                     // A/D 변환값 표시

void main(void)
{
    int   ad_val;

    DDRB = 0xFF;                        // 포트 B 출력 설정
    DDRF = 0xF0;                        // PF4-PF7 출력, PF0-PF3 입력

    ADMUX = 0x0;                        // ADC0 단극성 입력 선택
    ADCSRA = 0x87;                      // ADEN=1, 16MHz 128분주 -> 125kHz
    delay_ms(5);

    while(1){
        ADCSRA = 0xC7;                              // ADEN=1, ADSC = 1 변환 시작
        while((ADCSRA & 0x10) == 0);                // ADIF=1이 될 때까지 대기

        ad_val = (int)ADCL + ((int)ADCH << 8);  // A/D 변환값 읽기(또는 ad_val = ADCW)

        AD_disp(ad_val);                            // A/D 변환값 표시
    }
}

// A/D 변환값 표시
void AD_disp(int val)
{
    float  fval;
    int  ival, buf;
    u_char N100, N10, N1;

    fval = (float)val * 5.0 / 1024.0;               // 전압값으로 변환
    ival = (int)(fval  * 100.0 + 0.5);              // 반올림 후 정수화
    N100 = ival / 100;                              // 정수부 추출
    buf = ival % 100;

    N10 = buf / 10;                                 // 소수 첫째 자리 추출
    N1 = buf % 10;                                  // 소수 둘째 자리 추출

    PORTF = 0b11100000;                             // SEG 1(소수 둘째 자리 표시)
    PORTB = seg_pat[N1];
    delay_ms(1);
```

[예제 6-1] ADC0에 입력되는 전압 7-Segment 에 표시(계속)

```
    PORTF = 0b11010000;                    // SEG 2(소수 첫째 자리 표시)
    PORTB = seg_pat[N10];
    delay_ms(1);

    PORTF = 0b10110000;                    // SEG 3(정수부 표시)
    PORTB = seg_pat[N100];
    delay_ms(1);
}
```

[예제 6-2] Free 러닝 모드를 이용한 ADC0 입력 전압 7-Segment 표시

[예제 6-1]의 프로그램을 Free 러닝 모드로 작성하라.

[예제 6-2] Free 러닝 모드를 이용한 ADC0 입력 전압 7-Segment 표시

```
// eex6-2.c
// ADC0 전압 읽어 표시하기

#include <mega128.h>
#include <delay.h>

typedef unsigned char u_char;

flash u_char seg_pat[10]= {0x3f, 0x06, 0x5b, 0x4f, 0x66, 0x6d, 0x7d, 0x07, 0x7f, 0x6f};

void  AD_disp(int);              // A/D 변환값 표시

void main(void)
{
    int   ad_val;

    DDRB = 0xFF;                 // 포트 B 출력 설정
    DDRF = 0xF0;                 // PF4-PF7 출력, PF0-PF3 입력

    ADMUX = 0x0;                 // ADC0 단극성 입력 선택
    ADCSRA = 0xE7;               // ADEN=1, ADFR=1, ADSC=1, 16MHz 128분주 -> 125kHz
    delay_ms(5);

    while(1){
        ad_val = (int)ADCL + ((int)ADCH << 8);  // A/D값 읽기(또는 ad_val = ADCW)
        AD_disp(ad_val);                        // A/D값 표시
        delay_ms(2);
    }
}

// A/D 변환값 표시
void AD_disp(int val)
{
    float  fval;
    int  ival, buf;
    u_char N100, N10, N1;

    fval = (float)val * 5.0 / 1024.0;           // 전압값으로 변환
    ival = (int)(fval  * 100.0 + 0.5);          // 반올림 후 정수화
    N100 = ival / 100;                          // 정수부 추출
    buf = ival % 100;

    N10 = buf / 10;                             // 소수 첫째 자리 추출
    N1 = buf % 10;                              // 소수 둘째 자리 추출
```

[예제 6-2] Free 러닝 모드를 이용한 ADC0 입력 전압 7-Segment 표시(계속)

```
    PORTF = 0b11100000;                    // SEG 1(소수 둘째 자리 표시)
    PORTB = seg_pat[N1];
    delay_ms(1);

    PORTF = 0b11010000;                    // SEG 2(소수 첫째 자리 표시)
    PORTB = seg_pat[N10];
    delay_ms(1);

    PORTF = 0b10110000;                    // SEG 3(정수부 표시)
    PORTB = seg_pat[N100];
    delay_ms(1);
}
```

[예제 6-3] 차동입력(ADC0 - ADC1) A/D 변환 전압 표시

차동입력 (ADC0 - ADC1)을 A/D 변환하여 7-Segment에 표시하라. 단, 이득은 1로 하고, 음의 값인 경우에는 7-Segment의 맨 왼쪽에 '-'로 표시하라.

☞ 차동 입력에 대한 A/D 변환값에 대한 고찰

차동 입력의 A/D 변환값은 10비트 2의 보수로 나타내어 -512~511의 값을 갖게 된다. 여기서, A/D 변환값이 10비트라는 점과 16비트 변수에 저장될 때는 상위 6비트에는 0으로 채워진다는 점에 주의하여야 한다. 따라서, [표 6-5]와 같이 A/D 변환된 10비트에 상위 6비트를 0으로 채워 16비트 변수에 저장하면, 음의 값은 512~1023의 값을 갖게 되며, 양의 값은 0~511의 값을 갖게 된다. 따라서, 음의 값을 나타내는 A/D 변환값(512-1023)에 대한 절대값은 (1024 - 16비트 값)으로 수정되어야 한다.

[표 6-5] (상위 0의 값 6비트) + (A/D변환 10비트)의 의미

16비트 변수 저장값		16비트 변수 값	A/D 변환 절대값 (1024-16비트 값)
상위 6비트	A/D 변환 값(10비트)		
000000	1000000000 ; -512	512	512
000000	1000000001 : -511	513	511
000000	1000000010 : -510	514	510
......	.....	.....	......
000000	1111111101 : -3	1021	3
000000	1111111110 : -2	1022	2
000000	1111111111 : -1	1023	1
000000	0000000000 : 0	0	0
000000	0000000000 : 1	1	1
000000	0000000000 : 2	2	2
....	.....	....	.....
000000	0111111101 : 509	509	509
000000	0111111110 : 510	510	510
000000	0111111111 : 511	511	511

[예제 6-3] 차동입력 (ADC0 - ADC1) A/D 변환 전압 표시

```
// eex6-3.c
// (ADC0 - ADC1) 전압차 읽어 표시하기

#include <mega128.h>
#include <delay.h>

typedef unsigned char u_char;

flash u_char seg_pat[11]= {0x3f, 0x06, 0x5b, 0x4f,          // '0', '1', '2', '3'
                           0x66, 0x6d, 0x7d, 0x07,          // '4', '5', '6', '7'
                           0x7f, 0x6f, 0x40};               // '8', '9', '-'

void  Diff_AD_disp(int);                   // 차동입력 전압 A/D 변환값 표시

void main(void)
{
     int   ad_val;

     DDRB = 0xFF;                          // 포트 B 출력 설정
     DDRF = 0xF0;                          // PF4-PF7 출력, PF0-PF3 입력

     ADMUX = 0x10;                         // ADC0+, ADC1- 차동입력
     ADCSRA = 0x87;                        // ADEN=1, 16MHz  128분주 -> 125kHz
     delay_ms(5);

     while(1){
          ADCSRA = 0xC7;                                   // ADEN=1, ADSC = 1 변환 시작
          while((ADCSRA & 0x10) == 0);                     // ADIF=1이 될 때까지 더기
          ad_val = (int)ADCL + ((int)ADCH << 8);           // AD 변환값 읽기(또는 ad_val = ADCW)

          Diff_AD_disp(ad_val);                            // 차동입력 표시
     }
}

// 차동입력 전압 A/D 변환  표시
void Diff_AD_disp(int val)
{
     float  fval;
     int  ival, buf;
     u_char N100, N10, N1, sign = 0;
```

[예제 6-3] 차동입력 (ADC0 - ADC1) A/D 변환 전압 표시(계속)

```
    //  ADC+ >= ADC-    : 0 1 2 3 4 7 ....   508 509 510 511
    // -----------------------------------------------------------------
    //  ADC+ < ADC-     :       -1           -2    ....  -511      -512
    // 10비트 2의 보수    : 1111111111  1111111110 ....1000000001 1000000000
    // => 16비트 값(AA)  : 0000001111111111      .....       0000001000000000
    //                              1023           .....             512
    // 실제 표시할 값 = -(1024 - AA),  부호 '-'

    if(val >= 512){                         // -값
        fval = (float)(1024 - val);         // 표시할 값
        sign = 1;                           // '-' 표시 플래그
    }
    else fval = (float)val;                 // 양의 값

    fval = fval * 5.0 / 512.0;              // 전압값으로 변환
    ival = (int)(fval  * 100.0 + 0.5);      // 소수 둘째자리까지 정수화

    N100 = ival / 100;                      // 정수부 추출
    buf = ival % 100;

    N10 = buf / 10;                         // 소수 첫째 자리 추출
    N1 = buf % 10;                          // 소수 둘째 자리 추출

    PORTF = 0b11100000;                     // SEG 1(소수 둘째 자리 표시)
    PORTB = seg_pat[N1];
    delay_ms(1);

    PORTF = 0b11010000;                     // SEG 2(소수 첫째 자리 표시)
    PORTB = seg_pat[N10];
    delay_ms(1);

    PORTF = 0b10110000;                     // SEG 3(정수부 표시)
    PORTB = seg_pat[N100];
    delay_ms(1);

    if(sign == 1){                          // 음의 값이면
        PORTF = 0b01110000;                 // 맨 왼쪽 7-세그먼트 on
        PORTB = seg_pat[10];                // '-' 표시
        delay_ms(1);
    }
}
```

Chapter 07

아날로그 비교기

아날로그 비교기는 양의 입력핀 AIN0(PE2 핀)과 음의 입력핀 AIN1(PE3 핀)의 입력 값을 비교한다. [그림 7-1]은 아날로그 비교기의 내부 구성을 보여주며, AIN0의 전압이 AIN1보다 높으면 ACO에는 1이 출력되고, AIN1의 전압이 AIN0보다 높으면 ACO에는 0이 출력된다. 아날로그 비교기의 출력은 타이머/카운터1의 입력 캡처 트리거 신호로도 사용될 수 있으며, 또한 아날로그 비교기 인터럽트를 발생시킬 수도 있다. 사용자는 비교기 출력에 대한 인터럽트 트리거를 상승, 하강 또는 토글(toggle)로 선택할 수 있다. 아날로그 비교기를 사용할 때 AIN1과 AIN0(사용시)는 방향설정 레지스터를 이용하여 입력으로 설정해야 한다.

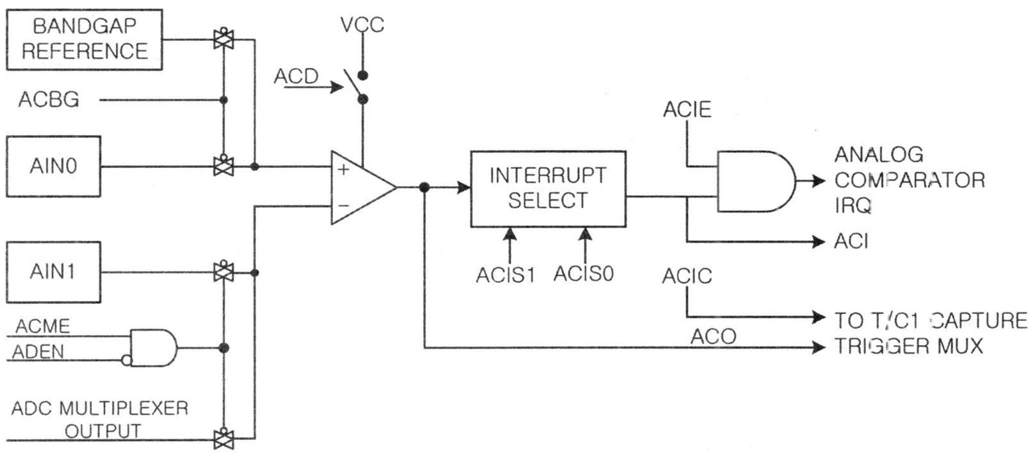

[그림 7-1] 아날로그 비교기 블록도

7.1 아날로그 비교기 관련 레지스터

아날로그 비교기의 제어는 ACSR(Analog Comparator Control and Staus Register)과

SFIOR 레지스터에 의해 이루어지며, 다음과 같은 기능을 갖는다.

■ ACSR(Analog Comparator Control and Status Register) : 아날로그 비교기 제어 및 상태 레지스터

비트	7	6	5	4	3	2	1	0	
0x08(0x28)	ACD	ACBG	ACO	ACI	ACIE	ACIC	ACIS1	ACIS0	ACSR
읽기/쓰기	읽기/쓰기	읽기/쓰기	읽기	읽기/쓰기	읽기/쓰기	읽기/쓰기	읽기/쓰기	읽기/쓰기	
초기값	0	0	0	0	0	0	0	0	

- Bit 7 – ACD(Analog Comparator Disable) : 아날로그 비교기 동작 정지 비트

  이 비트가 셋 되었을 때 아날로그 비교기의 전원은 차단된다. 이 비트는 아날로그 비교기의 전원을 단락하기 위해 언제든지 셋 될 수 있으며, 이는 MCU가 동작중이거나 아이들(idle) 모드에 있을 때 소비 전력을 감소시킨다. 이 비트를 변경시키면 아날로그 비교기 인터럽트가 발생할 수도 있기 때문에, ACSR의 ACIE 비트를 미리 클리어 시켜 인터럽트를 금지시켜야 한다.

- Bit 6 – ACBG(Analog Bandgap Select) : 아날로그 비교기의 양전압 선택 비트

  이 비트를 셋 하면 고정된 내부 기준전압 1.23V가 양의 입력전압으로 공급되며, 이 비트를 클리어 하면 AIN0(PE2)에 양의 입력 전압이 공급된다.

- Bit 5 – ACO(Analog Comparator Output) : 아날로그 비교기 출력 비트

  이 비트는 아날로그 비교기 출력 ACO와 직접 연결되어 있으며, 1~2 클럭의 지연시간이 발생한다.

- Bit 4 – ACI(Analog Comparator Interrupt Flag) :
  아날로그 비교기 인터럽트 플래그 비트

  이 비트는 아날로그 비교기 출력 이벤트가 ACIS1과 ACIS0에 의해 정의된 인터럽트 모드에 의해 트리거 되었을 때 셋 된다. ACIE 비트가 셋 되고 SREG의 I 비트가 셋 되어 있으면 아날로그 비교기 인터럽트 루틴이 실행된다. ACI는 대응되는 인터럽트 처리 루틴이 실행되면 하드웨어적으

로 자동 클리어 되거나 ACI에 1을 쓰면 클리어 된다.

- Bit 3 – ACIE(Analog Comparator Interrupt Enable) :
  아날로그 비교기 인터럽트 인에이블 비트
  이 비트는 아날로그 비교기 인터럽트 개별 인에이블 비트로서, 이 비트와 SREG 레지스터의 I 비트가 셋 되어 있을 때 아날로그 비교기 인터럽트가 발생된다. 이 비트가 클리어 되었을 때 인터럽트는 금지된다.

- Bit 2 – ACIC(Analog Comparator Input Capture Enable) :
  아날로그 비교기 입력캡쳐 인에이블 비트
  이 비트는 아날로그 비교기의 출력이 타이머/카운터1의 입력캡쳐 트리거 신호로 사용되는 것을 허용하며, 이 트리거 신호에 의해 타이머/카운터1의 입력캡쳐 인터럽트를 발생시키기 위해서는 타이머/카운터 인터럽트 마스크 레지스터 TIMSK의 타이머/카운터1 입력캡쳐 인터럽트 인에이블 비트 TICIE1를 미리 셋 하여야 한다.

- Bit 1, 0 – ACIS1, ACIS0(Analog Comparator Interrupt Mode Select) :
  아날로그 비교기 인터럽트 모드 선택
  이 비트들은 아날로그 비교기 인터럽트의 트리거 모드를 선택하며, [표 7-1]은 이를 나타낸다. 이 비트들을 변경하면 아날로그 비교기의 인터럽트가 발생될 수 있기 때문에, ACIE 비트를 미리 클리어 시킨 상태에서 이 비트값을 변경시켜야 한다.

[표 7-1] ACIS1/ACIS0에 의한 아날로그 비교기의 인터럽트 트리거 모드 설정

ACIS1	ACIS0	인터럽트 방식
0	0	토글 출력에 대한 비교기 인터럽트 발생 (AIN0와 AIN1의 크기가 바뀌는 순간)
0	1	-
1	0	하강 에지 출력에 대한 비교기 인터럽트 발생 (AIN1이 AIN0 보다 커지는 순간)
1	1	상승 에지 출력에 대한 비교기 인터럽트 발생 (AIN0이 AIN1 보다 커지는 순간)

■ SFIOR(Special Function I/O Register) : 특수 기능 I/O 레지스터

비트	7	6	5	4	3	2	1	0	
0x20(0x40)	TSM	-	-	-	ACME	PUD	PSR0	PSR321	SFIOR
읽기/쓰기	읽기/쓰기	읽기	읽기	읽기	읽기/쓰기	읽기/쓰기	읽기/쓰기	읽기/쓰기	
초기값	0	0	0	0	0	0	0	0	

- Bit 3 – ACME(Analog Comparator Multiplexer Enable) :

  아날로그 비교기 멀티플렉서 인에이블 비트

  이 비트는 아날로그 비교기의 음극성 입력에 대해 A/D 컨버터의 입력신호가 사용될 수 있도록 하며, 이 비트를 1로 하고 ADC를 동작 정지시키면(ADCSRA 레지스터의 ADEN=0) ADC 멀티플렉서(ADC0~ADC7)가 아날로그 비교기의 음극성 입력으로 선택된다. 반면에 이 비트가 0이면 AIN1에 음의 입력 전압이 공급된다.

[표 7-2] 아날로그 비교기 음극성 입력 선택

ACME	ADEN	MUX2..0	아날로그 비교기 음극성 입력 단자
0	x	xxx	AIN1
1	1	xxx	AIN1
1	0	000	ADC0
1	0	001	ADC1
1	0	010	ADC2
1	0	011	ADC3
1	0	100	ADC4
1	0	101	ADC5
1	0	110	ADC6
1	0	111	ADC7

7.2 아날로그 비교기 실험

[예제 7-1] 폴링 방식에 의한 아날로그 비교기 실험

AIN1 핀에 연결된 가변저항을 조정하여 임의적으로 전압을 결정하게 설정한 후에 AIN0 핀에 연결된 가변저항을 서서히 돌려서 AIN0의 전압이 AIN1의 전압보다 같거나 크면 LED가 순차 점멸하도록 프로그램을 작성하라. 여기서, 프로그램은 아날로그 비교기의 출력 신호인 ACO를 계속 체크하는 폴링(polling) 방식을 이용한다.

[예제 7-1] 폴링 방식에 의한 아날로그 비교기 실험

```
// 파일명 : eex7-1.c
// 설  명 : 폴링 방식에 의한 아날로그 비교기 실험
//          - AIN0 >= AIN1 이면 LED 순차 점멸 --> ACO = 1 출력
//            AIN0 < AIN1 이면 정지 ------------> ACO = 0 출력
// 주  의 :  ACO의 출력에 의한 폴링 방식

#include <mega128.h>
#include <delay.h>

void main(void)
{
        unsigned char led = 0xFE;

        DDRC = 0xFF;            // 포트 C 출력 설정
        DDRE = 0x0;             // 포트 E 입력 설정
        ACSR = 0x0;             // 아날로그 비교기 동작
        SFIOR = 0x0;            // ACME=0, 음극성 입력단자 AIN1

        PORTC = led;

        while(1){
                if((ACSR & 0x20) != 0){      // ACO = '1' (AIN0 >= AIN1)?
                        // LED 순차 점멸
                        led = led << 1;
                        led = led | 0x01;
                        if(led == 0xFF) led = 0xFE;

                        PORTC = led;
                        delay_ms(300);
                }
        }
}
```

[예제 7-2] 인터럽트 방식에 의한 아날로그 비교기 실험

[예제 7-1]과 같은 방법으로 조작하여 AIN0 ≥ AIN1이면 포트 C에 연결되어 있는 하위 LED 4개를 ON시키고, AIN0 < AIN1이면 포트 C에 연결되어 있는 상위 LED 4개를 ON시키는 프로그램을 작성하라. 단, ACO의 토글 출력에 대해 아날로그 비교기 출력의 인터럽트가 발생하도록 하라.

[예제 7-2] 인터럽트 방식에 의한 아날로그 비교기 실험

```
// 파일명 : eex7-2.c
// 설  명 : 인터럽트 방식에 의한 아날로그 비교기 실험
//          - AIN0 >= AIN1 ---> PB7 LED ON,
//            AIN0 < AIN1 ---> PB4 LED ON
// 주  의 :  ACO의 출력에 의한 인터럽트 방식

#include <mega128.h>

void main(void)
{

        DDRC = 0xFF;              // 포트 C 출력 설정
        DDRE = 0x0;               // 포트 E 입력 설정
        ACSR = 0x08;    // 아날로그 비교기 인터럽트 인에이블 ACIE='1', 토글출력 트리거

        // LED 출력 초기화
        if((ACSR & 0x20) != 0) PORTC = 0xF0;      // AIN0 >= AIN1
        else PORTC = 0x0F;                        // AIN0 < AIN1

        SREG = SREG | 0x80;          // 전역 인터럽트 플래그 셋

        while(1);
}

// 아날로그 비교기 인터럽트 처리 함수
interrupt [ANA_COMP] void ana_comp(void)
{
        if((ACSR & 0x20) != 0) PORTC = 0xF0;    // AIN0 >= AIN1
        else PORTC = 0x0F;                      // AIN0 < AIN1
}
```

Chapter 08

EEPROM 액세스

ATmega128은 4K 바이트의 EEPROM 메모리를 내장하고 있으며, 이것은 다른 데이터 메모리 영역과는 별도의 영역에 할당되어 있다. 이 EEPROM은 1바이트 단위로 읽기와 쓰기가 가능하며, 적어도 100,000번의 쓰기/지우기가 보장된다. EEPROM과 MCU사이의 액세스는 EEPROM 어드레스 레지스터, EEPROM 데이터 레지스터, EEPROM 제어 레지스터에 의해 이루어진다.

8.1 EEPROM 관련 레지스터

■ EEAR(EEPROM Address Register) - EEARH, EEARL : EEPROM 어드레스 레지스터

EEAR은 EEPROM의 메모리 위치를 지정하기 위한 레지스터로서 16비트의 길이를 갖는다. 레지스터의 16비트 중에서 4K바이트의 EEPROM 메모리 위치 지정을 위해 12비트가 사용되며, I/O 영역에 각기 다른 어드레스를 가지고 있는 8비트 레지스터 EEARH와 EEARL 2개로 구성되어 있다.

비트	15	14	13	12	11	10	9	8	
0x1F(0x3F)	-	-	-	-	EEAR11	EEAR10	EEAR9	EEAR8	EEARH
0x1E(0x3E)	EEAR7	EEAR6	EEAR5	EEAR4	EEAR3	EEAR2	EEAR1	EEAR0	EEARL
	7	6	5	4	3	2	1	0	
읽기/쓰기	읽기 읽기/쓰기	읽기 읽기/쓰기	읽기 읽기/쓰기	읽기 읽기/쓰기	읽기/쓰기 읽기/쓰기	읽기/쓰기 읽기/쓰기	읽기/쓰기 읽기/쓰기	읽기/쓰기 읽기/쓰기	
초기값	0 x(미정의)	0 x	0 x	0 x	x x	x x	x x	x x	

■ EEDR(EEPROM Data Register) : EEPROM 데이터 레지스터

EEDR은 EEPROM에 쓸 데이터나 EEPROM으로부터 읽은 데이터를 저장하기 위한 레지스터로 8비트의 길이를 갖는다.

비트	7	6	5	4	3	2	1	0	
0x1D(0x3D)	MSB							LSB	EEDR
읽기/쓰기	읽기/쓰기	읽기/쓰기	읽기/쓰기	읽기/쓰기	읽기/쓰기	읽기/쓰기	읽기/쓰기	읽기/쓰기	
초기값	0	0	0	0	0	0	0	0	

■ EECR(EEPROM Control Register) : EEPROM 제어 레지스터

비트	7	6	5	4	3	2	1	0	
0x1C(0x3C)	-	-	-	-	EERIE	EEMWE	EEWE	EERE	EECR
읽기/쓰기	읽기	읽기	읽기	읽기	읽기/쓰기	읽기/쓰기	읽기/쓰기	읽기/쓰기	
초기값	0	0	0	0	0	0	x(미정의)	0	

- Bit 3 – EERIE(EEPROM Ready Interrupt Enable)

  EEPROM Ready 인터럽트 인에이블 비트이며, EEWE 비트가 0일 때 인터럽트를 발생시킨다.

- Bit 2 – EEMWE(EEPROM Master Write Enable)

  이 비트는 EEWE 비트가 1일 때 EEPROM에 쓰기가 가능하도록 하기 위한 비트이다. 즉, 이 비트를 1로 하고, 4클럭 사이클 이내에 EEWE 비트를 1로 하면 지정된 EEPROM의 주소에 데이터가 쓰여진다. 그러나, 이 비트가 0이면 EEWE 비트는 EEPROM 쓰기 동작에 아무런 영향을 주지 않는다. 이 비트가 소프트웨어적으로 셋 되었을 때 이 비트는 4클럭 사이클 후에 하드웨어적으로 자동 클리어 된다.

- Bit 1 – EEWE(EEPROM Write Enable)

  이 비트는 EEPROM에 데이터를 쓰기 위한 스트로브(strobe) 신호이다. 어드레스와 데이터를 EEAR과 EEDR에 설정하고 EEMWE 비트를 1로 한 상태에서, 이 비트를 1로 설정하면 쓰기 동작이 수행된다. EEPROM에 데이터를 쓸 때의 절차는 다음과 같다.

  ① EEWE가 0이 될 때까지 기다린다.
  ② EEAR에 어드레스를 설정한다.
  ③ EEDR에 데이터를 설정한다.
  ④ EECR에서 EEMWE = 1, EEWE = 0을 설정한다.

⑤ EEMWE 설정 후 4클럭 사이클 내에 EEWE에 1을 쓴다.

쓰기 액세스 시간이 경과하면 EEWE 비트는 하드웨어적으로 자동 클리어 된다. 사용자는 프로그램에서 이 비트를 계속해서 체크할 수 있으며, 다음 바이트를 쓰기 전에 0이 되기를 기다려야 한다. EEWE 비트가 셋 되었을 때 MCU는 다음 명령어가 실행되기 전에 두 사이클 동안 정지된다.
위의 절차 ④와 ⑤ 사이에 인터럽트가 발생하면 EEMWE 비트의 유효 시간이(4클럭 사이클) 초과되어 EEPROM의 쓰기 동작이 실패하는 경우가 발생할 수 있으므로, 이 과정 동안에는 SREG 레지스터의 전역 인터럽트 플래그 I를 클리어 시킬 것을 권한다.

- Bit 0 – EERE(EEPROM Read Enable)

이 비트는 EEPROM을 읽기 위한 스트로브 신호이며, EEPROM에 데이터를 읽을 때의 절차는 다음과 같다.

① EEWE가 0이 될 때까지 기다린다.
② EEAR에 어드레스를 설정한다.
③ EERE 비트를 1로 한다.
④ EEDR 레지스터로부터 데이터를 읽는다.

EEPROM 읽기는 하나의 명령어로 처리되며, EERE 비트를 폴링할 필요는 없다. EERE 비트가 셋 되었을 때 MCU는 다음 명령이 실행되기 전에 4클럭 사이클 동안 정지된다.

8.2 EEPROM 실험

여기서는 ATmega128의 내부 레지스터(EEAR, EEDR, EECR)를 직접 제어하여 EEPROM에 데이터 쓰기를 실험해본다. 저장된 EEPROM의 내용을 확인하는 방법은 *CodeVisionAVR*의 프로그래머(툴바)를 이용하여 EEPROM에 대한 Read와 Edit메뉴를 실행시켜 EEPROM의 내용을 확인할 수 있다.

[예제 8-1] EEPROM 데이터 쓰기 실험

EEPROM 0번지부터 문자열 "Atmel AVR - ATmega128"를 저장하는 프로그램을 작성하라.

[예제 8-1] EEPROM 데이터 쓰기 실험

```
// 파일명 : eex8-1.c
// 설  명 : EEPROM에 데이터 쓰기 실험

#include <mega128.h>

void main(void)
{
        int addr;
        char string[] = "Atmel AVR - ATmega128";
        char *pStr;

        pStr = string;          // string[] 참조

        addr = 0x00;            // EEPROM 시작 주소

        // string 저장
        while(*pStr != 0){                              // 문자열 끝인가 ?
                while((EECR & 0x02) == 0x02); // EEWE = 0?
                EEAR = addr++;                  // EEPROM 주소
                EEDR = *pStr++;                 // EEPROM 데이터
                EECR |= 0x04;                   // EEMWE = 1
                EECR |= 0x02;                   // EEWE = 1
        }

        while(1);                                       // 무한 루프
}
```

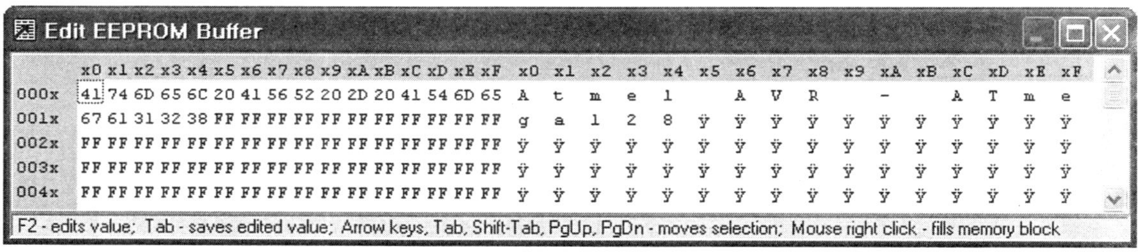

[예제 8-2] EEPROM 데이터 읽기 실험

EEPROM의 0번지부터 다음의 데이터를 *CodeVisionAVR*의 <Chip Programmer>를 이용하여 EEPROM에 대한 Edit와 Program 메뉴를 실행시켜 저장하라. 그리고, EEPROM의 0번지부터 저장되어 있는 8개의 데이터를 차례대로 읽어 포트 C에 출력하는 프로그램을 작성하라.

주소	00h	01h	02h	03h	04h	05h	06h	07h
데이터	feh	fdh	fbh	f7h	efh	dfh	bfh	7fh

프로그램 실행순서는 우선 소스파일을 컴파일하여 프로그램을 다운로드하고, 그 다음 <Chip Programmer -> Edit-> EEPROM>을 이용하여 위의 값을 입력한 후 <Chip Programmer -> Program -> EEPROM>을 실행한다.

[예제 8-2] EEPROM 데이터 읽기 실험

```
// 파일명 : eex8-2.c
// 설  명 : EEPROM의 데이터를 읽어 포트에 출력한다.

#include <mega128.h>
#include <delay.h>

void main(void)
{
        int i;

        DDRC = 0xFF;        // 포트 C 출력 설정

        // EEPROM의 데이터를 읽어 와서 포트에 출력하기
        while(1){
                for(i=0; i< 8; i++){
                        EEAR = i;               // EEPROM 주소
                        EECR = 0x01;            // EEPROM 데이터 읽기(EERE=1)
                        PORTC = EEDR;           // 읽은 데이터 C 포트 출력

                        delay_ms(500);          // 시간 지연
                }
        }
}
```

Memo

Chapter 09

SPI (Serial Peripheral Interface)

SPI는 ATmega128과 주변 장치 또는 다른 AVR 디바이스 사이의 고속 동기식 데이터 전송을 가능하게 하며, 다음과 같은 특징을 갖는다.

- 전이중, 4선 동기식 데이터 전송
- 마스터 또는 슬레이브로 동작
- LSB 우선 또는 MSB 우선 데이터 전송
- 프로그램 가능한 7개의 전송속도
- 전송 완료 인터럽트 플래그
- 쓰기 충돌 플래그
- 아이들 모드로부터 탈출(wake-up)

9.1 SPI 동작

[그림 9-1]은 SPI의 내부 구성 블록도를 보여주며, SPI 통신을 위해 외부적으로 4개의 단자 MISO(Master In Slave Out), MOSI(Master Out Slave In), SCK(Serial Clock), $\overline{SS}$ (Slave Select)가 준비되어 있다. 그리고, 내부적으로는 3개의 레지스터 SPCR(SPI Control Register), SPSR(SPI Status Register), SPDR(SPI Data Register)을 갖는다.

[그림 9-2]는 SPI 기능이 있는 마스터와 슬레이브 사이의 연결을 보여주며, 마스터는 우선 통신하려는 슬레이브의 $\overline{SS}$ 핀을 Low로 하여 통신할 수 있는 상태를 만든다. 그리고, 마스터와 슬레이브는 전송할 데이터를 각각의 레지스터에 설정하며, 마스터는 SCK 단자를 통해 클럭 신호를 출력한다. 마스터에서 슬레이브로의 데이터 전송은 MOSI 핀을 통해서 이루어지며, 슬레이브에서 마스터에로의 데이터 전송은 MISO 핀을 통해 이루어진다. 데이터 전송이 끝난 후에는 $\overline{SS}$ 핀을 High로 하여 슬레이브와의 통신상태를 정지시킨다.

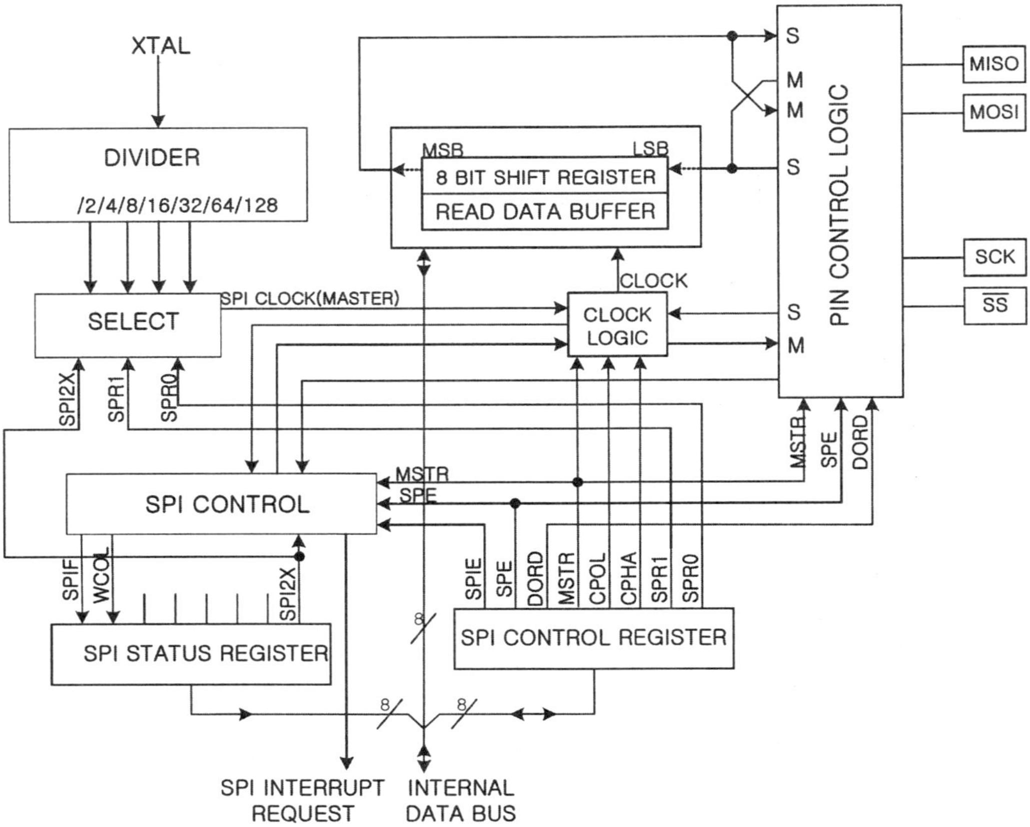

[그림 9-1] SPI 블록도

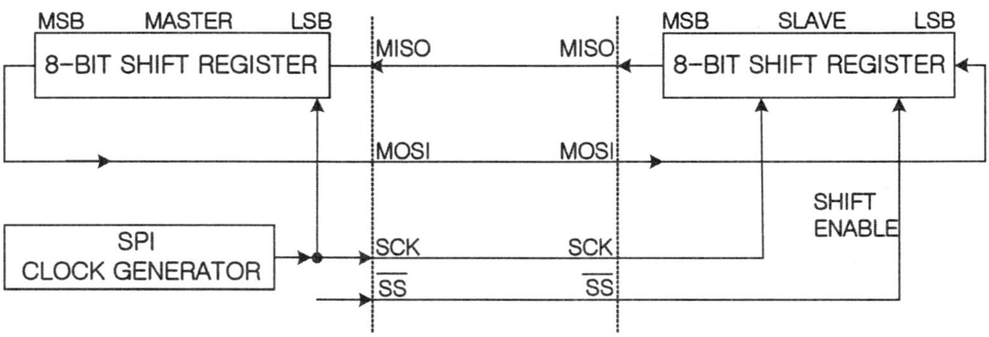

[그림 9-2] SPI 마스터와 슬레이브의 연결

시스템이 마스터 모드로 동작할 때 $\overline{SS}$ 신호는 자동적으로 출력되지 않으므로 사용자가 통신시작 전에 소프트웨어적으로 처리해 주어야 한다. 즉, [표 9-1]에 나타낸 것과 같이 $\overline{SS}$에 대응하는 I/O핀 PB0의 입출력 방향을 DDRB 레지스터를 이용하여 우선 출력으로 설정한 후에 PB0에 0를 출력시켜 슬레이브를 지정한다.

그리고, SPI 데이터 레지스터 SPDR에 1바이트의 값을 써주면 SPI 클럭 발생기가 클럭을 출력하면서 데이터가 슬레이브쪽으로 쉬프트되어 출력된다. 1바이트 쉬프트가 끝나면 SPI 클럭 발생기는 정지하며, 전송 완료 플래그 비트 SPIF가 셋 된다. 만일 SPCR 레지스터의 SPI 인터럽트 인에이블 비트 SPIE가 셋 되어 있으면 인터럽트가 발생하게 된다. 데이터를 계속해서 보내는 경우에는 다음 데이터를 레지스터 SPDR에 설정하면 마스터는 계속해서 쉬프트 처리를 하게 되며, 데이터 전송이 모두 끝나면 $\overline{SS}$ 라인에 High를 출력한다.

시스템이 슬레이브 모드로 동작할 때 $\overline{SS}$ 핀은 [표 9-1]과 같이 자동적으로 입력으로 설정되며, High 상태인 경우에 MISO 핀은 3 스테이트 상태가 되면서 데이터의 송수신 동작이 정지된다. 이 상태에서 레지스터 SPDR에 전송할 데이터를 쓸 수는 있지만, $\overline{SS}$ 단자가 Low로 될 때까지 쉬프트 출력은 일어나지 않는다. 이 경우에도 1바이트의 전송이 완료되면 전송 완료 플래그 SPIF가 셋 되어 인터럽트를 요구하게 된다.

[표 9-1] SPI 핀의 입출력 방향

핀(대응 I/O 핀)	방향, 마스터 SPI	방향, 슬레이브 SPI
MOSI(PB2)	출력(사용자 설정)	입력
MISO(PB3)	입력	출력(사용자 설정)
SCK(PB1)	출력(사용자 설정)	입력
$\overline{SS}$(PB0)	출력(사용자 설정)	입력

SPI가 마스터로서 동작할 때 $\overline{SS}$ 핀이 입력으로 설정되었다면 안전한 마스터 SPI 동작을 위해서 High 상태를 유지해야 한다. 만일 이러한 상태에서 $\overline{SS}$ 핀이 외부 회로에 의해서 Low가 되면 SPI는 다른 마스터가 SPI를 슬레이브로 선택한 것으로 해석한다. 그러면, SPI는 버스 다툼을 피하기 위해 자동적으로 SPCR의 MSTR 비트를 클리어 하여 슬레이브가 되며, MOSI와 SCK핀은 입력핀으로 바뀌게 된다.

9.2 SPI 관련 레지스터

ATmega128의 SPI 기능은 3개의 레지스터 SPCR(SPI Control Register), SPSR(SPI Status Register), SPDR(SPI Data Register)에 의해 이루어지며, 다음과 같은 기능을 갖는다.

■ SPCR(SPI Control Register) : SPI 제어 레지스터

비트	7	6	5	4	3	2	1	0	
0x0D(0x2D)	SPIE	SPE	DORD	MSTR	CPOL	CPHA	SPR1	SPR0	SPCR
읽기/쓰기	읽기/쓰기	읽기/쓰기	읽기/쓰기	읽기/쓰기	읽기/쓰기	읽기/쓰기	읽기/쓰기	읽기/쓰기	
초기값	0	0	0	0	0	0	0	0	

- Bit 7 – SPIE(SPI Interrupt Enable) : SPI 인터럽트 인에이블 비트

  이 비트는 SPI 전송 완료 인터럽트 인에이블 비트이며, SPSR 레지스터의 SPIF 비트와 SREG의 I 비트가 셋 되어 있으면 SPI 인터럽트가 발생된다.

- Bit 6 – SPE(SPI Enable) : SPI 동작 인에이블 비트

  이 비트가 셋 되었을 때 SPI 동작이 인에이블 된다.

- Bit 5 – DORD(Data Order) : 데이터 전송 순서 설정 비트

  이 비트는 데이터를 전송할 때의 전송 순서를 지정한다. 이 비트가 1이면 최하위 (LSB) 비트부터 전송되고, 0이면 최상위(MSB) 비트부터 전송된다.

- Bit 4 – MSTR(Master/Slave Select) : 마스터/슬레이브 선택 비트

  이 비트가 셋 되면 마스터 SPI 모드가 되고, 클리어 되면 슬레이브 SPI 모드가 된다. MSTR이 셋되어 있는 동안 $\overline{SS}$가 입력으로 설정되어 Low로 되면 MSTR은 자동 클리어 되고 SPSR의 SPIF는 셋 된다. 사용자는 SPI 마스터 모드로 하기 위해 다시 MSTR을 셋 하여야 한다.

- Bit 3 – CPOL(Clock Polarity) : 클럭 극성(Polarity)

  이 비트를 1로 설정하면 데이터 전송이 없는 동안 SCK는 High로 되며,

이 비트를 0으로 설정하면 데이터 전송이 없는 동안 SCK는 Low로 된다. ([그림 9-3], [그림 9-4] 참조)

- Bit 2 – CPHA(Clock Phase) : 클럭 위상

  이 비트는 데이터가 SCK의 어느 부분에서 샘플링 되는지를 설정하며, 0이면 leading(first) edge, 1이면 trailing(last) edge에서 샘플링이 수행된다. [그림 9-3]과 [그림 9-4]는 이를 보여주며, CPOL과의 조합에 의해 [표 9-2]와 같은 동작을 하게 된다.

[표 9-2] CPOL과 CPHA에 의한 SPI 모드

CPOL	CPHA	Leading Edge	Trailing Edge	SPI 모드
0	0	Sample(Rising)	Setup(Falling)	0
0	1	Setup(Rising)	Sample(Falling)	1
1	0	Sample(Falling)	Setup(Rising)	2
1	1	Setup(Falling)	Sample(Rising)	3

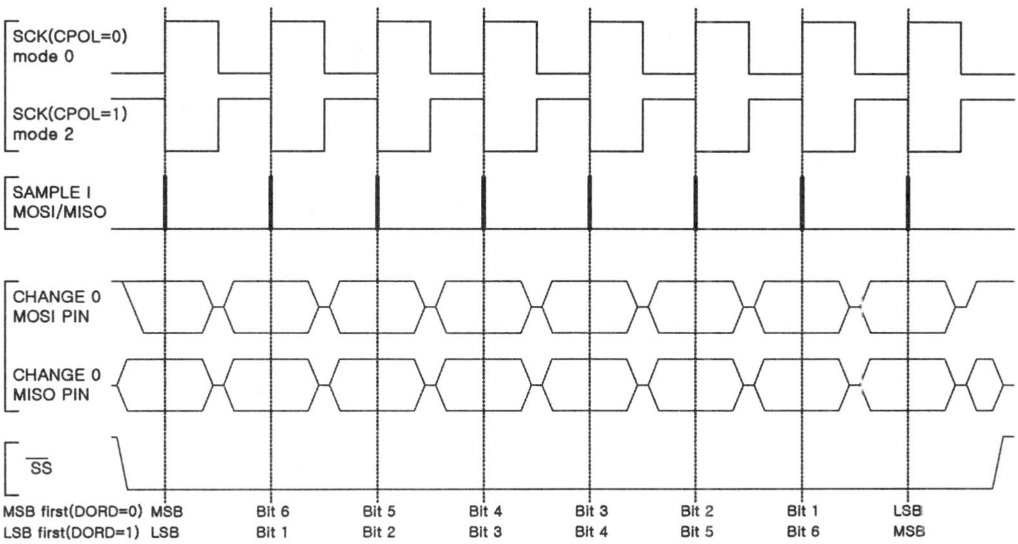

[그림 9-3] CHPA=0일 때의 데이터 전송 동작

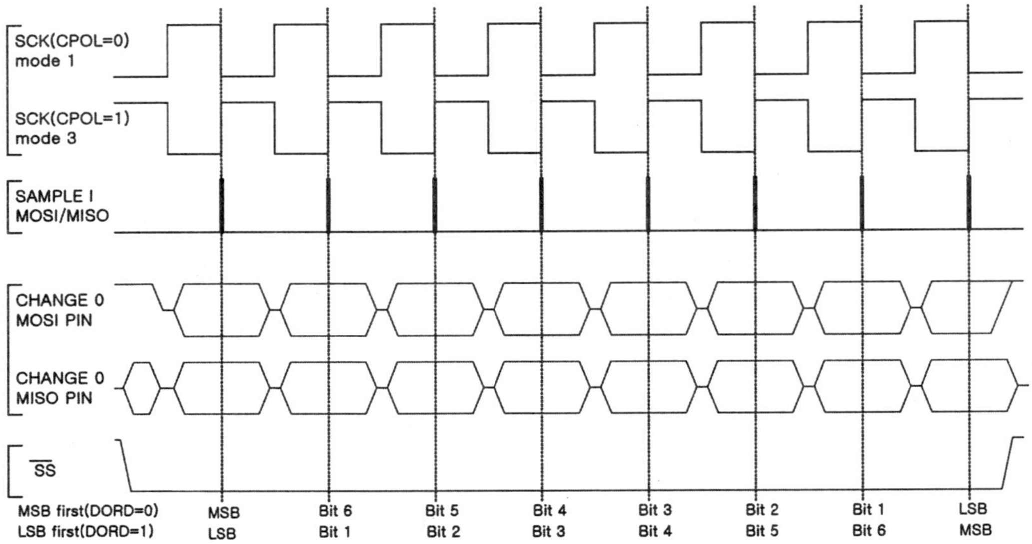

[그림 9-4] CHPA=1일 때의 데이터 전송 동작

- Bit 1,0 – SPR1, SPR0 : SPI 클럭 속도 선택 비트

  이 2비트는 마스터로서 SPI가 설정되었을 때 SCK 클럭 신호의 클럭 주파수를 선택하지만, 슬레이브 모드에서는 어떤 영향도 없다. [표 9-3]은 SPI가 선택할 수 있는 SCK의 클럭 주파수를 보여주며, SPSR 레지스터의 SPI2X는 주파수를 2배로 증가시키는 비트임을 알 수 있다.

[표 9-3] SCK 클럭 신호의 클럭 주파수

SPI2X	SPR1	SPR0	SCK 주파수
0	0	0	f_{OSC} / 4
0	0	1	f_{OSC} / 16
0	1	0	f_{OSC} / 64
0	1	1	f_{OSC} / 128
1	0	0	f_{OSC} / 2
1	0	1	f_{OSC} / 8
1	1	0	f_{OSC} / 32
1	1	1	f_{OSC} / 64

■ SPSR(SPI Status Register) : SPI 상태 레지스터

비트	7	6	5	4	3	2	1	0	
0x0E(0x2E)	SPIF	WCOL	-	-	-	-	-	SPI2X	SPSR
읽기/쓰기	읽기	읽기	읽기	읽기	읽기	읽기	읽기	읽기/쓰기	
초기값	0	0	0	0	0	0	0	0	

- Bit 7 – SPIF(SPI Interrupt Flag) : SPI 인터럽트 플래그 비트

  이 비트는 직렬 전송이 완료되었을 때 셋 되며, SPCR의 SPIE 비트와 SREG의 I 비트가 셋 되어 있으면 인터럽트가 발생한다. 또한 SPI가 마스터 모드일 때 $\overline{SS}$가 입력이고 Low로 되어 있으면 이 비트는 셋 된다. 이 비트는 대응하는 인터럽트가 실행되면 하드웨어적으로 자동 클리어 된다. 또한, 이 비트가 셋 되었을 때 SPI 상태 레지스터 SPSR를 처음 읽고나서 SPI 데이터 레지스터 SPDR을 액세스하는 경우에도 자동 클리어 된다.

- Bit 6 – WCOL(Write Collison Flag) : 쓰기 충돌 플래그

  이 비트는 SPI가 데이터를 전송하는 동안 데이터 레지스터 SPDR에 어떤 값을 쓰려고 하면 셋 된다. 이 비트가 셋 되어 있을 때 SPI 상태 레지스터 SPSR을 읽고 나서 SPI 데이터 레지스터 SPDR을 액세스하면 이 비트는 자동 클리어 된다.

- Bit 0 – SPI2X(SPI Double Speed Bit) : SPI 2배 속도 설정 비트

  이 비트는 [표 9-3]에서와 같이 SPI가 마스터로 동작할 때 SCK의 주파수를 2배로 설정한다. 마스터 모드에서는 SCK 클럭 신호의 주파수가 $f_{OSC}/2$ 까지 사용할 수 있지만, 슬레이브 모드에서는 $f_{OSC}/4$ 이하에서만 사용해야 정상적인 동작이 보증된다.

■ SPDR(SPI Data Register) : SPI 데이터 레지스터

비트	7	6	5	4	3	2	1	0	
0x0F(0x2F)	MSB							LSB	SPDR
읽기/쓰기	읽기/쓰기	읽기/쓰기	읽기/쓰기	읽기/쓰기	읽기/쓰기	읽기/쓰기	읽기/쓰기	읽기/쓰기	
초기값	x	x	x	x	x	x	x	x	

SPI 데이터 레지스터는 범용 레지스터와 SPI 쉬프트 레지스터 사이의 데이터 전송을 위해 사용되는 읽기/쓰기 가능한 레지스터이다.

Memo

Chapter 10

LCD 제어

이 장에서는 문자를 표시할 수 있는 LCD의 사용법에 대해 설명한다. KUT-128 보드에서는 16문자 x 2행의 LCD를 사용하며, 다음과 같은 특징을 갖는다.

① 5V 단일전원으로 구동된다.
② 5x7, 5x10 도트의 폰트로 문자를 표시할 수 있다.
③ 인터페이스가 표준화되어 있기 때문에 마이크로프로세서에 쉽게 연결할 수 있다.
④ 8비트 또는 4비트 데이터 버스 방식으로 구동된다.
⑤ C.G.RAM(Character Generator RAM), C.G.ROM(Character Generator ROM)과 D.D.RAM(Data Display RAM)을 내장하고 있다.

LCD 모듈의 핀 번호와 기능은 [표 10-1]과 같다.

[표 10-1] LCD 모듈의 핀 번호와 기능

핀 번호	기 호	기 능	핀 번호	기 호	기 능
1	Vss	GND	8	DB1	Data 1
2	Vdd	+5V	9	DB2	Data 2
3	Vo	contrast 조절	10	DB3	Data 3
4	RS	0 : Instruction 1 : Data	11	DB4	Data 4
5	$R/\overline{W}$	0 : Write 1 : Read	12	DB5	Data 5
6	E	Enable 신호	13	DB6	Data 6
7	DB0	Data 0	14	DB7	Data 7

(백라이트용인 경우에는 15번핀 Anode, 16번핀 Cathode 단자)

[그림 10-1]은 LCD 모듈의 읽기와 쓰기 동작을 보여주며, Enable 신호 E에는 명령어 또는 데이터의 읽기/쓰기 동작에 대해 펄스를 하나씩 그림과 같이 입력해 주어야 한다.

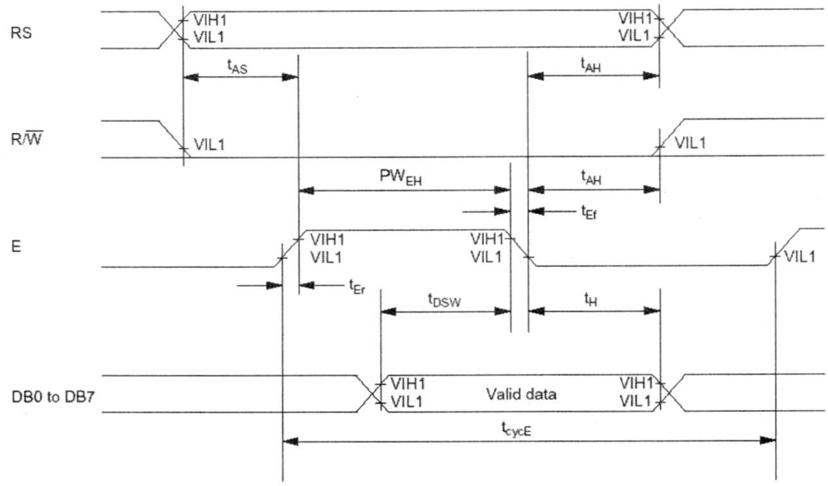

(a) 쓰기 동작

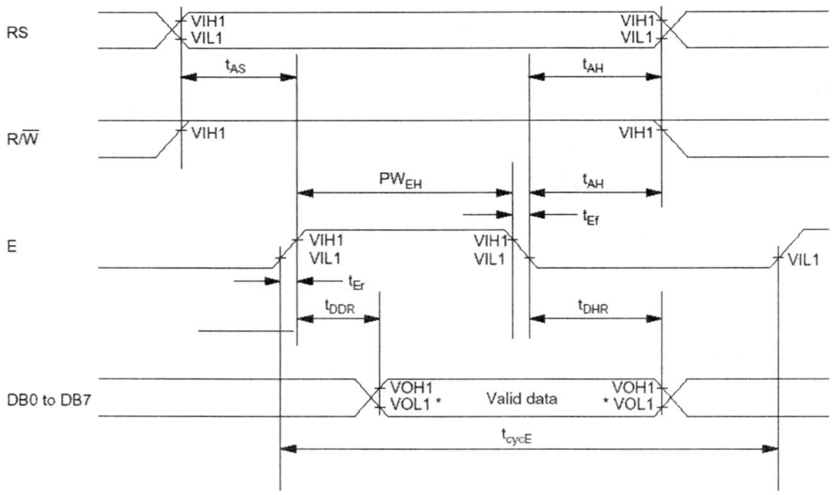

Note: * VOL1 is assumed to be 0.8 V at 2 MHz operation.

(b) 읽기 동작

[그림 10-1] LCD 모듈 읽기/쓰기 동작(PWEH≥230ns)

10.1 LCD 기본 동작

(1) 레지스터

LCD에는 8비트의 인스트럭션 레지스터(IR : Instruction Register)와 데이터 레지스터(DR : Data Register)가 있으며, RS(4번 핀) 신호에 의해 선택된다.

IR은 D.D.RAM과 C.G.RAM에 대한 어드레스의 설정, 메모리 클리어, 표시 On/Off, 커서 이동 등에 대한 명령어 코드를 가지며, 이 레지스터는 CPU에 의해 써넣기만 가능하다.

DR은 D.D.RAM과 C.G.RAM에 써넣은 데이터나 읽은 데이터를 일시적으로 저장하는 역할을 한다. DR에 써넣은 데이터는 D.D.RAM과 C.G.RAM에 자동으로 써지게 되며, D.D.RAM 또는 C.G.RAM로부터 데이터를 읽을 경우에는 IR에 어드레스를 써넣으면 DR로 데이터가 전송된다. 읽기 동작이 종료되면 다음 어드레스가 자동으로 AC에 전송되어 그 다음 번지를 읽어 낼 수 있는 상태가 된다. [표 10-2]에는 RS와 $R/\overline{W}$ 핀에 대한 IR과 DR의 동작을 나타낸다.

[표 10-2] RS와 $R/\overline{W}$에 의한 레지스터 선택

RS	$R/\overline{W}$	동 작
0	0	IR 쓰기 동작
0	1	Busy 플래그와 어드레스 카운터 읽기
1	0	DR 쓰기 동작 DR → D.D.RAM, C.G.RAM
1	1	DR 읽기 동작 DR ← D.D.RAM, C.G.RAM

(2) Busy Flag(BF)

BF는 LCD 모듈이 다음 명령을 받을 수 있는지를 나타내며, BF가 1이면 LCD는 내부 동작을 수행하고 있는 중으로 다음 명령을 받을 수 없다. 반면에 BF가 0이면 다음 명령을 받을 수 있으며, [표 10-2]에 나타낸 것처럼 RS=0, $R/\overline{W}$=1인 조건하에서 BF의 상태가 읽혀진다.

(3) 어드레스 카운터(AC : Address Counter)

어드레스 카운터(AC)는 D.D.RAM 또는 C.G.RAM의 어드레스를 지정할 때 사용되며, IR에 어드레스 셋 명령어를 쓰면 IR에서 AC로 어드레스 정보가 전송된다. D.D.RAM과

C.G.RAM은 명령어에 의해서 선택되며, D.D.RAM 또는 C.G.RAM에 데이터를 쓰면 AC는 자동으로 +1 또는 -1이 된다.

AC의 내용은 [표 10-2]에 나타낸 것처럼 RS=0, $R/\overline{W}$=1인 조건에서 DB0~DB6으로 출력된다.

(4) Display Data RAM(D.D.RAM)

D.D.RAM은 8비트 문자 데이터를 최대 80글자까지 기억할 수 있으며, D.D.RAM내의 표시에 사용되지 않는 메모리영역은 일반적인 데이터 RAM으로 사용할 수 있다.

D.D.RAM의 1행은 0x00~0x27, 2행은 0x40~0x67의 어드레스를 가지며, 1행의 마지막 어드레스와 2행의 처음 어드레스가 연속적이 아니라는 점에 주의하여야 한다. 따라서, 각 행에는 40문자씩 저장할 수 있지만, LCD의 각 행에는 40문자 중에 16문자만 표시된다. 그리고, D.D.RAM의 각 행 왼쪽 첫 번째 메모리와 오른쪽 마지막 메모리는 연결된 것처럼 동작한다. 즉, 1행의 0x00번지와 0x27번지 그리고 2행의 0x40번지와 0x67는 마치 연결된 것처럼 동작한다. 따라서, 쉬프트 동작이 실행되면 [그림 10-2]와 같이 D.D.RAM의 어드레스 내용이 LCD상에 표시된다.

	1	2	3	4	5	6	7	8	9	10	11	12	13	14	15	16
1 행	00	01	02	03	04	05	06	07	08	09	0A	0B	0C	0D	0E	0F
2 행	40	41	42	43	44	45	46	47	48	49	4A	4B	4C	4D	4E	4F

(a) 초기 상태

	1	2	3	4	5	6	7	8	9	10	11	12	13	14	15	16
1 행	01	02	03	04	05	06	07	08	09	0A	0B	0C	0D	0E	0F	10
2 행	41	42	43	44	45	46	47	48	49	4A	4B	4C	4D	4E	4F	50

(b) 1문자 왼쪽 쉬프트

	1	2	3	4	5	6	7	8	9	10	11	12	13	14	15	16
1 행	27	00	01	02	03	04	05	06	07	08	09	0A	0B	0C	0D	0E
2 행	67	40	41	42	43	44	45	46	47	48	49	4A	4B	4C	4D	4E

(c) 1문자 오른쪽 쉬프트

[그림 10-2] D.D.RAM과 LCD에 표시되는 부분의 관계

(5) C.G.ROM(Character Generator ROM)

C.G.ROM은 5x7, 5x10 도트의 글자를 발생시키며, [표 10-3]에 C.G.ROM의 문자 코드를 나타낸다. 사용자는 LCD에 표시할 문자의 코드값만 D.D.RAM에 써주면 되며, LCD에는 문자코드에 해당하는 문자패턴이 표시된다.

[표 10-3] C.G.ROM 문자 코드

LOWER 4 BITS \ UPPER 4 BITS	0000	0010	0011	0100	0101	0110	0111	1010	1011	1100	1101	1110	1111
0000	CG RAM (1)		0	@	P	`	p		ー	タ	ミ	α	p
0001	(2)	!	1	A	Q	a	q	。	ア	チ	ム	ä	q
0010	(3)	"	2	B	R	b	r	「	イ	ツ	メ	β	θ
0011	(4)	#	3	C	S	c	s	」	ウ	テ	モ	ε	∞
0100	(5)	$	4	D	T	d	t	、	エ	ト	ヤ	μ	Ω
0101	(6)	%	5	E	U	e	u	・	オ	ナ	ユ	σ	ü
0110	(7)	&	6	F	V	f	v	ヲ	カ	ニ	ヨ	ρ	Σ
0111	(8)	'	7	G	W	g	w	ァ	キ	ヌ	ラ	g	π
1000	(1)	(	8	H	X	h	x	ィ	ク	ネ	リ	√	x̄
1001	(2)	)	9	I	Y	i	y	ゥ	ケ	ノ	ル	⁻¹	y
1010	(3)	*	:	J	Z	j	z	ェ	コ	ハ	レ	j	千
1011	(4)	+	;	K	[	k	{	ォ	サ	ヒ	ロ	ˣ	万
1100	(5)	,	<	L	¥	l	|	ャ	シ	フ	ワ	¢	円
1101	(6)	-	=	M	]	m	}	ュ	ス	ヘ	ン	£	÷
1110	(7)	.	>	N	^	n	→	ョ	セ	ホ	゛	ñ	
1111	(8)	/	?	O	_	o	←	ッ	ソ	マ	゜	ö	█

(6) C.G.RAM(Character Generator RAM)

C.G.RAM은 사용자가 정의하는 문자의 패턴을 저장하기 위한 RAM이며, 전원을 끄면 모두 지워져 버린다. 그리고, 새로 정의되는 문자 패턴은 [그림 10-3]과 같이 C.G.RAM의 0x00~0x3F 번지에 저장되며, 8개의 정의 문자가 각각 8바이트씩의 패턴을 저장하기 위해 메모리를 차지한다. 사용자는 이렇게 C.G.RAM에 문자 패턴을 정의하고, LCD에 표시할 때는 0x00~0x07(또는 0x08~0x0F)의 문자 코드를 D.D.RAM에 써주면 된다.

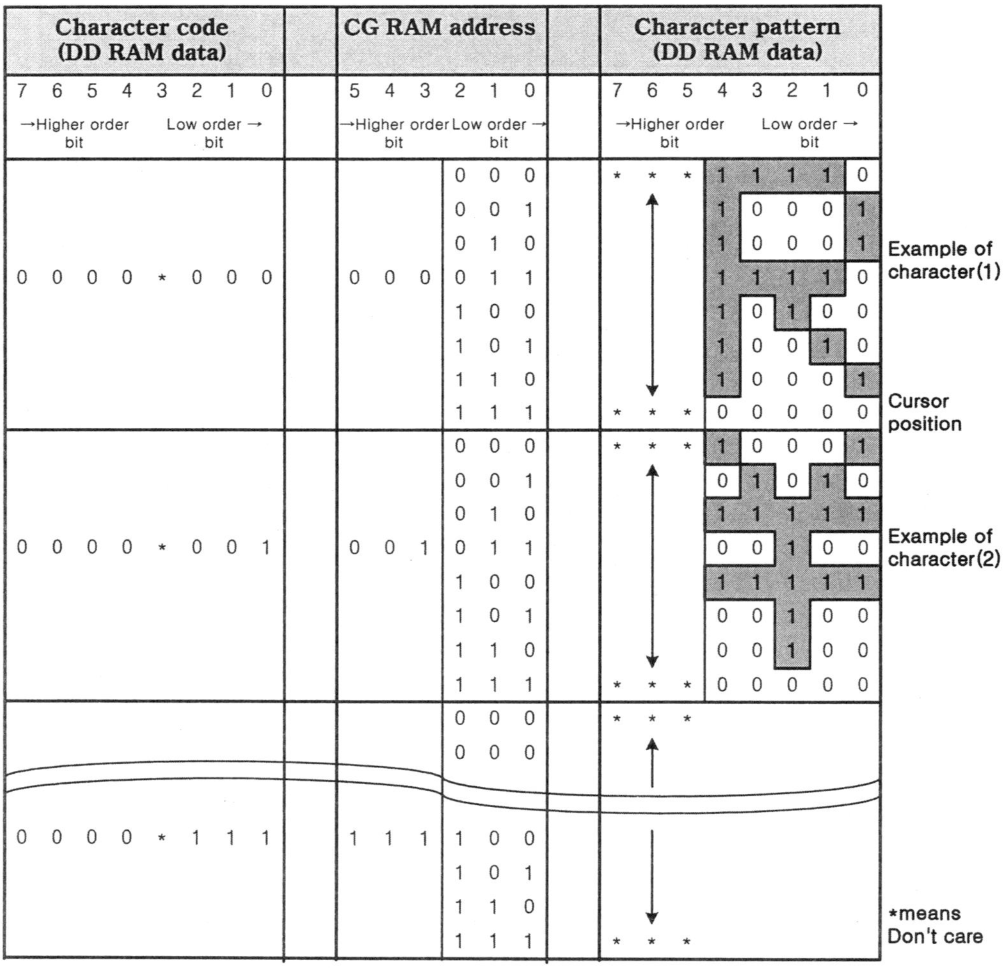

[그림 10-3] C.G.RAM의 문자 작성(5x7 도트)

10.2 LCD 명령어

LCD를 제어하기 위한 명령어는 [표 10-4]와 같다. 이 명령어는 MCU가 LCD를 제어하는 프로그램에서 사용되며, 데이터 버스를 통해서 전송된다.

[표 10-4] LCD 제어 명령어

기 능	제어신호		명 령 어 코 드 값								실행시간
	RS	R/W	DB7	DB6	DB5	DB4	DB3	DB2	DB1	DB0	
1. 표시 클리어	0	0	0	0	0	0	0	0	0	1	1.64ms
2. 커서 홈	0	0	0	0	0	0	0	0	1	0	1.64ms
3. 엔트리 모드 셋	0	0	0	0	0	0	0	1	I/D	S	40us
4. 표시 On/Off 제어	0	0	0	0	0	0	1	D	C	B	40us
5. 커서/표시 이동	0	0	0	0	0	1	S/C	R/L	0	0	40us
6. 펑션 셋	0	0	0	0	1	DL	N	F	0	0	40us
7. C.G.RAM 어드레스 설정	0	0	0	1	C.G.RAM Address						40us
8. D.D.RAM 어드레스 설정	0	0	1	D.D.RAM Address							40us
9. BF/어드레스 읽기	0	1	BF	Address Counter							0us
10. C.G.RAM, D.D.RAM 으로 데이터 쓰기	1	0	Write Data								40us
11. C.G.RAM, D.D.RAM 에서 데이터 읽기	1	1	Read Data								40us

*실행시간은 fosc=250KHz

(1) 표시 클리어

LCD 화면을 클리어하고 커서는 1행 1열의 홈(Home) 위치로 돌아가며, D.D.RAM의 어드레스 카운터는 0이 된다.

(2) 커서 홈

D.D.RAM의 어드레스 카운터는 0이 되며, 커서의 위치는 홈에 위치한다.

(3) 엔트리모드 셋

커서의 움직이는 방향과 디스플레이를 이동시킬 것인지를 결정한다. I/D값은 문자코드를 DDRAM 또는 CGRAM에 써넣거나 읽을 때 어드레스를 +1 또는 -1 하기 위한 설정비트로서, I/D가 1이면 어드레스를 +1 하고 커서를 우로 이동시킨다. 그리고, I/D가 0이면 어드레스를 -1 하고 커서를 좌로 이동시킨다.

그리고, S는 DDRAM에 데이터를 써넣은 후에 표시전체를 좌로 또는 우로 이동시키기 위한 설정비트이며, S=0이면 이동되지 않는다. S=1이고 I/D=1이면 표시전체가 좌로 이동하며, S=1이고 I/D=0이면 표시전체가 우로 이동한다. S=1이면 커서의 위치는 변하지 않는다.

(4) 표시 On/Off 제어

전체 디스플레이의 On/Off 제어, 커서의 On/Off 제어, 커서 위치의 문자를 깜박이게 하는 기능을 갖는다. D=1이면 LCD 전체가 On되어 글자가 표시되며, D=0이면 Off되어 글자가 표시되지 않는다. 그러나, D.D.RAM은 지워지지 않은 상태로 남아 있기 때문에 D=1로 해주면 다시 표시된다. C=1이면 커서가 나타나며, C=0이면 커서가 나타나지 않는다. 커서는 5x7 도트의 폰트에서 8번째 줄에 나타나고, 5x10 도트에서는 11번째 줄에 나타난다. B=1이면 커서가 깜박이며, B=0이면 커서는 깜박이지 않는다.

(5) 커서/표시 이동

D.D.RAM의 내용을 변경시키지 않은 상태에서 커서를 움직이거나 표시 전체를 이동한다. 커서의 이동은 첫 번째 라인의 마지막 칸(40번째)에서 다음 라인으로 넘어간다. 표시 이동은 첫 번째 라인과 두 번째 라인이 동시에 이루어지며, 표시 이동은 수평으로만 가능하다. [표 10-5]는 커서/표시 이동에 대한 설정조건을 나타낸다.

[표 10-5] 커서 및 표시 이동에 대한 설정

S/C	R/L	동 작
0	0	커서의 위치를 좌로 이동한다. (AC는 -1된다.)
0	1	커서의 위치를 우로 이동한다. (AC는 +1된다.)
1	0	표시와 커서를 좌로 이동한다.
1	1	표시와 커서를 우로 이동한다.

(6) 펑션 셋

인터페이스 길이를 결정하거나 표시 행수와 문자 폰트를 설정한다. 즉, DL=1일 때 8비트로 설정되고, DL=0일 때 4비트로 설정된다. 4비트로 설정될 때에는 DB7~DB4가 사용되며, 데이터 전송은 상위 4비트에 이어 하위 4비트의 순서로 이루어진다. N과 F에 따른 표시 행수와 문자 폰트의 설정은 [표 10-6]과 같다.

[표 10-6] 표시 행수와 문자 폰트의 설정

N	F	표시 라인	글자 폰트	듀티비
0	0	1	5x7 도트	1/8
0	1	1	5x10 도트	1/11
1	*	2	5x7 도트	1/16

(7) C.G.RAM 어드레스 설정

C.G.RAM의 어드레스를 설정하며, 어드레스 설정 후에 C.G.RAM의 데이터를 읽고 쓸 수 있다.

(8) D.D.RAM 어드레스 설정

D.D.RAM의 어드레스를 설정하며, 어드레스 설정 후에 D.D.RAM의 데이터를 읽고 쓸 수 있다.

(9) BF/어드레스 읽기

LCD의 내부 동작 상태를 알 수 있는 비지 플래그(BF)와 어드레스 카운터의 내용을 읽을 수 있다. BF=1이면 내부 동작이 진행 중이라 명령을 받아들일 수 없으며, BF=0이면 명령을 받아들일 수 있다.

(10) C.G.RAM, D.D.RAM으로 데이터 쓰기

C.G.RAM 또는 D.D.RAM에 8비트의 데이터를 쓸 수 있다. C.G.RAM 또는 D.D.RAM의 선택은 이전에 어드레스값이 설정된 RAM이 선택되며, 엔트리 모드에 따라 어드레스는 +1 또는 -1 된다

(11) C.G.RAM, D.D.RAM으로부터 데이터 읽기

C.G.RAM 또는 D.D.RAM으로부터 8비트의 데이터를 읽는다. 읽기 전에는 반드시 D.D.RAM 또는 C.G.RAM의 어드레스 설정 명령을 실행해야 한다. 읽기 명령 전에 어드

레스 설정 명령을 실행하지 않으면 첫 번째 데이터는 무효가 되고, 두 번째 데이터부터 정상적으로 읽혀진다.

10.3 초기화

LCD는 초기화 과정을 거쳐야만 안정적인 동작을 보장할 수 있다. 사양에서 정의된 시간을 지켜야 하며, 시간 지연이 필요한 곳에는 적당한 시간 지연을 주어야 안정적인 동작이 가능하다. [그림 10-4]는 4비트 모드의 경우에 대한 LCD의 초기화 과정을 나타낸다.

전원 ON

↓

VDD가 4.5V 이상된 후 15ms 이상 지연.

↓

RS	R/W	D7	D6	D5	D4	D3	D2	D1	D0
0	0	0	0	1	0	*	*	*	*

↓

4.1ms 이상 지연.

↓

RS	R/W	D7	D6	D5	D4	D3	D2	D1	D0
0	0	0	0	1	0	*	*	*	*

↓

100us 이상 지연.

↓

RS	R/W	D7	D6	D5	D4	D3	D2	D1	D0
0	0	0	0	1	0	*	*	*	*

↓

RS	R/W	D7	D6	D5	D4	D3	D2	D1	D0	
0	0	0	0	1	0	N	F	0	0	펑션 셋
0	0	0	0	0	0	1	1	C	B	표시ON
0	0	0	0	0	0	0	0	0	1	표시클리어
0	0	0	0	0	0	0	1	I/D	S	엔트리모드

↓

초기 설정 완료

[그림 10-4] LCD 초기(4비트 데이터 버스 방식)

10.4 LCD 제어 실험

KUT-128 인터페이스 보드에는 외부에 LCD를 연결할 수 있도록 [그림 10-5]와 같은 독립적인 커넥터가 마련되어 있다. 즉, ATmega128의 D포트에 의해 LCD를 4비트 데이터 방식으로 제어하도록 되어 있으며, [표 10-7]과 같이 포트 D에 연결된다.

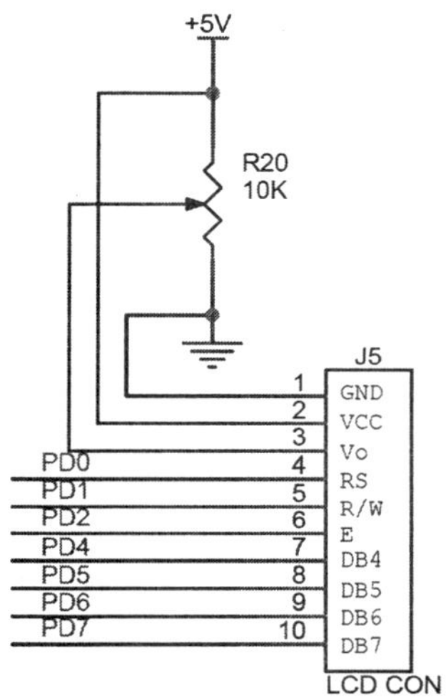

[그림 10-5] KUT-128 인터페이스 보드의 LCD 커넥터

[표 10-7] LCD와 C 포트 연결

LCD 핀	C 포트	LCD 핀	C 포트
RS	PD0	DB5	PD5
$R/\overline{W}$	PD1	DB6	PD6
E	PD2	DB7	PD7
DB4	PD4		

예제에서는 D 포트를 직접 제어하여 LCD를 구동하며, Busy Flag(BF)는 따로 조사하는 대신에 시간 지연 함수를 이용한다. 시간 지연 함수는 컴파일러에서 제공하는 함수를 사용하였으며, 반드시 <delay.h> 파일을 포함시켜야 한다.

[예제 10-1] LCD 문자열 출력 실험

KUT-128 보드의 LCD 커넥터에 LCD를 연결하고 다음과 같은 문자열을 출력하는 프로그램을 작성하라.

Hello!! KUT-128
Atmel ATmega128

[예제 10-1] LCD 문자열 출력 실험

```
// 파일명 : lcd01.c
// 설  명 : LCD에 임의의 문자열을 출력한다.
// 주  의 : 포트를 직접 제어하여 LCD를 사용한다.
//           RS  - PD0
//           R/W - PD1
//           EN  - PD2
//           DB4 - PD4
//           DB5 - PD5
//           DB6 - PD6
//           DB7 - PD7

#include <mega128.h>
#include <delay.h>

#define FUNCSET     0x28     // Function Set
#define ENTMODE     0x06     // Entry Mode Set
#define ALLCLR      0x01     // All Clear
#define DISPON      0x0c     // Display On
#define LINE2       0xC0     // 2nd Line Move

void LCD_init(void);
void LCD_String(char flash *);
void Busy(void);
void Command(unsigned char);
void Data(unsigned char);

void main(void)
{
        LCD_init();

        LCD_String("Hello!! KUT-128");          // 첫번째 라인에 출력
        Command(LINE2);
        LCD_String("Atmel ATmega128");          // 두번째 라인에 출력

        while(1);
}
// LCD 초기화
void LCD_init(void)
{
```

[예제 10-1] LCD 문자열 출력 실험(계속1)

```
        DDRD = 0xFF;                            // 포트 D 출력 설정
        PORTD &= 0xFB;                          // E = 0

        delay_ms(15);                           // 펑션 셋
        Command(0x20);
        delay_ms(5);                            // 펑션 셋
        Command(0x20);
        delay_us(100);                          // 펑션 셋
        Command(0x20);                          // 펑션 셋
        Command(FUNCSET);
        Command(DISPON);                        // 표시 ON
        Command(ALLCLR);                        // 표시 클리어
        Command(ENTMODE);                       // 엔트리모드 설정
}
// 문자열 출력 함수
void LCD_String(char flash *str)
{
        char flash *pStr=0;

        pStr = str;
        while(*pStr) Data(*pStr++);
}

// 인스트럭션 쓰기 함수
void Command(unsigned char byte)
{
        Busy();

        // 인스트럭션 상위 바이트
        PORTD = (byte & 0xF0);                  // 데이터
        PORTD &= 0xFE;                          // RS = 0
        PORTD &= 0xFD;                          // RW = 0
        delay_us(1);
        PORTD |= 0x04;                          // E = 1
        delay_us(1);
        PORTD &= 0xFB;                          // E = 0

        // 인스트럭션 하위 바이트
        PORTD = ((byte<<4) & 0xF0);             // 데이터
        PORTD &= 0xFE;                          // RS = 0
        PORTD &= 0xFD;                          // RW = 0
        delay_us(1);
        PORTD |= 0x04;                          // E = 1
        delay_us(1);
        PORTD &= 0xFB;                          // E = 0
}

//데이터 쓰기 함수
void Data(unsigned char byte)
{
```

[예제 10-1] LCD 문자열 출력 실험(계속2)

```
	Busy();

	// 데이터 상위 바이트
	PORTD = (byte & 0xF0);			// 데이터
	PORTD |= 0x01;				// RS = 1
	PORTD &= 0xFD;				// RW = 0
	delay_us(1);
	PORTD |= 0x04;				// E = 1
	delay_us(1);
	PORTD &= 0xFB;				// E = 0

	// 데이터 하위 바이트
	PORTD = ((byte<<4) & 0xF0);		// 데이터
	PORTD |= 0x01;				// RS = 1
	PORTD &= 0xFD;				// RW = 0
	delay_us(1);
	PORTD |= 0x04;				// E = 1
	delay_us(1);
	PORTD &= 0xFB;				// E = 0
}

// Busy Flag Check -> 일반적인 BF를 체크하는 것이 아니라
// 일정한 시간 지연을 이용한다.
void Busy(void)
{
	delay_ms(2);
}
```

[예제 10-2] LCD 문자열 이동 실험

[예제 10-1]에서와 같은 문자열에 대해 다음과 같은 동작을 반복 수행하는 프로그램을 작성하라.

(두 라인에 문자열 표시) -> (0.5초간 LCD ON) -> (0.5초간 LCD OFF) ->
(1초간 LCD ON) -> (0.5초 간격으로 16번 오른쪽으로 이동)

[예제 10-2] LCD 문자열 이동 실험

```
// 파일명 : lcd02.c
// 설   명 : LCD에 임의의 문자열을 출력한다.
//          표시된 문자열을 한번 깜박 거린 후에 우측으로 이동한다.
//          전체가 이동하면 다시 처음부터 반복
// 주   의 : 포트를 직접 제어하여 LCD를 사용한다.
//           RS  - PD0
//           R/W - PD1
//           EN  - PD2
//           DB4  - PD4
//           DB5  - PD5
//           DB6  - PD6
//           DB7  - PD7

#include <mega128.h>
#include <delay.h>

#define FUNCSET   0x28      // Function Set
#define ENTMODE   0x06      // Entry Mode Set
#define ALLCLR    0x01      // All Clear
#define DISPON    0x0c      // Display On
#define DISPOFF   0x08      // Display Off
#define LINE2     0xC0      // 2nd Line Move
#define HOME      0x02      // Cursor Home
#define RSHIFT    0x1C      // Display Right Shift

void LCD_init(void);
void LCD_String(char flash *);
void Busy(void);
void Command(unsigned char);
void Data(unsigned char);

void main(void)
{
        int i;

        LCD_init();

         while(1){
                Command(HOME);
```

[예제 10-2] LCD 문자열 이동 실험(계속1)

```
            LCD_String("Hello!! KUT-128");     // 첫 번째 라인에 출력
            Command(LINE2);
            LCD_String("Atmel ATmega128");     // 두 번째 라인에 출력

            delay_ms(500);                     // 0.5초 시간 지연
            Command(DISPOFF);                  // Display Off
            delay_ms(500);                     // 0.5초 시간 지연
            Command(DISPON);
            delay_ms(1000);                    // 1초 시간 지연

            // 16번 오른쪽으로 쉬프트
            for(i=0;i<16;i++) {
                    Command(RSHIFT);
                    delay_ms(500);
            }
        }
}
// LCD 초기화
void LCD_init(void)
{
        DDRD = 0xFF;                           // 포트 D 출력 설정
        PORTD &= 0xFB;                         // E = 0

        delay_ms(15);
        Command(0x20);
        delay_ms(5);
        Command(0x20);
        delay_us(100);
        Command(0x20);
        Command(FUNCSET);
        Command(DISPON);
        Command(ALLCLR);
        Command(ENTMODE);
}

// 문자열 출력 함수
void LCD_String(char flash *str)
{
        char flash *pStr=0;

        pStr = str;
        while(*pStr) Data(*pStr++);
}
// 인스트럭션 쓰기 함수
void Command(unsigned char byte)
{
        Busy();
```

[예제 10-2] LCD 문자열 이동 실험(계속2)

```
        // 인스트럭션 상위 바이트
        PORTD = (byte & 0xF0);                  // 데이터
        PORTD &= 0xFE;                          // RS = 0
        PORTD &= 0xFD;                          // RW = 0
        delay_us(1);
        PORTD |= 0x04;                          // E = 1
        delay_us(1);
        PORTD &= 0xFB;                          // E = 0

        // 인스트럭션 하위 바이트
        PORTD = ((byte<<4) & 0xF0);             // 데이터
        PORTD &= 0xFE;                          // RS = 0
        PORTD &= 0xFD;                          // RW = 0
        delay_us(1);
        PORTD |= 0x04;                          // E = 1
        delay_us(1);
        PORTD &= 0xFB;                          // E = 0
}
//데이터 쓰기 함수
void Data(unsigned char byte)
{
        Busy();

        // 데이터 상위 바이트
        PORTD = (byte & 0xF0);                  // 데이터
        PORTD |= 0x01;                          // RS = 1
        PORTD &= 0xFD;                          // RW = 0
        delay_us(1);
        PORTD |= 0x04;                          // E = 1
        delay_us(1);
        PORTD &= 0xFB;                          // E = 0

        // 데이터 하위 바이트
        PORTD = ((byte<<4) & 0xF0);             // 데이터
        PORTD |= 0x01;                          // RS = 1
        PORTD &= 0xFD;                          // RW = 0
        delay_us(1);
        PORTD |= 0x04;                          // E = 1
        delay_us(1);
        PORTD &= 0xFB;                          // E = 0
}

// Busy Flag Check -> 일반적인 BF를 체크하는 것이 아니라
// 일정한 시간 지연을 이용한다.
void Busy(void)
{
        delay_ms(2);
}
```

[예제 10-3] LCD 문자열 연속 이동 실험

아래와 같이 첫 번째 라인에 문자열을 표시한 후 좌측으로 계속 이동시키는 프로그램을 작성하라. 실험에 사용하는 LCD는 한 라인에 16문자밖에 표시할 수 없기 때문에, 음영으로 표시된 부분은 처음에 LCD에 표시되는 부분이고 음영으로 표시되지 않은 부분은 LCD에 표시되지는 않고 메모리에 코드값만 들어있는 부분이다. 문자열이 좌측으로 이동하면 점점 숨겨져 있던 문자열이 보이게 되며, 좌측으로 계속 이동하면 좌측으로 이동하여 보이지 않던 문자열은 다시 LCD의 우측 끝에서 나타나게 된다.

Hello!! KUT-128	-- ATMEL ATmega128

[예제 10-3] LCD 문자열 연속 이동 실험

```
// 파일명 : lcd03.c
// 설   명 : LCD에 임의의 문자열을 출력한다.
//          표시된 문자열을 좌측으로 이동하여 우측에서 문자가 다시
//          출력되도록 한다.
// 주   의 : 포트를 직접 제어하여 LCD를 사용한다.
//          RS   - PD0
//          R/W - PD1
//          EN   - PD2
//          DB4  - PD4
//          DB5  - PD5
//          DB6  - PD6
//          DB7  - PD7

#include <mega128.h>
#include <delay.h>

#define FUNCSET   0x28    // Function Set
#define ENTMODE   0x06    // Entry Mode Set
#define ALLCLR    0x01    // All Clear
#define DISPON    0x0c    // Display On
#define LSHIFT    0x18    // Display Left Shift

void LCD_init(void);
void LCD_String(char flash *);
void Busy(void);
void Command(unsigned char);
void Data(unsigned char);

void main(void)
{
        LCD_init();

        // 첫 번째 라인에 출력
```

[예제 10-3] LCD 문자열 연속 이동 실험(계속1)

```
        LCD_String("Hello!! KUT-128 -- Atmel ATmega128");
        while(1){
                Command(LSHIFT);                // Display Left Shift
                delay_ms(300);                  // 0.3초 시간 지연
        }
}
// LCD 초기화
void LCD_init(void)
{
        DDRD = 0xFF;                            // 포트 D 출력 설정
        PORTD &= 0xFB;                          // E = 0

        delay_ms(15);
        Command(0x20);
        delay_ms(5);
        Command(0x20);
        delay_us(100);
        Command(0x20);
        Command(FUNCSET);
        Command(DISPON);
        Command(ALLCLR);
        Command(ENTMODE);
}

// 문자열 출력 함수
void LCD_String(char flash *str)
{
        char flash *pStr=0;

        pStr = str;
        while(*pStr) Data(*pStr++);
}

// 인스트럭션 쓰기 함수
void Command(unsigned char byte)
{
        Busy();

        // 인스트럭션 상위 바이트
        PORTD = (byte & 0xF0);                  // 데이터
        PORTD &= 0xFE;                          // RS = 0
        PORTD &= 0xFD;                          // RW = 0
        delay_us(1);
        PORTD |= 0x04;                          // E = 1
        delay_us(1);
        PORTD &= 0xFB;                          // E = 0

        // 인스트럭션 하위 바이트
        PORTD = ((byte<<4) & 0xF0);             // 데이터
        PORTD &= 0xFE;                          // RS = 0
        PORTD &= 0xFD;                          // RW = 0
```

[예제 10-3] LCD 문자열 연속 이동 실험(계속2)

```
        delay_us(1);
        PORTD |= 0x04;                          // E = 1
        delay_us(1);
        PORTD &= 0xFB;                          // E = 0
}
//데이터 쓰기 함수
void Data(unsigned char byte)
{
        Busy();

        // 데이터 상위 바이트
        PORTD = (byte & 0xF0);                  // 데이터
        PORTD |= 0x01;                          // RS = 1
        PORTD &= 0xFD;                          // RW = 0
        delay_us(1);
        PORTD |= 0x04;                          // E = 1
        delay_us(1);
        PORTD &= 0xFB;                          // E = 0

        // 데이터 하위 바이트
        PORTD = ((byte<<4) & 0xF0);             // 데이터
        PORTD |= 0x01;                          // RS = 1
        PORTD &= 0xFD;                          // RW = 0
        delay_us(1);
        PORTD |= 0x04;                          // E = 1
        delay_us(1);
        PORTD &= 0xFB;                          // E = 0
}

// Busy Flag Check -> 일반적인 BF를 체크하는 것이 아니라
// 일정한 시간 지연을 이용한다.
void Busy(void)
{
        delay_ms(2);
}
```

[예제 10-4] LCD에 문자 패턴 등록하고 표시하기

아래의 3문자에 대한 패턴을 C.G.RAM에 등록하고, LCD에 " My Name is 조영준 "을 표시하는 프로그램을 작성하라.

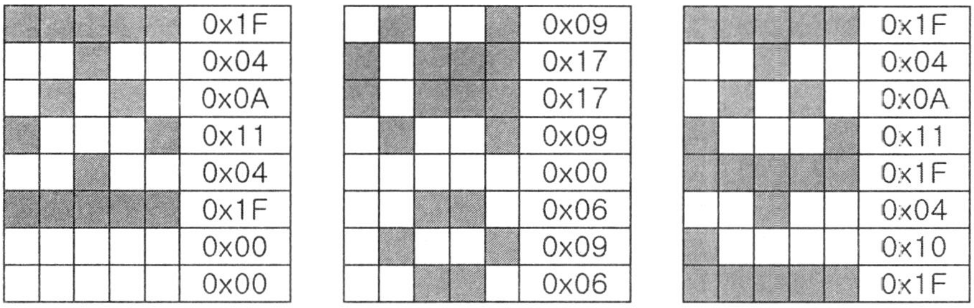

[예제 7-4] LCD에 문자 패턴 등록하고 표시하기

```
// 파일명 : lcd04.c
// 설  명 : 문자 패턴 등록후 표시하기
// 주  의 : 포트를 직접 제어하여 LCD를 사용한다.
//          RS  - PD0
//          R/W - PD1
//          EN  - PD2
//          DB4  - PD4
//          DB5  - PD5
//          DB6  - PD6
//          DB7  - PD7

#include <mega8515.h>
#include <delay.h>

#define FUNCSET    0x28      // Function Set
#define ENTMODE   0x06      // Entry Mode Set
#define ALLCLR     0x01      // All Clear
#define DISPON     0x0c      // Display On
#define LSHIFT     0x18      // Display Left Shift
#define HOME       0x02      // Cursor Home

flash unsigned char cg_pat[24] =
            {0x1F, 0x04, 0x0A, 0x11, 0x04, 0x1F, 0x00, 0x00,    // '조'
             0x09, 0x17, 0x17, 0x09, 0x00, 0x06, 0x09, 0x06,    // '영'
             0x1F, 0x04, 0x0A, 0x11, 0x1F, 0x04, 0x10, 0x1F};  // '준'

void LCD_init(void);
void LCD_String(char flash *);
void Busy(void);
void Command(unsigned char);
void Data(unsigned char);
void main(void)
```

[예제 10-4] LCD에 문자 패턴 등록하고 표시하기 (계속1)

```
{
        int i;

        LCD_init();

        // 첫 번째 라인에 출력
        for(i = 0;i < 24;i++){
                Command(0x40 + i);
                Data(cg_pat[i]);
        }

        Command(HOME);
        LCD_String(" My Name is ");
        Data(0x00);                                 // '조' 또는 0x08
        Data(0x01);                                 // '영' 또는 0x09
        Data(0x02);                                 // '준' 또는 0x0A
}

// LCD 초기화
void LCD_init(void)
{
        DDRD = 0xFF;                                // 포트 D 출력 설정
        PORTD &= 0xFB;                              // E = 0

        delay_ms(15);
        Command(0x20);
        delay_ms(5);
        Command(0x20);
        delay_us(100);
        Command(0x20);
        Command(FUNCSET);
        Command(DISPON);
        Command(ALLCLR);
        Command(ENTMODE);
}

// 문자열 출력 함수
void LCD_String(char flash *str)
{
        char flash *pStr=0;

        pStr = str;
        while(*pStr) Data(*pStr++);
}

// 인스트럭션 쓰기 함수
void Command(unsigned char byte)
{
        Busy();

        // 인스트럭션 상위 바이트
```

[예제 10-4] LCD에 문자 패턴 등록하고 표시하기 (계속2)

```
	PORTD = (byte & 0xF0);			// 데이터
	PORTD &= 0xFE;				// RS = 0
	PORTD &= 0xFD;				// RW = 0
	delay_us(1);
	PORTD |= 0x04;				// E = 1
	delay_us(1);
	PORTD &= 0xFB;				// E = 0

	// 인스트럭션 하위 바이트
	PORTD = ((byte<<4) & 0xF0);		// 데이터
	PORTD &= 0xFE;				// RS = 0
	PORTD &= 0xFD;				// RW = 0
	delay_us(1);
	PORTD |= 0x04;				// E = 1
	delay_us(1);
	PORTD &= 0xFB;				// E = 0
}

//데이터 쓰기 함수
void Data(unsigned char byte)
{
	Busy();

	// 데이터 상위 바이트
	PORTD = (byte & 0xF0);			// 데이터
	PORTD |= 0x01;				// RS = 1
	PORTD &= 0xFD;				// RW = 0
	delay_us(1);
	PORTD |= 0x04;				// E = 1
	delay_us(1);
	PORTD &= 0xFB;				// E = 0

	// 데이터 하위 바이트
	PORTD = ((byte<<4) & 0xF0);		// 데이터
	PORTD |= 0x01;				// RS = 1
	PORTD &= 0xFD;				// RW = 0
	delay_us(1);
	PORTD |= 0x04;				// E = 1
	delay_us(1);
	PORTD &= 0xFB;				// E = 0
}

// Busy Flag Check -> 일반적인 BF를 체크하는 것이 아니라
// 일정한 시간 지연을 이용한다.
void Busy(void)
{
	delay_ms(2);
}
```

10.5 LCD를 이용한 디지털 시계

이 절에서는 시간만 표시되는 간단한 디지털 시계를 만들어 보자. 프로그램은 타이머/카운터1을 일반 모드(모드 0)로 하여 출력 비교 인터럽트를 이용하기로 한다. 즉, 0.5초마다 출력 비교 인터럽트가 발생하도록 레지스터 OCR1C에 값을 설정하고, 파형출력은 OC1C(PWM)핀에 연결된 LED를 0.5초 단위로 ON/OFF 토글되어 표시하도록 한다. 따라서, 출력 비교 인터럽트가 2번 발생하면 1초가 되므로, 출력 비교 인터럽트가 2번 발생할 때마다 시간을 증가시키면 된다. 여기서, 0.5초의 주기를 얻기 위한 타이머/카운터1의 출력비교 레지스터 OCR1C의 값은 다음과 같이 계산된다.

$$\text{OCR1C 값} = \text{오실레이터 주파수} \times \frac{1}{\text{프리스케일}} \times \frac{1}{2}$$

- 오실레이터 주파수 = 16MHz
- 프리스케일러 값 = 1024
- OCR1C = 16MHz / 1024 / 2 ≒ 7812

프로그램이 실행되면 LCD에 [12:00:00]으로 표시하고, KUT-128 보드의 SW1과 SW2의 스위치를 이용하여 시간을 조정한다. SW1과 SW2는 외부 인터럽트 요구 신호인 INT4와 INT5에 연결되어 있으므로, 프로그램에서는 외부 인터럽트를 이용하기로 한다. 각 스위치를 이용한 시간 조정 방법은 다음과 같다.

① SW1을 한번 누르면 시계의 '분'의 위치에서 커서가 깜박인다.
② 여기서 SW1를 한번 더 누르면 시계의 '시'의 위치에서 커서가 깜박인다.
③ '시'의 위치에서 SW1를 한번 더 누르면 시간 조정을 끝낸다.
④ 각각의 위치에서 SW2를 누르면 시간이 1분/1시간씩 증가한다.

시계의 시간은 위와 같이 조정할 수 있으며, 시간을 조정하는 중에는 시간이 카운트되지 않는다. 그러나, PWM LED는 계속해서 깜박이며, [표 10-8]은 시계의 각 부분에 이용되는 기능을 나타낸다.

[표 10-8] 시계의 각 부분에 이용되는 기능

1초 펄스 발생	타이머/카운터 1의 비교 매치 인터럽트 이용
1초 표시 LED	비교 매치 인터럽트 OC1C핀에 연결되어 였는 PWM LED
시간 조정 자리 수 이동	외부 인터럽트4
분 또는 시간의 증가	외부 인터럽트5
시간 표시	D 포트에 연결되어 있는 LCD

[예제 10-5] LCD를 이용한 디지털 시계

```
// 파일명 : clock.c
// 설  명 : 시간을 조정할 수 있는 디지털 시계 제작
//          타이머를 이용하여 1초 펄스를 발생시킨다.
//          외부 인터럽트 요구 신호를 이용하여 시간을 조정한다.
//          - SW1(INT4) : 시간 조정 자리수 이동
//            -> 자릿수에 커서가 깜박인다.
//          - SW2(INT5) : 시간 증가
// 주  의 : 시간 조정 중에는 시간은 정지

#include <mega128.h>
#include <delay.h>
#include <stdio.h>

#define FUNCSET  0x28     // Function Set
#define ENTMODE  0x06     // Entry Mode Set
#define ALLCLR   0x01     // All Clear
#define DISPON   0x0c     // Display On
#define LINE2    0xC0     // 2nd Line Move
#define HOME     0x02     // Cursor Home
#define CURON    0x0F     // Cursor On

typedef unsigned char BYTE;

int hour=12, min=0, sec=0;
BYTE tog=0,set=0;

void LCD_init(void);
void LCD_String1(char *);
void Busy(void);
void Command(unsigned char);
void Data(unsigned char);
void Timer_Interrupt_Initialize(void);
void External_Interrupt_Initialize(void);
void Time_Display(void);
void Count_up(void);
void main(void)
{
```

[예제 10-5] LCD를 이용한 디지털 시계 (계속1)

```
        DDRB = 0xFF;            // OC1C(PB7) 핀 출력방향설정

        LCD_init();
        Timer_Interrupt_Initialize();
        External_Interrupt_Initialize();
        Time_Display();

        SREG = 0x80             // 전역 인터럽트 플래그 셋.

        while(1);               // 무한 루프
}

// LCD 초기화
void LCD_init(void)
{
        DDRD = 0xFF;                            // 포트 D 출력 설정
        PORTD &= 0xFB;                          // E = 0

        delay_ms(15);
        Command(0x20);
        delay_ms(5);
        Command(0x20);
        delay_us(100);
        Command(0x20);
        Command(FUNCSET);
        Command(DISPON);
        Command(ALLCLR);
        Command(ENTMODE);
}

// 문자열 출력 함수
void LCD_String1(char *str)
{
        while(*str) Data(*str++);
}

// 인스트럭션 쓰기 함수
void Command(unsigned char byte)
{
        Busy();

        // 인스트럭션 상위 바이트
        PORTD = (byte & 0xF0);                  // 데이터
        PORTD &= 0xFE;                          // RS = 0
        PORTD &= 0xFD;                          // RW = 0
        delay_us(1);
        PORTD |= 0x04;                          // E = 1
        delay_us(1);
        PORTD &= 0xFB;                          // E = 0
```

[예제 10-5] LCD를 이용한 디지털 시계 (계속2)

```
        // 인스트럭션 하위 바이트
        delay_us(1);
        PORTD |= 0x04;                              // E = 1
        delay_us(1);
        PORTD &= 0xFB;                              // E = 0

        // 인스트럭션 하위 바이트
        PORTD = ((byte<<4) & 0xF0);                 // 데이터
        PORTD &= 0xFE;                              // RS = 0
        PORTD &= 0xFD;                              // RW = 0
        delay_us(1);
        PORTD |= 0x04;                              // E = 1
        delay_us(1);
        PORTD &= 0xFB;                              // E = 0
}

//데이터 쓰기 함수
void Data(unsigned char byte)
{
        Busy();

        // 데이터 상위 바이트
        PORTD = (byte & 0xF0);                      // 데이터
        PORTD |= 0x01;                              // RS = 1
        PORTD &= 0xFD;                              // RW = 0
        delay_us(1);
        PORTD |= 0x04;                              // E = 1
        delay_us(1);
        PORTD &= 0xFB;                              // E = 0

        // 데이터 하위 바이트
        PORTD = ((byte<<4) & 0xF0);                 // 데이터
        PORTD |= 0x01;                              // RS = 1
        PORTD &= 0xFD;                              // RW = 0
        delay_us(1);
        PORTD |= 0x04;                              // E = 1
        delay_us(1);
        PORTD &= 0xFB;                              // E = 0
}

// Busy Flag Check -> 일반적인 BF를 체크하는 것이 아니라
// 일정한 시간 지연을 이용한다.
void Busy(void)
{
        delay_ms(2);
}

// 타이머 인터럽트 비교 매치 인터럽트 초기화 함수
void Timer_Interrupt_Initialize(void)
{
```

[예제 10-5] LCD를 이용한 디지털 시계 (계속3)

```
        // 타이머/카운터 인터럽트 초기화
        ETIMSK = 0x01;      // OCIE1C = 1
        TCCR1A = 0x04;      // COM1Cx = 01 : OC1C 토글
        TCCR1B = 0x05;      // 프리스케일 = CK/1024
        TCNT1 = 0x0000;     // 타이머/카운터1 레지스터 초기값 : 16 비트

        // 타이머/카운터1 비교 매치 B 레지스터 : 16 비트
        OCR1CH = (7812 & 0xFF00) >> 8;
        OCR1CL = 7812 & 0x0FF;
}

// 외부 인터럽트 요구 초기화 함수
void External_Interrupt_Initialize(void)
{
        // 외부 인터럽트 초기화
        EICRB = 0b00001010;             // 외부 인터럽트 4, 5 : 하강 에지
        EIMSK = 0b00110000;             // 외부 인터럽트 4, 5 인에이블
}

// LCD에 시간을 표시하는 함수
void Time_Display(void)
{
        char Time_buf[16];

        sprintf(Time_buf,"  %02u : %02u : %02u  ",hour, min, sec);
        Command(HOME);
        LCD_String1(Time_buf);
}

// 시간 증가 함수
void Count_up(void)
{
        if(sec != 59) sec++;                    // sec count-up
        else{
                sec = 0;
                if(min != 59) min++;            // min count-up
                else{
                        min = 0;
                        if(hour != 12) hour++;  // hour count-up
                        else hour = 1;
                }
        }

        Time_Display();         // 시간 표시
}

// 타이머/카운터 1 비교 B 매치 인터럽트 서비스 루틴
// 0.5초마다 인터럽트 발생
interrupt [TIM1_COMPC] void timer1_compc(void)
{
```

[예제 10-5] LCD를 이용한 디지털 시계 (계속4)

```
        TCNT1 = 0x0000;    // 타이머/카운터 1 레지스터 초기화

        // 1초 마다 한번씩 카운트한다.
        if(tog == 0) tog++;
        else {
                tog = 0;
                if(set == 0) Count_up();
        }

        // 시간 조정 모드에서의 커서 위치 설정
        if(set == 1) Command(0x88);                  // min의 위치
        else if(set == 2) Command(0x83);             // hour의 위치
}

// 외부 인터럽트 요구 4 서비스 루틴
// 시간 설정 자리수 이동
interrupt [EXT_INT4] void external_int4(void)
{
        Command(CURON);                 // 커서 표시

        if(set != 2) set++;             // 자릿수 이동
        else set = 0;                   // set=0(표시모드), set=1(분조정), set=2(시간조정)
}

// 외부 인터럽트 요구 5 서비스 루틴
// 분과 시를 증가한다.
interrupt [EXT_INT5] void external_int5(void)
{
        if(set == 1){                   // min count-up
                if(min != 59) min++;
                else min = 0;
        }
        else if(set == 2){              // hour count-up
                if(hour != 12) hour++;
                else hour = 1;
        }

        Time_Display();                 // 시간 표시
}
```

도서출판 Ohm사

실용 모터제어 시리즈①

직류전동기 제어 기술

이 책은 실제로 전동기 제어 시스템의 하드웨어를 설계하고 제어 프로그램을 작성하는 실용적인 기술을 다루고자 하며, 스스로 이 분야의 기술을 익혀서 졸업작품을 만들고자 하는 관련 학과의 학생이나 산업체에서 이 분야의 기술개발 업무를 수행하는 현장 엔지니어들에게도 도움이 될 것입니다.

제1장 전동기란 무엇인가
제2장 RC 서보모터의 제어기술
제3장 스테핑 모터의 제어기술
제4장 직류전동기의 제어기술
제5장 초소형 직류전동기의 속도제어
제6장 소형 직류전동기의 속도제어
제7장 OK-128DCM 직류전동기 제어 키트

실용 모터제어 시리즈 ③ - 단상 유도전동기 제어 기술(계획중)
실용 모터제어 시리즈 ④ - 벡터제어 인버터 설계 기술(계획중)

OK-128 DCM KIT

항목	사양	비고
1. MCU	ATmega128A-AU(16 MHz)	16 MHz 수정발진자 사용
2. ROM	MCU에 내장된 128KB의 플래시 메모리	프로그램 저장용
3. RAM	MCU에 내장된 4KB	스택 및 사용자 데이터 저장용
4. 프로그램 입력/실행	1. 표준 USB형 AVRISP mkII 다운로드 케이블 2. 병렬포트형 AVR ISP 다운로드 케이블	본 키트에서는 JTAG 에뮬레이터를 사용하지 못함
5. I/O	1. MCU 프로그램용 6핀 컨넥터	Atmel사의 AVR ISP 표준
	2. MCU가 직접 제어하는 기본 I/O 기능	
	① 3.2인치 240×320 픽셀 TFT-LCD 모듈	터치 스크린 기능 포함
	② 4개의 키입력 스위치(KEY1~KEY4)	
	③ +5V용 버저	
	④ 시스템 모드 설정용 2비트 DIP 스위치	
	⑤ RS-232C 직렬포트(CN5)	
	⑥ 12비트 2채널 D/A 컨버터 MCP4822	0~+5V 범위의 아날로그 출력 가능
	3. 모터제어를 위한 I/O 기능	
	① 3개의 RC 서보모터 제어 컨넥터 (CN6~8)	RC 서보모터 HS-311 사용
	② 2SC1815를 사용한 초소형 직류전동기 단방향 제어 컨넥터(CN9)	초소형 직류전동기 FM1502 사용
	③ IRF530을 사용한 소형 직류전동기 단방향 제어 컨넥터(CN10)	소형 직류전동기 RA-35GM 사용
	④ L298을 사용한 소형 직류전동기 양방향 제어 컨넥터(CN12)	소형 직류전동기 RA-35GM 사용
	⑤ 2상/4상 스테핑 모터 제어 컨넥(CN13)	스테핑 모터 NK243 사용
	⑥ 전동기 속도 및 방향 검출 컨넥터(CN11)	A상 및 B상 신호 입력
	⑦ 전동기 회전방향 표시용 LED(LED2~3)	LED2(적)=정방향, LED3(녹)=역방향
	⑧ 기준속도 입력용 가변저항(VR1)	A/D 컨버터로 읽음
	⑨ 전동기 전류 검출용 션트저항(R20)	A/D 컨버터로 읽음
6. 전원	+5V(3A 이상), +12V(1A 이상)	키트 내부에서 +3.3V를 만들어 사용함
7. PCB 외형	150 x 112mm 양면 에폭시 기판	

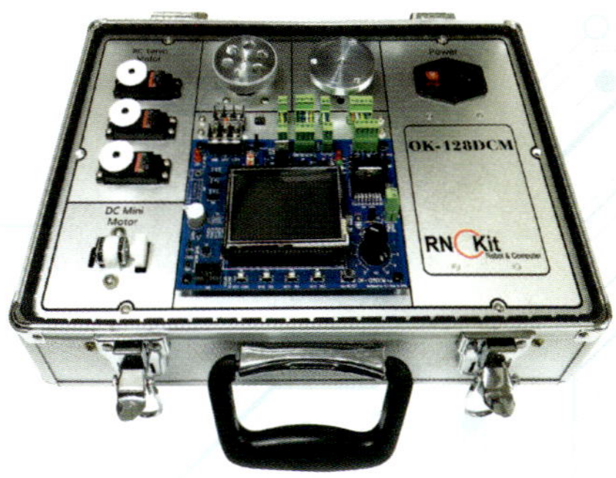

ARM Cortex-M 시리즈 2
ARM Cortex-M7
STM32F767 정복
(OK-STM767 키트)
공학박사 윤덕용 저
OK-STM767 키트 별매
Ohm사
http://www.ohm.co.kr

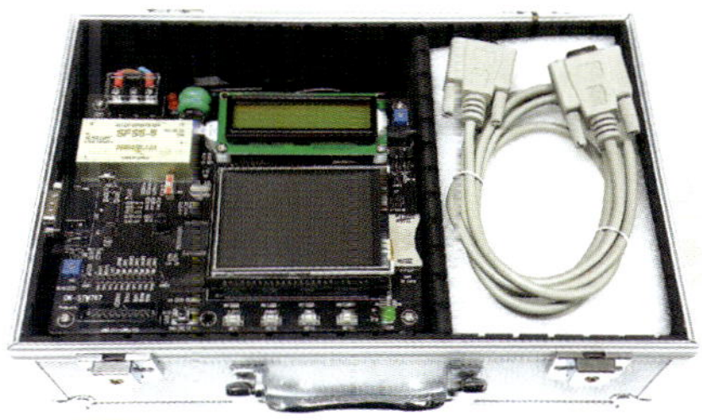

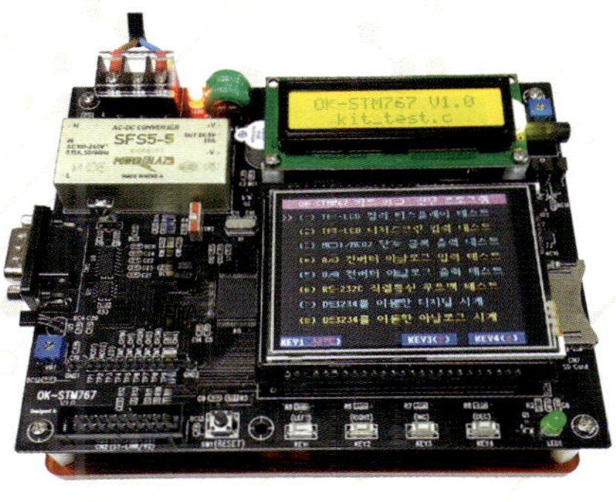
OK-STM767 V1.0
kit_test.c

도서출판 Ohm사

실용모터제어 시리즈②

BLDC 모터 제어 기술

이 책은 실용 모터제어 시리즈의 두번째도서 현재 시대적으로 매우 각광받고 있는 BLDC 모터의 제어 기술을 취급한다. 전통적인 직류전동기와의 차이점을 이해하고, 이를 제어하는 시스템의 하드웨어를 설계하며 제어 프로그램을 작성하는 기술을 직접 독자들이 따라 하면서 단계적으로 익힐 수 있도록 설명할 것입니다.

제1장 전동기란 무엇인가
제2장 BLDC 모터 관련 실용지식
제3장 BLDC 모터 제어 관련 실용지식
제4장 전용 IC를 사용하는 BLDC 모터 속도제어 기술
제5장 MCU가 직접 처리하는 BLDC 모터 속도제어 기술
제6장 OK-128BLDC 트레이닝 키트

실용 모터제어 시리즈 ③ - 단상 유도전동기 제어 기술(계획중)
실용 모터제어 시리즈 ④ - 벡터제어 인버터 설계 기술(계획중)

OK-128 BLDC KIT

항목	사양	비고
1. MCU	ATmega128A-AU(16 MHz)	16 MHz 수정발진자 사용
2. ROM	MCU에 내장된 128KB의 플래시 메모리	프로그램 저장용
3. RAM	MCU에 내장된 4KB	스택 및 사용자 데이터 저장용
4. 프로그램 입력/실행	1. 표준 USB형 AVRISP mkII 다운로드 케이블 2. 병렬포트형 AVR ISP 다운로드 케이블	본 키트에서는 JTAG 에뮬레이터를 사용하지 못함
5. I/O	1. MCU 프로그램용 6핀 컨넥터 2. MCU가 직접 제어하는 기본 I/O 기능 ① 3.2인치 240×320 픽셀 TFT-LCD 모듈 ② +5V용 버저 ③ 모터 방향 설정용 토글 스위치(SW1) ④ 동작모드 설정용 2비트 DIP 스위치(SW2) ⑤ 기준속도 입력용 가변저항(VR1) ⑥ 모터 구동용 게이트 신호(UT, VT, WT) ⑦ 모터 구동용 PWM 신호(UB, VB, WB) 3. 모터제어를 위한 I/O 기능 ① BLDC 모터 제어 전용 IC 소자 LB11920을 사용한 모터 M1 접속 컨넥터(CN5) ② ATmega128A MCU가 직접 처리하는 모터 M2 접속 컨넥터(CN6) ③ 모터 회전속도 검출을 위한 홀센서 신호 4체배 회로(U8, 74HC86) ④ 모터 회전방향 검출을 위한 플립플롭 회로(U9, 74HC74) ⑤ 모터 전류 검출용 션트저항(R33)	Atmel사의 AVR ISP 표준 BLDC 모터 BL42S-24026N 사용 BLDC 모터 BL42S-24026N 사용 0.1Ω/1W/1%
6. 전원	+24V(2A 이상)	키트 내부에서 +12V, +5V, +3.3V를 만들어 사용함
7. PCB 외형	168×107mm 양면 에폭시 기판	

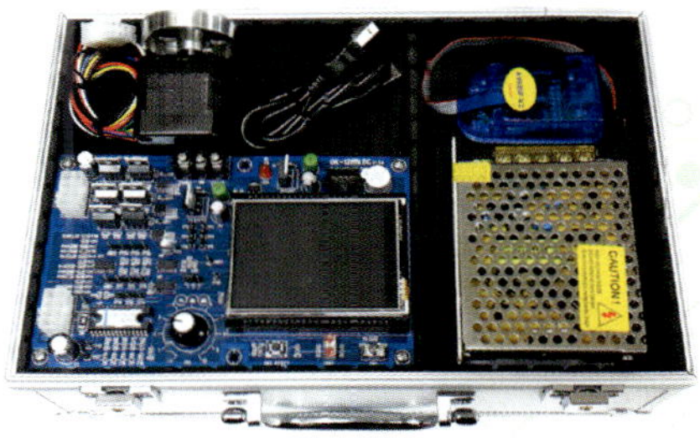

도서출판 Ohm사

다양한 실습이 가능한

ATmega128 기초와 응용1

이 책은 ATmega128의 기초부터 응용까지 활용할 수 있으며, AVR의 모든 기능에 대한 기초 예제와 센서, 블루투스, WiFi 등의 무선 모듈, LCD와 같은 다양한 응용 예제를 다루고 있어서, AVR을 입문부터 중급까지의 실험이 가능합니다.

KUT-128_COM KIT

항목	사양
초음파 센서(HC-SR04)	초음파를 발생하여 거리 등을 계산하는데 사용
4Digit 7-Segment	4개의 숫자표시가 가능
Analog 가속도 센서(MMA7361)	X,Y,Z 3축의 Analog 출력
Digital 가속도 센서(MPU-6050)	I2C 통신이 가능하며 3축 가속도 센서+3축 자이로 센서+온도 측정 가능
WiFi Module	WiFi 통신용 모듈(USART1) ※ 주의 : Bluethooth 모듈과 동시 사용은 안되며 RS-232와는 가능
RS-232용 커넥터	MAX232를 사용한 RS-232통신(USART0)
WiFi용 Reset SW	WiFi 모듈 리셋 또는 공장 초기화 기능
Bluetooth Module(BC04)	블루투스 통신용 모듈(USART1) ※ 주의 : WiFi 모듈과 동시 사용은 안되며 RS-232와는 가능
2X16 Text LCD	2줄에 총 32개의 영문 표시 가능
ATmega128	ATmega128A-AU
LED Part	8개의 LED 제어
외부 인터럽트 SW	스위치 기능 또는 외부 인터럽트 발생용
3Color Dotmatrix	LED Part와 1Color Dotmatrix와 같이 사용할 수 없음 (플랫케이블 사용)
1Color Dotmatrix	LED Part와 3Color Dotmatrix와 같이 사용할 수 없음 (점퍼케이블 사용)

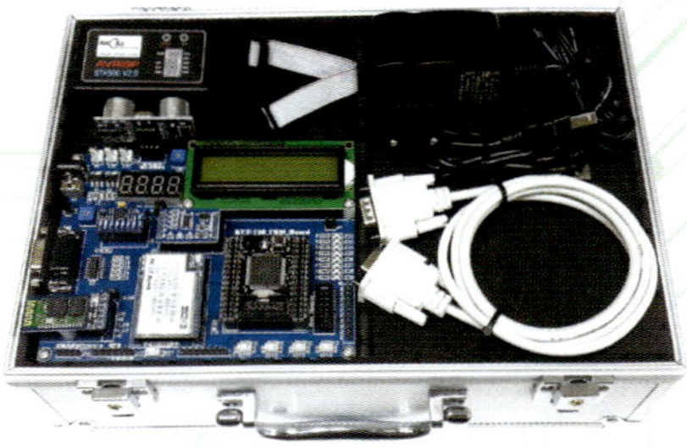

도서출판 Ohm사

다양한 실습이 가능한

ATmega128 기초와 응용2

이 책은 「ATmega128 기초와 응용 I」에서 설명된 KUT-128_COM 보드 위에 도트매트릭스, 조이 스틱, 스피커를 탑재하여 구현한 응용작품들에 대해 알고리즘과 처리 흐름도 그리고 프로그램을 자세히 설명하고 있습니다. 따라서 이 책을 통해 습득하게 되는 응용능력은 학생들의 창의적인 실기작품 및 졸업작품을 제작하는데 있어 좋은 길잡이가 될 수 있으리라 생각합니다.

제1장 KUT-128_COM 보드
제2장 7-세그먼트 활용
제3장 도트매트릭스 사용법
제4장 지렁이 게임
제5장 테트리스
제6장 반응감지 블록 피하기
제7장 Dot Watch
제8장 한글 시계
제9장 부록(AVR Studio 4.18 버전 프로그램)

KUT-128_COM 확장 KIT

항목	사양
초음파 센서(HC-SR04)	초음파를 발생하여 거리 등을 계산하는데 사용
4Digit 7-Segment	4개의 숫자 표시가 가능
Analog 가속도 센서(MMA7361)	X,Y,Z 3축의 Analog 출력
Digital 가속도 센서(MPU-6050)	I2C 통신이 가능하며 3축 가속도 센서+3축 자이로 센서+온도 측정 가능
WiFi Module	WiFi 통신용 모듈(USART1) ※ 주의 : Bluethooth 모듈과 동시 사용은 안되며 RS-232와는 가능
RS-232용 커넥터	MAX232를 사용한 RS-232통신(USART0)
WiFi용 Reset SW	WiFi 모듈 리셋 또는 공장초기화 기능
Bluetooth Module(BC04)	블루투스통신용 모듈(USART1) ※ 주의 : WiFi 모듈과 동시 사용은 안되며 RS-232와는 가능
2X16 Text LCD	2줄에 총 32개의 영문 표시 가능
ATmega128	ATmega128A-AU
LED Part	8개의 LED 제어
외부 인터럽트 SW	스위치 기능 또는 외부 인터럽트 발생용
3Color Dotmatrix	LED Part와 1Color Dotmatrix와 같이 사용할 수 없음 (플랫케이블 사용)
1Color Dotmatrix	LED Part와 3Color Dotmatrix와 같이 사용할 수 없음 (점퍼케이블 사용)
JoyStick Module	X, Y, Z(조이스틱 푸쉬) 출력
Piezo Buzzer	경고음, 알람등 표시

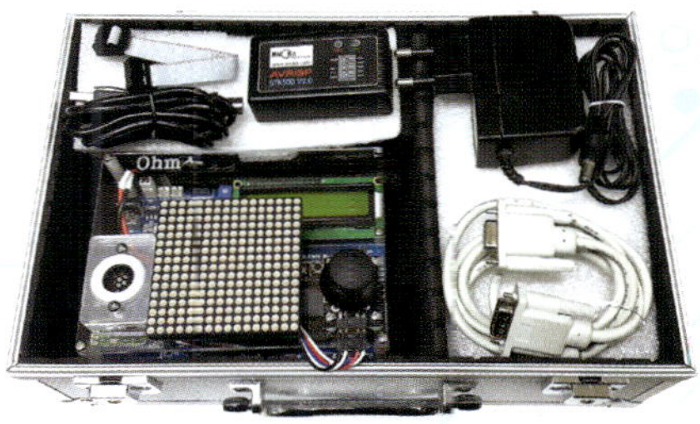

도서출판 Ohm사

ARM Cortex-M 시리즈①

STM32F091 정복

- ARM Cortex-M0 시리즈의 STM32F091VCT6 모델 완전 마스터
- 하드웨어 설계 및 소프트웨어 응용 기술의 단계적 학습
- 상세하고 정확한 설명, 재미있고 유용한 예제 프로그램
- OK-STM091 키트에서 C언어를 통한 프로그래밍 실습
- 103개의 주옥 같은 C언어 예제 프로그램 제공 및 설명
- 3.2인치 컬러 TFT-LCD 모듈의 다양한 응용 프로그램
- 전자 올간, 게임등과 같은 독창적이고 재미있는 프로그램
- MP3 플레이어 하드웨어 내장 및 이를 응용하는 프로 그램
- 대학에서 대학원까지의 고급 MCU 강의 및 실습 교재로 최적

제1장 STM32F091VCT6의 구조와 기능
제2장 STM32F091VCT6의 내장 I/O
제3장 OK-STM091키트 및 개발 툴
제4장 C언어 프로그래밍

OK-STM091 KIT

항목	사양	비고
1. CPU	STM32F091VCT6	48MHz로 동작
2. ROM	CPU에 내장된 256KB의 플래시 메모리	프로그램 및 상수 데이터 저장
3. RAM	CPU에 내장된 32KB의 SRAM	프로그램, 스택, 사용자 데이터 저장
4. 프로그램 입력/실행	1. 전용 JTAG/SWD 에뮬레이터를 사용하는 방법 2. 기타 JTAG/SWD 에뮬레이터를 사용하는 방법	기본으로 ST-LINK/V2 에뮬레이터 사용 J-Link, ULINK 에뮬레이터도 사용 가능
5. I/O	1. CPU 프로그램용 컨넥터 JTAG/SWD 인터페이스용 20핀 컨넥터(CN2) 2. 기본 입출력 장치 ① 16자×2행 텍스트 LCD 모듈 ② 320×240픽셀 터치스크린 TFT-LCD 모듈 ③ SPI를 사용한 SD 카드 인터페이스 ④ 4개의 키입력 스위치(KEY1~KEY4) ⑤ 3개의 터치 센싱 입력(TSC1~TSC3) ⑥ 1개의 상태표시 LED(LED1) ⑦ +5V용 버저 ⑧ RS-232C 직렬통신 컨넥터(CN5) ⑨ CAN 직렬통신 컨넥터(CN5) 3. 기타 입출력 장치 ① +5V, +3.3V 전압센서(ADC0, ADC1) ② 가변저항 VR1에 의한 전압센서(ADC2) ③ LM35DZ 온도센서(U5, ADC3) ④ 2개의 D/A 컨버터 출력(DAC_OUT1/2) 2개의 D/A 컨버터를 사용한 음악연주 출력 ⑤ TV 리모콘 수신회로(U6) ⑥ 14개의 테스트 포인트(TP1~TP14) ⑦ SPI를 사용한 DS3234 리얼타임 클록(U8) ⑧ I2C를 사용한 AT24C16 EEPROM(U7) ⑨ VS1053b를 사용한 MP3 플레이어 회로	ST-LINK/V2 에뮬레이터 사용 별도의 TFT-32A 보드를 장착 사용 별도의 TFT-32A 보드에 내장 표준 9핀 RS-232C 케이블 사용 RS-232C와 CAN을 동일 컨넥터로 사용 A/D 입력 범위는 0V~+3.3V 온도측정 범위는 0~100℃ D/A 출력 범위는 0V~+3.3V CN6 컨넥터에 외장형 스피커를 연결 2.4V 충전용 NiMH 배터리로 전원 백업 CN6 컨넥터에 외장형 스피커를 연결
6. 전원	+5V(키트에서 +3.3V 및 +1.8V 레귤레이터 사용)	
7. PCB	160×130mm 양면 에폭시 기판	

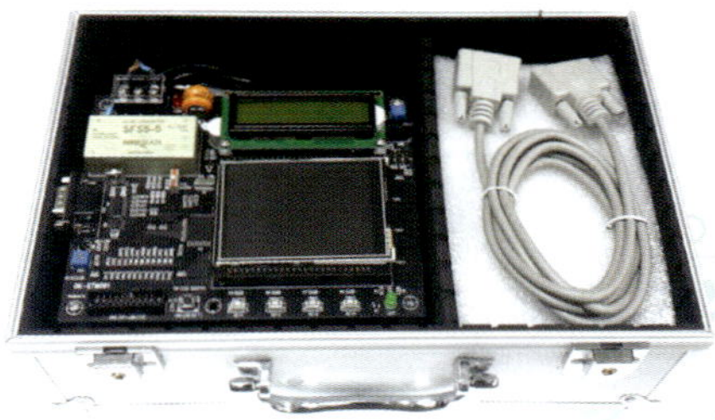

http://www.ohm.co.kr
E-mail : ohm@ohm.co.kr

ATmega128 기초 입문

초판인쇄 2012년 12월 5일
1판 4쇄 2015년 2월 25일

저 자 신동욱 저
발 행 인 곽 종 학
발 행 처 도서출판 Ohm사

주 소 140-150 서울 용산구 갈월동 17.세기B/D
전 화 02-776-4868/9
팩 스 02-779-6757
등록번호 1975년 9월 12일 제3-3호

ISBN 978-89-7101-786-9 정가 28,000원